乡村产业振兴案例精选系列

全国脱贫
典型案例 彩图版

农业农村部乡村产业发展司　组编

中国农业出版社
农村读物出版社
北京

图书在版编目（CIP）数据

全国脱贫典型案例：彩图版 / 农业农村部乡村产业
发展司组编 . —北京：中国农业出版社，2023.2
（乡村产业振兴案例精选系列）
ISBN 978 - 7 - 109 - 28504 - 0

Ⅰ.①全… Ⅱ.①农… Ⅲ.①农村－扶贫－案例－中
国 Ⅳ.①F323.8

中国版本图书馆 CIP 数据核字（2021）第 135622 号

中国农业出版社出版

地址：北京市朝阳区麦子店街 18 号楼
邮编：100125
责任编辑：刘 伟 杨桂华
版式设计：书雅文化 责任校对：沙凯霖
印刷：中农印务有限公司
版次：2023 年 2 月第 1 版
印次：2023 年 2 月北京第 1 次印刷
发行：新华书店北京发行所
开本：700mm×1000mm 1/16
印张：22
字数：394 千字
定价：98.00 元

丛书编委会

本 书 编 委 会

主　编　王　维　王　聪

副主编　冯　伟　任　曼　谷莉莎

参　编（按姓氏笔画排序）

　　　　王海平　王雪琪　付海英　刘　康　刘明慧

　　　　李志刚　何思敏　谷小璐　陈　星　陈　静

　　　　邵　广　段文学　高志伟　潘　迪　薛永基

序

　　民族要复兴，乡村必振兴。产业振兴是乡村振兴的重中之重。当前，全面推进乡村振兴和农业农村现代化，其根本是汇聚更多资源要素，拓展农业多种功能，提升乡村多元价值，壮大县域乡村富民产业。国务院印发《关于促进乡村产业振兴的指导意见》，农业农村部印发《全国乡村产业发展规划（2020—2025年）》，需要进一步统一思想认识、推进措施落实。只有聚集更多力量、更多资源、更多主体支持乡村产业振兴，只有乡村产业主体队伍、参与队伍、支持队伍等壮大了，行动起来了，乡村产业振兴才有基础、才有希望。

　　乡村产业根植于县域，以农业农村资源为依托，以农民为主体，以农村一二三产业融合发展为路径，地域特色鲜明、创新创业活跃、业态类型丰富、利益联结紧密，是提升农业、繁荣农村、富裕农民的产业。当前，一批彰显地域特色、体现乡村气息、承载乡村价值、适应现代需要的乡村产业，正在广阔天地中不断成长、蓄势待发。

　　近年来，全国农村一二三产业融合水平稳步提升，农产品加工业持续发展，乡村特色产业加快发展，乡村休闲旅游业蓬勃发展，农村创业创新持续推进。促进乡村产业振兴，基层干部和广大经营者迫切需要相关知识启发思维、开阔视野、提升水平，"新时代乡村产业振兴干部读物系列""乡村产业振兴案例精选系列"便应运而生。丛书由农业农村部乡村产业发展司组织全国相关专家学者编写，以乡村产业振兴各级相关部门领导干部为主要读者对象，从乡村产业振兴总论、现代种养业、农产品加工流通业、乡土特色产业、乡村休闲旅游业、乡村服务业等方面介绍了基本知识和理论、以往好的经验做法，同时收集了种养典型案例、脱贫典型案例、乡村产业融合典型案例、农业品牌典型案例、乡村产业园区典型案例、休闲旅游典型案例、农村电商典型案例、乡村产业抱团发展典型案例等，为今后工作提供了新思路、新方法、新案例，是一套集理论性、知识性和指导性于一体的经典之作。

丛书针对目前乡村产业振兴面临的时代需求、发展需求和社会需求，层层递进、逐步升华、全面覆盖，为读者提供了贴近社会发展、实用直观的知识体系。丛书紧扣中央"三农"工作部署，组织编写专家和编辑人员深入生产一线调研考察，力求切实解决实际问题，为读者答疑解惑，并从传统农业向规模化、特色化、品牌化方向转变展开编写，更全面、精准地满足当今乡村产业发展的新需求。

发展壮大乡村富民产业，是一项功在当代、利在千秋、使命光荣的历史任务。我们要认真学习贯彻习近平总书记关于"三农"工作重要论述，贯彻落实党中央、国务院的决策部署，锐意进取，攻坚克难，培育壮大乡村产业，为全面推进乡村振兴和加快农业农村现代化奠定坚实基础。

前言

　　脱贫攻坚是中国共产党领导全国人民创造的历史伟业。中华人民共和国成立以来，特别是改革开放以来，中国在消除贫困方面取得历史性进步，8亿多人口摆脱贫困，对世界减贫的贡献率超过70%。党的十八大以来，在党中央坚强领导下，在全党全国全社会共同努力下，我国脱贫攻坚取得决定性成就。脱贫攻坚目标任务接近完成，贫困人口从2012年底的9 899万人减至2019年底的551万人，贫困发生率由10.2%降至0.6%，区域性整体贫困基本得到解决。贫困群众收入水平大幅度提高，自主脱贫能力稳步提高，贫困群众"两不愁"质量水平明显提升，"三保障"突出问题总体解决。2020年脱贫攻坚任务完成后，我国将提前10年实现联合国2030年可持续发展议程的减贫目标。

　　本书案例融入了全国各地在扶贫工作中积累的宝贵经验，是脱贫攻坚伟大成果的展现。这些成绩的取得，凝聚了全党全国各族人民的智慧和心血。习近平总书记指出，脱贫攻坚战不是轻轻松松一冲锋就能打赢的，必须高度重视面临的困难挑战。农业农村部乡村产业发展司从全国范围内征集了100多个产业扶贫脱贫案例，由中农智慧（北京）农业研究院组织专家团队进行评审，以利益联结紧密度、农村居民人均可支配收入及带动农民增收的质量为评判标准，最终评选出36个典型案例汇编成此书宣传推广。这些案例既是对脱贫攻坚伟大成就的总结和展现，又可对日后产业减贫工作的开展提供借鉴，为激发欠发达地区和农村低收入人口发展的内生动力提供可复制的路径模式。本书的出版有利于实施精准帮扶，促进逐步实现共同富裕，进而推进乡村全面振兴，从而谱写鲜活生动的乡村振兴新篇章。中国是全球最早实现千年发展目标中减贫目标的发展中国家，为全球减贫事业作出了重大贡献，为第三世界国家以及正在开展脱贫攻坚的国家和人民提供了切实可行的治理贫困的中国方案，得到国际社会的高度评价和充分肯定。脱贫典型案例体现出我国贫困治理体系的巨大价值，在实践中形成的经验为有效解决贫困这一世界难题提供了科学方法。中国的经验可以为其他发展中国家提供有益借鉴，为全球减贫事业贡献中国智慧。

编　者

2022 年 12 月

目 录

第四章　乡村产业融合带动脱贫 / 202

附录 / 296

第一章 乡村特色产业带动脱贫

河南柘城：辣椒特色产业模式

导语： 柘城县位于河南省东部，总面积1 048平方公里，耕地面积106万亩*，辖22个乡（镇、办事处）515个行政村，总人口103.18万。柘城历史悠久，因有柘沟环流、柘树丛生而得名"柘县"，隋时定名为柘城，至今已有2 200多年的历史。柘城是炎帝朱襄氏故里，是中原农业文明、中华礼乐文化、根亲文化的发祥地。

柘城是一个贫困县，多年来县委、县政府立足于辣椒这一特色产业，坚持把优势调强、产业调大、链条调长、品牌调优的工作思路，一届接着一届干，一张蓝图绘到底，走出了一条"小辣椒大产业、兴县富民"的产业扶贫之路。经过40多年的不懈努力，辣椒产业形成了"区域化布局、规模化种植、标准化生产、科学化管理、产业化发展"的格局，如今"柘城三樱椒"已成为柘城享誉全国的代名词。柘城辣椒先后被评为"国家地理标志商标""国家地理标志产品保护""国家级出口食品农产品质量安全示范区""国家特色蔬菜技术体系综合试验站""全国辣椒产业化发展示范县""全国蔬菜产业扶贫突出贡献县""农业农村部无公害三樱椒生产基地""中国科协辣椒生产与加工技术交流中心""河南省名牌农产品""河南省无公害三樱椒生产基地""河南省出口三樱椒质量安全示范区""河南省农业（三樱椒）科技园区""河南农科院朝天椒创新基地"等荣誉。2019年被农业农村部评为农村一二三产业发展先导区，被河南省评为以辣椒为主导的现代农业产业园。

---

* 亩为非法定计量单位，1亩＝1/15公顷。——编者注

（一）主体简介

柘城县现代农业产业园位于县城西北部，覆盖慈圣、牛城、马集 3 个乡（镇）的全部和大仟乡 3 个行政村，总面积 172 平方公里，总人口 13.1 万，耕地面积 16.2 万亩。产业园辣椒种植面积 10.7 万亩，占耕地面积的 66.05%；产量 3.1 万吨，产值 25.9 亿元、占园区总产值的 53.1%，其中，一产 3.9 亿元、二产 13.5 亿元、三产 8.5 亿元。柘城县省级现代农业产业园具有三大优势：

一是产业基础优势。产业园辣椒产业形成了良种繁育、规模种植、冷藏运输、市场交易、精深加工一体化的产业链条，是全国六大辣椒主产区链条最完整的区域。一产方面，围绕打造全国辣椒绿色种植基地，坚持以农业供给侧结构性改革为主线，着力推动辣椒种植规模化。逐年出台促进辣椒产业发展实施意见，强力推进 20 项重点工作。建立县乡服务平台，出台优惠政策，推动土地流转；对流转土地种植辣椒超过 300 亩以上的新型经营主体，给予一定补贴；采取"公司＋基地""合作社＋基地"等形式，鼓励种植大户和企业带领群众种植辣椒。目前，全县辣椒种植面积常年稳定在 40 万亩，培育专业村 106 个，建立 8 个千亩良种繁育基地，建成 25 万亩辣椒质量安全示范区，年产干辣椒 12 万吨。培育出 38 个优质品种，种子纯度达到 99%，在全国六大辣椒主产区推广种植 260 万亩，占全国辣椒市场的 40%。二产方面，有白师傅清真食品、恒星食品、三樱汇食品、韩邦科技、吨椒食品、春海辣椒、北科种业等辣椒加工企业、辣椒专业合作社等，引进了香港李锦记、万邦农产品冷链物流、韩邦辣味源、吨椒食品等一批有实力的辣椒深加工企业，年加工量 30 万吨、冷藏量 20 万吨。三产方面，建设有全国最大的干辣椒交易市场和一批冷藏企业，产业园内建设有全国最大的辣椒大市场，辐射 26 个省（自治区、直辖市），年交易量 70 万吨、交易额突破 100 亿元；产品出口美国等 12 个国家和地区，形成了"全国辣椒进柘城、柘城辣椒卖全球"的格局。引进投资 20 亿元、占地 800 亩的万邦农产品物流园。同时，配合大连商品交易所，加快推进干辣椒期货上市，打造全国辣椒期货交割基地。今后将进一步巩固雄踞中原、辐射全国、面向世界的辣椒交易集散枢纽和价格形成中心地位。

二是融合发展优势。按照农业"接二连三"和加工"前延后伸"，加快推进辣椒种植、加工、销售及休闲农业、乡村旅游发展，被农业农村部确定为全国农村一二三产业融合发展先导区。利用淘宝网、京东商城、苏宁易购、找菜网等线上销售平台，推动电商产业发展，电商销售额达到 2.15 亿元，被评为全国电商进农村示范县。

三是技术标准优势。建立了唯一一个省级辣椒及制品质量检测中心。联合中国工程院院士、湖南农业科学院院长邹学校建立河南省辣椒新品种研发院士工作站，专注干制辣椒研究。农产品安全追溯管理体系逐步完善，78家辣椒生产经营主体有65家纳入管理，占比达到83.3%。

（二）主要做法

近年来，坚持以脱贫攻坚统筹经济社会发展全局，以增加农民收入为根本，以打造中国辣椒第一县为目标，大力实施"辣椒经济"发展战略，形成了"红火小辣椒、脱贫大产业"的良好格局。三樱椒产业已经成为脱贫攻坚的支柱产业、农民增收的主要渠道和对外宣传的靓丽名片。2019年，柘城县举办了第十四届全国辣椒产业大会暨"一带一路"全国辣椒产业高峰论坛，进一步擦亮辣椒之乡的金字招牌。

1. 加强组织领导

成立了以县委书记为组长、县长为园长的现代农业产业园工作领导小组，县直等有关部门主要负责人及各乡镇负责人为成员。同时成立了柘城县现代农业产业园管委会，人员从有关职能部门抽调精干力量组成，确保工作由专门组织、专班人马负责。按照上级有关文件精神，结合柘城县实际，编制了《柘城县"十三五"产业脱贫规划》《柘城产业扶贫暂行办法》《柘城县产业扶贫资金使用暂行办法》《柘城县辣椒产业发展实施意见》《柘城县产业扶贫清零行动方案》等政策方案，促进了辣椒产业的发展。

2. 加大资金投入

一是实施产业扶贫资金补贴。2017年，20个乡（镇）补贴资金合计金额为670.87万元，其中辣椒补贴14 858.284元/亩，补贴金额445.75万元；2018年补贴资金870万元，其中三樱椒申报8 104.03元/亩，补贴金额243.12万元。两年累计有4万多贫困群众受益。二是购买辣椒保险，为辣椒产业发展保驾护航。与中原农业保险股份有限公司合作，开办辣椒种植保险和辣椒价格保险，由县政府出资为椒农购买，其中辣椒种植保险每亩保费180元，辣椒价格保费每亩112元。三是着力破解要素瓶颈。利用城乡建设用地增减挂钩政策，加大集体建设用地复垦力度，确保园区2万亩设施农业和1万亩建设用地需求。坚持"财政投入、基金引导、金融助力、招商引资"四招并举，加大园区建设资金投入。如与县农商行合作，筹建辣椒社区银行，加强信贷支持。

3. 突出融合发展

推进农村一二三产业融合发展，积极创建以辣椒为主导的国家级农村一二三产业融合发展先导区，进行立体带贫。一是做优一产。鼓励支持企业、社会组织，定点帮扶贫困群众种植辣椒，重点推行"辣椒股份"模式、"支部＋合作社＋贫困户""社会力量＋贫困户"模式等发展辣椒生产带动脱贫。二是做强二产。积极推进农业产业化发展，扶持培育辣椒加工企业做大做强，以万邦农产品物流园为依托新建冷库 20 万吨，培育壮大 20 家中原股权交易中心挂牌企业，积极引进香港李锦记、辣妹子等国内知名企业，建设辣椒食品孵化园，积极吸纳贫困群众进园区企业打工。三是做好三产。改造升级辣椒大市场，打造全国辣椒期货交割中心，加快建设万邦农产品物流园，建成现代化国际辣椒交易集散中心。园区或企业以扶贫为载体，与贫困户签订带贫协议书、务工合同书等，使贫困户收入有保障。

4. 主要间作套种模式

（1）"大蒜-西瓜-三樱椒"间作套种模式。该模式一般每亩可产大蒜 1 250 千克、西瓜 3 500 千克、三樱椒 325 千克，合计亩产值 14 250 元左右。亩投资约 2 400 元，亩收益 11 850 元（如除去人工及土地流转费用 3 500 元，亩收益约为 8 350 元）。2019 年的辣椒价格更高，每千克 20 元左右，种植效益更高。

（2）"小麦-西瓜-三樱椒"间作套种模式。该模式一般每亩可产小麦 450 千克、西瓜 3 250 千克、三樱椒 225 千克，合计亩产值 6 900 元左右。亩投资约 1 400 元，亩收益 5 500 元（如去除人工及土地流转费用 2 400 元，亩收益约为 3 100 元）。

（3）"小麦-三樱椒-玉米"间作套种模式。该模式一般每亩可产小麦 500 千克、三樱椒 300 千克、玉米 250 千克，亩产值 5 000 元左右。亩投资约 1 000 元，亩收益 4 000 元（如去除人工及土地流转费用 2 100 元，亩收益约为 1 900 元）。

5. 轮作种植模式

（1）小麦-三樱椒轮作。该模式一般每亩可产小麦 525 千克、三樱椒 250 千克，亩产值 4 250 元左右。亩投资约 1 000 元，亩收益 3 250 元（如去除人工及土地流转费用 2 000 元，亩收益约为 1 250 元）。

（2）大蒜-三樱椒轮作。该模式一般每亩可产大蒜 1 400 千克、三樱椒 350 千克，合计亩产值 8 400 元左右。亩投资约 1 900 元，亩收益 6 500

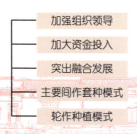

加强组织领导
加大资金投入
突出融合发展
主要间作套种模式
轮作种植模式

元（如去除人工及土地流转费用 3 100 元，亩收益约为 3 400 元）。

（三）利益联结机制

1. 探索应用"三变"模式，创新带动农民增收机制

"三变"模式即"资源变资产、资金变股金、农民变股东"，可多途径增加农民收入，建立保障农民收入的长效机制，为农业农村发展培育了新动力，成为农村脱贫攻坚和全面小康建设的强大引擎。辣椒现代农业产业园利用投入的财政资金，引导农户自愿把土地和大棚等存量农业资源投入进来，成立有限合伙公司（或合作社）。该公司或合作社仅是资产的载体，不行使种植经营管理职能，使存量资产折成股份，完成资源变资产的过程；政府财政补贴给有限合伙公司（或合作社）建设新的大棚和改造旧的大棚，使政府财政资金变成农民的股金；存量资源和增量资本共同构成农民的股份，农民完成股东身份的转变。土地和大棚资源整合成功以后，有限合伙公司（或合作社）和大型农业产业化龙头企业签约托管或成立合资公司，由龙头企业作为土地和大棚的经营管理方。借助龙头企业的品牌优势，同一品牌和形象，共同打造"柘城三樱椒"地理标志品牌和"柘城辣椒"的原产地品牌，做大做强三樱椒产业，使柘城辣椒现代农业产业园带动整个柘城乃至周边地区辣椒产业的发展。

2. 做强辣椒产业，带动农民增收

以园区现有的产业基础，实施符合区域实际的产业规划，引导和促进各种生产要素向技术含量高和具有比较优势的产业聚集，进行资产结构和企业组织结构调整和重组，形成三樱椒为主特色支柱产业。更新观念，树立品牌意识，创立和培育知名品牌，延伸产业链，促进一二三产业融合发展。

在整个辣椒产品生产过程中，农民通过"三变"模式可以获得稳定的财产性收入，也可以通过进入辣椒生产和加工环节而获得劳动性收入。由于产业具有一定的规模性，同时辣椒产品在品牌化、信誉化的保障下，增值有了一定的空间，整个产业的产值也会有很大的增长。在同一经营条件下，在同一技术、同一农资配给、同一品牌等的带动下，辣椒产品的品质质量和安全性有了进一步的保障。这使整个辣椒产业朝向良性化发展，同时以此模式为标杆，进一步向豫东地区拓展，农民可分享产品增值的红利。

3. 培育龙头企业，带动农民增收

一家一户的农业分散经营生产规模小、抗市场风险的能力弱，竞争力严重不足，难以有效地聚集社会资源。坚持"扶持农业产业化就是扶持农业，扶持农业龙头企业就是扶持农民"的理念，不断创新产业化经营方

式，大力实施"龙头（合作社）＋基地＋标准＋品牌＋市场"五位一体的现代农业发展模式，不断健全完善农村市场体系，进一步拓宽农民增收的渠道和空间。农业产业化龙头企业是创新现代农业经营方式、构建现代农业经营体系的重要引领，是分散经营有效对接社会化大市场的重要平台，能带动其他经营主体分享产业链增值收益。

4. 实施产业扶贫，带动脱贫致富

近年来，柘城县委、县政府着力抓好"四带一扶"，推进辣椒特色产业扶贫。"四带"就是四种带贫模式：

一是辣椒股份带贫模式。组织群众土地流转，签订土地流转合同、务工合同、分红合同，7 200多贫困户以土地资金入股发展辣椒产业，实现稳定增收。如起台镇史老家村流转耕地1 400亩，其中116户贫困户的耕地580亩，建立麦椒套种扶贫基地。入社贫困户获得土地流转租金＋务工工资＋年终分红，使贫困户实现当年脱贫。

二是"协会＋冷库＋订单"带贫模式。充分发挥县、乡两级协会的推动作用、冷库的杠杆作用、订单的引领作用，发展冷藏企业60多家，冷储量达10万吨，延长辣椒保鲜期，实现减损增效；农户与辣椒加工企业常年签订辣椒订单30万亩，带动5 700多贫困人口稳定脱贫。

三是"企业＋扶贫车间＋贫困户"带贫模式。强化精准招商，引进辣椒产业扶贫项目，在贫困村建设扶贫加工车间，吸纳贫困人口就业，带动贫困户522户2 600多人。如慈圣镇贫困村陈阳村与上海携立商贸有限公司联合成立柘城县三樱汇食品有限公司，在村里建立扶贫车间，使本村有劳动能力的47户贫困户实现就业，且能稳定脱贫。

四是"合作社＋支部＋农户"带贫模式。按照把党支部建在产业链上的工作思路，积极在具备条件的合作社中建立党组织。全县建立辣椒产业党支部100多个，带动3 600多个贫困群众发展辣椒生产。

"一扶"就是政策扶持。柘城县委、县政府出台一系列扶持政策，建档立卡贫困户发展辣椒生产，县财政每亩补助300元；鼓励规模种植，流转土地种植辣椒面积超过300亩，每亩补贴100元；流转土地种植辣椒面积超过500亩，每亩补贴150元；流转土地种植辣椒面积超过1 000亩，每亩补贴200元。与中原银行合作，建立5亿元的辣椒产业发展基金；与中原农业保险股份有限公司合作，县财政为种辣椒群众每亩补贴112元保费，最高每亩可获得1 600元赔偿；积极推动"朝天椒"期货上市，稳定辣椒市场价格，有效维护椒农利益。

通过大力发展辣椒产业，全县有3万多贫困人口稳定脱贫。其中，从事辣椒收购、运输、经销的贫困人员达3 000多人；长期在辣椒生产、储

存、加工企业就业的贫困人员达 7 000 多人；四种模式共带动贫困户 6 000 多户 2 万余人实现脱贫，真正实现了"一业带动、万人脱贫""小辣椒"成为脱贫致富"大产业"。2017 年、2018 年连续两届全国辣椒产业大会在柘城举办。

（四）主要成效

柘城是中国辣椒之乡，通过创建现代农业产业园，带动了全县辣椒生产的发展。2019 年，全县有 15 万椒农从事辣椒种植、加工、冷藏、物流、营销，辣椒经纪人超过 2 万人，辣椒种植面积 40 万亩，年产干辣椒 12 万吨，年交易量 70 万吨、交易额 100 亿元，出口创汇 2 亿多元，已经成为全国重要的辣椒种植、集散、出口基地和价格形成中心。该县辣椒产业发展呈现出"四化"的特点：

一是种植规模化。2019 年，全县辣椒种植面积常年稳定在 40 万亩，年产干辣椒 12 万吨，培育种椒专业村 106 个，建立千亩良种繁育基地 8 个，发展万亩辣椒生态示范园区 15 个。

二是经营产业化。与贵阳老干妈风味食品有限责任公司签订了 10 万亩辣椒种植基地协议，引进了重庆红日子集团、贵州旭阳集团等辣椒深加工企业，培育了省、市级农业产业化龙头企业 26 家，全县辣椒年加工量 30 万吨、冷藏量 20 万吨，产品包括八大系列 26 个品种。

三是交易全球化。建成了柘城县辣椒大市场和 16 个乡镇交易市场，投资 20 亿元、正在建设辣椒市场物流园区。市场辐射 26 个省（自治区、直辖市），出口美国等 12 个国家和地区，形成了"全国辣椒进柘城、柘城辣椒卖全球"的格局。以三樱椒为基准交割品、以河南为基准交割地，积极开展上市辣椒期货研究。

四是品质标准化。建立省级辣椒及制品质量检测中心，发布首个省级辣椒种植技术标准化体系，成立了全国特色蔬菜技术体系综合试验站、辣椒生产与加工技术交流中心、河南省辣椒新品种研发院士工作站，培育出 38 个优质品种，种子纯度达到 99%，在全国六大辣椒主产区推广种植 260 万亩，占全国辣椒市场的 40%。

辣椒种植面积常年稳定在40万亩，建立千亩良种繁育基地8个	培育省、市级农业产业化龙头企业26家，全县辣椒年加工量30万吨	建成县辣椒大市场和16个乡镇交易市场，投资20亿元	成立辣椒生产与加工技术交流中心、辣椒新品种研发院士工作站
种植	经营	交易	品质
规模化	产业化	全球化	标准化

（五）启示

现代农业园区是发展现代农业、实现农业现代化的主要载体和有效模式，是今后农业产业实现规模化、集约化发展的主要趋势。柘城县产业园建设刚刚起步，还有很多工作要做。将采取更加有力、有效的措施，把产业园建成"全国领先、全省样板"园区。

提升辣椒规模化、标准化种植水平	加大品种研发培育	加强品牌建设，扩大知名度	商贸物流建设还有待进一步提升
进一步加强辣椒文化建设	进一步加强辣椒深加工	进一步升级辣椒物流交易市场	

1. 提升辣椒规模化、标准化种植水平

柘城县辣椒产业发展较早，但是规模化种植不大，应进一步推进规模化种植水平，发动种植大户、专业合作社、高素质农民通过土地流转进行规模种植，利用现代农业科技，提升标准化种植水平。

2. 加大品种研发培育

积极引进专业技术人才搞好辣椒品种培育和更新换代，解决品种退化问题。

3. 加强品牌建设，扩大柘城县知名度

柘城县在辣椒品牌培育上已经做了很多工作，也取得了一定成效。但辣椒品牌少，知名品牌更少，应进一步进行品牌建设，走品牌带动、品牌兴农之路。

4. 商贸物流建设还有待进一步提升

种得出、产得好还不行，还要卖得掉、卖出好价格，应进一步加强商贸物流建设，把产品卖好，才能有效益。

5. 辣椒文化建设还不够

品牌要叫得响、要长远，还要赋予辣椒一定的内涵，讲好辣椒故事，应进一步加强辣椒文化建设。

6. 辣椒深加工需要进一步加强

不断拉长辣椒产业链条，增加辣椒产业的附加值，加大辣椒深加工开发力度，提高辣椒产业经济效益。

7. 辣椒物流交易市场还需要进一步提档升级

要实现"全国辣椒进柘城、柘城辣椒卖全球"，还需加强辣椒物流交易市场建设，在环境、服务、物流等方面进一步提升。

贵州桐梓："一长两短"产业模式

> **导语：** 2011 年，贵州省率先探索实施贫困县"摘帽不摘政策"的新举措，采取摘帽不摘责任、不摘政策、不摘帮扶、不摘监管的方法，激发贫困地区脱贫攻坚的主动性和能动性，加快脱贫攻坚步伐。在这一政策的感召下，2018 年 9 月，贵州省翻开扶贫史上新的一页，桐梓等 14 个县（区）退出贫困县。
>
> 其中，"中国方竹笋之乡"桐梓县，以第一产业作为巩固脱贫攻坚成果的主攻产业，明确加快第一产业发展是桐梓富民强县的千秋大业，是加快桐梓乡村振兴的根本大计。以巩固脱贫攻坚成果为统揽，以产业兴旺为核心，持续推进"1115"产业工程和"一业一园四区四链"建设规划，全力发起全产业链建设，一张蓝图抓到底，确保全面脱贫、同步小康，扎实推进乡村振兴战略。通过第一产业发展助力"摘帽"，桐梓作为产业脱贫助力乡村振兴的典型案例，十分值得研究和探讨。

（一）主体简介

"革命老区、夜郎故地"贵州省桐梓县，位于贵州省北部，属于乌蒙山贫困地区，面积 3 207 平方公里，辖 20 镇 3 乡 2 街道，215 个行政村、11 个村居，总人口 75 万人，城区面积 22 平方公里，城镇化率 49.9%。桐梓不仅是中国方竹笋之乡、中国楹联文化城市、国家卫生县城、全国休闲农业与乡村旅游示范县、全国法治先进县、全国"十佳最美揽夏地"，还是国家药品安全示范县、国家林下经济示范基地、国家电子商务进农村综合示范县。

初步核算，2018 年桐梓县实现地区生产总值 169.28 亿元，按可比价格计算（增速下同），比上年增长 6.9%。第一产业增加值 34.35 亿元，比上年增长 6.8%；第二产业实现增加值 68.61 亿元，比上年增长 1.1%；第三产业实现增加值 66.32 亿元，比上年增长 12.7%。第一产业增加值占生产总值的 20.3%，比上年下降 0.7 个百分点；第二产业增加值占生产总值的 40.5%，比上年上升 1.3 个百分点；第三产业增加值占生产总值的 39.2%，比上年下降 0.5 个百分点。全县人均生产总值 31 988 元，比上年增长 6.6%。第一产业对经济增长贡献了 20.5%，拉动经济增长

1.4 个百分点；第二产业贡献了 6.4%，拉动经济增长 0.4 个百分点；第三产业贡献了 73.2%，拉动经济增长 5.1 个百分点。由以第一产业为主导的乡村向第三产业为主导转型。

桐梓县产业情况

类　型	增加值（亿元）	增长率（比上年）（%）	增加值占生产总值的比重（%）	经济增长贡献率（%）
第一产业	34.35	6.8	20.3	20.5
第二产业	68.61	1.1	40.5	6.4
第三产业	66.32	12.7	39.2	73.2

2018 年，桐梓县退出贫困县行列。全县退出贫困村 28 个，现有贫困村 1 个。截至 2018 年，全县已脱贫户 14 098 户、52 108 人，其中，已脱贫一般农户 6 625 户、28 227 人，低保户 6 299 户、22 634 人，五保户 1 174 户、1 247 人。贫困发生率 1.46%，比 2017 年降低 0.4 个百分点。桐梓县模式为我国以第一产业为主导的乡村脱贫提供了足够的可能性。

（二）主要模式

1. 模式一：长在山上、短在耕地＋"一县一业、一镇一特、一村一品"

（1）发展策略。桐梓县创新推进"一长两短"产业全覆盖工程，确保每户贫困户有一个稳定增收的长线产业、两个短期见效的短线产业。坚持"长在山上、短在耕地"的思路，巩固做实茶产业，重点发展竹产业，做好山上、山下"两篇文章"，2019 年基本实现"一长两短"产业对贫困人口全覆盖（两无人员除外）。

（2）主要做法。

一是方竹产业。截至目前，桐梓县方竹面积达到 80.8 万亩，方竹资源遍及全县 23 个乡（镇、街道），仅 2019 年新造的方竹就达 25 万亩，栽植质量较历年明显提升，长势很好，成活率达 90% 以上。近年来，桐梓县把方竹产业确立为"一县一业"的主导产业来抓，大力开展人工造竹、低产竹林改造。全县现有 20 多万竹农，2018 年采鲜笋量达 3.5 万吨，产值达 4.5 亿元。方竹产业已经成为桐梓巩固脱贫攻坚成果，带动老百姓增收致富，实现乡村振兴战略的重要支撑。福建古甜食品科技有限公司等一批大型绿色食品加工企业已开始落户桐梓，桐梓迎来了方竹产业大发展的良好时期。

2020 年，桐梓县打造百万亩方竹产业基地，力争创综合百亿元产值，并在辖内狮溪、楚米、黄莲3个乡（镇）建成3个10万亩核心方竹基地；同时打造10个方竹专业村、100个方竹专业组、1 000个方竹专业户；建成100公里的方竹产业示范带，努力把桐梓建设成为全国绿色产品生态县。

　　海拔1 400多米的官仓镇太平社区、小河村的山林里，尽管雾大林深、山高路滑，为抢种植进度，村民们采用人背马驮的方式，把方竹苗运到大山深处栽种。据报道，官仓镇小河村沙板坳组村民方在满，春节后由政府和村干部牵头、签订合同、设定保底价格，自从开始栽种方竹以来，每个月有2 000多元钱的工资。

　　二是烤烟产业。近年来，九坝镇以提升功能、扩大示范为要点，突出谋创新、强产业、补短板、增效益，加快农业产业转型升级步伐，千方百计做大烤烟产业、增加农民收入，走出了一条高产、高效、优质、生态的现代农业产业发展之路。2018年，九坝镇共完成烤烟收购量3.45万担*，产值达5 000余万元，惠及群众5 000余人，其中贫困人员达400余人。2019年，该镇种植1.65万亩，预计可以突破3.5万担。在九坝镇高岗村高湾组烤烟种植示范点，放眼望去，烤烟地膜覆盖着整个山头，犹如诗行般优美，非常壮观。据报道，在九坝镇高岗村高湾组的烤烟种植户文荣兴，2018年种了30亩烤烟，收入有15万元，2019年他承包了33亩，收入能达到20万元以上。

　　三是蔬菜种植产业。在高桥镇斋郎村纯杰果蔬种植专业合作社的辣椒育苗基地，合作社的工人正忙着播种、施肥、盖膜，有条不紊地进行辣椒播种，并进行薄膜覆盖。基地的辣椒幼苗可满足500余亩的种植需求，通常7月就可以采收，每亩可产2 500~2 000千克，经济收入在3 000~4 000元。高桥镇蔬菜种植远近闻名，但因多为农民个体经营，导致了生产规模小、产品单一、市场竞争力差。近年来，高桥镇利用该镇兴隆、周市、两河、高桥、鸭塘、斋郎等村的低热河谷气候优势，不断优化产业结构，大力发展"一沟菜，一河鱼，一瓶酒，一杯茶，一片烟，半山果"的农业格局。巩固了兴隆、斋郎两个早熟蔬菜示范点1 000余亩，带动兴隆、周市、两河、高桥、鸭塘、斋郎等村低热河谷一带，种植早熟蔬菜5 000亩以上。该镇在产业结构调整上，立足本地优势，通过科技支撑、品牌引领、合作经营，大力发展蔬菜种植产业。九坝镇、官仓镇、高桥镇做活土地文章，让土地增效、农户增收，这是桐梓县坚持以脱贫攻坚为统揽，以农业供给侧结构性改革为主线，以调整种养殖业结构为抓手，深入

---

　　* 担为非法定计量单位，1担＝50千克。——编者注

推进"1115"产业工程（打造 100 万亩方竹、100 万头牲畜、100 个乡村旅游点、50 万亩果蔬）的生动实践。

2. 模式二：园区＋产业＋公司＋合作社＋贫困户

（1）**发展策略**。创新完善"园区＋产业＋公司＋合作社＋贫困户"等利益联结机制，不断强化贫困户在产业链和利益链中的占有份额。遵义市 95％的贫困村组成立了农民专业合作社，70％的建档立卡贫困人口加入了农民专业合作社，农技服务团队覆盖 97％的专业合作社和 100％的龙头企业。

（2）**主要做法**。2018 年，桐梓县按"一业一园四区四链"规划，着力聚焦产业选择、培训农民、技术服务、资金筹措、组织方式、产销对接、利益联结、基层党建"八要素"，扎实践行"五步工作法"，有力推动"振兴农村经济的深刻产业革命"。该县通过狠抓产业结构调整，促进一二三产业融合发展，全县改种经济作物 17.15 万亩；完成烤烟收购 95 381.41 担，税收 2 967.65 万元；新增果树栽植 5.6 万亩，巩固提升水果基地 13.8 万亩；种植蔬菜 25.2 万亩，建设商品蔬菜基地 15 万亩，发展食用菌 1 000 万棒，种植辣椒 13 万亩，种植红高粱 5.35 万亩；新增花椒 1.74 万亩、中药材 1.42 亩；实现生猪常年存栏 51.4 万头、出栏 70.2 万头，牛常年存栏 16.4 万头、出栏 30.2 万头，羊常年存栏 24.3 万只、出栏 18.6 万只，生态常年禽存栏 320 万羽、出栏 400 万羽，新增中华蜂 0.65 万群。

此外，桐梓县重点扶持了本地 50 家农产品加工业，引进天域园林、重庆洪欣、渤海制药、铁投公司 4 家龙头企业入驻桐梓从事方竹笋、食用菌和中药材加工，打造桐梓牛肉干、方竹笋、新站椪柑、太白酥李、容光回锅羊肉、坡渡花生面等旅游品牌产品。本地农产品加工产值达 33.2 亿元，加工转化率可达 52％以上。围绕全县 4 个省级园区、3 个市级园区及 8 个农旅一体化示范点，着力扩大竹、水果、茶、花等高效作物种植面积，打造提升 30 个乡村旅游示范点，发挥全国休闲农业与乡村旅游示范县品牌优势，发展农家餐饮、水果采摘、特种养殖、农家菜园、娱乐休闲等在内的农家休闲商业新模式，大力探索"以农促旅，以旅强农，农旅结合"的发展路子，做活三产。

今后，全县将以巩固脱贫攻坚成果为统揽，以产业兴旺为核心，继续推进"1115"产业工程和"一业一园四区四链"建设规划，全力发起全产业链建设，一张蓝图抓到底，确保全面脱贫、同步小康，扎实推进乡村振兴战略。扩基地，优结构，不断做强一产；大招商，配项目，补齐二产短板；兴农旅，重融合，快速提升三产；抓品牌，强联结，提升市场竞争力；抓改革，促实效，激发内生动力。

3. 模式三：易地扶贫搬迁＋劳务输出

（1）发展策略。2015 年，桐梓启动了覆盖全县 25 个乡（镇、街道）的易地扶贫搬迁工作，让居住生存条件恶劣的贫困农户享受更好的公共服务资源，过上更好的生活。为加强易地扶贫搬迁后续扶持管理的工作要求，桐梓县还积极思考，探索出了公共服务均等化、就业创业多元化、资产盘活市场化、社区治理精细化的"四化"实践，有效解决了易地扶贫搬迁后续扶持的问题。

（2）主要做法。

一是公共服务均等化。桐梓根据群众购物、就学、就医等实际需求，在安置点配齐了培训中心、日间照料中心（老幼托管中心）、幼儿园、卫生室等公共服务设施，群众不出社区就能享受教育、医疗等服务，保障群众学有所教、病有所医、老有所养。

在县城安置点建立独立社区，设立社区居民委员会；乡镇安置点建立农村社区，实行"村社合一"，由安置点所在村统一管理，管理人员经集中培训后持证上岗。借助社区服务中心，结合"互联网＋政务服务"，搭建政务、民政、就业、物业等窗口，并进一步简易程序，搬迁户不用前往迁出地即可办理低保、医保、养老保险缴纳、转接等事项，最大程度地方便了群众。

二是就业创业多元化。桐梓利用社区培训中心，结合"新时代农民讲习所"平台，开展致富能人现身说法等活动，激发群众脱贫内生动力，让群众变"要我就业"为"我要就业"，变"等着政府解决就业"为自主创业、自主就业。2019 年，已经在 11 个安置点开展了"新时代农民讲习所"，开展各类文化活动、普法活动 200 余场。据报道，何元登在高桥镇官坝社区通过参加镇干部与合作社牵线的培训，流转 30 亩土地种植辣椒，2017 年的毛收入达 10 万元。

桐梓还在各安置点召开各类专场招聘会 16 场，提供就业岗位 5.75 万个，达成就业意向 2 000 余人次，解决就业 760 余人。共对 1.2 万余人次搬迁对象开展了育婴护理、家政保洁、驾驶机修、制衣制鞋、酿酒种菌、厨师理发、木工电工等各类劳动技能培训，培训后推荐外出务工、本地就业、自主创业的 3 000 余人，搬迁户贫困家庭已基本实现户均就业 1 人。

桐梓还鼓励和扶持小微型企业进入安置点创办扶贫车间、工厂，就近就地为搬迁户提供就业岗位。2019 年，桐梓彩阳集团、贵州恒鑫鞋业有限公司、林达集团等 10 余家企业在安置点创办社区加工厂、美食街，吸纳附近安置点约 1 300 人就近就地就业，月均工资达 2 000 元左右。

三是资产盘活市场化。为使有效资源产生更大效益，桐梓积极探索

"三变"改革经验，盘活迁出地资本，开发迁入地资产，既让搬迁人员在城市稳步就业，又让群众持续增加经济收入。

第一，盘活迁出地"资本"，按照"区域整体盘、产业全覆盖"思路，以迁出地村级班子骨干为主成立专业合作社，采取"保底收储-发展产业-效益分红"模式，将"三块地"进行统一收储、集中开发。政府投入基础设施并主导发展方向，专业合作社提供统购统销统管平台，公司负责技术和风险保证，形成产、供、销一体化格局。至 2019 年，已盘活"三块地"约 3 500 亩。马鬃乡坪庄村通过流转"三块地"建设食用菌大棚 99 个，采取贫困户占 50%、合作社占 40%、村级集体占 10%的模式进行分红，贫困户户均增收 1 500 元以上。

第二，开发迁入地"资产"，引进林达集团对马元岩社区门面整体包装打造，吸引 10 余家特色餐馆入驻经营。既盘活了安置地产业，也为搬迁群众自主创业提供了平台。此外，还统一规划建设和经营管理安置点经营性场所，将部分门面低价出租给搬迁群众小本经营，获得营利性经济收入保障，实现多种经营让搬迁群众增加收入。至 2019 年，全县已盘活安置点商业门面 100 余个，带动搬迁群众自主创业 100 余人。

第三，整合"微田园"。采取"政府＋合作社＋公司＋搬迁户"模式，把每家每户"微田园"集中起来，采取"一户一棚""两户一棚"等方式，包干到户发展食用菌、蔬菜、花卉苗木等产业，实现由"种来吃"到"种来卖"转变。目前，已盘活"微田园"340 亩发展食用菌产业，帮助群众创收 200 万元。

四是社区治理精细化。在社区治理精细化方面，近年来，桐梓始终把党的建设贯穿于社区治理全过程，打造以小区为单元、以平安为核心的社会治安防范体系，确保群众生活舒心、居住安心。蟠龙社区，随处可见村规民约，如"公共环境要护好，重新修建要掏包；家具杂物整齐摆，垃圾分类不乱甩"。

首先，强化党组织引领。积极推行社区党组织领导下的居民自治、区域共治，从安置点群众中选派有群众威信、热心公益的人员参与社区管理。每一单元、每一楼栋选派单元长和楼栋长，负责政策宣传落实、社情民意收集反馈、环境卫生整治等工作，确保群众诉求有渠道、困难有人帮，进一步提升社区自治活动、公共服务能力。自群众入住以来，全县各安置点共开展日常走访、感情联络 4 500 余人次，有效化解了群众诉求。

其次，突出大数据支撑。依托易地扶贫搬迁大数据平台，以社区党支部为基础，录入每户家庭成员、就业、健康状态等信息，对社区群众进行动态化、数字化管理，实现数据分析、数据决策、数据管理。蟠龙社区借助大数据平台，全面掌握孤寡老人、留守儿童等特殊群体生活和外出等情况。如有 2～3 天未外出或外出未归，社区管理人员就会上门询问情况，及时解决群众所需所盼。围绕尊老爱幼、环境卫生、陋习遗留等方面，结合小区实际情况，社区党支部发动群众参与制定"社规民约"，以户为单位对"社规民约"进行积分制管理，凡是违反"社规民约"的，在社区宣传栏进行公示，全面推进社区治理共治、共享、共荣。

（三）利益联结机制

1. 乡村旅游创收

乡村旅游是地处贵州北大门的桐梓县脱贫攻坚的一项重要产业。截至 2019 年，桐梓已建成乡村旅馆 1 651 家、乡村旅游宾馆酒店 89 家，客房数 3.8 万间，床位数 7.56 万张。2018 年接待游客 1 920 多万人次，实现旅游综合收入 126 亿元。据不完全统计，全县乡村旅游直接或间接从业人员 10 余万人，近几年有 3 万余贫困户因此脱贫。

桐梓县乡村旅游

桐梓县在转型升级进程中充分发挥"旅游＋"带动功能，让旅游与农业、文化、体育等产业深度融合，大力培育农旅、文旅、体旅、养生养老旅游等新兴旅游业态。2020 年，桐梓县成功创建 1 个国家级旅游度假区、2 个以上省级旅游度假区、3 个游客集散中心、30 个 A 级旅游景区、10 个乡村旅游示范镇、100 个乡村旅游示范点、100 个精（优）品级乡村旅馆、1 000 个标准级乡村旅馆，旅游年接待人次突破 2 100 万，旅游综合收入突破 150 亿元。

杉坪村曾是国家级贫困村，6 年前全村 5 000 多人人均年收入不足 4 500 元。通过发展乡村旅游，全村开办农家乐和乡村旅馆 70 多家，床位数接近 3 000 张，现在全村人均年收入超过 2 万元。2019 年以来，为迎接避暑季的到来，该村重点以"绿色产业＋家庭农场＋大户""公司＋基地＋农户"等方式培育和发展花卉、蔬菜、经果等特色农产品，让每一座山头都变成绿色银行，大大提高了土地利用价值。

桐梓县巩固提升乡村旅游，推动一二三产业深度融合发展，昔日的贫困村正在一个个不断"清零"，土地流转花果满山，种养业转型升级，农民打工效益倍增，旅游经济风生水起。2019 年，全县改吃旅游饭的农民增加到 12 万人以上，巩固扩大了"全国休闲农业与乡村旅游示范县"品牌，使旅游成为"努力把桐梓建设成为遵义融入重庆的'桥头堡'"的重要支撑，把桐梓建设成为集红色教育、纳凉避暑、养生度假、休闲娱乐、山地运动为一体的现代化旅游热地、黔川渝结合部红色文化旅游创新区和国家乡村度假目的地。

2. 创业培训指导

桐梓县通过对安置点内已创业和有创业意愿的易地扶贫搬迁群众开展创业培训，激发脱贫的内生动力。在提供创业培训的同时，该县还提供免费的政策咨询、创业指导等服务，不断帮助创业者解决创业中的困难，激发搬迁群众自身的发展动力，通过"一部分人先创业，再带动一部分人后就业"的方式，实现创业带动就业的目标。

2018 年，该县共开展创业培训 84 人，实现创业 44 人，带动就业 85 人，兑现一次性创业补贴和场租补贴 44 人、17.4 万元，发放创业贴息贷款 30 万元。

(四) 主要成效

与 2017 年相比，2018 年，桐梓县生产总值 172 亿元、增长 6.5%，500 万元以上固定资产投资增长 16%，财政总收入 15 亿元、增长 12%，一般公共预算收入 6.78 亿元、增长 11.8%，社会消费品零售总额增长 12%，城镇常住居民人均可支配收入 29 062 元、增长 9%，农村常住居民人均可支配收入 11 982 元、增长 11%，金融机构存款余额增长 12.8%，贷款余额增长 34.4%，全面小康实现程度达 97%。经济社会发展呈现重点突破、亮点凸显、基础夯实、民生改善的良好态势。

2018 年 9 月 21 日，省政府正式批复桐梓退出贫困县行列。这一年，桐梓县修建通村、通组路 3 800 公里，实施饮水安全项目 3 369 个，建成通信基站 2 378 个，改造农网 1 951 公里、安全住房 5.2 万户、人居环境 6.49 万户，易地扶贫搬迁 4 015 户 1.6 万人，实现了基础设施大提升、农业产业大发展、农村面貌大改观、干部作风大转变。累计出列贫困村 120

个，减少贫困人口 1.4 万户 5.2 万人，贫困发生率降到 1.46%，成为世界减贫中国智慧的成功典范。

2018 年桐梓县各项收入数据

指标	财政总收入	一般公共预算收入	城镇常住居民人均可支配收入	农村常住居民人均可支配收入
收入（元）	15 亿	6.78 亿	29 062	11 982
增长率（%）	12	11.8	9	11

（五）启示

桐梓县乡村振兴的实现，是县委、县政府统揽全局、正确领导的结果，是县人大、县政协有力监督、鼎力支持的结果，是社会各界和衷共济、通力协作的结果，更是全县干部群众自强不息、砥砺奋进的结果。

桐梓县因地制宜发展特色农业，政府牵头鼓励就业创业，群众勤勉爱乡共创安居乐业。以巩固脱贫攻坚成果为统揽，以产业兴旺为核心，持续推进"1115"产业工程和"一业一园四区四链"建设规划，全力发起全产业链建设，一张蓝图抓到底，坚定信念，定准目标，同时不忘为民众创收，不忘绿色发展。不盲从，有特色，创建了一条属于自己的特色脱贫之路。同时，兼顾为乡村振兴战略的规划，为之后的乡村振兴夯实基础，为以第一产业为主导的乡村实现乡村振兴提供了有益借鉴。

桐梓县坚持脱贫不脱政策、脱贫不脱帮扶、脱贫不脱责任，围绕"一达标、两不愁、三保障"等核心指标，抓好脱贫对象动态管理。强化帮扶措施，致力扶志扶智，提升脱贫户就业创业能力，拓宽致富渠道，确保持续稳定增收不返贫。通过五步协同发力，桐梓县全链条、多环节撬动搬迁人员脱贫内生动力，全方位、立体式推动易地扶贫搬迁人员就新业、就好业，安居乐业。

湖南石门：湘佳牧业股份有限公司全产业链扶贫模式

导语：湘佳牧业股份有限公司（简称"湘佳牧业"）是武陵山片区湖南省石门县的一家农业产业化国家重点龙头企业，也是湖南省最大的优质家禽养殖全产业链企业。该企业主要从事国家地理标志保护产品"石门土鸡"的繁育养殖、屠宰冷链和生鲜自营，年养殖规模6 000万羽。

石门土鸡养殖现场

作为石门本土民营企业，多年来，湘佳牧业始终把"抓好石门土鸡产业精准脱贫"作为公司必抓的"十件大事"之一，将龙头企业的资源、技术、市场优势和贫困村（户）的土地、政策、人力优势捆绑在一起，着力发展见效快、风险小的家禽养殖项目，较好地解决了28个贫困村集体经济空壳和1 200多个贫困户收入增长乏力两大难题，走出了一条"石门土鸡进村户、农超对接抓脱贫"的好路子。如今，石门土鸡已经真正成为精准脱贫"战斗鸡"，贫困村和贫困户有了自己的"鸡财神"，精准脱贫的路子越走越宽广，龙头企业的带动效应越来越明显，全产业链扶贫的路径越来越清晰，形成了独具地方特色的精准脱贫"石门样本"，其产业脱贫模式被中央电视台、人民日报、经济日报、湖南日报、湖南卫视、湖南经视等多家媒体推介报道。

（一）主体简介

　　湘佳牧业位于湖南省常德市石门经济开发区（图1-6），成立于1990年，是湖南省唯一一家从农场到餐桌、从农场到农场的优质家禽养殖加工和有机肥加工全产业链企业、农业产业化国家重点龙头企业、新三板挂牌企业和中国生鲜家禽行业领军企业。公司在职员工5 000余人，大小养殖户3 000多户。2019年，年优质鸡养殖规模6 000万羽，年产湘佳有机肥10万吨。公司在全国20多个省份100多座城市的2 300多家中外超市和阿里巴巴盒马鲜生新零售门店开设了石门扶贫农产品"湘佳鲜禽专柜"，产品深受消费者欢迎。其中，"湘佳生鲜鸡"被评为中国最受消费者信赖的十大肉类品牌。"石门土鸡"荣登2016中国区域品牌·禽畜水产类价值榜单，品牌价值45.94亿元；荣获2017中国国际农产品交易会金奖。2018年，公司实现销售收入15.15亿元，实现利润1.26亿元。

湘佳牧业股份有限公司

　　近年来，湘佳牧业积极响应中央精准脱贫号召，实施产业脱贫计划，探索出了"公司＋贫困村石门土鸡养殖基地"和"公司＋贫困户散养石门土鸡"两种扶贫模式，为石门县2018年整体脱贫作出了贡献。2017年7月，湘佳牧业被人力资源和社会保障部、国务院扶贫办联合授予"全国就业扶贫基地"，同年10月，公司董事长喻自文入选"湖南省百名最美扶贫人物"。

```
┌─────────────────────────────────────────────┐
│              湘佳牧业股份有限公司              │
└─────────────────────────────────────────────┘
                      ▽
┌─────────────────────────────────────────────┐
│ "公司+贫困村石门土鸡养殖基地""公司+贫困户散养石门土鸡"和"公司+商超 │
│           湘佳鲜禽自营"扶贫模式              │
└─────────────────────────────────────────────┘
                      ▽
┌─────────────────────────────────────────────┐
│              "全国就业扶贫基地"               │
└─────────────────────────────────────────────┘
```

（二）模式简介

湘佳牧业的产业脱贫主要有"公司＋贫困村石门土鸡养殖基地""公司＋贫困户散养石门土鸡"和"公司＋商超湘佳鲜禽自营"扶贫模式。

1. 山村建基地，强化脱贫造血功能

为了增强贫困村的自我"造血"功能，构建预防返贫机制，巩固脱贫成果，阻断返贫之路，湘佳牧业创新推出了"公司＋贫困村石门土鸡养殖基地"这一精准脱贫新模式。

具体来说，就是因地制宜在贫困村建设一个小型标准化石门土鸡养殖场，使年养殖规模达到 30 万～40 万羽/村，快速壮大贫困村集体经济。

这种模式的操作方法是，整合县级扶贫专项配套资金和后盾单位资金 100 万元，每个村由 40 个贫困户组成养殖专业合作社，共同向县农商银行申请扶贫贴息贷款 200 万元，用于养殖基地建设。扶贫贴息贷款由湘佳牧业承担一般保证责任。在养殖过程中，所有物料成本流动资金约 200 万元，由湘佳牧业以物料方式提供。

石门县新铺镇岳家棚村是该县第一个石门土鸡集体养殖基地实施村，2017 年基地建成以来，村集体每年获得养殖效益近 40 万元，27 个申请扶贫贴息贷款的贫困户年均获得纯收入 1 600 多元，显现了较好的扶贫效果。

石门土鸡集体养殖基地

　　由于贫困村养殖基地有了湘佳牧业这座靠山，贫困村和贫困户就有了一只长期下蛋的"母鸡"。只要湘佳牧业这座靠山不倒，贫困村村集体收入和贫困户的个人收入就可以得到长期保障，就会村村有收入、户户有奔头、年年有收入、人人有保障。

　　在实际运作过程中，结合贫困村所在偏远山区的气候、环境、交通等实际情况，湘佳牧业和石门县扶贫办、石门农商银行还探索出了"村村联合、共建共享"的基地养殖新模式，鼓励相邻、相近的贫困村实行联合建场。例如，磨市镇包家渡村脱贫养殖基地，由该镇5个贫困村联合建场，成为湖南省目前规模最大的现代化家禽脱贫养殖基地。基地拥有鸡舍16栋，年出栏商品鸡200万羽，实现销售收入4 000万元，利润320多万元，创造就业岗位35个，可使300多贫困户获得长久稳定收益。

石门土鸡养殖现场

2. 家庭办农场，助推村民勤劳脱贫

　　为了从根本上解决特困户、低保户、残疾户、病贫户等弱势困难群体的生产生活困难问题和生存发展问题，湘佳牧业结合公司多年的养殖实践和经营实践，探索出了"公司＋贫困户散养石门土鸡"新模式，发动贫困户散养石门土鸡，使贫困户直接通过养殖石门土鸡增收脱贫。

　　贫困户散养石门土鸡，由贫困村村委会牵头组织管理，贫困户利用房前屋后空地或自有林权山地，散养慢速型石门土鸡，每批养殖6个月以上，一年养殖两批，每批1 000羽。湘佳牧业为贫困户提供30日龄脱温鸡，贫困户用自产的玉米、甘薯、蔬菜及天然野草、昆虫、山泉进行散养。

3. 公司＋商超湘佳鲜禽自营

　　近年来，湘佳牧业鲜禽板块发展较快，公司主动把鲜禽促销员岗位向石门山区贫困人口倾斜。4年多来，通过多种渠道，先后聘用了2 000多名贫困山区的贫困人口。

　　这些贫困山区的农民，文化水平偏低、年龄偏大、妇女偏多，在大山

公司＋商超湘佳鲜禽自营现场

深处就业门路少。通过培训，湘佳牧业把他们送到全国各大城市的超市专柜，当上了湘佳鲜禽促销员，还为他们办理了"五险一金"，年人均工资达到5万元，其中有200多人还当上了促销主管和营销经理，实现了自己的人生梦想。

为了把扶贫基地和贫困户养殖的家禽产品卖出去，湘佳牧业坚持产品开发多维度、多品类，产品销售多渠道、多途径，销售服务多手段、多举措的经营战略，形成了城乡市场并进、线上线下并用、批发零售并行的"多业态多元化"营销新路径。

在全国各大超市设置"湘佳鲜禽自营专柜"，确保生鲜家禽销路畅通。目前，湘佳生鲜家禽已进入北京、上海、重庆、湖南、湖北、四川、江苏、安徽、河南、河北、山东、陕西、江西、浙江、福建、广东、贵州、云南、甘肃等20个省份的100多座城市，并与盒马、永辉、永旺、家乐福、华润万家、大润发、步步高、沃尔玛、欧尚、丹尼斯、世纪联华、武商量贩、麦德龙、家润多、平和堂等40多家中外超市集团建立了长远的战略合作关系，超市直营店达到2 300多家。

把湘佳鲜禽打入盒马鲜生、叮咚买菜、京东7FRESH等新零售平台，不断拓展生鲜家禽电商销售渠道。2017年11月28日，时任阿里巴巴盒马鲜生财务总监盛聪女士受联合国粮食及农业组织邀请，在土耳其安塔利亚举办的"2017全球南南合作发展博览会"上，发表题为"新零售·新农业"的主题演讲，来自湘佳牧业的石门土鸡被盒马鲜生作为新零售的扶贫案例推上了联合国讲坛。2019年6月，湘佳牧业成为盒马鲜生农产品"产地直采"全国性家禽首要战略合作供应商，"土生土长、土法土养"的石门土鸡作为盒马鲜生170多家新零售门店的首选生鲜家禽产品，受到了

石门土鸡销售现场

广大消费者的追捧。2019 年 8 月，湘佳牧业董事长喻自文应邀到上海盒马鲜生总部，与盒马鲜生创始人兼 CEO 侯毅达成战略合作，力争两年内盒马鲜生的石门土鸡销售额超过 2 亿元。

大力推广石门土鸡电商销售

为了把贫困村、贫困户养殖的家禽产品卖出去，让成千上万的城市客户认识、接受、爱上石门贫困山区的家禽产品，湘佳牧业推出了现场叫卖、试吃体验、现场剁鸡、买鸡送橘、快板促销、卖场路演等耳目一新的促销办法，收获了成千上万的忠诚顾客。

（三）利益联结机制

为确保"公司＋贫困村养殖基地"模式成功实施，贫困村养殖场采取"公司＋村集体＋贫困户"的模式实施代养。村干部牵头负责养殖管理，湘佳牧业提供物料和技术培训及指导，保价回收成鸡，确保年养殖效益45万元以上，村集体安排贫困户10人左右通过养鸡就业。养殖效益按预先制订的分配方案，在政府、银行、企业三方共同监督下，返利给村、户，湘佳牧业不参与分红。政府组织扶贫资金100万元为村股本，占比33.3％；每村40个贫困户每户贴息贷款5万元，为各贫困户入股股本，占比66.7％。以贫困村养殖基地年养殖规模30万羽计算，按每羽1.5元利润，一年可得45万元。村集体年可分红15万元左右。贫困户占30万元，按50％计15万元还贷，50％计15万元分红，每户年分红4 000元左右。在实际操作中，湘佳牧业也可以采取托管方式，确保养殖目标利润。

为确保"公司＋贫困户散养石门土鸡"模式成功实施，湘佳牧业与贫困户签订养殖合同，派遣一名专职养殖技术员，长年走村入户，统一进行技术培训，统一养殖质量标准，统一按保价回收成鸡，确保每只鸡的养殖利润达到15元以上，贫困户年养殖收入可达3万元以上。

石门土鸡养殖

（四）主要成效

截至2019年，石门县已有新铺镇岳家棚村、中和铺村，磨市镇鲍家渡村，太平镇犀牛坪村，夹山镇下官村、西周村、两合村等28个贫困村建成和在建标准化养殖基地，实行规模化养殖。贫困户散养石门土鸡这种模式，已经在该县太平、三圣、子良、壶瓶山等乡（镇）铺开。石门县太平镇犀牛坪村贫困户唐敦武、苦竹坪村贫困户唐植凡，就是该镇500多贫困户散养石门土鸡的典型代表。唐敦武早年在浙江务工，因为没有一技之长，又走过一段弯路，家里的土砖房8年没有人住。在湘佳牧业的帮助下，唐敦武通过散养石门土鸡，第一年获利3万元；唐敦武尝到甜头后，也安心留在家里养鸡了。2016年，在易地扶贫搬迁政策的扶持下，家里盖了新房。2017年，又新建了2栋鸡舍，扩大养殖规模，收入达到8万元。

如果说，唐敦武是浪子回头精准脱贫的典范，唐植凡则是死里逃生精准脱贫的案例。唐植凡家有6口人，2012年，他不幸患上了再生障碍性贫血，两年时间，为治病负债10多万元，他陷入绝望之中，只能家里等死。2015年，在湘佳牧业的帮助下，他开始拖着病体散养起了石门土鸡，当年散养2 000只收入5万多元。养鸡赚了钱，唐植凡重新有了活下去的勇气和希望。从此以后，他每年散养石门土鸡3 000只左右，每年的养殖收入在6万元以上，不仅偿还了10万多元的债务，还购置了农用车，一家人也渐渐走出了贫困境地。

实践证明，贫困户依靠湘佳牧业的帮助，通过自己的辛勤劳动散养石门土鸡，不失为快速脱贫、勤劳脱贫的好办法，特别受到山区贫困户的欢迎，石门土鸡也由大山里的"黑凤凰"蝶变为精准脱贫的"战斗鸡"。

（五）启示

1. 精诚合作是产业脱贫的必由之路

在产业脱贫实践中，湘佳牧业始终坚守"精诚合作、实现共赢"，总是本着"宁肯亏公司，不亏贫困户"的原则，给贫困户实实在在的养殖效益。2017年上半年，H7N9流感病毒流行，超市里原本较为畅销的石门土鸡也少人问津，湘佳牧业依旧履行回收合同，公司累计亏损1 000多万元，贫困户的养殖效益却分文未减。

2. 全产业链是产业脱贫的制胜法宝

30年的探索实践，湘佳牧业形成了种禽繁育、禽苗孵化、饲料加工、家禽养殖、有机肥业、现代农业、质量控制、集中屠宰、冷链配送、超市自营、生鲜电商等一只鸡的全产业链，为构建产业脱贫的长效机制打下了坚实的基础。

3. 质量安全是产业脱贫的重要保障

为了确保扶贫农产品的质量安全，湘佳牧业锁定饲料原料全检、宰前活禽抽检、宰后鲜品复检、样品备份留存、脚标扫码溯源、质监部门抽检六大检测程序，严把种禽、孵化、养殖、用药、环境、检测、屠宰、冷链、销售九道关口，坚持集中屠宰、冷链配送、恒温储运。多年来，随时随地接受全国各地质检部门的抽检，产品合格率达到100%。

石门土鸡屠宰现场

四川成都：聚峰谷农业科技开发有限公司产业共建扶贫模式

导语： 聚峰谷农村产业融合发展项目是由四川聚峰谷农业科技开发有限公司（以下简称"聚峰谷公司"）联合四川省旅游投资集团着力打造的项目。四川省旅游投资集团作为大型国有企业，肩负着文化旅游发展和乡村振兴的产业投资责任，集团业务板块涵盖酒店、景区、航空旅游、商贸发展、教育和旅游金融六大领域，携手聚峰谷公司，共同贯彻中央和省委实施乡村振兴战略、成都市东进战略和龙泉山城市森林公园战略举措，整合油橄榄产业、文化、技术、产品、人才等优势资源，打造中国油橄榄的集散中心。以乡村振兴为己任，以油橄榄产业为引领，以旅游为带动，带领广大农民群众进一步做大规模、做强产业、做优品质，将油橄榄打造成为乡村特色的成都造农产品名片，将金堂建设成为西部对外交往中心的重要平台和一带一路的合作典范，助力国家中心城市、世界文化名城展翅鹏飞。项目计划投资50亿元，倾力建设国内最优、国际一流的具有浓郁西班牙风情的一二三产业融合发展综合体。

（一）主体简介

聚峰谷公司成立于2014年11月，注册资本8 000万元，是一家以油橄榄科技研发、现代化规模种植、标准化示范推广、加工销售、品牌运营全产业链为主，以生态环境建设、乡村旅游、田园度假、文化体验于一体的一二三产业融合的综合性农业开发企业。聚峰谷公司现已发展成为高新技术企业、四川省林业产业化龙头企业、成都市农业重点龙头企业和成都市级田园综合体。同时，聚峰谷公司生产的橄榄油获得2018年日本国际橄榄油大赛金奖、2019年美国纽约国际橄榄油大赛银奖、2019年意大利国际橄榄油大师赛"高品质橄榄油奖"等多项荣誉。

截至2019年，聚峰谷公司已基本完成万亩油橄榄全产业链基地的建设。流转土地面积约20 000亩，栽植油橄榄树7 500亩，景观苗木约2 000亩，其他生态林约8 000亩。油橄榄加工体验中心、西班牙文化生活馆（文化展厅、橄榄树餐厅）、油橄榄技术研究院、育苗采摘大棚、民宿客栈等项目已投入使用。

（二）主要模式

1. 模式概括

一是通过创新机制体制，激活农村的土地、劳动力、资产、自然风光等要素资源，将资源变资产、资金变股金、农民变股东，形成一套有效保障农户利益的链接机制，带动群众增收致富。二是在循环创意农业、文化价值挖掘、农旅融合、三产融合等方面取得新突破，带动新经济新业态培育。三是通过引进先进生产线、生产管理技术，与国际国内企业、专家、高校合作，推动高端农业发展，促进产业生态圈建设。通过项目建设，使项目最终实现农业强、农村美、农民富，构建都市现代农业新高地的重要支撑，全面实现乡村振兴目标。

2. 发展策略

油橄榄发源于古希腊，拥有长达数百年甚至上千年的丰果期，是世界上最古老的树种之一，有着深厚的历史底蕴和文化张力。橄榄油富含丰富的单不饱和脂肪酸、油酸以及多种维生素、抗氧化物，具有抗癌、抗衰老、防辐射、改善血液循环系统、润肤美容等多重功效，被认为是迄今所发现的最适合人类营养所需的油脂，在西方国家被誉为"液体黄金"。

据调查，全世界油橄榄系列产品每年以 1.28％ 的速度增长，其中使用橄榄油的增长速度为 2.8％。2017 年我国橄榄油消费总量已超过 5 万吨，其中自产不足 7 000 吨，进口接近 90％，预计未来 10～20 年，我国橄榄油需求将以每年 30％ 左右的速度递增，2020 年全国橄榄油需求总量超过 10 万吨，2030 年将达到 30 万吨，国际橄榄油协会也因此预测中国将成为世界最大的橄榄油潜在消费市场。

聚峰谷公司自成立以来，一直专注于油橄榄产业发展、文化融合，致力于田园健康生活方式的营造。按照成都市委书记范锐平调研金堂提出的成都市可以把油橄榄产业发展作为农业发展的重要课题，要把油橄榄产业发展作为龙泉山脉主导产业的重要指示，以及成都市建设龙泉山城市森林公园提出的"增绿增景、减人减房、基础设施、特色小镇"十六字方针，大力发展油橄榄的一二三产业融合，助力成都乡村振兴战略。

路径一：构建油橄榄产研学院。整合国内外科研院校和专家资源，构建油橄榄产研学院，开展油橄榄优良品种选育、病虫害防治、栽培技术研究、产品综合利用研究和人才培训等工作，有力支撑油橄榄产业又好又快发展。已建成油橄榄技术研究院 1 500 平方米，与科尔多瓦大学、塞维利亚大学、四川农业大学、四川省林科院等多家科研院校建立了长期合作关系，共同致力于油橄榄产业技术的创新和研发。

路径二：打造万亩油橄榄现代化产业基地。2019年，聚峰谷公司种植油橄榄面积约1万亩，带动农户及业主种植面积达5万亩，2020年发展到10万亩。同时，注重用现代的科学理念、设施设备和管理方式来提升基地，打造万亩油橄榄现代化产业基地。

路径三：建设国际一流的加工生产工艺。引进国际最先进的榨油设备——意大利贝亚雷斯，通过先进的低温冷榨技术，最大限度地提升橄榄油品质，提高出油率。

路径四：深度挖掘和研发系列产品。油橄榄全身是宝，除了传统的橄榄油加工以外，还可研发橄榄茶、橄榄油火锅底料、橄榄精油、洗护产品、保健产品及文化产品等多元化的产品体系，最大限度地增加油橄榄产品的广度和深度。目前，橄榄茶、橄榄油火锅底料等系列产品已研制成功。

路径五：强化品牌建设和渠道建设。聚峰谷公司产出的"成都造"橄榄油，从全世界727个产品中脱颖而出，获得2018年日本国际橄榄油金奖，也是中国首个橄榄油国际金奖。聚峰谷公司正开拓多元化的销售渠道，相信在不久的将来，"成都造"聚峰谷橄榄油将推向全世界。

路径六：促进以油橄榄为核心的一二三产业全面发展。油橄榄是世界普及率第一的食用油，几乎伴随了大多数国家的文明史和民俗风情。该项目从油橄榄所蕴含的文化典故、异域美食、奥林匹克文化、艺术作品等方式，通过艺术化的营造手法、情景式的文化演艺和体验式的参与项目，促进以油橄榄为核心的一二三产业全面发展。

到2022年，立足已经流转的近2万亩农业用地和集体建设用地，以大健康产品为支撑，以度假旅游为目的，以农旅文体康养融合为路径，建设在成都具有政策探索先行性、产业带动性、模式引领性的国家乡村振兴先行试验区。具体包括油橄榄产业园、龙泉山城市森林公园、特色康养度假小镇、乡村城堡酒店、西班牙风情酒店、天空牧场、西班牙文化生活体验馆等子项目。

计划到2028年，将以龙泉山北部片区聚峰谷项目为起步区、会客厅，打造成都市公园城市东进示范区，建设国家级旅游度假区。构建养老、养生、养疗、养心、养颜五大康养度假模式和"康养＋"游乐、医疗、休闲、运动、教育、旅居等八大"康养＋"服务体系，为客户提供大健康产业闭环式服务。具体包括橄榄梦幻和平乐园、国际艺术家部落庄园、山地户外运动度假区、森林幼儿园、热气球星空营地、空中缆车索道、田园康养度假社区等30余个子项目。

路径七：整合资源，面向全球。借助成都国家中心城市和淮州新城创建国家级开发区，以及蓉欧国际班列、天府国际机场的资源优势，最终面向全国和全球，推广"成都造"油橄榄产业新高地和成都文化旅游新名片。

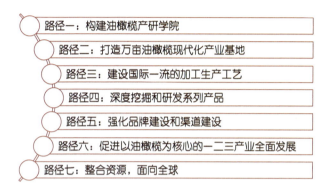

路径一：构建油橄榄产研学院

路径二：打造万亩油橄榄现代化产业基地

路径三：建设国际一流的加工生产工艺

路径四：深度挖掘和研发系列产品

路径五：强化品牌建设和渠道建设

路径六：促进以油橄榄为核心的一二三产业全面发展

路径七：整合资源，面向全球

（三）主要做法

1. 油橄榄加工中心建设经营

采取"公司＋集体经济组织"共建模式，龚家村股份经济合作社负责油橄榄小型体验加工设备、油橄榄储存及灌装设备的采购，公司负责项目报规报建、土地购买、厂房的投资建设、榨油设备购买以及加工中心的运营管理。共同组建油橄榄从榨油—储存—罐装的完整加工线。公司每年按保底租金＋分工收益支付村集体，壮大集体经济组织。目前，该合作项目设备已全部安装到位。龚家村股份经济合作社通过设备租赁的方式出租给聚峰谷公司，年保底租金按 20 万元计算，待加工厂年产橄榄油超过 100 吨时，超出部分按每吨 500 元进行分红；待超过 300 吨时，超出部分按每吨 600 元进行分红；超过 500 吨时，超出部分按每吨橄榄油800 元进行分红。合作项目的设备已安装完成，于 2020 年 10 月投入使用。

2. 企民共建

结合企业的技术、加工、销售优势，借助农民的田间管理和规模优势。借助农民提供土地和管理，企业提供产前的种苗服务、产中的技术服务和产后的收购服务，政府对产业进行适当补贴，产权归农民所有。即由农民提供土地和劳力，企业提供苗木、资金、负责技术和产品营销，村集体负责牵头成立合作社。油橄榄挂果后 4～10 年，按照"公司30%、村集体经济组织 5%、合作社 5%、农民 60% 进行利益分配；挂果 11 年后，聚峰谷公司前期投入结清，油橄榄收益全部归农户所有，按照"农户 90％＋村集体经济组织 5％＋合作社 5％"分红。该模式最大限度地把生产收益让利给农户，企业更多地通过品牌、加工、销售获取收益。

企民共建油橄榄产业基地

3."公司租赁＋林下创业"

油橄榄种植间距大，为了充分利用土地资源，采取林下种养循环的方式，大力发展农民自主创业就业产业园。既能优化种植结构，充分盘活闲置土地，又能有效降低企业的除草、管理成本。由龚家山片区 85 户扶贫资金、村集体争取项目资金、农户贷款资金建成林下创业基地，在农户获得土地租金的基础上，由企业无偿提供部分油橄榄种植区供农户套、间作特色农作物，发展生态鸡养殖等，所得收益归农户所有。同时，聚峰谷公司实行订单农业模式，回购农户的农产品，保障农民利益。截至 2019 年，已建成林下创业示范基地约 600 亩，发展产业有林下芍药、林下沙参、林下蔬菜、林下生态黑鸡等。

4."三产共享"

农民通过闲置房屋出租的方式参与项目区内休闲、娱乐、民宿、餐饮、农事体验、亲子体验、户外拓展等第三产业建设。在龚家村集中居住区（安置点），聚峰谷公司从当地农民手中租赁 5 户农民房屋，通过庭院美化、业态植入和重新规划装修，实现特色餐饮、茶馆、民宿、游客服务中心等配套休闲旅游功能，实现村庄与旅游的完美结合。随着项目区旅游人气的不断增加，借此带动更多的农户参与进来进行环境改造和旅游经营，在促进乡村美化的同时带动农民增收致富。

林下自主创业产业基地

5. 技术服务承包

聚峰谷公司通过与村集体组织共同建立社会化的服务公司，组建产业修枝打药等技术服务队，以及清洁队、保安队、巡逻队等，积极探索多元化的发展模式。在促进当地村民就业的同时，壮大村集体经济。

6. 先租返包

油橄榄种植后需要 3～4 年才能进入盛产期，在此之前每年每亩都需要至少 1 000 元的后期管护费，但市级资金是一次性补助 1 000 元/亩，后期管护没有补助，企业成本投入大，不利于油橄榄的后期发展。聚峰谷公司将挂果油橄榄土地以适度规模承包（签约）的方式，返包给经过技术培训且具有创业意愿的农户，每户返包以 20～30 亩作为一个单元，每年保底交给公司 200 千克鲜果/亩，其余部分归农户。该模式最大限度地利用了农户的管理优势，降低了企业的规模风险。

7. 共享农庄

聚峰谷公司与村集体已签订了共同出资建设龚家山庄民宿酒店的协议，采取"公司＋集体经济组织"共建共享的模式。聚峰谷公司负责建筑方案设计、装饰装修和山庄的经营管理，龚家村股份经济合作社提供土地和部分建设资金。项目营业满半年后，聚峰谷公司每年给集体经济组织提供投资总额 5%～12%的浮动保底分红。该项目既让村集体享受了资产增值收益和分红收益，又解决了大量村民就业问题，充分让老百姓参与和享受项目一二三产业融合发展及其带来的收益。

（四）利益联结机制

项目通过产业发展，带动了大部分农民就业增收，通过以上模式，共计解决农户直接就业 800 余人，户年增收约 1 万元，带动油橄榄产业发展面积约 5 万亩，村集体经济年收入约 50 万元。未来将通过一二三产业结合的模式，创造更多的就业机会，帮助更多的农民实现多渠道、可持续的增收。

1. 第一产业增收

聚峰谷公司以"公司＋农户＋合作社＋基地"的组织形式，通过"土地租赁、劳动打工、合作社入股、林下创业和产品回购"等渠道带动片区农户脱贫增收。据财务数据统计，2017—2018 年公司两年共计发放劳动力用工工资 520 万元，按每个工作日 70 元、劳动人数 500 人计算，人均工资收入 10 400 元/年。

2. 第二产业增收

随着聚峰谷公司油橄榄加工厂的建设，直接吸纳 50 人就业，人均年收入 2 万元以上。同时带动金堂 10 万亩油橄榄收购加工，在种植、管理、采摘、加工、包装运输等环节产生大量就业机会。

3. 第三产业增收

项目将建成油橄榄、红枫、蓝花楹主题公园，亲子家庭农场体验区，户外运动和相关民宿酒店，度假酒店产业等旅游休闲项目。结合灵开寺旅游文化资源，届时将形成大量人气，农户可开展零售、家庭旅馆、儿童乐园设施、棋牌餐饮等多种旅游和创业方式，实现可持续增收。同时项目区将创造保洁环卫、三产服务等约 200 个就业岗位。

（五）主要成效

1. 经济效益

（1）项目以油橄榄产业为主。油橄榄丰产后，鲜果亩产量可达 1 000～1 500 千克，按照每千克收购价 8 元计算，鲜果亩收入可达到 8 000～12 000 元；按照平均出油率 12％，每千克橄榄油销售价格为 120～160 元计算，亩加工利润可达到 1 万元以上。预计 2025 年全面丰产后，园区油橄榄鲜果年产值将达到 8 000 万元以上，加工年产值将达到 1.4 亿元以上，带动农户从事生产、销售、加工等增加收入。

（2）乡村旅游收益。随着旅游景区的形成，将淡旺季平摊，预计形成日均 1 000 人的接待量，按照人均消费 200 元、全年消费 110 天计算（主要计算周末和节假日），年旅游收益可达 2 200 万元左右，使农民享受到三产融合带来的收益。

2. 生态效益

绿水青山就是金山银山。按照成都市东进战略发展规划，龙泉山从原来的生态屏障功能向城市绿心绿肺功能转变，同时承担着一山连两翼的重要战略布局。龙泉山由于水源相对匮乏，生态植被较为脆弱，森林覆盖率不足40%。项目区通过发展四季常绿树种油橄榄和景观彩林植物，能极大地提升龙泉山脉区域森林植被覆盖率，起到涵养水源、保持水土、调节气候、防风固沙、保护游憩的重要作用，并能极大地丰富和改善山区林木结构和增加山体色彩。同时创新生态建设机制，以企民共建代替单一政府财政投入，以可持续挂果千年的油橄榄经济产业林代替没有经济价值的传统松柏生态林，促进龙泉山城市森林公园生态环境建设，加快东进战略发展。

3. 社会效益

（1）产业带动。目前国内权威认证的油橄榄适生区分布图显示，大部分适合油橄榄生长的区域都是扶贫攻坚难度较大的山区，油橄榄亩产值6 000～10 000元，且丰产时间最长可以达到上千年。同时，油橄榄产业属于加工型农业，基本不会出现鲜果集中上市销售难的问题；加上市场需求较大，完全可以规模化发展，是带动农民脱贫致富的理想产业。

一是直接带动。项目通过一二三产业结合的模式，创造多种形式的增收模式，如土地租金、产业工人、家庭客栈、农家乐、零售等，带动项目范围内大量的农户进行就业和创业，从而实现农民可持续、多渠道增收。

二是辐射带动。随着金堂油橄榄产业的发展，项目将从优质种苗、技术服务、回收加工、品牌运营等环节促进金堂10万亩油橄榄产业。

（2）改善农民生产生活环境。通过项目实施，一是极大地提升龙泉山脉的森林覆盖率和生态环境；二是极大地改善村庄道路交通、水利、电力等基础设施；三是通过文化旅游及景观环境打造，极大地改善农民的生产生活环境。

（3）打造成都农业产业新名片。聚峰谷公司在发展和带动油橄榄规模产业的同时，与国内外专家合作，进行产品研发和精深加工，发展橄榄油、橄榄精油、橄榄茶、橄榄沐浴保健产品等系列产品，弥补了成都市油橄榄产业的空白，将油橄榄产业打造为成都产业的新名片。

（六）启示

党的十九大报告提出，要坚持农业农村优先发展，按照"产业兴旺、生态宜居、乡风文明、治理有效、生活富裕"的总要求，建立健全城乡融合发展体制机制和政策体系，加快推进农业农村现代化。而乡村振兴的核心是产业兴旺，关键是人才振兴，聚峰谷公司通过多方位的考察和市场调研，结合金堂的产业规划，以及油橄榄产业的生态经济价值，最终确定了油橄榄作为项目区的主导产业，并通过一二三产业融合发展，通过产业新业态的发展，新模式的植入，促进油橄榄产业健康发展。同时，还深知广大农民是乡村振兴的主力军，只有加强农民和新型农业经营主体培训，激活农民的主观能动性，推进乡村振兴的进程才有力度。因此，在为农民提供就业创业机会的同时，公司还定期不定期地举行技术培训活动，吸引众多知识分子、农民返乡就业创业，促进区域人才振兴。自聚峰谷公司入驻片区以来，龚家村发生了翻天覆地的变化，基础设施、生产设施、生活环境、生活面貌等方面均有大幅度提升和改善。

辽宁岫岩：党建＋政府＋产业＋创新＋品牌模式

　　导语： 洋河镇位于辽宁省鞍山市岫岩满族自治县内，地处鞍山、丹东、大连三市交界处，全镇总面积 206 平方公里，下设 9 个行政村 91 个村民组，人口 1.8 万人，耕地面积 5.1 万亩。洋河镇被群山环抱，森林覆盖率 85%，境内有 30.9 公里长的洋河，流域面积 104.8 平方公里，素有"长寿之乡"的美誉。2019 年被确立为鞍山市乡村振兴示范镇。近年来，洋河镇紧紧抓住中央实施脱贫攻坚的重大机遇，把发展脱贫产业作为实现乡村振兴、促进农业增效、农民增收的治本之策。靶向施策，因地制宜，从实际出发，充分发挥地理区位和生态资源优势，依托扶贫产业基地，大力发展草莓、大樱桃、蓝莓和无公害蔬菜种植，做大做强"洋河一品"草莓品牌，走出了一条洋河特色的高质量脱贫攻坚之路。2019 年全镇发展草莓大棚 119 栋，实现农业总产值 2.56 亿元。

（一）主体简介

　　洋河镇共有贫困户 428 户 913 人，9 个村的村集体经济薄弱，其中 4 个村被确定为省级贫困村，是全国脱贫攻坚的重点区域。农业产业以传统的玉米、花生、大豆等种植业和柞蚕业为主，工业产业以阀门制造和制冷设备制造为主。近年来，洋河镇紧紧围绕中央实施脱贫攻坚、乡村振兴等重大战略部署，以推动农业供给侧结构性改革为主线，以发展脱贫产业为核心，以产业扶贫基地为牵引，全力推动产业转型升级。2017 年以来，洋河镇先后流转土地 1 000 余亩，实施 3 期项目，建设标准化温室大棚 119 栋，重点发展草莓种植，并全部实现经济效益。同时，申请注册了"洋河一品"草莓品牌商标，不断扩大产业规模和品牌知名度。2019 年，洋河镇草莓年产量达 125 万千克，总产值实现 1.2 亿元，解决当地及周边 500 余人就业，带动全镇 9 个村的村集体收入实现 10 万元以上，"洋河一品"草莓连续两届荣获全国草莓争霸赛金奖。

（二）主要模式

按照精准脱贫、精准扶贫的要求，洋河镇坚持以深入推进农业供给侧结构性改革为主线，以市场需求为导向，以完善利益联结机制为核心，以机制创新为动力，以促进农民持续增收为目标，围绕"一村一品"的产业发展思路，依托马家堡、蔡家堡和何家堡村的草莓、大樱桃、蓝莓、无公害种植产业，利用设施农业培育种植草莓、樱桃等高端果品，进行水果深加工，加快产业集群发展和全产业链培育，全力打造成产业链条完整、功能多样、业态丰富、利益联结紧密、产业集群式发展的农业产业强镇。2021 年，全镇草莓产值达 1.4 亿元、肉鸡产值达到 1.3 亿元，全镇农业产值实现 2.86 亿元。带动农民务工就业人员增加到 1 500 人，全镇人均可支配收入达 18 000 元/年。

1. 模式一：党建引领，全员发动

党的基层组织是党在社会基层组织中的战斗堡垒，是党的全部工作和战斗力的基础。党在基层组织中的作用如何，直接影响脱贫攻坚和产业发展的成效。为此，洋河镇切实发挥党在脱贫攻坚工作中总揽全局、协调各方的作用，成立由镇党委书记和镇长任双组长的脱贫攻坚领导小组，不断加强农村基层组织建设。强化"从好人中选能人"导向，选优配强村"两委"班子，特别是党组织书记，鼓励政治性、组织性、纪律性强的退伍军

人进入村"两委"班子。通过深入开展"抓党建促脱贫攻坚、促乡村振兴"活动和"五好党支部"创建工作，打造2个在全省有示范性的农村党建精品村。充分发挥党员在发展壮大村集体经济方面的先锋模范作用，通过开展把支部建在产业链上、把党员聚在产业链上、让农民富在产业链上的"三链"模式，将蔡家堡村党支部升格为党总支，在扶贫种植基地成立美果园党支部。21名党员助力扶贫产业，带动全镇9个行政村发展壮大集体经济，带动410户贫困群众入股扶贫基地，实现稳定收益，形成了"户户有增收项目、村村有主导产业"的扶贫产业格局。此外，为200多名有劳动能力的建档立卡贫困群众在基地提供就业岗位，实现分红、打工双收益。

2. 模式二：政府引导，市场驱动

产业兴旺是乡村振兴的核心，也是经济建设的核心。针对以往乡村产业落后、产业结构无特色、带动能力不突出等问题，洋河镇坚持把质量兴农作为顺应市场供给、推动产业振兴的核心关键，采取"党委政府＋驻村帮扶单位＋专业经营主体＋村'两委'＋贫困户"的"3带2"帮扶模式。基地一期项目于2017年当年建设、当年完工，总投资300万元，流转土地面积110亩，建设高标准温室大棚13栋。其中，8栋栽植成树的大樱桃1 000余株，5栋种植丹东"九九"草莓。大棚建成之后以每栋2万～3万元租出去，项目所得收益全部作为马家堡村、蔡家堡村、何家堡村的集体经济收入，3个贫困村实现增收5万元。同时，帮扶建档立卡贫困户52人，每人每年增收1 500元以上。2018年，总投资600万元的基地二期项目建设完工，共流转土地220余亩，建设高标准温室大棚31栋。其中，草莓大棚30栋、蓝莓大棚1栋。二期项目的所得收益用于壮大洋河镇另外的6个村集体经济，实现全镇9个村的村集体收入都达到了5万元以上，同时确保了已脱贫户不再返贫。该项目不仅使洋河镇村集体经济实现"零的突破"，也为打赢脱贫攻坚战奠定了坚定基础。

洋河镇高标准温室大棚

3. 模式三：产业集聚，优势互动

受地理区位、交通条件等因素影响，在招商引资和推进脱贫产业规模化的过程中，洋河镇充分依托土地资源、生态环境、产业规模等优势，打破行政区域限制，积极探索"飞地经济"模式。通过大棚对外租赁获取租金收益的方式，扩大产业规模。同时，从设施配套、苗木供应、生产种植、技术管理、经营销售等方面提供一条龙服务，实现互利互赢。2019年，总投资 1 600 万元的基地三期项目建设完工，共流转土地 600 余亩。随着产业规模的不断扩大，草莓产业的市场份额不断提升，品牌影响力和知名度不断增强，洋河镇先后吸引县内兴隆、药山、朝阳、岭沟、苏子沟、偏岭、石灰窑 7 个乡（镇）的"飞地项目"落户基地，整合扶贫资金 800 万元，建设高标准化温室大棚 75 栋，主要种植草莓和蓝莓。建设恒温库和包装车间 1 200 平方米，电商直播间 100 平方米，实现生产加工包装销售一体化、网络化，迅速融入电商体系。三期项目收益实现了洋河镇 9 个村的集体收入都达到了 10 万元以上，其中何家堡村和蔡家堡村集体收入达到 30 万元以上，全镇现行标准下贫困人口全部脱贫、贫困村全部出列。

4. 模式四：多态融合、创新驱动

以往农业存在产业规模不大，与二三产业融合程度低、层次浅、链条短，附加值不高，新型农业经营主体发育迟缓，对产业融合的带动能力不强等问题。依托现有规模优势和产业优势，积极探索创新发展新业态，打造产业融合新模式。2020 年 4 月，基地四期项目开工建设，投资 1 500 万元，流转土地 600 余亩，建设标准化温室大棚 60 栋，主要种植蓝莓，2020 年底全部完工，使 9 个村集体经济收入达到 30 万元。随着四期项目建设的完成，洋河镇果蔬种植基地将建成 179 栋温室大棚，每年产值5 000 余万元，利润可达 1 070 余万元。2019 年，洋河镇依托现有果树种植基地，创新融合发展，提升了市场吸引力和品牌竞争力。积极谋划与岫岩众利种植专业合作社合作，投资 700 万元，建成高标准现代自动化大棚 2 栋，主要用于种植热带水果。积极谋划与果美园种植专业合作社合作，投资 550 万元，建设占地 1.5 万平方米的草莓主题乐园，配套建设主题乐园、DIY 工坊、集散广场、接待中心、玉米田迷宫以及相关配套设施，着力打造文化、旅游、休闲、运动"四产融合"的试验田。此外，以草莓的生产、加工、物流、营销为引领，通过产业间相互渗透、交叉重组、前后联动、要素聚集、机制完善和跨界配置，将农村一二三产业有机整合、紧密相连、一体推进，着力提升新型农业经营主体自主创新能力，加快理念创新、技术创新和市场创新，形成新技术、新业态、新商业模式，形成

可复制、可推广的经验。

5. 模式五：品牌塑造，品质带动

近年来，洋河镇在草莓品种引进、做好品质把关的同时，不断加大品牌建设和对外宣传力度，申请注册了"洋河一品"草莓商标。在2018年浙江省建德市举办的全国草莓争霸赛中，"洋河一品"草莓夺得金奖，极大地鼓舞了洋河镇发展温室果蔬采摘产业的信心。2019年，在济南市举行的第18届中国草莓文化旅游节暨首届亚洲草莓产业研讨会上，"洋河一品"草莓从全国报送的1 200余个草莓样品中脱颖而出，一举斩获全国精品草莓擂台赛金奖，进一步提升了"洋河一品"等特色产业的品牌知名度和影响力，提升了产业附加值。2019年，洋河镇投资200万元，与何家堡村股份经济合作社合作，实施"三品一标"品牌认证项目，重点培育洋河镇已有的农产品品牌，做好"洋河一品"等重点品牌的"三品一标"认证、质量管理体系认证、知识产权专利等工作，认证了2个绿色产品和1个有机产品。通过打造网络平台，加强品牌资产建设、信息化建设、渠道建设、客户拓展、媒介管理、品牌搜索力管理等，加强品牌的宣传推介力度，强化品牌影响力和市场竞争力。通过规模化、品牌化运作，洋河镇力争用3～5年时间，全力打造集采摘、观光、现代农业于一体的草莓小镇。

6. 模式六：精准整合，统筹联动

为有效破解项目安排分散化、资金使用碎片化问题，洋河镇全面整合各类财政涉农扶贫资金，全面理清各部门涉农资金的项目类别、资金规模和可整合比例，把"小钱零钱"整合为"大钱整钱"，围绕草莓产业项目，统筹协调各项涉农资金分配和使用，构建"多个渠道引水、一个龙头出水"的投入机制。支持各类农业农村发展的相关专项资金和中小企业专项基金向项目建设倾斜。撬动社会资本投入，建好投融资平台，以补助资金、专项资金为引导资金，吸引金融资金和社会资金入股。通过设立政府引导、市场化运作的产业投资基金，吸引社会资本支持产业发展。近年来，共整合财政、扶贫、民宗、驻村帮扶等单位各类资金2 500万元，集中用于扶贫基地产业发展，壮大村集体经济。

7. 模式七：转变作风，严格督导

全面落实党委、政府主体责任，一级抓一级，层层抓落实。严格执行脱贫攻坚年度考核和督查制度，持续跟踪问效，对脱贫产业实行月调度、月排名。对排名后五名的行政村，及时约谈提醒，着力鞭策"后进"村改善工作、提高水平。此外，把脱贫攻坚工作一线作为培养、识别和使用干部的前沿阵地，把脱贫攻坚成效作为检验干部担当作为的重要标准，充分结合镇村换届工作，选优班子、配强队伍，对于脱贫攻坚成绩突出、敢于

担当负责的予以优先提拔重用。2016 年以来，3 名干部因脱贫攻坚成绩突出被安排到重要工作岗位，选拔了 15 名农村致富能人、乡土人才进入村"两委"班子，及时调整了 3 名不称职的村"两委"成员，为脱贫攻坚提供坚强的队伍保障。

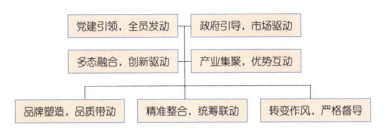

（三）利益联结机制

近年来，洋河镇充分发挥果蔬采摘基地的产业辐射带动作用，将全镇 9 个行政村纳入基地，发展壮大集体经济。同时，以入股分红、就业带动、资产收益等模式，促进农户增收致富。同时，为进一步加强和规范扶贫资产收益和扶贫项目管理，提高财政资金管理的科学性、规范性、有效性，洋河镇结合实际，科学制订了《关于村集体经济收益分配方案》。坚持党委书记、镇长为第一责任人，对项目建设、项目资金、项目收益资金分配使用情况，通过镇村财务公开栏等形式及时向社会公告公示。2017 年以来，果蔬种植基地累计获得租金收益 224 万元，每年收益的 70％用于建档立卡贫困户分红，30％收益用于发展壮大村集体经济。对于有劳动能力的建档立卡贫困群众，基地打工每天获得 120 元收益。

（四）主要成效

1. 经济效益

通过产业脱贫项目建设，完善主导产业初加工、深加工、仓储、流通交易、旅游采摘、休闲娱乐等产业链多种环节，推动规模化设施农业、加工业和观光旅游农业一二三产业协同发展。项目建成后，将实现全镇农业产值2.86亿元，年均增长10%以上，带动1 500人就地就业，人均增收3 000元。

2. 社会效益

通过农业"接二连三"和农产品加工业前延后伸，引领农村一二三产业融合发展。让农民不仅分享种植业而且分享加工、流通、休闲旅游带来的收益，同时给农民提供改善生产、生活条件的机会和基础，提供与外界接触的机会，使农村生产、生活条件得到改观，培养了一批优秀专业技术人才，提高了农民文化水平，促进农民就业增收、吸纳农村剩余劳动力，从而加快推进精准扶贫，破解"三农"问题。

3. 生态效益

项目实施过程中，加强了洋河镇基础设施的改善，从而提升了洋河镇整体环境的美化力度。"洋河一品"草莓在种植过程中，不使用任何化学肥料，施用有机肥，采取人工除草除虫，减少了土地、水源的污染，实现了农业生态系统中养分循环，改善了洋河镇的生态环境，提高了镇域的生态效益。

（五）启示

脱贫攻坚是一项系统性、长期性、复杂性的工程，在完成既定脱贫攻坚目标任务的同时，还要夯实脱贫攻坚的基础，坚持以产业脱贫统领经济发展，实现贫困群众长期稳定脱贫。洋河镇的产业脱贫实践表明，面对脱贫攻坚的新形势，唯有提高认识，扎实工作，拓展思路，才能更好地破解各种难题，确保完成脱贫任务。

1. 激发内生动力

在扶贫工作中，"输血"重要，但"造血"更重要，扶贫先扶志，要更加注重培养贫困群众依靠自力更生实现脱贫致富的意识，树立摆脱贫困的信心和志气。这就要求在脱贫攻坚过程中，不仅要为贫困户创造条件、发展产业、提供就业岗位，更重要的是要加大宣传力度，通过典型树立、乡风引领、利益引导等方式，调动积极性，激发内生动力，让贫困户发自内心地想摆脱贫困，"由内而生，动力澎湃"。

2. 注重政府引导

在脱贫攻坚中，政府无疑占有主导地位，但也要注意，面对脱贫攻坚的新形势，必须充分调动全社会的力量参与，要注重政府、市场、社会组织、贫困家庭的有效合作，通过相关政策法规和财政手段，引导社会组织

积极参与脱贫攻坚工作，形成政府、市场、社会协同发力，构建专项扶贫、行业扶贫、社会扶贫互为补充的大扶贫格局。

3. 精选产业扶贫

产业扶贫的关键是通过发展产业，让贫困户真正融入产业链中，培育他们的持续增收能力，否则，扶贫政策一旦取消，贫困户很容易返贫。产业精准扶贫的关键就是因地制宜，精准选择产业方向。在产业扶贫的项目选择、品种选择、实施方式等方面，要充分发挥市场决定性作用，政府相关部门也要给予技术和信息指导。产业扶贫是一项长期性工作，要建立稳定的扶贫治理机制以避免扶贫的简单化和短期化，应该给予更多的政策倾斜和关照，要把单向的帮扶输出变为双方的互利合作，使扶贫产业能够以市场为导向，发展壮大，实现企业发展与贫困户增收的共赢。

江苏睢宁：产业园＋电商＋沙集＋小布＋易地搬迁＋村企并联模式

> **导语：** 睢宁县是江苏省徐州市脱贫任务最重的地区，也是江苏省12个重点帮扶县之一。在新一轮建档立卡中，睢宁县有53个省定经济薄弱村和13.01万低收入人口。2018年，睢宁县53个省定经济薄弱村全部"摘帽"，12.13万低收入人口实现脱贫，低收入农户人均可支配收入达9 123元，脱贫率93.3％。睢宁县委、县政府高度重视脱贫攻坚工作，坚持将其作为头等大事和第一民生工程来抓。

（一）主要模式

充分发挥地域特色，积极探索"扶贫产业园＋精准扶贫"模式，实现特色农业示范带动脱贫。一是推进特色农业与扶贫产业示范带动建设。全县立足"4＋4＋2"农业产业格局，规划建设了以黄河故道为轴带、房湾湿地公园和省现代农业产业园为核心，东西南北中部均有特色农业片区的"一带两核六区多园"的农业与扶贫示范带，连接15个镇3个街道、囊括农林牧渔等农业产业的精品线路，集中连片打造农业产业和扶贫示范基地，形成了各镇（街道）独具特色的扶贫产业园，实现"一镇一特""一村一品"。二是创新农业经营模式促发展。探索出"协会＋龙头企业＋专业合作社＋农户""龙头企业＋基地＋农户""党支部＋专业合作社＋农户""专业合作社＋基地＋农户"等发展模式。注册9.9亿元成立1个县级和18个镇级农业公司，通过资金支持、订单农业等方式，带动466个村集体合作社发展、1万余名低收入村民就业。2018年，村集体经济收入达28.7万元，进社务工人员年均增收5 000元。在此基础上，不断完善农业产业链条，大力推进高标准农田、万吨冷库和农业龙头企业建设，全力发展初深加工、冷链物流等业态，加快农村一二三产业融合发展，提高农产品附加值。截至2019年，已建成高标准农田82万亩、万吨级冷库17个，拥有农业龙头企业184个，近6 000户低收入户，在农业二三产业中实现增收。三是有效破解扶贫产业融资发展难题。针对扶贫产业融资短板，探索构建"扶贫产业园＋农户自主创业＋扶贫小额贷款"金融互助新模式。2016—2018年累计发放扶贫小额资金9 781户1.43亿元，其中用于发展第一产业的有8 832户1.28亿元，有效破解低收入户借款难、脱贫难、发展难的问题。

1. 积极构建"电商＋精准脱贫"模式

借助互联网营销张力，全面推动品牌打造，拓宽农产品销售渠道。

一是构建电商综合产业扶贫机制。睢宁是我国农村电商发源地之一，当地充分释放信息化红利，促进"互联网＋精准扶贫"的深度融合。农闲时，沙集镇和平社区数百名妇女就聚集起来，为电商企业制作编织品，每人每天能获得不低于70元的收入。复制推广"沙集模式"，睢宁县各类电商产业园2018年吸引周边1.7万户低收入户进园务工；设立1000万元电商专项扶持资金，强化扶贫小额贷款支持力度；依托全国首家地市级"淘宝大学"，带动近5500名低收入人口成功创业。2018年，睢宁县电商交易额超过286亿元，3.4万户网商带动从业人数超过21万，直接或间接帮助近2万人脱贫。

沙集镇大力复制推广"沙集模式"，通过"党员＋电商大户＋低收入户"的电商扶贫，带动492户低收入户、1596低收入人口脱贫。全镇694家电商企业吸纳周边低收入农户2280人就业，人均月工资在3000元以上；为263户低收入户发放扶贫小额贷款526万元，实现创业户年平均增收20万元。李集镇花厅社区构建"云平台服务公司＋低收入农户"，通过村属网站、微信朋友圈、举办"年货大集""农副产品展示"等活动，拓宽了土鸡蛋等农产品销售渠道，为低收入农户募集扶贫资金50余万元，带动48户低收入户、188人脱贫增收，村集体增收近10万元。官山镇充分利用年产3万吨食用菌产业优势，大力发展以营养土为主的农业电子商务，构建了"企业＋网店＋农户"扶贫模式，带动310名低收入人口创业就业，人均年增收2.4万元。

二是构建"小布网搭台"产业消费扶贫模式。小布网利用C2B直采和集采的方式优化中间成本，与线下大型商超达成合作。通过"政府引导、小布搭台、社会参与"的小布产业扶贫模式，助力全县经济薄弱村和建档立卡低收入人口增收脱贫。睢宁11080户低收入家庭已经在小布平台实现开店创业。通过共享小布云仓，平台实现货源到展示、销售、物流一条龙服务。同时，在线上线下开办"公益直采中心"，集合了全国20多个省份的农特产品进行集中展销，所获收益用于为贫困户增收。到2019年1月底，全县18个镇（街道）以及167家机关事业单位、400余家企业参与到小布共享扶贫中。18个镇（街道）全部开设镇级扶贫网店，低收入户开设扶贫小店11080户，贫困户总收益达到1210.69万元。

2. 积极推进"易地搬迁＋精准扶贫"模式

充分整合资源要素，实现扶贫资产收益脱贫。

一是新增耕地流转增收。睢宁县抢抓黄河故道综合开发，"一地一策"

土地制度综合改革等省、市试点机遇，把新型农村社区建设与精准扶贫紧密结合起来，探索了"易地搬迁＋低收入户"的产业扶贫新路子。

二是家门口就业务工增收。姚集镇高党社区通过集中居住产业带动，每年用工量达 2 100 人次。安排 14 名低收入人口到社区标准厂房务工，人均年收入 2.6 万元；吸纳 60 余名低收入人口到社区农业产业项目务工，人均年收入 7 000 元；吸纳 4 名低收入人口，负责小区环卫、物业保洁，人均年收入 8 000 元；吸纳 30 名低收入户到社区家庭农场打零工，人均年收入 7 000 元。

三是不动产保值增收。按照"资金变股金，资源变股权，农民变股民"的三变原则，引导低收入户将土地、闲置房产、劳动力等要素资源，通过股权量化方式与市场主体进行捆绑发展，建立和完善利益连接分配机制。通过集中居住，农民住房由旧房变新房，经确权登记，发放不动产证，可以进行融资抵押，开展创业增收，进一步盘活资产，实现房产的保值增值。对符合条件的房屋，在农户缴纳相应费用后，可以划拨为国有不动产，增加资产隐形红利。同时，对每个新型农民集中居住区给予一定的工业、商业配套指标，用于建设集体性质的标准厂房、商铺、超市等，由村集体负责对外出租，每年获得的租赁收益直接增加村集体经济收入。

3. 积极拓展"村企共联＋精准扶贫"模式

充分发挥各类合作社和龙头企业的带动作用，加速培育优势产业集群。

一是拓展"村集体合作社＋低收入农户"模式。2016 年以来，双沟镇成立了 50 个村集体合作社，每个合作社流转土地 1 000 亩，构建了"土地合作社＋低收入农户"的扶贫新模式。高作镇管杨村集体光伏合作社在省发展改革委的帮扶下，承包 45 亩土地发展光伏项目，年获收益 51 万元，每年拿出 5 万元分红收入定向帮扶低收入户。岚山镇万庄村集体农场种植中草药 328 亩，通过吸纳低收入户进场务工和土地入股，让低收入户实现了工资性收入和土地分红收入。王集镇通过培育"家庭农场＋低收入农户"，全镇家庭农场每年用工量达 2 000 人次，带动低收入人口年均增收 3 000 元。

二是拓展"龙头企业＋基地＋低收入农户"扶贫模式。官山镇农光互补项目占地 540 亩，建设 1 座 20 兆瓦农光互补发电站，年税收 500 万元。在项目区内光伏板下建"爱尔兰"式工厂化菇房 20 座、简易棚 60 座，由镇农业公司管理，低收入户承包经营，实现了"龙头企业＋基地＋低收入农户"的模式。该项目使 4 个村集体经济收入增加，每年村均收入增加 6 万元；50 户低收入农户参股小额贷款分红单项户均增收 1 500 元，吸纳

20户低收入户承包大棚，户均年增收10万元；菇棚租金使2959户低收入户户均增收200元，带动200人低收入人口就业，人均年增收3万元。邱集镇全海村构建"村集体企业＋订单＋低收入户"扶贫机制，成立了睢宁县慧众农业发展有限公司。该公司每年使低收入户户均增收2350元，发放帮扶资金25万元、贫困学生助学金4万元。魏集镇构建"镇农业公司＋示范区＋低收入农户"扶贫模式，建立了3000亩综合种养稻田，创建稻渔品牌4个，认证"三品一标"产品6个。

三是拓展"合作经济＋创业培训"扶贫模式。魏集镇发展高效农业休闲生态园项目，由新工村集体牵头泽新果蔬种植专业合作社种植枇杷，规划面积3000亩，总投资5000万元。该合作社对有劳动能力且有种植创业意愿的农户，免费提供创业培训和技术指导，培训带动28名低收入村民从事枇杷种植80亩，人均增收3万元。吸纳50多户低收入农户入股合作社，每年户均分红3000余元。低收入户土地被流转拥有固定收入的同时，优先安排20名低收入村民务工，人均月收入1500元、村集体收入20％分配给低收入户，低收入户人均增收400元，创新了"创业培训＋低收入户"的扶贫模式。

（二）利益联结机制

1. 建立健全产业扶贫工作机制

睢宁县委、县政府成立了产业扶贫工作领导小组，先后出台了《睢宁县促进农业产业扶贫（2016—2020年）行动方案》《睢宁县关于做好"十三五"产业扶贫工作的通知》《睢宁县产业扶贫奖补政策》等指导性文件，明确"十三五"农业扶贫产业发展的目标、思路和政策措施，确立了产业发展方向、重点和规模，坚持产业扶贫与绿色农业发展双轮驱动，壮大"4＋4＋2"农业产业体系，推进粮经饲统筹、种养加循环、产加销一体、一二三产业融合发展，加快发展农村电子商务、休闲观光农业、创意农业等新业态。完善"县镇农业公司＋农民专业合作社＋高素质农民"的"11841"四级农业经营体系建设，加大国有集体农场建设，通过土地入股、务工薪酬和二次分红，让低收入农户更多分享产业发展收益。实施高素质农民培训工程，增大有创业能力的建档立卡户通过扶贫小额贷款在县、镇特色产业基地参与自主创业，产品由镇农业公司保底收购。实施"一村一名科技特派员"计划，村村建立产业扶贫示范田。每镇建成1个农产品初深加工基地，提升农产品附加值，建成1个万吨级冷库，实现农产品错峰销售，创立1个农业知名品牌。实施县级以上农民专业合作社和示范家庭农场扶贫计划，建立健全农民专业合作社和家庭农场连接低收入农户增收的激励机制。

2. 积极创新帮扶方式

针对不同情况，将低收入人口的生产要素合理融入扶贫产业，让低收入人口获取多元化的生产经营、租金、薪金、分红等收益，探索和采取园区带动、集体带动、龙头带动、品牌带动、股份合作、自主发展、务工就业、公益就业等多种模式，引导工业企业、农业产业化龙头企业或返乡创业人员利用农户或村集体的闲置场地。在产业项目实施中，大力推行直接帮扶和股份合作帮扶模式，通过"公司＋合作社＋基地＋低收入户"，实现了"小群体""弱群体"与"大龙头""大市场"的有效连接。在积极培育帮扶主体的同时，注重创新农业新型经营主体帮扶方式，探索了四种具体的利益联结模式，即订单生产＋保底收购、合作经营＋稳定分红、龙头带动＋社会参与、产业带动＋就业扶持。

3. 严格加强项目管理

睢宁县建立了县镇项目库，精准编排产业扶贫项目，严格项目申报，科学制订项目实施方案，明确各镇（街道）产业扶贫的主体责任，认真选择项目实施主体，精准核实帮扶对象，合理确定帮扶方式。同时，明确县农业主管部门为监管主体，成立了县委督查室，县农业、财政、扶贫办等单位组成的产业扶贫项目督查组，不定期进行专项督查，及时发现问题，及时整改到位，及时防范风险。

建立健全产业扶贫机制	案例链接：县委、县政府出台《睢宁县促进农业产业扶贫（2016—2020年）行动方案》《睢宁县关于做好"十三五"产业扶贫工作的通知》《睢宁县产业扶贫奖补政策》等指导性文件
积极创新帮扶方式	针对不同情况，将低收入人口的生产要素合理融入扶贫产业，让低收入人口获取多元化的生产经营、租金、薪金、分红等收益
严格加强项目管理	全县建立了县镇项目库 明确各镇（街道）产业扶贫的主体责任 明确县农业主管部门为监管主体

（三）主要成效

2016—2018年，睢宁县共投入各类产业扶贫资金 2.46 亿元，实施产业扶贫项目 72 个，受益低收入人口 9.64 万人。

1. 构建新型农业经营体系

注册 9.9 亿元成立 1 个县级和 18 个镇级农业公司，通过资金支持、订单农业等方式，带动 466 个村集体合作社发展、1 万余名低收入村民就业。2018 年，村均集体经济收入达 28.7 万元，进社务工人员年均增收 5 000 元。

2. 推动特色农业发展

立足"4＋4＋2"农业产业格局，积极推进"一镇一特""一村一品"，形成了以黄河故道为轴带、房湾农业公园和省现代农业产业园为核心，东西南北中部均有特色农业片区的"一带两核六区多园"农业布局，促进农业增产增效。其中，魏集稻蟹米、双沟鲜食玉米亩均收益过万元，带动 2 万户低收入户依靠特色产业实现增收。

3. 完善农业产业链条

大力推进高标准农田、万吨冷库和农业龙头企业建设，全力发展初深加工、冷链物流等业态，加快农村一二三产业融合发展，提高农产品附加值。目前，已建成高标准农田 82 万亩、万吨级冷库 15 个，拥有农业龙头企业 184 个，近 6 000 户低收入户在农业二三产中实现增收。

（四）潜在风险及防范的思路和举措

部分帮扶主体承接项目后，落实力度不够，一些帮扶企业本身实力不强，项目效益较差，加之农业产业三重风险制约，自身经营持续力难以保证，难以确保低收入农户长久受益，后续风险大。

1. 细化产业规划、立足优势产业建基地

针对特色种植业和特色养殖业，要采取优惠举措推动龙头企业或产业协会做大做强，提高集约化、规模化管理程度，整合产业项目和品牌，打造特色种养业扶贫产业基地。发挥扶贫基地的示范引领作用，促进有发展潜力、特色产业突出的低收入户自主脱贫，解决低收入户务工就业，帮助低收入户实现稳定脱贫。

2. 强化带动作用，激励新型主体抓带动

探索建立能人大户、龙头企业等社会资源到经济薄弱村投资兴业，着力培育龙头企业、农业园区、合作社和产业大户，落实奖补政策，积极推动新型农业经营主体与村、户对接，激励新型农业经营主体通过土地流转、订单收购、劳动就业、资金入股等分配方式，与低收入户构建紧密的利益联结机制，拓宽低收入户就业增收渠道。

3. 加强脱贫宣传，激发贫困户主动脱贫

要以身边的人、身边的成功事例教育和引导"等靠要"的低收入户，

主动发展生产，实现增收脱贫致富。重视宣传先进帮扶、勤劳致富的典型事迹，引导和鼓励社会力量以多种形式参与扶贫事业，激发贫困地区群众走出贫困的志向和内生动力，致力于产业发展增收脱贫。

4. 形成多方联动，多措并举促产业扶贫

完善出台多项政策措施，引导各方面力量积极参与产业扶贫，切实加大金融扶贫、技术扶贫、帮带扶贫，实行考核积分制，增加扶贫减贫考核权重，切实提高扶贫队伍和技术人员待遇，打造一支留得住、能战斗、带不走的人才队伍，建立健全统筹协调、履责激励的工作机制。要充分发挥金融扶贫资金主体作用，引导资金、技术和管理向经济薄弱村和低收入户倾斜，形成帮扶与协作、"输血"与"造血"、制度建设与项目实施相结合的扶贫开发工作机制。

潜在风险及防范的思路和举措			
细化产业规划、立足优势产业建基地	强化带动作用，激励新型主体抓带动	加强脱贫宣传，激发贫困户主动脱贫	形成多方联动，多措并举促产业扶贫
采取优惠举措推动龙头企业或产业协会做大做强，提高集约化规模化管理程度，整合产业项目和品牌，打造特色种养业扶贫产业基地	探索建立能人大户、龙头企业等社会资源到经济薄弱村投资兴业，着力培育龙头企业、农业园区、合作社和产业大户	主动发展生产，实现增收脱贫致富。重视宣传先进帮扶、勤劳致富的典型事迹，引导和鼓励社会力量以多种形式参与扶贫事业，激发贫困地区群众走出贫困的志向和内生动力	要充分发挥金融扶贫资金主体作用，引导资金、技术和管理向经济薄弱村和低收入户倾斜，形成帮扶与协作、"输血"与"造血"、制度建设与项目实施相结合的扶贫开发工作机制

（五）启示

1. 要做大做强特色产业

产业是县域经济发展的核心支撑，是脱贫攻坚的主要抓手，是精准脱贫的关键举措。产业选择要精准，要以市场为导向，依托自然资源禀赋，精准发力，不断发展壮大具有县域比较优势的产业。培育品牌，规模化发展，实现产业由小到大、由弱到强到精的提升。持续增加农民收入，切实增强产业扶贫的广泛性、带动性和持久性。

2. 要突出龙头带动

要着力培育壮大龙头企业、专业合作社、家庭农场等新型经营主体，鼓励各类人才积极参与兴办农民专业合作经济组织，利用财政专项资金、

脱贫攻坚产业子基金、贷款担保补助、税费减免、保险保费补助等措施，大力支持扶贫合作经济组织、龙头企业发展，积极推广"公司＋合作社＋贫困户"模式，以龙头带基地，基地连贫困户，实现合作组织对贫困户全覆盖。

3. 要发挥持续保障

强化组织保障，在县、镇、村各级明确人员，精准目标，制定措施。强化资金保障，用好省级脱贫攻坚产业扶贫子基金、市级脱贫攻坚定点帮扶基金、财政专项扶贫资金、信贷金融保险扶贫、特惠贷等金融扶贫产品。开展招商引资活动，积极引入社会资本，聚集市场闲散资金，汇聚多元扶贫合力，形成强大的脱贫攻坚资金合力。强化技术保障，充分发挥农技人员的专业优势对产业的全程跟踪指导服务，提高贫困户自身发展意识和生产技能，开展实用技术培训，实现贫困户全员培训。同时，扶志扶智扶技并举，坚定脱贫信心，从根本上激发贫困群众脱贫致富的内生动力。

4. 要深化改革创新

改革创新是推进产业扶贫的"金钥匙"，只有坚持问题导向、深化改革，聚焦发展，大胆创新，才能为产业扶贫注入源源不断的动力。打好产业扶贫这场硬仗，还需要进一步强化责任担当，社会各方同时发力，在引进企业参与、完善带贫机制上，在做好产销对接、防范滞销风险上，在立足主导产业、确保持续发展上，在抓好载体建设、示范引领带动上等方面下苦功夫，使贫困户增收由被动变为主动，实现"输血"变"造血"。

宁夏盐池：滩羊养殖产业模式

导语：宁夏盐池县在 2018 年 9 月 29 日通过宁夏回族自治区人民政府的审批，正式退出贫困县序列。盐池县脱贫工作的顺利开展是我国重点脱贫攻坚工作的经典案例。产业脱贫、金融脱贫是盐池县打好脱贫攻坚战的战略举措。滩羊是盐池县的重要畜牧品牌，也是扶贫攻坚的核心切入点。盐池县位于宁夏回族自治区东部，为银南地区辖县，是著名宁夏滩羊的集中产区，驰名中外的宁夏滩羊是盐池县主要的经济来源。宁夏滩羊在盐池县具备适宜滩羊生长繁殖的优越条件，繁育的滩羊品质好，受到消费者的一致好评。盐池是被全国特产委命名的中国滩羊之乡，盐池滩羊属于中国驰名商标和地理标志产品。近年来，产业扶贫作为盐池县脱贫攻坚战的根本之策，并辅以政策脱贫、金融脱贫等战略举措，积极探索创新产业扶贫机制，助推滩羊、牧草、黄花菜等特色优势产业发展壮大，走出了一条产业支撑、产融结合、持续增收的脱贫富民之路，为全县人民实现稳定脱贫摘帽奠定了坚实的基础，因此具有重要的借鉴意义，值得深入学习研究。

(一) 主体简介

宁夏回族自治区盐池县位于毛乌素沙漠南缘，是历史上中国农耕民族与游牧民族的交界地带。县境由东南至西北为广阔的干草原和荒漠草原，驰名中外的宁夏滩羊是盐池县主要的经济来源。盐池县属暖温性干旱草原，地势平坦，土质坚硬，常年干旱少雨，相对湿度较低，年积温高。天然牧场中牧草的矿物质含量非常丰富，饮用水中含有一定量的碳酸盐和硫酸盐成分，水质偏碱性且矿化度高，非常适合滩羊的生长繁殖。

截至 2019 年，全县养殖滩羊稳定在 300 万只以上，年出栏 180 万只，是该县名副其实的支柱产业。2017 年，盐池县实现农业总产值 15.4 亿元，同比增长 10%；实现特色产业产值 12.3 亿元，同比增长 7.5%；实现农业增加值 7.2 亿元，同比增长 7.4%，产业发展真正成为盐池县贫困群体增收致富的制胜法宝。

曾经贫困潦倒的盐池县早已脱胎换骨，变成人民心中当之无愧的幸福家园。这一切都得益于各部门统筹兼顾，把实施乡村振兴战略与打好精准脱贫攻坚战有机衔接，助力推动盐池县脱贫工作，更离不开百姓艰苦奋斗和坚持不懈的精神内核。

(二) 主要模式

1. 模式一：滩羊养殖＋土地流转

(1) 发展策略。宁夏滩羊作为宁夏盐池县的主要经济来源，对盐池县的经济增长发挥着重要的作用。盐池县是"滩羊之乡"，宁夏滩羊虽然品质好，但因产量小、抵御市场风险能力弱，滩羊肉价格曾一度陷入低谷，许多滩羊养殖户连年赔本，不得不选择放弃养殖滩羊去另谋生路。盐池县认真贯彻习近平总书记关于扶贫工作的重要论述，全面落实自治区党委和政府决策部署，坚决以脱贫攻坚统揽经济社会发展，坚持精准扶贫、精准脱贫基本方略，强产业稳增收，夯基础补短板，建机制兜底线，脱贫攻坚取得了显著成效。政府大力支持滩羊养殖，对滩羊的养殖、销售工作作出明确指示，要让老百姓养得好、卖得掉，一改往日滩羊"酒香却怕巷子深"的常态。与此同时，还贯彻落实土地流转工作，让老百姓在滩羊养殖之余能够多一份收入，多一份实实在在的经济保障。

(2) 主要做法。盐池滩羊作为主要农产品，其走向全国的经济战略与当地政府实施品牌战略、行业稳定发展所作出的努力是分不开的。滩羊肉入选 G20 杭州峰会后，盐池县领导班子趁势到杭州、深圳等 10 多个城市举办推介会；依托鑫海等一批龙头企业，2018 年盐池滩羊畅销全国 35 个大中城市，外销比例由 20％提高至 30％，品牌价值达 68 亿元。盐池滩羊入驻盒马鲜生之初便取得显著成果，预计年底进驻门店数将达 80 余家。"协会登记在册的羊，集团会以高于市场价的指导价收购。这既保证农民增收，也将企业和商户统一起来，避免恶性竞争。"老百姓能够安安心心做好滩羊的养殖工作，再也不用担心自己所繁育的滩羊没有销路，得不到切实的经济效益。王乐井乡村民鲁有胜说："现在政府对滩羊养殖的支持力度这么大，滩羊连续两年价格都在涨，我们更有信心和底气了，一定要攒劲搞养殖。"

同时，土地流转工作的进一步推进落实为百姓带来另一份经济收入。冯记沟乡平台村有 5 个自然村，其中 4 个都进行了土地流转。村党支部书记薛广仁告诉记者，村里自 2013 年进行大规模土地流转，全村 10 万多亩土地已有 3 万多亩流转给附近的 3 家企业。薛广仁说。"全村人均每年土地流转收益有 6 000 多元，群众从土地中解放出来，在附近的企业打工，又获得了另外的收入，是一举两得的好事。"平台村村民王富向记者讲起了自家的致富经："全家 4 口人的土地全部流转出去，一年收入 24 000 元，夫妻二人在附近的企业打工，月收入 5 000 元，脱贫不成问题。"

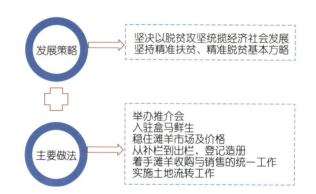

2. 模式二：农户＋金融＋保险

（1）发展策略。曾经农户不敢尝试大规模养殖，主要就是因为风险大、回报低。政府部门为了帮助农户解决"养殖难"的问题，采用"农户＋金融＋保险"的创新脱贫模式，让农户有足够的资金投入养殖，让"扶贫保"进入家家户户，成为保障人民经济来源的有力手段。盐池县按照"保本、微利"的原则，与驻地保险机构合作在全区率先创新开发实行"扶贫保"，建立政府、银行、保险三方合作机制，大大降低了农户脱贫的风险。不仅如此，还采取"个人参保＋政府补贴＋商业保险"方式，推行"2＋X"菜单式"扶贫保"模式，通过制订"一揽子"保险计划，提供

"菜单式"服务，提高保险额度、降低保险费率、拓宽保障范围，全民参保，让人人都过上好日子。在金融信贷保方面，创新推出了因意外伤害导致身故、高度伤残等保险，加大健康扶贫的力度，有效防止了贫困户因意外伤害增加家庭负担导致返贫的问题。

（2）**主要做法**。宁夏是全国最早提出实行"扶贫保"的省份，但如何把扶贫资金与商业保险结合，放大资金的扶贫效果，并形成可复制、可推广的经验，全国还没有先例，宁夏只能摸着石头过河。"保险＋扶贫"想要取得实效，保险公司的作用很关键。在"保本微利"的前提下，中国人民保险公司宁夏分公司探索出了最为合理的理赔"套餐"。

为降低保险机构承保风险，增强风险防控能力，让"保险＋扶贫"得以持续推进，盐池县 2017 年设立了 1 000 万元"扶贫保"风险分散补偿金，建立盈亏互补机制。保险年度评估后，亏损由风险补偿金承担 60％、保险公司承担 40％；盈利则由保险公司返回 60％到风险补偿金。在确保建档立卡贫困户脱贫路上不掉队的同时，也保证了保险公司的投保积极性和理赔及时性。

在破解贫困群众扩大再生产资金难题，严格落实扶贫小额信贷政策要点，破解贷款年龄受限、非恶意黑名单无法贷款等全国性"十大难题"的基础上，通过向金融机构注入 5 000 万元扶贫小额信贷风险补偿金，将建档立卡户 3 年期 5 万元以内扶贫小额信贷提高到 2019 年的 10 万元，全部执行基准利率，对 5 万元以内贷款全部贴息。2018 年，盐池人保实现"扶贫保"农险支付赔款 451.6 万元，"扶贫保"未决赔款 1 718.4 万元；政策性农险支付 379.78 万元，政策性农险未决赔款 286.22 万元，预计当年赔款达 7 232.33 万元。金融扶贫工作受到国务院督查表扬，全国金融扶贫培训班连续两年在盐池召开，金融扶贫精准统计被国务院扶贫办确定为国家标准，金融扶贫"盐池模式"向全国全面推广。一时间"南有麻阳、北有盐池"的美誉，成为全国扶贫工作的典范。

一个个贫困村找到了脱贫致富之路，让贫困群众尝到实实在在的甜头。如今，依靠金融扶贫，带着本土特色和基因的产业也成为盐池"拔穷根"、积蓄后续产能的原动力。古峰庄村是全乡滩羊养殖大村，全村滩羊饲养量有 4 万余只、存栏有 1 万余只，有千只以上标准化养殖园 7 个。该村还是全县的金融扶贫诚信村，村互助社资金达到近 300 万元。

近年来，贫困群众因灾、因病致贫比重加大。2016 年，盐池县因灾因病致贫占 38％，而家庭意外伤害保险、大病补充医疗保险、老年人意外伤害保险、残疾人意外伤害保险等综合医疗保险的实施，有效解决了贫困群众的后顾之忧。

盐池县创新实施一系列健康扶贫措施，全面提高农村贫困人口健康水平。对建档立卡户中的低保对象和Ⅰ级、Ⅱ级残疾人等重点贫困人群补助医保缴费，由县财政全额补助使其参保标准达到城乡医保二档标准。对其他建档立卡户交纳城乡医保二档或三档的，由县财政补助一档费用。为建档立卡户量身定制"大病补充保"和"家庭综合意外保"，保费全部由县财政缴纳；非建档立卡户保费由县财政补贴 60%，个人承担 40%。建立卫生基金，成立了全区首个县级卫生发展基金会，募集社会资金 2 400 多万元，对建档立卡户在通过医保、民政救助、大病补充保险报销后，自付费用超过 1 万元以上的，基金按不同比例进行兜底补助，年度救助限额 5 万元。突出精准识别，对建档立卡户中因病致贫返贫人员，按每人 300 元的标准进行补助，免费进行门诊初筛（体检）病种分类，按病种制订个性化治疗方案；患有原发性高血压、Ⅱ型糖尿病患者，在基层医疗机构购买药物的费用，由医保报销后，个人自费部分县财政全额补助，非建档立卡户补助 50%。强化健康管理，依托县域医联体组建家庭医生服务团队，按 100 元服务标准免费为建档立卡户开展家庭签约服务，进行健康体检。创新布鲁氏菌病"三位一体"防治模式，并将布鲁氏菌病医保报销比例提高至 90%，建档立卡户免费治疗，并将结核病纳入医保门诊慢性病管理。分 3 年对全县 1970—1999 年出生的人群免费接种乙肝疫苗。加快信息平台建设，探索建立了医疗健康扶贫动态管理系统，对贫困人群的健康状况进行大数据分析，制订分类健康管理与疾病干预方案，进行有效治疗、精准帮扶，并为督导考核、政策落实、效果评估等提供科学决策依据。

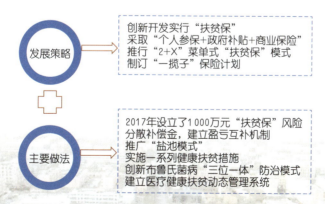

3. 模式三：政府补贴＋合作社化

（1）发展策略。盐池县对农户有着相当优惠的政府补贴政策，保障农户的经济来源，提供给农户看得见、摸得着的优惠。贫困地区底子薄，产业抗风险能力弱，"扶贫保"为群众带来一份保障；而政府补贴就是"保上加保"，为群众提供良好的经济运作条件，为扶贫攻坚作出最有力的回应。政府补贴为群众吃上了一颗"定心丸"。合作社化也是此次脱贫工作当中的一个亮点，群众的养殖技术不够完善，遇到繁育滩羊的瓶颈期容易不知所措，政府不仅出资还出力，提供专业人员的技术指导，成立合作社，让农户在其中能够交流生产经验，提高生产实践能力，为增收夯实基础。

（2）主要做法。盐池县为了降低农户的风险，为农户购买商业保险，并给予优惠的补贴政策。以滩羊养殖为例，一只羊的保险费是 36 元，区级财政补贴 15 元，县级财政补贴 15 元，农户自筹 6 元。2018 年政府又补助了 40%，这样算下来农户每只羊只需要交 3.6 元的保险费。如果羊因意外死亡后，保险公司每只羊赔付 540 元，这样就大大降低了农户养殖的风险。盐池县花马池镇田记掌村的建档立卡贫困户王珍，2016 年养了100 多只羊。当年刚入冬的 1 个月内，接连十几只羊倒在了羊圈里。愁眉不展的他想起年初政府曾为他购买的商业保险，当时就尝试打电话过去，没多久，中国人保的工作人员带着农牧专家上门查勘定损，最后认定为意外死亡，王珍获得了近 6 000 元的赔款。

合作社化也给老百姓带来不少便利。滩羊养殖出现难题，有技术员提供技术支持；遇到恶劣的情况，大家齐心协力一同面对，共同研讨解决措施。截至 2019 年，共培育发展黄花菜深加工企业 1 家，成立黄花菜专业合作社 8 家，成功注册了"蕙宣王""坤美"等 4 家黄花菜商标，以滩羊养殖为主，辅以种植牧草、黄花菜等作物，为盐池县多元增收带来了新的可能性。通过创新产业扶持政策，构建多点发力、多业增收的产业扶贫新格局，助力全县高标准脱贫摘帽。

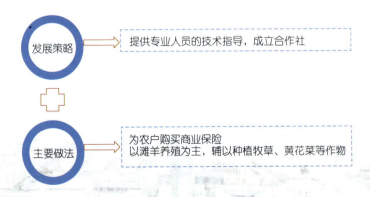

（三）利益联结机制

经过多年的实践，宁夏回族自治区盐池县创新提出了"保险＋扶贫"的新模式。在这种模式下，人民群众实现多元增收，保险为老百姓的经济收入保驾护航，这也是打好扶贫攻坚战当中一个重要的环节。多种经济作物种植已经成为盐池县人民实现脱贫的一个"胜利法宝"，以养殖滩羊为主，辅以种植牧草、黄花菜等，打造盐池县人民的又一致富之道。

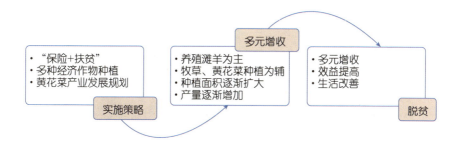

盈德村第一书记任建东说：这几年，村里人看到了黄花菜带来的效益和生活变化，种植积极性很高。现在，村里几乎家家户户都盖了新砖房，有了小汽车。他还说，盈德村居住的近 500 户人家，有盐池县的县内移民，也有从泾源、固原等地搬来的生态移民。由于这里土质好，又有"扬黄工程"灌溉，村里确定了种植黄花菜的产业。加上距离城市近，打工方便，村民的收入较之以前大幅增加。盈德村有耕地面积 4 206 亩，有 1 960 亩种植了黄花菜。按照盐池县黄花菜产业发展规划，还将继续增加 1 000 亩的种植面积。2017 年，黄花菜总产量达 1 800 千克，增长 32.2％，实现了总产值 1.1 亿元。同时，全县建成了以惠安堡为中心的黄花菜种植基地 6.1 万亩，年亩均纯收入达 8 000 余元。黄花菜已经成为盐池县第二大产业品牌，在脱贫攻坚战中也发挥着不可磨灭的作用。

（四）主要成效

根据国家贫困县退出专项评估检查结果，盐池县综合贫困发生率为 0.66％，群众认可度 97.71％。截至 2017 年底，累计脱贫 10 792 户32 078 人，剩余贫困人口 41 户 920 人，贫困发生率由 2014 年的 23.7％下降到 2017 年的 0.66％；农民人均可支配收入由 2014 年底的 6 975 元增加到 2017 年底的 9 548 元，年均增长 12.3％；74 个贫困村全部脱贫出列，基础设施明显改善，基本公共服务领域主要指标接近全国平均水平；特色产业对贫困人口增收贡献率达 60％以上，没有发生错退和漏评问题，群众认可度 97.71％，因地制宜，发展健康扶贫、教育扶贫、生态扶贫、光伏扶贫等亮点突出。如今的盐池县已经摆脱了贫困，迎来了属于人民的幸福生活。正如村民所说的："如今盐池县的生活水平上去了，谁还愿意往外面跑。"留得住人才，发展了经济，这场脱贫攻坚战取得了胜利。

盐池县俯瞰图

（五）启示

习近平总书记说过："努力奋斗才能梦想成真。"任何时候，只有用双手打拼出来的成果、用汗水堆积而来的成功才是令人瞩目的。宁夏回族自治区盐池县的脱贫攻坚战打得精彩，赢得漂亮。人民安居乐业、幸福生活，离不开自身不懈的努力和辛勤劳动的精神，同时也离不开基层领导干部的亲切关怀与呕心沥血的辛勤付出。干部要千方百计调动贫困群众的积极性、主动性，让他们愿意干、有能力干、比着干，人民群众要时刻牢记"天上不会掉馅饼"，任何的美好生活都要靠自己去争取，只有真正将发展放在首位，依靠自身努力实现富裕才是真正的胜利。盐池县把握时机，充分发挥所处地理环境的优势所在，大力发展滩羊的养殖，同时种植黄花菜、牧草等，"扶贫保"的创新举措更是为脱贫工作写上浓墨重彩的一笔。我们有理由相信，宁夏盐池县的明天会更加光明，人民的生活会越过越好。听党话，永远跟党走，成为每一个人心中恪守的信条。

第二章　乡村休闲旅游业带动脱贫

河北平山：特色旅游产业模式

导语：平山县把扶贫开发与现代农业、乡村旅游等统筹推进，构建起精准脱贫产业支撑体系，按照"一村一策""一户一法"建立了1 013个项目的脱贫攻坚项目库，全县有260个贫困村，村村谋划发展了主导产业。

平山县曾是国家级山区贫困县，俗称"八山一水一分田"。多年来，西部深山贫困地区由于信息闭塞、生产条件滞后、农业生产方式粗放，造成了农业资源过度开发、农业投入品过量使用以及农业内外源污染相互叠加等带来的一系列问题，并且日益凸显，贫困山区农业可持续发展面临重大挑战。亟须在保障生态环境的前提下，把贫困地区生态环境优势转化为经济优势，创新发展农业新业态及旅游新模式，在完善贫困山区农业-旅游综合可持续发展体制机制等方面进一步开展工作，打造示范典型，实现经济转型升级，推动、引领贫困山区实现绿色发展、可持续发展。

（一）主体简介

平山县位于河北省西部、太行山东麓、滹沱河上游，距石家庄40公里、北京300公里。东临鹿泉区，南接井陉县，北靠灵寿县、阜平县，西与山西省为界。地理位置为北纬38°9′~38°45′、东经113°31′~114°51′。平山县地形地貌繁杂，包括平原、丘陵、低山、中山、亚高山5个类型，海拔111~2 281米，高矮悬殊。

河北省平山县基础设施和公共服务建设不够完善，制约了农村经济发展；教育资源匮乏，老百姓文化程度低，对扶贫工作的理解肤浅，造

河北省平山县

成脱贫内生动力不足；劳动力缺失，影响扶贫的内生转型；缺乏持续的资金保障，精准扶贫难以持续有效；复杂的地形地貌和气候条件为平山县的工业发展及交通运输造成很大的困难，也为平山县发展多样化现代农业和特色旅游提供了得天独厚的自然条件。平山县的脱贫之路要因地制宜、统筹推进发展现代农业和乡村旅游的多样化项目，印证了"绿水青山就是金山银山"的理念，于 2018 年 9 月 25 日"摘帽"，正式退出贫困县的行列。

基础设施和公共服务建设不够完善

教育资源匮乏

劳动力缺失 ⟶ 因地制宜、统筹推进发展现代农业和乡村旅游的多样化项目 ⟶ 2018年9月25日正式退出贫困县的行列

缺乏持续的资金保障

交通运输困难

（二）主要模式

1. 模式一：精准扶贫＋现代农业

（1）发展策略。没有产业支撑的扶贫工作，是无源之水、无本之木，是不可持续的。因此，平山县在全面推进精准扶贫的宏观形势下，加快推进扶贫方式由"输血式"向"造血式"转变，扎实推进现代农业扶贫，因地制宜发展现代农业，突出现代农业扶贫，完善"公司＋基地＋农户"和"公司＋专业合作社＋基地＋农户"的利益联结模式，加快发展"契约农业""订单农业"，增强贫困地区活力。同时，推进贫困地区农村土地流转，逐步建立农村土地承包经营权有序流转机制，合理利用闲置土地，发展现代农业，提升农业机械化程度，构建新型农业经营体系。发展农村金

融扶贫，通过"扶贫资金入股、土地入股、宅基地入股、劳务入股"等多种模式，结成联股、联利的共同体，将贫困户增收与现代农业经营紧密相连，实现股份到户、利益到户，解决真贫、特贫、难受益问题，促进输血扶贫向"造血"扶贫转变。

（2）主要做法。以石家庄市平山县元坊绿康林果专业合作社为例，该合作社成立于2003年，主要生产经营苹果、板栗等林果产品，拥有林果基地1.5万亩、农户750户，带动周边果农2 750户，合作社"元坊"苹果被评为省名牌产品、省著名商标，合作社先后被评为"河北省林果产品重点专业合作组织""河北省农民合作社示范社""国家农民合作社示范社"等。

一是转变思路，股份制合作。最初合作社由元坊村苹果种植大户韩志刚联合5家果农创建。成立之初，经营规模小，示范带动能力弱。合作社出现转机始于2007年，当时的村"两委"班子大胆改革，将村集体的3 500亩果园按照"人人有股，人人有利，谁管理谁受益"的原则承包给村民，引导农户全部加入合作社。股份合作制的实行，大大激发了成员积极性，既搞活了村集体经济，富裕了广大村民，又促进了合作社的发展，获得了"三赢"的改革成效。

二是创新机制，产业化经营。合作社按照"合作社＋公司＋协会＋基地＋农户"的产业化模式科学运作。公司即平山县宏远实业开发公司，是石家庄市农业产业化重点龙头企业，由元坊村集体创办，以苹果、板栗等林果产品加工销售为主；协会即平山县元坊林果协会，先后被评为"国家科普惠农兴村先进单位""石家庄市科普工作先进单位"等，为合作社提供了良好的科技支撑。基地即元坊村集体拥有林果基地3 500亩，包括苹果500亩、板栗300亩。合作社对农户实行"五统一分"管理模式，即统一农资供应、统一生产标准、统一产品收购、统一包装加工、统一品牌销售，分户管理。如今，合作社基地发展到1.5万亩，年产优质果品9 000多吨，全部通过绿色食品A级认证。

三是注重科技，产学研结合。合作社林果基地10多年来一直是河北省农业科学院石家庄果树研究所的产学研基地，实施了多项重大科研项目，培训了大批专业人才与技术人员。近年来，合作社不断加强与河北农业大学等单位的技术协作，建立产学研结合示范基地，共同承担实施科研项目，先后实施了耗水型果树减蒸降耗及种植管理技术集成与示范项目、苹果需水规律及节水灌溉技术研究项目、苹果标准园创建项目等，并取得了丰硕成果。

四是示范引领，助力脱贫攻坚。合作社为全体成员设立了账户，实行约定分红、按劳分配、按交易量返还与按股分红的分配方式，不断吸收新的成员，引领、带动老区农民脱贫致富。2015年以来，合作社积极响应脱贫攻坚号召，着力实施林果特色产业扶贫工程，引导贫困农民加入合作社，与农民建立了更加紧密的利益联结机制，直接带动孟家庄镇11个贫困村、136户建档立卡贫困户、401名贫困农民稳定脱贫，并示范带动全县11个乡（镇）、56个村、2 750余户农民发展苹果、板栗产业，促进农民增收5 000余万元。

2. 模式二：精准扶贫＋特色旅游

（1）发展策略。平山县是旅游大县。境内景区景点众多，有160多处国家和省、市、县文物单位。有100余处自然景点，包括森林、奇峰、瀑布、温泉、溶洞、草原等，现有开放景区20家，其中AAAAA景区1家，AAAA景区11家，数量占河北省的1/10，石家庄市的1/2。此外，该县拥有星级宾馆14家，其中四星级饭店5家，全国农业旅游示范点1家，省级农业旅游示范点6家，省级工业旅游示范点1家，旅游从业人员8万余人，旅游发展基础相对较好。

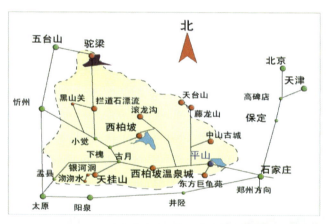

平山县旅游景点示意图

平山县旅游资源主要有以下特点：红色旅游资源丰富，有全国爱国主义教育基地西柏坡，毛泽东主席曾经在这里生活工作过，留下了许多故事和美谈。平山县各类红色遗址众多，适合发展红色旅游，具备打造红色爱国主义教育旅游品牌的条件；自然环境优美，平山县境内的山峰奇特、森林茂密、湿地面积广阔，自然景观秀丽，除了海洋以外，包括了河北省所有的地形地貌特征。全县的林木绿化率达到58.6%，有北方桂林天桂山、避暑胜地驼梁等国家AAAA级风景名胜区，号称太行山东麓最绿的地方，具备生态观光旅游发展的基础；历史源远流长，文物古迹遍布全境，有水帘洞旧石器时代晚期遗址、仰韶文化遗址、商代西门外遗址、战国中山都城遗址、唐代文庙、明代长城等 300 多处古迹，具有重要的历史地位，适合各类考古主题旅游的发展；温泉资源丰富，温塘镇温泉热水日开采量达 2 000 立方米，含有 30 多种矿物质，具有很好的养生保健作用，适合温泉康养主题旅游发展；民俗文化独特，太行山区特色民俗风情保留相对完整，适合开发各类民俗休闲旅游项目，既可以体验太行特色民俗，又能享受田园农家风情。

旅游行业属于三产服务行业，旅游业的发展需要大量的服务人员。平山县贫困发生率高，贫困人口众多，旅游发展所需的人力资源相对充足。2015 年，全县第三产业服务业增加值达到了 62 亿元，服务业对全县经济增长的贡献率达到了 43.7%。虽然当地群众的文化水平较低，但旅游业大部分工作岗位不需要特别专业的技术人才，只需要短期培训即可胜任工作岗位，如景区门卫、检票员、清洁工等。旅游行业带动作用明显，通过旅游发展，使贫困人口可以有稳定的收入，有较强的乘数效应。从贫困村和贫困人口的分布来看，与全县的景区、景点分布有着高度的重合性，覆盖全县 12 598 名贫困人口，占全县总数的 27.02%。旅游扶贫对平山县来说，具有现实上的可行性。

平山县耕地资源少，农田水利基础设施投入相对不足，特别是受山区自然条件影响，发展农业产业受到很多因素影响。如果依靠传统农业开展扶贫工作，难度较大。此外，该县是省会主要的饮用水水源地，境内岗黄水库一级保护区面积约 129.8 平方公里，占全县总面积 4.9%；二级保护区面积约 473.8 平方公里，占全县总面积 17.89%；准保护区面积约 2 041.8 平方公里，占全县总面积 77.11%。随着岗黄水库水源保护标准的日益提高，受土地、环保等方面的制约，工业项目发展也受到多重制约。然而，该县自然环境优美，人文资源丰富，特别是西柏坡、中山古城等旅游资源知名度高，交通基础设施建设不断加快，服务水平不断完善。同时，旅游发展能耗小、污染少、效益高，综合带动性强，通过旅游扶贫来实现群众增收致富是当地的最佳选择。

平山县委、县政府十分重视生态恢复对特色旅游的促进作用，以整体保护、系统修复、综合治理为主线，改善和优化贫困山区农业生态环境，通过退耕还林、退耕还湿等措施，增强森林和湿地生态功能。近年来，完成人工造林 18 万亩，封山育林 22.4 万亩，森林覆盖率达到 52.92%，湿地保护比例达到 87.7%。平山县已成为太行山的特色农业产业带、生态屏障支撑带，平山县被评为全国首批全域旅游示范县。

（2）**主要做法**。为全面发展特色旅游业，平山县强化组织领导，健全管理机构，成立了县级休闲农业和乡村旅游建设工作领导小组。领导小组由县级主管农业副县长高永阁同志任组长，农业、旅游、财政等部门一把手为成员，负责休闲农业发展中的政策制定、组织协调等工作。

一是科学制订规划，明晰发展方向。为促进平山县休闲农业与乡村旅游工作再上新台阶，依托平山县丰富的旅游资源，突出环境保护和资源永续利用，结合农村面貌的提升及美丽乡村活动的开展，县政府拨专款委托农业农村部规划设计研究院制订了"平山县乡村旅游发展规划"。

二是拓宽融资渠道，完善扶持政策。政府设立休闲农业财政专项资金，县财政每年安排100万元作为旅游发展专项补贴费用，引导和扶持开展休闲农业的园区、企业、农庄完善基础设施，进行园区改造，提高服务能力以及规范行业发展。将基本建设和财政资金项目向休闲农业倾斜，增加休闲农业基础设施建设的投入，对将休闲农业的公共基础设施建设纳入当地基础设施建设和新农村建设的计划予以支持。

三是加强行业管理，提升服务质量。按农业观光、休闲采摘、农家乐、美丽乡村4种类型，对各景点进行了分类划分，并对照各类型建立了相应的行业标准和管理制度，依照制度、标准认真加强日常监管。强化宣传推介，打造文化品牌。紧紧围绕平山县得天独厚的生态优势，努力打好"山水生态牌"；围绕中国核桃之乡等特色农业，打好"特色产品牌"；围绕中山古城和革命圣地，打好"历史文化牌"，三牌齐驱，提升了平山县休闲农业与乡村旅游的发展水平。

以平山县驼梁风景区为例，驼梁风景区以河北省AAAA级以上景区整改提升为契机，高标准实施了停车场、步游路、星级厕所等一系列基础建设项目。景区管理处于2010年开始，开展了10公里旅游路沿线环境综合整治，拆除改造6个度假村内的旱厕猪圈和所有临建，道路两侧立体式绿化，包装策划驼梁二日游或多日游组合线路，将景区内各度假村的住宿、餐饮、娱乐等特色项目推向客源市场，引导游客多元化消费，为广大村民搭建起一个依靠旅游发家致富的平台。管理处制定出台了《建设大旅游区进一步扩大接待规模的实施意见》，积极宣传旅游惠民政策，对前大地村及旅游路沿线的木厂、中台山等7个行政村，按照每新增一张床位补贴本户20元的标准，本着"以点带面、标准化建设"的原则，采取住旧腾新的方式，严格按照《驼梁旅游区农家旅馆质量管理标准》建设，由景区统一验收、统一挂牌，并与景区旅游服务公司签订游客派遣单，景区负责派送游客，统一收费标准，实行规范化管理。并引导木厂和中台山2个度假村开展漂流、拓展训练等体验性项目。

（三）利益联结机制

经过多年扶贫摸索，平山县积极探索出了"合作社＋贫困户""特色旅游＋贫困户"等不同产业扶贫模式，有力地促进农业增效、农民增收，为脱贫攻坚战奠定了胜利的基础。

1. 以产业带动贫困户

大大小小的合作社积极欢迎贫困户入社，并鼓励按劳动力、土地租借、技术等多种方式入股，共同经营、共同富裕。农民日常有 2 000～3 500元的月工资，年底还能分享入股分红，真正实现了"一人入社、全家脱困"。

2. 以特色旅游带动贫困户

由于平山县贫困地区和旅游资源丰富地区重合度较高，蓬勃发展的旅游对劳动力的需要十分旺盛，且对劳动力素质要求并不高，这样就吸收了大量贫困户的劳动力进入旅游行业。此外，为发展旅游业而产生的土地流转和土地入股分红，也产生了许多共同分享旅游事业发展的成果和机会。平山县探索了旅游租金、薪金、股金的"三金"模式，因旅游而脱贫的人数约占平山县脱贫人数的 57％。

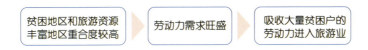

（四）主要成效

平山县有近 100 个合作社。结合脱贫攻坚，平山县把适宜贫困山区发展的中药材、食用菌、林果业作为扶贫重点农业产业，贫困山区农业特色产业实现了大突破、大发展。2018 年实施了山区农业扶贫项目 43 个，总投资达 34 103.98 万元。合河口乡、营里乡的深山区反季节食用菌生产、北冶乡的苹果产业、下口镇的中药材产业已经初具规模，效益显著。依托资源优势申请了食用菌、林果等一大批绿色、有机农产品认证，并在"中国核桃"的基础上，新增了"平山苹果""平山小米"两个农产品地理标志。

在平山县各方共同努力下，该县已拥有休闲农业与乡村旅游景点 103 个，涉及全县 90％以上的乡镇，成规模且有一定知名度的有 15 个。其中，全国农业旅游示范点 3 家（东方巨龟苑、沕沕水、藤龙山），省级农业旅游示范点 5 家（拦道石、佛光山、紫云山、滚龙沟、北马家农业生态观光园）；有"新中国从这里走来——西柏坡村""中央统战部旧址所在地——李家庄村"等爱国主义教育基地；有特色民俗村 130 个，旅游品牌商品购物店 20 多家，景区购物店、土特产零售摊点 400 多个，农家乐 300 多家，旅游饭店 50 多家，从事农业旅游人员 6 万余人。

2015 年，平山县累计接待游客 1 000 万人次，旅游收入 70 亿元。2013 年平山县获"中国十大最具投资潜力旅游目的地"和"中国最美生态文化旅游名县"两项旅游界顶级殊荣。2015 年，平山县成功申报河北省"休闲农业与乡村旅游示范县"，2017 年成功申报"全国休闲农业与乡村旅游示范县"。

（五）启示

通过发展现代农业和特色旅游产业，平山县成功摘掉了贫困县的帽子。多年来，许多类似平山县的贫困地区由于信息闭塞、生产条件滞后、农业生产方式粗放，造成了农业资源过度开发、农业投入品过量使用以及农业内外源污染相互叠加等带来的一系列问题，并且日益凸显。平山县在保障生态环境的前提下，把贫困地区生态环境优势转化为经济优势，创新发展农业新业态，在完善贫困地区农业可持续发展体制机制等方面进一步开展工作。利用地形优势、历史优势，大力开展特色旅游产业。平山县因地制宜、发展多样化项目，为我们展示了一条绿色脱贫、特色脱贫的新道路。

山西乡宁：云丘山乡村旅游产业模式

　　导语：依托景区旅游资源和乡村民俗文化，大力实施"旅游＋"扶贫战略。通过发展乡村旅游，推进农旅融合，实施村企共建，带动周边8个乡（镇）80多个村委会建档立卡贫困户2 573户8 793名农民脱贫致富，户均年收入增加8 000～20 000元，探索出了一条农旅融合、村企共建的旅游扶贫新路子，为全面助力脱贫攻坚和乡村振兴开创新局面。

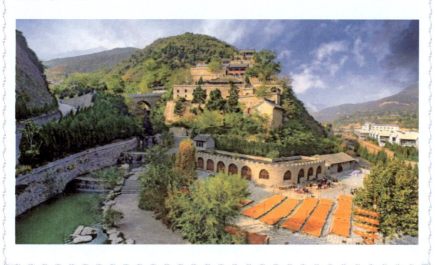

（一）主体简介

　　云丘山景区位于山西省乡宁县关王庙乡，总面积203平方公里，其中核心景区64.21平方公里。开发了35平方公里，大力发展休闲农业与乡村旅游，共涉及大河、坂儿上、东沟3个村委会。2016年8月，景区被国家旅游局评定为全国"景区带村"旅游扶贫示范项目。云丘山景区内已有塔尔坡、康家坪、鼎石等9个传统古村落被住房和城乡建设部、财政部、国家旅游局等部门评为国家级传统古村落。2016年，景区内的大河村、康家坪村被山西省农业厅评为省级休闲农业与乡村旅游示范点。2017年，乡宁县云丘山旅游开发有限责任公司（以下简称"公司"）被山西省农业厅评为省级休闲农业与乡村旅游示范点。

近年来，公司紧紧围绕国家发展"三农"的方针政策，依托当地文化底蕴和特色旅游资源，大力发展休闲农业与乡村旅游，推进乡村振兴战略。景区紧紧围绕乡村旅游主导产业，坚持把休闲农业和乡村旅游与党建引领、精准扶贫、发展产业相结合，大力发展以大河村、坂儿上村、东沟村为主的美丽乡村。通过建立村企联合党支部、扶贫扶志扶智、开办民宿旅游与农家乐等方式，大力发展特色产业，壮大村集体经济，促进了贫困户增收，实现了经济效益和社会效益的有机统一。景区核心区内的大河村多次受到省、市、县表彰和奖励，先后荣获"全省生态村""基层先进党组织""全县文化工作先进村""文明村"等称号。2016 年，大河村被省环保厅评为省级生态村。

（二）主要模式

1. 概况

实施村企联建，推动乡村振兴。坚持村企联建的发展思路，在上级党组织的支持下成立了云丘山村企联合党支部，由公司董事长张连水担任支部书记，村企党员干部交叉任职。景区规划建设将农村和村民的发展致富考虑在内，村民们也全力支持景区建设发展，探索出了一条"以企带村、强村促企、村企共赢"的发展道路。

一是完善基础设施，改善了农村人居环境。在大河村、坂儿上村、东沟村投资 1.285 亿元，建设移民新村 105 687 平方米，对大河村、陈家岭村、塔尔坡村、康家坪村等 16 个自然村的 561 户居民实现了整村搬迁；配套实施新村街道道路硬化、绿化、亮化、净化等工程；修建村民饮用水水库 4 座，半寄宿制小学 1 所，污水处理厂 1 座，部分村民实现了集中供暖；修建了安大线、桥安线、关王庙至安汾、稷山范家庄至大河村等二级公路；硬化了塔尔坡村、康家坪村、坂儿上村 16 公里道路；修建便民桥12 处、砌筑河坝 5 000 余米，彻底解决了村民出行难的问题。

二是融合各方优势，推动了村企共同发展。在村企联建模式的推动下，云丘山景区周边农村美丽乡村建设快速推进，景区村容村貌显著改善，乡村生态环境得到美化。同时，通过旅游带动，培育了文明乡风、良好家风、淳朴民风，促进了乡村治理有效提升，也为景区营造了更加良好的发展环境。云丘山景区接待人数连年攀升，从 2016 年的 61 万余人次增长到 2018 年的 93 万余人次，公司年收入也由过去的 5 000 万元增长到近亿元。

2. 发展策略

发展乡村旅游，促进脱贫增收。云丘山古树林立、溪水潺潺，有着神

奇俊秀的自然景观和传承千年的民俗文化、婚俗文化。公司结合当地实际，发挥自身优势，把乡村特色旅游作为扶贫的重要举措，利用云丘山神仙峪景点和塔尔坡古村打造了乡村民俗游，鼓励和引导当地农民参与进来分享旅游红利。

（1）增加了经营收入。景区吸引了北京、上海、广州、西安、太原等大中城市乃至韩国、日本的游客，到这里休闲观光，观赏和体验中国古代婚俗，同时吸引了游客们参与当地居民生活进行体验式旅游。农民开茶馆、办民俗客栈、做农家饭、酿柿子醋、磨豆腐，发展成了高素质的旅游专业工作人员。既扩大了农产品销售渠道，也增加了当地村民收入。通过帮扶，当地村民结合自身优势开办了旅馆 10 个、农家乐 7 个，户均年增收 8 万余元。

（2）增加了务工收入。在发展乡村旅游中，公司发挥当地农民的主体作用，积极吸纳农民参与景区建设增加务工收入，实现了本地农民向工人、匠人的转变。通过景区建设带动村民组建工程队承包工程，安排 3 000 余人就业，人均年收入 3 万～8 万元；吸收当地村民和贫困户在安保队、生产队、绿化队、机械队、客房餐饮及其他岗位直接就业累计达 1 258 人，累计带动农民增收 3 700 余万元。村民都说：发展乡村旅游，美了乡村，富了乡亲。

3. 主要做法

（1）推进农旅融合，带动产业发展。农旅融合是乡村旅游和休闲农业发展的新模式，是实现产业融合的新手段。在充分尊重农业产业功能的基础上，由公司董事长张连水牵头与周边 382 户农民组成了上河优质粮食种植专业合作社，种植有机粮食和有机蔬菜，开展农耕生产体验，将农业生产与旅游产业有机结合，"以农促旅、以旅兴农"。一是流转土地 4 000 余亩，村民参与合作社经营和地里劳动，年终享受合作社分红，合作社成立 5 年来累计增收 2 200 余万元；二是合作社出资帮贫困户购买猪仔、羊羔喂养，出栏后由合作社帮助销售，户均年增收 20 000 余元，5 年来累计带动贫困户 128 户，共计增收 1 080 万元；三是每年定期聘请国内农林专家来给村民培训种植、养殖等技术，聘请文化艺术团教老年人打花鼓，聘请外教对年轻人进行外语培训，提高农民旅游服务能力，共计培训1 500 人次；四是引导当地村民实现自主创业，公司提供平台，实现本地农民向商人、艺人的转变。从 2010 年至今，共计带领当地村民在景区内开办商铺 105 户，户均年增收 4.5 万余元，累计带动增收 4 252 万元。

特别是公司到台湾地区进行有机农业考察后，与台湾的有机农园达成合作协议，发展有机农业；还实施了"农旅融合发展、手心翻转"项目。针对自闭症、脑瘫、智力水平低下等特殊群体，公司高薪聘请 2 名台湾特教老师长期教导，使他们掌握一技之长，重新回归社会。两年多来，先后招收 10 名智障儿童。已有 3 名智障儿童具备了正常生活和工作的能力。

以农促旅、以旅兴农

流转土地4 000余亩，村民参与合作社经营和地里劳动

合作社免费出资帮贫困户购买猪仔、羊羔喂养，出栏后由合作社帮助销售

每年定期聘请国内农林专家来给村民培训种植、养殖等技术，聘请文化艺术团教老年人打花鼓、聘请外教对年轻人进行外语培训

引导当地村民实现自主创业

与台湾的有机农园达成合作协议，实施了"农旅融合发展、手心翻转"项目

(2) 基层党组织促进"公司＋合作社"，实现精准扶贫。在上级党组织的大力支持下，公司成立了云丘山中心党支部，董事长张连水任党支部书记。

中心党支部成立之前，出现过公司搞建设，村干部、村民来阻碍的现象。中心党支部成立以后，村干部加入企业建设的队伍中来，企业管理人员也加入党支部建设的队伍中去，以党建为中心，共同学习党的有关精神，并运用到实践中。党员干部包村包户帮扶贫困农户，引导村民有正确的思想和干劲奔小康。张连水书记在考虑公司与村民的事情时，用他自己的话说：就是以党建为中心，公司员工能挣到理想的工资。与村民相比，手心手背都是肉，争取做到公司有糖吃、村民有菜吃。

　　党的十九大以来，中心党支部认真学习并领会习总书记关于扶贫的一系列讲话精神，积极响应国家政策，在党建统领下以云丘山旅游产业为支柱，在"以企带村、强村促企、村企共赢"的发展道路上实现精准扶贫。

　　一是对村民进行"扶志"。经党支部发起，由书记张连水带头与周边382户农民一起组成了上河优质粮食种植专业合作社，开始了"公司＋合作社"的双赢道路。公司以 420 元/亩的价格流转村民土地 4 000 余亩，除流转土地收益外，公司雇用村民在合作社劳动，每人每天 80 元，发展有机农业。合作社成立后，出资帮扶建档立卡贫困户购买猪仔、羊羔，贫困户自己来喂养，出栏后由合作社帮助销售，销售收入全部给贫困户，让村民有了致富的胆量和勇气。

　　二是对村民进行"扶智"。每年定期聘请农林专家来给村民培训种植、养殖等技术，聘请文化艺术团教老年人打花鼓，聘请外教对年轻人进行外语培训，让每位农民都增长文化知识和致富的本领，增加了他们的幸福感。

　　（3）建设希望农场，实现"手心翻转"。通过中心党支部组织，中心党员和公司管理人员到台湾地区进行有机农业考察，并达成合作协议，发展有机农业，建设希望农场，实现手心翻转。

　　一首"感恩的心"唱出了多少智障儿童家庭的心酸。每一个孩子都是父母的希望，可由于他们的智障给家庭带来了许多痛苦。他们需要专人照看，手心向上跟家人要吃喝。"希望农场、手心翻转"就是给人以希望，公司建立"希望农场"，招收智障孩子，高薪聘请台湾的特教老师 2 名长期教这些孩子生活自理的方式和有机蔬菜的种植技能，让他们能通过学习，掌握技能自己干活来养自己，自食其力，回归社会。

"爱心农场、手心翻转"实施得到了全球各界爱心人士的关注。一年多来，来自印度尼西亚、埃及、美国、捷克、坦桑尼亚、泰国、马来西亚、印度、新加坡、意大利、西班牙、波兰、俄罗斯、匈牙利14个国家的24名志愿者到云丘山来帮助智障孩子，他们每位都用42天时间与孩子们同吃同住，教他们生存理念和技能。外国友人的到来，既了解了中国的传统文化和农耕文化，又体验了云丘山的"乡村旅游"。

（三）利益联结机制

构建利益联结，实现了村民变"股民"。实施"股加贷"的扶贫政策，使7个乡（镇）77个村委会的1 627户贫困户共5 521个贫困村民成为"股民"，每个贫困人口每年分红391.25元，户均分红1 327.65元，3年来共计分红648万元。同时，参与牵手贷，带动361户农户户均分配红利4 000元/年，3年来共计分红433.2万元。同时，景区周边的大河村、坂儿上村、东沟村3个村委会，通过乡村旅游发展，村集体经济收入实现破零达到年收入50余万元。

公司与村党支部组织382户村民成立了上河优质粮食种植专业合作社，村民参与合作社经营并种植有机粮食和有机菜，人均月收入3 000余元。

打造"希望农场、手心翻转"项目，发展有机农业，建设有机农场。截至2019年，建设有机大棚3座、食农教育馆600平方米、有机蔬菜庄园5亩，种植有机小麦2 000余亩，带动当地农户175户，农忙时人均月收入2 000余元。

公司与大河村委会合作，以"华夏年轮，乡土文脉"为主题，开发了千年古村塔尔坡。在塔尔坡古村，公司给当地村民提供商铺，统一管理，并对他们进行培训。村民们唱民歌、演婚俗、练武术、蒸花馍、玩皮影、开铁匠铺、茶馆、做农家饭、磨豆腐、做水席、小吃等，丰富了乡村旅游的内容，并脱贫105人，人均月收入3 000余元。

公司与坂儿上村委会合作，保护开发了康家坪古村民宿。康家坪是一个隐居在山林却拥有自然、环保、艺术的古村落建筑群落。公司利用当地村民居住的窑洞，邀请墨西哥、美国、澳大利亚的专家学者，共同开发打造了"会呼吸的生命居所"。居所用石头、土、麦秸秆、木头建造而成，里面没有一点现代化的建筑材料。同时，与我国台湾地区团队合作，打造出了康家坪民宿。现已建造成了4座院落、13间客房、25个床位。每座院落都有一系列的功能区域，酒吧、温泉、咖啡馆及特色餐厅应有尽有，民宿吸引了众多游客争相体验。自2018年10月1日试营业以来，累计接

待游客 5 万余人次，体验民宿游客 800 余人，吸收当地大学生就业 20 余人，人均月收入 4 000 余元。

（四）主要成效

1. 党建引领，帮扶村民，实现三个"有利益"

坚持以社会主义核心价值观为引领，从乡村出发，从小处着手，通过设置社会主义核心价值观宣传牌、墙体绘画，开展"最美"系列评选活动，弘扬美好家风，树立文明村风，打造良善民风，形成家风带民风、民风带村风、村风促发展的良好效果。

定期聘请国内农林专家、外教、文化艺术团来给村民培训，让农民增长文化知识和致富的本领，在发展特色乡村旅游的同时对村民进行"扶志扶智"。通过建设美丽乡村，实现村民、村委会、公司三个"有利益"。

2. 提升服务标准，强化宣传报道，发展乡村旅游

云丘山旅游风景区以打造一个开放式村庄大景区为目标，根据村域特色，深入挖掘内部资源，积极投入资金用于配套设施建设。发展乡村旅游，打造了"微笑"和"礼貌"服务，所有工作人员面对每一位游客都以微笑示意，"您好"成为每一位工作人员的开口语；为游客提供整洁、干净的卫生环境；在游客中心为特殊人群准备了轮椅、童车等；建设干净整洁的五星级厕所 20 余座，同时配有第三卫生间等；配备了母婴室、老年人休息室等；开通了免费的 WiFi 服务、语音广播服务、LED 电子屏信息推送服务等人性化服务，为游客提供更为贴心的服务。

为了更好地扩大云丘山旅游风景区知名度，在对现有资源整合的基础上，以多方式、多途径开展宣传营销。现在每年固定的大型活动有云丘山

民俗年、中和文化旅游节、艺术文化旅游节（2个月）、柿柿如意红叶节。根据市场调研，大型活动的举办迅速提高了云丘山的知名度，有效提升了品牌影响力。同时，通过互联网、微信公众号、电视广告及其他媒体的推广，约有1.2亿人次关注云丘山旅游风景区，游客满意度达到85%。

综上所述，景区与村委会坚持把富民、乐民、惠民作为发展的出发点和着力点，打造幸福家园，创造美好生活。生态产业富民，云丘山村景融合经营、绿色发展实践成效明显。2018年，累计接待游客930 040人，营业收入10 888.38万元。云丘山现有乡村旅馆5座，分别是云圣快捷酒店、琪尔康度假村、康家坪窑洞大院、塔尔坡洞穴客栈和康家坪特色民宿，还有多个农家客栈、农家乐餐馆及体验园。在云丘山景区旅游开发带动下，村民人均年收入由原来的1 300元增长到20 000元，收入增长了15倍，周边村民购置小轿车500余辆。景区坚持把良好的生态环境转化为公共产品，增加民生福祉，确保群众喝上清洁水、呼吸干净空气、吃上放心农副产品，极大地增强了村民的幸福感和获得感。

（五）启示

脱贫攻坚，义不容辞；乡村振兴，责无旁贷。今后，公司将继续践行习总书记"绿水青山就是金山银山"的理念，扩大产业规模，打造养生、养老基地，加大休闲农业和乡村旅游的建设，把"以企带村"变为"以企强村"，让更多山区乡亲脱贫致富，为全面建成小康社会作出更大贡献。

安徽岳西：红色文化产业模式

导语： 安徽省岳西县大别山红色旅游区是我国脱贫攻坚工作的一个典型案例。岳西集革命老区、贫困地区、纯山区、生态示范区和生态功能区于一体，拥有丰富的红色文化资源。如中央红军独立第二师司令部旧址，鹞落坪及凉亭坳红二十八军军部旧址群，请水寨暴动旧址等红色景区，都留下了许多革命故事。红色旅游是一种把红色人文景观和绿色自然景观结合起来，把革命传统教育与促进旅游产业发展结合起来的新型主题旅游形式。

岳西县是革命老区，1924 年便有共产党的活动，1927 年建立了党组织。1930 年前后，在党的领导下，相继爆发了包家河等农民暴动，成立了县、区、乡苏维埃政权，诞生了工农红军和赤卫队。1935 年 2 月，高敬亭将军在岳西凉亭坳重建红二十八军。抗日战争时期，岳西组建了 5 支抗日爱国武装，为新四军四支队输送兵员和物资。1947 年 9 月，刘邓大军挺进大别山后，岳西人民获得解放，建立了中共岳西县委、岳西民主政府。在革命斗争过程中，先烈们在岳西大地上留下了许多开展革命活动的轨迹，留存了十分珍贵的遗迹、遗址。游客游览红色景区，瞻仰革命先烈为革命、为人民、为国家捐躯的大无畏精神，增强爱国主义情感，培养吃苦耐劳的优良品质。因此，岳西县大别山红色旅游区建设是我国脱贫攻坚过程中非常值得学习与借鉴的优秀案例。

（一）主体简介

岳西是国家扶贫开发工作重点县，也是大别山区唯一一个集革命老区、贫困地区、纯山区、生态示范区、生态功能区"五区"于一体的县份。1985年被列为首批国家重点贫困县时，全县绝对贫困人口24.7万人、占当时全县总人口的73%。2017年，岳西县实现地区生产总值92.6亿元，是1989年的63倍以上；农村居民可支配收入10 553元，是1989年的43倍。岳西县也成为全国休闲农业和乡村旅游示范县、全国科技进步先进县、国家生态县、国家电子商务先进农村综合示范县和全省美好乡村建设先进县、全省循环经济示范县。

岳西县位于大别山腹地、皖西南边陲，地跨长江、淮河两大流域，与湖北省接壤。1936年划并潜山、霍山、太湖、舒城4个县的边界结合部设置建县。全县面积2 372平方公里，现辖24个乡（镇）的182个行政村、6个社区居民委员会，总人口40.1万人。

作为革命老区，岳西县为革命事业作出巨大贡献。1924年，岳西县境内就有党的活动，1927年建立党的组织。第二次国内革命战争时期，岳西是鄂豫皖革命根据地的重要组成部分，红三十四师在这里组建，红二十五军在这里驻扎，红十一军、红二十七军在这里战斗，红二十八军在这里重建。战争年代，岳西牺牲的烈士和死难群众达4万人，占当时人口的1/4，中共安徽省委首任书记王步文烈士就出生和战斗在这里。

由于历史、自然等因素，岳西县一直是安徽省以及大别山区29个国家级贫困县中贫困人口最多、贫困面最大、贫困程度最深的县份之一。1985年被列为首批国家重点贫困县，当时绝对贫困人口24.7万人，占总人口的72.3%。2012年，被列为大别山片区和国家扶贫开发工作重点县。2014年，建档立卡贫困户36 367户110 473人，贫困村65个。

（二）主要模式

1. 模式一：红色旅游产品

（1）*发展策略*。红色旅游业的发展不仅为旅游目的地带来了观光游客，还为当地特色产品提供了重要的销售渠道，为革命老区的经济发展提供了新的增长动力。旅游产品的产品策略主要表现为旅游品牌建设、产品的组合以及新产品的开发。自国家红色旅游工程启动以来，岳西县红色旅游业取得了很大的发展，但在红色旅游新产品的开发方面还存在不足。岳西县红色旅游在品牌建设方面还存在不足，没有充分利用大别山革命根据地这一地域品牌，打造具有岳西特色的红色旅游品牌。因此，岳西县红色旅游缺乏有影响力的红色品牌。岳西县红色旅游产品主要有红二十八军军政旧址群、红二十五军军政旧址、大别山革命烈士陵园、王步文故居以及中央独立二师司令部旧址等，但岳西县在红色旅游的产品开发过程中，没有深入挖掘这些红色历史所蕴含的文化内涵和人文精神；岳西县红色旅游景区的主要模式还是依靠遗址观光和图片物品的展示，缺乏具有体验性和参与性的特色产品。岳西县新产品的开发主要集中于红二十八军和请水寨暴动遗址的开发，而对于其他的红色产品还没有进行有效的开发。其次，岳西县红色旅游对于相应的服务产品和旅游纪念品的开发也还处于初级阶段，服务产品还很少，各红色景区具有本地特色的旅游纪念品也较少。因此，产品的开发方面还需要进一步加强和改进，尤其是红色旅游景区服务产品的开发。

（2）主要做法。

一是岳西县红色旅游资源的类型较多，但大多数红色景区在建设过程中也仅是针对革命事件本身进行开发，没有挖掘事件的文化内涵，且没有突出红色品牌。岳西县红色旅游在发展过程中，力求反映历史事件的真实性，遗址遗迹等建筑物尽量保持历史原貌。同时，加强与党史研究学者的联系，邀请一些专家来考察研究，加大相关历史文献资料的收集整理工作的力度，经常性地开展关于红色文化的学术研讨活动，与相关学术团体建立密切的联系，将岳西建设成为大别山地区红色文化的研究基地，深刻挖掘红色文化的内涵和精神价值，增强红色旅游的吸引力。联合大别山其他地区共同创作、制作关于红二十八军、红二十五军和鄂豫皖革命根据地的影视作品，使之更加形象、具体地反映历史事件，打造具有岳西本地特色的红色旅游精品项目和突出品牌。

二是岳西县红色旅游的发展要实现与大别山原始生态及皖西古皖文化的结合，做到红色旅游与绿色旅游相结合，充分体现"红色岳西，绿色海洋"这一市场形象。岳西红色旅游在发展过程中对于不同的市场群体要采取不同的产品组合策略。如青少年这一特殊群体，他们不同于其他年龄段人群的需求，应在各景区内开发一些具有教育意义的红色旅游产品，让青少年在观光游览中能够接受爱国主义教育。同时，要丰富红色旅游产品的文化内涵和人文精神，完善红色景区的导游解说系统，增强红色景区的吸引力，提高青少年游客的回头率。针对中老年旅游者追求休闲养生的特定需求，在发展过程中可以充分利用大别山这一地域品牌，将岳西县红色旅游与岳西县内的鹞落坪国家级自然保护区、妙道山国家森林公园、彩虹瀑布风景区、天峡旅游景区、石关国家体育训练基地和温泉养生文化产业园等休闲度假旅游项目相结合，将岳西打造成为大别山地区最具有吸引力的红色旅游景区和休闲养生基地。同时，还要加强有关红色旅游系列产品的开发，可以结合乡村农家乐项目，充分将红色元素融入具有当地特色的产品中，开发具有当地特色的旅游纪念品，形成红色旅游产业链条。如在红色景区周边的农家乐餐馆中，设计出当年红军时期的菜肴；将红色元素融入岳西养生布鞋的设计中，设计开发出具有红色元素和养生效果的红军时期样式的红军鞋，形成具有本地特色的红色旅游纪念品，充分实现红色旅游与餐饮、住宿、购物及娱乐的有效结合。这样既可以丰富岳西县红色旅游产品体系，还可以促进当地居民收入的增长，从而带动革命老区经济的发展。最后，加强与环大别山地区的县、市进行区域合作，实现"强强联合"。这样可以充分实现环大别山地区红色旅游资源的共享以及环大别山地区红色旅游线路的对接、红色旅游市场和信息的共享，携手打造具有大别山特色的红色旅游产品。

2. 模式二：推广岳西县红色文化，增强红色景区宣传

（1）发展战略。岳西县红色旅游的促销策略主要包括广告宣传和公共关系活动。其中，广告宣传主要是由政府主导的网络电视广播、报纸期

刊、互联网广告和景区自身的广告宣传，岳西周报、岳西电视台、岳西论坛等都是其中的杰出代表，对于岳西县红色旅游的推广和宣传作出重要贡献。而岳西县红色旅游对于互联网的利用也只在政府有关的网站和岳西论坛上有相关介绍，在互联网上用于介绍岳西县红色旅游的宣传广告很少，只有少量的宣传广告穿插于普通的风光宣传片中，如在宣传片《净土岳西》中有少量介绍岳西红色旅游的画面。相对于政府的宣传，各景区自身的广告宣传则比较少。岳西县红色旅游还利用一些节事活动进行宣传推广，通过每年4月主办的"大别山映山红旅游文化月"活动，推广岳西县红色文化，已达到宣传促销的作用。

（2）主要做法。制定全面的沟通与促销策略：一是积极利用网络新兴媒体，建立主题鲜明的岳西红色旅游网站，在岳西论坛和岳西政府门户网站开辟新的介绍岳西县红色旅游链接，将其打造成为旅游者了解岳西县红色旅游景区信息的窗口。二是向旅游者提供详尽地、富有感染力的岳西县红色旅游宣传手册，向旅游者赠送一些印有景区特色的物品，如钥匙链、日历卡、纸巾等，通过持续不断赠送，以达到增强红色景区宣传的作用。三是高度重视口碑的宣传效应。岳西县红色旅游在发展过程中要能够提供高品位的红色旅游核心产品与高附加值的产品相组合，丰富红色旅游景区的解说系统，提高红色旅游景区的服务水平和服务质量，为游客提供良好的服务，提高游客的满意度和游客的回头率，并让游客能够主动向其他人宣传推荐岳西红色旅游，使他们自觉或不自觉地充当岳西红色旅游形象的宣传者。四是加强与各级党委、政府和旅游管理部门的合作，利用一些重大节假日和重大节事的庆祝活动做好宣传活动，同时积极利用各种新闻传

大别山映山红旅游文化月

媒进行全方位的宣传和报道，如电视广播、报纸期刊以及互联网等新兴媒体，利用每年举办的"大别山映山红旅游文化月"等节事活动进行红色旅游宣传推广。五是要加强市场营销意识，专门建立进行宣传活动的营销队伍，针对青少年市场和中老年市场特点的不同，要组织这些进行宣传活动的营销队伍深入到学校、老年人协会和老年人活动中心等，开展一些针对这些红色旅游市场主要人群的宣传促销活动。

3. 模式三：选择合适的销售渠道，完善岳西县红色旅游产品及服务体系

（1）发展战略。岳西县红色旅游产品的销售渠道主要有直接销售模式和通过代理商进行的间接销售模式。其中，直接销售主要是针对学校、政府机关和企事业单位等集体组织，服务的对象是这些单位每年集体组织的单位团体游客，直接销售模式是岳西县红色旅游的主要销售模式；间接销售模式的代理商主要是岳西县内的旅行社和宾馆酒店，岳西县目前规模以上的旅行社有 6 家，并且在结合绿色自然生态景区的基础上开发了针对岳西县红色旅游的专线旅游线路，让游客在体验岳西县红色文化的同时还能领略到岳西美好的自然风光。在未来，岳西县红色旅游景区还将加大对于互联网电商平台的应用，通过互联网平台向更多的游客提供旅游产品服务，进一步完善岳西县红色旅游产品及服务体系。

（2）主要做法。

一是扩大间接销售渠道。一要积极利用旅行社来向社会大众进行间接销售，这样既可以通过旅行社人员直接将岳西县红色旅游市场的信息提供给旅游者，能够引导旅游者购买红色旅游产品；还可以通过旅行社从旅游者身上获得最为直接的市场信息的反馈，了解旅游市场的变化，从而能够根据旅游者市场的变动制定相应的应对策略。二要加大对网络等新兴媒体的利用，可以通过与一些知名的网络公司和网站的合作，提供网上门票的预定和旅游酒店预订的业务，在扩大销售渠道的同时还可以加强岳西县红色旅游市场的宣传推广。

二是增加产品的体验性、参与性和教育性。岳西县红色旅游景区大多采用的是建立展馆或纪念馆的模式，而这些展馆或纪念馆也仅仅采用了静物陈列的方式，其展示的模式有些单调。因此，旅游者只是隔着玻璃参观，没有让游客体会到参与性和体验性，这样的发展模式只会让更多的游客对旅游景区失去参观的兴趣。所以，在针对青少年这一特定旅游群体时，要抓住青少年群体的求知欲望，使他们在游览过程中接受爱国主义教育和革命传统教育。因此，要充分借鉴国内外优秀展馆先进的展示方式，充分利用声、光、电等高新技术手段，建立如 3D 影视厅、军事沙盘战斗模拟和 DIY 纪念墙等具有体验性、参与性和教育性的特色产品，丰富展

览的形式，以增强景区对青少年的吸引力，使青少年在旅游中能够有所学习，在旅游中有所感悟，才能增强红色景区对青少年的吸引力，从而达到对青少年的爱国主义教育和景区商业利益的双丰收。对于其他的游客群体，景区除了利用声、光、电等高新技术手段外，还可以增设一些能够增加游客体验和参与性的旅游项目。如组织游客进行"穿红军服、唱红军歌、吃红军饭、走红军路"，策划展现当年革命者工作、战斗、生活、劳动的场景活动，吸引旅游者亲自参与和体验。

文化活动

（三）利益联结机制

1. 订单联结

鼓励各类园区和新型经营主体优先与贫困户签订带动合同，对于有产品销售需求的贫困户，鼓励各类主体与贫困户签订长期购销合同，形成稳定的购销关系，推广订单生产、保护价收购等带动方式；积极收购贫困户待销产品，鼓励各类主体以返利的方式让贫困户分享加工、销售环节的收益。

2. 劳务联结

鼓励各类园区和新型经营主体优先吸纳有劳动能力的贫困人口务工就业，根据经营管理需要，划出部分片区、设施设备分包给贫困户参与经营管理，实行"保底工资＋超产分成"的分配方式，增加贫困户工资性收入和经营性收入。

3. 服务联结

鼓励各类园区和新型经营主体对有生产经营服务需求的贫困户，提供农资供应、农机作业、品种技术、疫病防治、市场信息、产品营销、烘干加工、仓储物流、贷款担保等服务，实行服务费用优惠或免收。

4. 租赁联结

鼓励各类园区和新型经营主体优先流转、托管或租赁贫困户拥有的闲置或低效利用的土地、山场等资源和设施设备，实行实物计租货币结算、租金动态调整等方式，确保贫困户获得稳定的租金收入。支持新型经营主体兴建、购置生产经营设施设备，以优惠费用租赁给贫困户。

5. 股份联结

大力推进"三变"改革，鼓励贫困户以土地、山场、水面等资源经营权，自有设施设备，折股量化到户的集体资源、资产资金、财政支农资金、财政扶贫到户资金、产业扶贫奖补资金等入股各类园区和新型经营主体，实行"保底收益＋按股分红"的分配方式。

（四）主要成效

在各级政府的大力帮扶下，岳西县的贫困发生率从最初的 72.86％ 降到 2018 年的 12.89％，取得了很大的成绩。

在县政府坚持"生态立县、旅游兴县"的发展战略下，岳西县充分利用乡村旅游资源，推进茶叶、光伏、养殖等十大产业扶贫，让村村有基地、户户有产业、人人有增收，贫困户特色产业收入达到脱贫总收入的 50％ 以上。

自 2008 年以来，每年 4～5 月，岳西县都举办映山红旅游文化月活动，大力推进红色文化进景区，在各大景区恢复历史遗址，再现历史事件场景。2019 年的旅游文化月的开幕式在岳西县的映山红生态大观园举行。该生态大观园以映山红为主题，设有"映山红文化中心""红色体验景区""鹫峰山石寨景区"等景观。据介绍，2018 年该景区的门票收入达到 800 多万，旺季日接待人次多达 2 000～3 000 人，充分带动了岳西经济的发展。

为了加强岳西县的生态旅游建设，附近关闭了所有造纸厂、化工厂和 100 多个煤矿厂，目前岳西的森林覆盖率达到了 76％。旅游产业已经成为岳西的支柱产业，同时也是推进和刺激岳西脱贫攻坚的重要产业。

（五）启示

安徽省岳西县大别山红色旅游线路和经典景区，既可以观光赏景，也可以了解革命历史，增长革命斗争知识，学习革命斗争精神，培育新的时代精神，并使之成为一种文化。大别山红色旅游不仅是革命精神的实践之旅，也是推动经济发展的新引擎，红色旅游是革命传统教育观念和旅游产业观念与时俱进的结合，既是观念的创新，也是产业的创新，更是我国旅游产业一个新的重要组成部分。

　　这种利用大别山红色旅游的脱贫方式，对于安徽省岳西县自身的生态环境有着不可言述的好处，还可以用此方式吸引游客参观红色景点，帮助游客了解红色景点背后的故事，体会以前革命的艰辛，增强爱国意识。通过这种旅游方式的扶贫，引领岳西县的百姓们从贫穷逐步走向富裕，让他们的生活有所改善。

云南芒市：特色文化扶贫模式

导语：芒市，是我国云南省德宏傣族景颇族自治州首府。芒市景色秀丽，气候宜人，民族风情淳朴，资源丰富，生物多样性特征明显，是中国咖啡之乡。芒市是中国优秀旅游城市、中国特色魅力城市、国家卫生城市、国家园林城市、全国科普示范市、全国双拥模范城、省级文明城市、云南省四大旅游热区之一。

早在 20 世纪 60 年代，芒市已经有"孔雀之乡""神话之乡""歌舞之乡"的美誉。后来，芒市又以区位优势成为陆路直达南亚和东南亚国家的"名副其实的交通走廊"。2011 年，芒市获评为国家卫生城市。2018 年 9 月 29 日，经云南省委、省政府研究，芒市符合贫困县退出条件，批准退出贫困县。2018 年，芒市重新被确认为国家卫生城市（区）。芒市脱贫摘帽的实践对其他条件相似的贫困县以旅游事业脱贫具有很强的借鉴意义，值得认真研究、总结经验。

（一）主体简介

芒市总面积 2 987 平方公里（其中，山区占 74%，坝区占 26%），东西距 71 公里、南北距 62 公里，城区面积 18.66 平方公里。有 6 乡、5 镇、1 个街道、1 个农场管委会，80 个村委会，15 个社区居委会，1 022 个村民小组，536 个居民小组，总人口 41.042 6 万人，以傣族、景颇族、德昂族、阿昌族、傈僳族为主的少数民族人口占总人口的 49%。南面与缅甸接壤，国境线长 68.23 公里，陆距省会昆明 679 公里，空距 427 公里。芒市是一个集边疆、山区、少数民族、"直过区"为一体的贫困县市，总体贫困范围广、程度深。2011年被列为滇西连片特困地区。

　　2018年，芒市脱贫攻坚工作取得了决定性进展。芒市始终坚持把脱贫摘帽作为压倒一切的政治任务，围绕"两不愁、三保障"总体目标，紧紧抓住"扶持谁、谁来扶、怎么扶"的问题，聚焦"六个精准"要求，举全市之力决战决胜脱贫攻坚。共统筹整合资金11.9亿元，制订出台农业产业精准扶贫等7个实施方案，形成了覆盖产业、住房、教育、卫生等领域的帮扶体系。先后投入产业扶持资金4 368万元，辐射带动3 493户建档立卡户发展"红牛"、蚕桑、坚果等特色产业。大力推进贫困劳动力技能培训和转移就业工作，年内共开展技能培训10 829人次、实现转移就业3 541人次。招录建档立卡人口886名担任护林员，为林区贫困群众提供了稳定增收渠道。完成2016年44个易地扶贫搬迁集中安置点建设，续建9个安置点，安置建档立卡户541户2 093人。完成2 500户农村"四类重点对象"危房改造任务；实施3 313户非"四类重点对象"危房改造，农村群众住房安全得到保障。发放各类教育扶持资金7 536万元，建档立卡户义务阶段适龄青少年无辍学现象。

　　认真落实健康扶贫三十条，建立和完善"四重保障"制度，累计报销医疗费用4 597人次1 866万元，报销比例达92.4%，"因病致贫、因病返贫"问题得到有效防止。严格执行贫困人口低保兜底政策，稳步推进扶贫标准和农村低保"双线合一"工作。全面落实各级党委政府主体责任，共派出129个帮扶单位、335名驻村工作队员、6 200名干部进村入户开展"挂包帮""转走访"工作。行业扶贫、阿昌族和景颇族对口帮扶工作成效明显。年内实现减贫2 042户7 929人，贫困发生率下降至2.18%，贫困县退出顺利通过州级初审。

（二）发展模式

1. 模式一：旅游文化产业脱贫

（1）发展策略。大力发展旅游文化产业。编制完成芒市全域旅游产业总体规划，加快省级全域旅游示范区创建步伐，着力构建"一核两环"旅游产业发展新格局。加快培育旅游产品交易、夜市街等旅游市场，积极开发旅游新产品，提升旅游接待能力。大力开展"微笑芒市""礼让斑马线"等活动，进一步健全旅游服务体系，不断增强芒市旅游品牌效益。借助"一部手机游云南"平台，打造芒市智慧旅游。以"＋旅游"发展思路，大力整合优势资源，做大做强节庆品牌，推动中缅边境旅游试验区建设。巩固和提升旅游市场整治成果，优化旅游消费环境。

（2）主要做法。大力发展文化遗产。珠宝小镇、傣王宫等景区内设立芒市非物质文化遗产展示服务点，展示"傣族剪纸""傣族银器制作技艺""傣族传统制陶技艺""傣族竹编""傣族织锦"等。借助"文化和自然遗产日"广泛开展了一系列丰富多彩的非物质文化遗产展示展演活动。

扎实推进孔雀谷原始森林公园（二期）、芒市大河沿线旅游基础设施、生态田园观光区和德宏民族文化体育康乐谷等旅游项目，启动孔雀湖环湖栈道、慢行系统、景观提升工程，完成银塔、仙佛洞、后谷庄园、介桃美丽乡村、史迪威湿地码头旅游度假区（一期）等项目建设。积极开展轩岗硫黄温泉度假小镇、遮放树洞温泉小镇等项目的策划包装工作，全力打造风平团结医养特色村寨和广母傣文化旅游村寨。

大力开展招商引资工作，与伟光汇通旅游产业发展有限公司签订了芒市傣族文化旅游古镇综合开发项目合作协议，与华侨城（云南）投资有限公司签订了芒市航空小镇和站前小镇投资协议等。实时推进全域旅游规划编制工作。委托云南城市规划设计院编制《芒市全域旅游总体规划》，召开了专家咨询会。按照"＋旅游"的发展思路，发掘产业的特殊性，整合各类资源，实现全域旅游。加快推进旅游环线和美丽公路建设。将"一部手机游云南"精品自驾旅游线路第 24 条路线（芒市段）纳入《云南省"一部手机游云南"精品自驾旅游线路（第 24 条）德宏段修建性详细规划》及《云南省"一部手机游云南"精品自驾旅游线路（第 24 条）德宏段实施方案》。

抓实"一机游"工作，搭建智慧旅游平台。芒市"一部手机游云南"完成了芒市城市名片的制作、上传（包括芒市概览、图片 20 张、一分钟视频 1 个、30 秒短视频 3 个、游记 5 篇）；1 个 AAAA 级景区勐巴纳西珍奇园景区、3 个非 A 景区（勐焕大金塔、仙佛洞、黑河老坡景区）共 4 个景区名片的制作及上传；建设完成一座票务系统闸机；完成涉旅企业诚信评价工作，上报餐饮企业 130 余家、酒店 100 余家；完成 AAAA 级景区 2 座智慧厕所新建和改造工作；完成 1 座智慧停车场建设工作；完成景区慢直播上线 11 路；通过州"一机游"以奖代补初评验收组考核，准备省"一机游"以奖代补复审验收考核。

深入实施旅游产业转型升级三年行动计划，完成芒市广场灯光秀、生态田园观光区（一期）等项目建设，孔雀谷原始森林公园（一期）投入运营，瑞丽江史迪威码头湿地旅游度假区、银塔等项目进展顺利。全年接待海内外游客 668.1 万人次，增长 72.8%，实现旅游业总收入 116 亿元，增长 63.8%。建成芒市电子商务运营中心和 4 个乡镇服务站。培育"两个 10 万元"微型企业 80 户，新增限额以上商贸企业 5 户，总数达 66 户。非公经济增加值占 GDP 比重达 41%。预计实现第三产业增加值 61.4 亿元，增长 10.4%。

2. 模式二：发展特色产业脱贫

（1）发展策略。产业是群众增收致富的"摇钱树"，是精准扶贫的"铁抓手"。芒市紧紧牵住产业发展这个"牛鼻子"，立足芒市特色资源，创新发展模式、积极鼓励有条件的贫困户发展特色种养业，扩大特色产业扶贫覆盖面，确保全市贫困户有稳定、可持续的收入来源。坚持"特色＋产业"。针对芒市产业发展现状，结合芒市实际制订出台《芒市农业产业精准扶贫实施方案》，扶持建档立卡贫困户因地制宜发展甘蔗、茶叶、烤烟、咖啡、坚果、砂糖橘、蚕桑、春马铃薯、生态畜牧业等特色产业。

（2）具体做法。2014 年以来，芒市共投入农业产业发展扶持资金 3.64 亿元，辐射带动建档立卡户 6 321 户。大力发展甘蔗、茶叶和以烟叶、冬马铃薯、鲜食玉米为主的冬农产业；咖啡、坚果、蚕桑等特色产业；生态畜牧业，实现每个贫困村至少有 1 项特色增收产业覆盖。同时，用好用活小额信贷资金，支持建档立卡贫困户因地制宜发展特色产业。2015 年以来共发放小额信贷资金 1.79 亿元，扶持建档立卡户 3 191 户。

坚持"企业＋产业"。着力在贫困地区培育专业合作社等新型经营主体，大力开展"万企帮万村"扶贫攻坚社会行动，采取"合作社＋基地＋贫困户""公司＋贫困村"等模式，带动建档立卡户增收。至 2019 年，全市共组建专业合作社 597 个、家庭农场 77 个、龙头企业 44 个，带动建档立卡贫困户 1 346 户；共有德宏后谷咖啡、遮放贡米、德凤茶业等 44 家本地涉农企业对口帮扶贫困村组，引进马龙龙腾科技公司扶持生猪养殖项目，中国长江三峡集团、云南省烟草公司投入资金 3 800 万元结对帮扶芒市景颇族、阿昌族精准脱贫。通过大力推进产业扶贫措施，全市第一产业增加值从 2014 年的 20.28 亿元增加到 2017 年的 23.4 亿元，年均增长 4.9%；农村常住居民人均可支配收入从 2014 年的 7 656 元增加到 2017 年的 10 364 元，年均增长 10.06%，农村群众收入得到大幅提升。

2017 年，芒市完成粮食播种面积 62.8 万亩，产量实现十五连增。咖啡、坚果、核桃、蚕桑等特色产业种植面积达 61.5 万亩，总产值 14.8 亿元。甘蔗、茶叶保有面积稳定在 20 万亩和 15 万亩以上。以烟叶、冬早蔬菜为主的冬农开发实现产值 7.8 亿元，同比增长 16.3%。生态畜牧业快速发展，肉蛋奶总产量达 4.1 万吨，产值 8.4 亿元。农机装备水平位居全州第一，综合机械化率达 52.7%。新型农业经营主体发展至 616 个，龙头企业 44 个。实现农林牧渔业总产值 35.4 亿元，增长 5.5%。食品产业园建设稳步推进，全年融资到位资金 4 亿元，收储土地 953 亩。后谷 2 万吨速溶咖啡生产线、北汽专用汽车厂、志成 3 000 吨精制茶生产线投入运营。帕底大道、污水处理厂、标准化厂房、园区投资服务中心等项目有序推进。新增规模以上工业企业 2 户，总数达 32 户。制糖、水泥、硅、电力等传统产业稳步发展。预计实现工业增加值 15.2 亿元，增长 18%。

3. 模式三：实施易地搬迁和农村安居工程脱贫

（1）发展策略。政府出台了易地搬迁和农村安居工程政策，异地搬迁一人户、二人户尽量采取集中建设公寓、与养老院共建等方式进行安置。农村安居工程提倡以修缮加固为主，严禁大拆大建，给予拆除重建和修缮加固补助，鼓励贫困户就地取材、就近取材，以拆旧建新等方式实施危房改造。

（2）具体做法。云南省下达芒市易地扶贫搬迁三年行动计划任务数 3 910 户14 377 人，其中建档立卡贫困搬迁对象 1 180 户 4 796 人，同步搬迁对象 2 428 户 9 601 人。2016 年，实施 44 个集中安置点，搬迁安置建档立卡户 639 户 2 703 人，同步搬迁户 2 428 户 9 581 人；2017 年，采取统规统建模式，续建 2016 年建档立卡 9 个搬迁安置点，安置建档立卡户 541 户 2 093 人。截至 2017 年底，易地扶贫搬迁项目到位资金 78 296.98 万元，支出资金 60 784.59 万元，结余 17 512.39 万元，资金使用率 77.63%。

芒市针对农村"4 类重点对象"制订了《芒市贫困对象农村危房改造建设工作实施方案》，针对"4 类重点对象"以外的其他危房户制订了《芒市 2017 年农村危旧房屋改造提升城乡人居环境工作实施方案》。两个方案补助标准相统一，提倡以修缮加固为主，严禁大拆大建。拆除重建按每户 4 万元进行补助，修缮加固按每户最高不超过 1.5 万元进行补助。截至 2019 年，全市共筹措资金 3.4 亿元，全面完成农村"4 类重点对象"危房改造 3 195 户，开工建设 8 085 户一般危房户改造任务，贫困群众住房保障问题得到有效解决。

4. 模式四：转移就业脱贫

（1）发展策略。如何有效地引导农村富余劳动转移就业，建立有效、高效、长效的就业精准扶贫机制，芒市通过采取校企联合、订单式培训、定向培训等方式，有针对性地组织开展技能培训，不断提升农村劳动者就业技能。共组建 8 个工作组深入全市 80 个行政村及 3 808 户建档立卡户家中逐户摸排劳动力情况；积极对接企业征集岗位，将招聘会开到群众"家门口"，在乡镇设立农村劳动力转移就业服务窗口，确保建档立卡户每户至少有 1 人参加技能培训，100% 推荐就业岗位，努力实现转移一人脱贫一户的目标。

（2）具体做法。建档立卡贫困户劳动力（含已脱贫户和动态管理新识别户）在市外省内转移就业工作 3 个月及其以上的，一次性补助 300 元；在省外转移就业工作 3 个月及其以上的，一次性补助 500 元。按就高原则，每人仅补助一次。跨省务工的建档立卡贫困户劳动力每人每年可享受一次交通补助，标准最高不超过 500 元。

2014—2017 年，全市共组织各类农村劳动力培训 69 561 人次，其中建档立卡户 10 931 人次；实现劳动力转移就业 73 924 人次，其中建档立卡户 3 541 人次；发布就业信息 12 562 个，带动贫困群众户均增收 5 000 元以上。对于因家庭原因无法外出务工的贫困农户，全市共设置各类公益性岗位 1 394 个，通过就近就便安置就业帮助其增加收入。

（三）利益联结机制

近年来，芒市各乡镇高度重视脱贫攻坚工作。农村产业发展，产业推进较好，成效明显，农民发展意识普遍增强，全市上下已形成以产业助推脱贫的良好氛围。各乡镇能进一步认清形势，整合力量，因地制宜，合理规划，调整优化农业产业结构，确保实现贫困户当期能脱贫、远期能致富、未来可持续。积极探索合作社发展模式，大力推动"万企帮万村"行动，采取"公司＋合作社＋基地＋贫困户""公司＋贫困村"等模式，与贫困户建立稳定的利益联结机制，组建专业合作社 597 个。采取校企联合、订单式培训、定向培训等方式，有针对性地组织开展技能培训，确保建档立卡户每户至少有 1 人参加培训；积极对接企业征集岗位，将招聘会开到"家门口"，共转移就业 75 318 人次，其中建档立卡户 8 924 人次。充分发挥致富带头人的"传、帮、带"作用，带领群众走上脱贫富裕之路。企业要坚定发展信心，加大投入力度，延长产业链条，实现提质增效，切实把加工产业做大做强，带领群众一同发家致富。

（四）主要成效

2017 年，芒市全年实现生产总值 108.7 亿元，同比增长 10％；完成固定资产投资 102.3 亿元，增长 10％；一般公共财政预算收入 6 亿元，增长 3.2％；社会消费品零售总额 49.4 亿元，增长 12％；外贸进出口总额 34.1 亿元，增长 9.9％；城乡常住居民人均可支配收入分别为 25 997 元和 10 402 元，增长 8.2％和 10％；居民消费价格指数控制在 103.5％以内，顺利实现了"高开稳走"的目标。全市呈现出经济发展持续向好、环境质量明显改善、民生保障更加有力、和谐社会不断巩固、各民族团结进步的良好局面。

| 2017年 | 经济发展持续向好 | + | 环境质量明显改善 | + | 民生保障更加有力 | + | 和谐社会不断巩固 | + | 各民族团结进步 |

（五）启示

产业是巩固脱贫攻坚成果的核心，是乡村振兴的基础。以芒市为例，扶贫工作需要政府各部门、各乡（镇、街道、农场）切实提高认识，高度重视产业发展，把产业抓实抓牢抓出成效。要结合州、市的产业扶持政策，划定产业发展区域，因地制宜，因村因户施策，有保有弃，确保产业规划有效实施。要考虑长短结合、种养结合，确保群众当年有收入来源，确保脱贫的稳定性，切实解决"两不愁"的问题。要走绿色生态有机之路，逐步舍弃有污染、使用农药化肥的产业，引导群众积极发展绿色生态有机产业，坚持可持续发展。要在发展好第一产业的同时，有计划地进行产业升级，推动一二三产业融合发展。要高度重视乡土人才培养，注重培养农村技术人员，把农村能人培养成技术骨干，加大产业中技术力量的投入。

发展产业要有韧劲和定力，也要有起色。发展一个产业，要有龙头企业，要比较效益优势，要生态绿色环保，要能富民强市。企业发展思路、发展措施要积极与州、市产业发展政策相契合，跟上州、市的发展思路，要高起点、高标准要求自己，树立良好的企业形象、打造企业品牌；要积极学习引进先进的经验和做法，走规范化、科技化发展之路。要加大资金和技术人员的投入，服务好群众，积极为芒市经济发展添砖加瓦、贡献力量。

"引进来、走出去"发展战略，巩固和发展中缅双边经贸合作成果，进一步推动芒海通道便利化发展，积极开展边民互市建设是芒市持续发展的必要措施。芒市要建立和完善进出口企业扶持政策，鼓励和支持企业开拓国际市场，拓宽外贸领域，提高外贸发展质量和水平，加强橡胶、咖啡豆等原料进口保障，加大硅、茶叶等优势产品出口规模，推动本土优质农产品向高端化、品牌化发展。进一步强化与友好城市、大专院校的沟通交流，力促在经贸、科教、文化、旅游等方面开展多形式的交流与合作。依托中缅智库论坛、跨喜马拉雅论坛、亚洲咖啡年会等国际性活动和泼水节、目瑙纵歌节等民族节庆活动，大力发展会展经济，强化对内对外多元交流，不断提高芒市的影响力和知名度。

西藏林周：特色资源产业模式

> **导语：**西藏自治区林周县利用发展旅游周边产业成为我国重点脱贫攻坚的典型案例。林周县位于拉萨与当雄县之间，处于拉萨北环旅游重要位置，全县旅游资源丰富，重点推进热振旅游片区和林周红色旅游基地建设，推进多业态与旅游融合，带动群众就近就便就业创业。利用特定资源驱动发展，建立"旅游＋产业"的发展模式，探索"北佛南乐"的旅游格局。林周县北部的热振国家森林公园、阿朗乡阿布白唇鹿自然保护区、藏雄沟、达龙沟以及南部的黑颈鹤越冬自然保护区等景点广受游客青睐，现已成为拉萨市最主要的旅游休闲之地。截至2017年底，该县旅游收入达1 900余万元。因此，在进行脱贫扶贫的工作时，林周县的脱贫攻坚案例具有借鉴意义，值得去认真思考和研究。

（一）主体简介

林周县作为拉萨市后花园城市，拥有着热振国家森林公园、黑颈鹤保护区、旁多水库等一批具有开发潜力的旅游景点，文化底蕴深厚，旅游资源丰富，发展旅游业潜力巨大。

近年来，林周县大力推进易地搬迁挪穷窝工作，对1 200户5 224人"一方水土养不起一方人"的建档立卡贫困群众，按照群众自愿、积极稳妥的原则，实施县内搬迁集中安置和跨县搬迁安置。2016—2018年，旁多乡共有195户768人搬入城关区恩惠苑集中搬迁点。从乡村搬进城市，从牧民成为市民，是该乡很多群众的梦想。县内搬迁配套建设了农机具房、牲畜棚等附属设施。跨县区搬迁就近就便可以解决群众就医、就学、就业等方面的需求，让搬迁群众住得舒心、舒适、方便。

为了确保打赢这场脱贫攻坚战、实现全面脱贫摘帽目标，林周县推动旅游产业全面发展。资金保障促建设，按照易地搬迁实施方案、年度计划，多渠道筹集建设资金 5.3 亿元。其中，3.84 亿元建设了 8 个县内易地搬迁安置点，就近安置 616 户 2 786 人；1.46 亿元投入拉萨教育城恩惠苑建设，跨县区搬迁安置 584 户 2 438 人。

（二）主要模式

1. 模式一：旅游＋

（1）发展策略。积极深挖林周南部自然景观、红色旅游景观等旅游资源，加大旅游宣传力度，以互联网、旅游专项推介会、旅游宣传册等多渠道向外推介林周旅游资源，进一步提升景点景区知名度。林周县坚持把"旅游＋产业"扶贫放在全县大局中谋划定位，有效整合各种资金资源，多措并举开展精准扶贫，走出了一条"旅游＋产业＋扶贫"融合发展的新路子。

2018 年，林周县为 22 名贫困户提供了旅游保洁员的岗位，并带动 6 户贫困家庭 26 名贫困人口脱贫就业。林周县 2019 年增加农牧民家庭申报成为"拉萨人家"成员，重点解决旅游景区的贫困户就地就近就业，实现尽早脱贫致富。通过林周农场旧址改造项目的运营投产，以及"两创示范"的带动作用，鼓励和带动一批贫困户依托特色旅游业、农家乐等实现增收致富。

（2）主要做法。以林周县第二届油菜花观光旅游节为例，其着力打造林周县"金花长廊"工程，进一步促进了林周生态农业和旅游服务业双轨发展。林周县第二届油菜花观赏节暨徒步活动在卡孜乡托门村举行。活动由林周县委、县政府主办，林周县旅游局、林周县净土产业投资开发有限公司承办。活动当日，该县干部职工代表以及游客共计 500 余人参加。慕名前来的游客迫不及待地下车走进油菜花田中，拿出手机、相机等摄影装备拍下眼前的美景。林周县油菜种植面积近万亩，其中卡孜乡油菜连片种植面积近 5 000 亩。此次油菜花观赏节暨徒步活动，是以生态环境保护为前提，自然风光和文化基因传承为依托，充分发挥自身区位优势和资源优势，促进了生态农业和旅游服务业双轨发展。

在完善旅游基础的同时，林周县借助全域旅游发展机会，突出做好"黑颈鹤"主题品牌打造，与《中国国家地理》杂志社合作，扩大了林周在全国甚至国际上的知名度。此外，以林周旅游的优势资源，联系县工信局（商务局）通过招商引资采取"请进来、走出去"的战略思路，积极邀请国内大型旅游公司到林周考察，规划景区建设，使林周旅游得到了快速发展。

西藏自治区拉萨市林周县以项目开发为推动，积极适应供给侧结构性改革要求，大力实施"旅游＋产业"，林周县旅游产业呈现出稳定、持续、快速的发展态势。截至 2018 年，林周县旅游收入达 1 636.28 万元，同比增长 6.3％。

2. 模式二：特色资源驱动

（1）发展策略。完善旅游基础和服务设施，努力把田园景观、自然生态、民族文化、古刹秀水等优势资源打造成亮丽的旅游名片。为了更好地满足游客的吃、住、行、娱要求，只有打造一座与艺术文化相融合的成熟商圈，才能凝聚起商业核心的"桥头堡"作用。就这样，拉萨乃仓文化生活艺术广场应运而生，而林周乃仓民宿也终挂牌。

（2）主要做法。热振国家森林坐落在拉萨市林周县境内，热振河谷绵延 30 公里，形成美丽的河谷风光。山谷内山清水秀、环境优雅，是西藏著名的自然旅游景点。热振国家森林公园不仅风光秀丽，而且具有丰富的人文景观和珍惜动植物资源。公园海拔 4 200 米，占地面积 7 643 公顷，有 28 万株的千年古刺柏，部分古柏高 5～12 米，树龄 300～500 年，胸径 30～50 厘米，单株材积可达 3～5 立方米，尤为引人注目。公园内生存着大量的珍惜野生动植物，黑颈鹤、白唇鹿等野生动物都在森林公园内部和周围繁衍生息。另有 22 万株的千年古刺柏，是西藏不可多得的自然旅游风景区。热振寺和热振国家森林公园作为林周县的一张名片，其良好优质的发展对林周县发掘其他旅游资源有引导和示范作用。林周县正在积极围绕林周国家森林公园发展牧家乐等旅游经济，为周边农牧民增加一条致富之路。

黑颈鹤

　　热振寺占地面积约 25 亩（16 675 平方米），距离拉萨北面 240 公里的林周县唐古乡就是拉萨著名寺庙热振寺的所在地。它始建于 1056 年，距今已有 900 多年的历史。2018 年 2 月 7 日，"拉萨乃仓"重点产业项目推进负责人前往林周县对热振寺寺院"拉萨乃仓"品牌民宿产业项目进行实地考察，并对林周县相关民宿点进行挂牌。"拉萨乃仓"重点产业项目推进负责人一行还对林周鲁木杰庄园民宿进行考察与挂牌工作，已挂牌的民宿表示挂上这个牌子之后，自己就是真正"拉萨乃仓"的一员了，对负责人一行表示了感谢。此次调研与挂牌工作，使"拉萨乃仓"重点产业项目推进负责人对在林周县进一步开展"拉萨乃仓"民宿项目打下了基础，为"拉萨乃仓"产业扶贫项目后续工作地开展创造了有利条件。乃仓是拉萨市重点扶贫产业项目、拉萨市重点旅游产业项目，通过整合拉萨旅游优势资源，带动旅游脱贫事业的发展。近几年，该项目产业投资规划高达 1.2 亿元，预计在拉萨全市范围内打造 300 家民宿，从而推动拉萨地区旅游升级，促进拉萨地区贫困群众通过旅游脱贫，带动周边行业的发展。

　　3. 模式三："北佛南乐"的旅游格局

　　（1）发展策略。2018 年，林周县严格按照上级部门的要求，大力推动旅游业发展，将充分发挥南部自然风光优势，利用与拉萨市 35 公里良好的距离感，依托农业示范园区的开发建设，大力发展边交林乡农业旅游观光项目。将休闲度假、观光采摘及商务出行有机整合，依托林周强嘎农场红色旅游和切玛温泉度假村项目，打造拉萨周边新型旅游模式，转变林周单一旅游发展模式，扩大林周旅游承接能力。

（2）主要做法。林周县处于拉萨与纳木错之间，2020年，我们借助良好的区位优势，发挥衔接两者的纽带作用，把林周县打造成区域旅游综合价值平台。巴桑云旦介绍，林周县位于拉萨与当雄县之间，处于拉萨北环旅游重要位置，全县旅游资源丰富，主要以人文、景观、生态为主。林周县将充分利用北部的热振寺、达龙寺等寺庙的特色，打造林周特色旅游品牌和拉萨北环精品旅游线：拉萨-达孜区-甘曲镇（黑颈鹤）-旁多乡-热振寺-纳木错-羊八井-拉萨，进而带动南部以边交林为中心的农业旅游观光，形成"北佛南乐"的旅游格局。

（三）主要做法

一是引导有就业意愿的农牧民外出就业，通过招聘会、职业技能培训、就业援助、春风行动等形式，鼓励外出就业；二是综合考虑农牧民的区域就业意愿、文化程度、综合素质、家庭因素等，开展适合本地产业发展的职业技能培训，如牲畜养殖、农业种植等方面的培训，在本乡本土就业；三是以有培训愿望、具备一定创业条件的各类城乡贫困劳动者以及处于创业初期的创业者为主要对象，根据不同培训对象的特点和不同创业阶段的需求，结合当地产业发展和创业项目，重点开展创业意识教育、创业项目指导和企业经营管理培训，不断提高创业培训质量和受训者的创业能力。为贯彻落实党的十九大精神，促使林周县农牧民掌握更多的旅游服务技能和知识，提高农牧民的生活水平，促进该县乡村旅游经济发展，根据农牧民的培训工作实际，该县旅游局将充分利用各种资源，开展多元化的农牧民旅游技能培训。培训结束后安排就业，解决农牧民的实际困难，预计每人年增收3 000元。同时，在旅游基建项目上，也会优先安排贫困户参与工作。

（四）主要成效

在打赢脱贫攻坚战中，林周县围绕"两不愁、三保障"目标，坚持问题导向、需求导向，紧盯短板靶向施策，夯实产业脱贫基础，构建起群众多元化可持续增收保障网，全县脱贫攻坚工作取得显著成效。林周县广泛凝聚社会帮扶力量，开展精准脱贫工作。2018年9月18日，国务院扶贫办发布《国务院扶贫办关于反馈西藏自治区2017年贫困县退出专项评估检查结果的函》。经专项评估检查，又有包括林周县在内的7个拉萨市下辖区县符合贫困县退出条件，再加上已于 2017 年 11 月 1 日宣布脱贫的拉萨市城关区，待西藏自治区完成退出批准程序后，拉萨市将实现全域脱贫摘帽。

　　产业扶贫"拔穷根"，全市共完成投资 27.84 亿元，开工建设产业项目 220 个，完工 151 个，带动 37 537 人建档立卡贫困群众受益，实现 14 360 人建档立卡贫困群众脱贫；投入资金 3 473.83 万元，开展技能培训 409 期，培训 19 603 人，实现转移就业 11 608 人次。易地扶贫搬迁"挪穷窝"，累计投入资金 17.84 亿元，开工建设 39 个集中安置点。截至 2019 年，已建成安置点 37 个，实现搬迁入住 20 212 人；投入资金 9 000 余万元，扎实推进羊八井风湿患者集中搬迁一期工程建设，完成昌都、阿里、那曲三地（市）150 户 625 人的搬迁任务。政策兜底"脱穷境"，全面落实教育、生态补偿、社保、医保等政策，累计向贫困家庭学生发放资助金 8 037.17 万元，资助贫困家庭学生 13 139 人次；妥善安置 1 800 名跨县（区）随迁子女就近、免试入学；2017 年共落实生态岗位 26 260 个，发放岗位补助资金 7 878 万元；累计为 4 491 户 18 443 人低保对象兑现"两线合一"资金 1.58 亿元；推行"农牧区医疗制度＋农牧民大病商业保险＋民政医疗救助＋政府兜底"的医疗保障套餐，为 1 864 人次报销住院及门诊费用共计 833.97 万元。"志智双扶"增动力，设立 1 000 万元的勤劳致富奖励资金，强化扶志、扶智措施，引导贫困群众树立"勤劳光荣、脱贫光荣"的思想观念，用自己勤劳的双手创造美好生活。2017 年，拉萨市农村居民人均可支配收入达到 12 994 元，农牧业科技贡献率达到 51.2%，农牧业经营化率达到 54.5%。

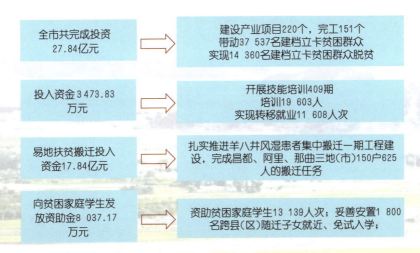

　　今后，林周县将继续以打造全市国际旅游城市为目标，紧紧围绕乡村游发展战略，把生态旅游项目做大做强，让群众吃上"旅游饭"。同时，

积极探索"旅游+"模式，深度挖掘自然风光和当地特色民俗文化，大力宣传旅游资源，进一步促进林周县旅游业向纵深发展。

（五）启示

林周县因生态旅游圆了致富梦，成功带领林周县脱贫摘帽，政府扶贫资金使用规范有序，问题整改有序推进，多措并进，让农牧户不返贫。"旅游+产业"复合型综合旅游项目现在及未来旅游发展依旧需要探索方向。在这种趋势下，旅游已经成为一个很宽泛的概念，旅游与农业结合为观光农业、与餐饮业结合为特色美食街、与会展业结合为商务旅游、与传统商业结合为购物旅游、与体育结合为健康运动旅游等，两种以上产业融合形成了泛旅游产业。单纯的旅游已不能满足人们日益多元化的休闲需求，单纯的产业发展又缺乏某些旅游方面的元素（优美的环境、温润的气候、稀缺的资源等），旅游与其他产业的融合发展是趋势，这是人们追求更高品质生活的必然结果。传统的旅游六要素"吃、住、行、游、娱、购"正在逐步转变为新的旅游六要素"商、学、养、闲、情、奇"。

林周县巩固脱贫成效，重点在于推动产业发展。只有产业发展起来，贫困群众才能真正永久摘掉"贫困帽子"。为此，一要集中优势发展特色产业，因地制宜、整合资源、抱团发展，增强产业市场竞争力；二要实施规范化运作模式，创建特色品牌，降低成本，提高效率，实现产品效益最大化；三要壮大集体经济，积极探索"龙头企业+专业合作社+基地+农户"的发展模式，壮大村集体经济实力，为贫困群众可持续增收保驾护航。

甘肃舟曲：生态文旅扶贫模式

导语：近年来，舟曲县以创建国家全域旅游示范区为目标，以"山水新舟曲·藏乡小江南"旅游品牌为统领，而被誉为青藏高原"六尺巷"的"石头文化"村——各皂坝村，就是舟曲县发展乡村休闲旅游业的典型案例之一。舟曲县依托各村组自然风光、民俗风情、人文遗址、民居艺术、民族文化等本土特色资源，不断加大政策扶持和资金投入力度，健全完善运行管理机制，大力发展以农耕文化为魂、田园风光为韵、村落民宅为形、生态休闲农业为本的乡村旅游，精心打造了一批以楹联文化、国学文化、石头文化、田园文化为代表的特色旅游村，扶持建成全国百佳范例——土桥子、青藏高原"六尺巷"各皂坝村、人间天堂——拉尕村、百年藏寨——巴寨沟、达玛花开——开麻古、九色鹿苑——九原村、水墨画卷——勒地别、林海人家——吾松别、油葵花海——石磊村等特色旅游专业村 21 个，积极探索总结出了适合舟曲县发展乡村休闲旅游的成功经验。

各皂坝村在镇党委、镇政府和村"两委"的带领下，广大农民群众积极发展以乡村休闲旅游、经济林果、特色种养和劳务经济为主的富民增收产业，逐渐形成了具有藏族特色的庭院经济和休闲、娱乐、餐饮、度假为一体的综合旅游服务乡村，走出了一条适应性强、效果好的特色乡村旅游发展之路，有效地推动了脱贫攻坚进程。

(一) 主体简介

各皂坝村是巴藏镇的一个自然村，位于巴藏镇政府西北6公里，国道345线穿境而过，平均海拔1 620米，年均降水量600毫米，年均气温11.7℃，全年无霜期223天，该村总人口76户280人，藏汉合居，主要以藏族为主。全村有耕地面积263亩，适宜玉米、小麦、青稞、荞麦、马铃薯等多种农作物生长，适合栽植核桃、花椒、樱桃、苹果、石榴、梨等经济林果。当地打造的形态各异、风格多样的石头建筑，形成了集中白龙江上游藏羌民族建筑特征的"石头文化"，被中国西藏网、中国青年网、西部商报、每日甘肃等国内各大媒体广泛报道，形象地称为青藏高原上的"六尺巷"。

近年来，随着实施脱贫攻坚和乡村振兴战略，各皂坝村的面貌焕然一新，人们生活富裕、村落环境优美，民族团结、邻里和谐是前北山村群众生活环境的真实写照。2016年，各皂坝村以生态文明小康村建设为抓手，全面改善村庄基础设施和公共服务条件，大力扶持发展乡村休闲旅游业，2018年被甘肃省人民政府授予"民族团结进步示范村"荣誉称号。

(二) 模式简介

1. 发展模式

各皂坝村以实施乡村振兴战略为引领，抢抓舟曲县创建国家全域旅游示范区战略机遇，依托气候宜人、环境优美、交通便利等得天独厚的资源优势，积极探索"乡村旅游＋"产业发展新模式，让旅游带动产业发展、产业发展带动乡村发展，形成旅游促增收、产业促脱贫的良好格局。

2. 发展策略

2016年，在建设生态文明小康村之初，巴藏镇党委、镇政府和各皂坝村"两委"班子就皂坝村如何发展才能带动全村76户农户增收致富奔小康，进行了深入研究分析。从地理条件看，各皂坝村平均海拔1 620米，气候宜人，自然风光优美；从交通条件看，各皂坝村国道345线穿境而过，交通便利；从人文历史看，各皂坝村藏汉合居、以藏族为主，有独特的宗教文化和建筑特色，民风淳朴；从产业优势看，各皂坝村适宜种植青稞、荞麦、马铃薯等多种农作物和核桃、花椒、樱桃、石榴等经济林果，农户有养殖黑土猪、中华蜂等传统，农特产品丰富。能够满足广大游客吃、住、行、游、娱、购等方面的休闲需求，适合发展乡村休闲旅游业，通过鼓励广大农户经营藏家乐、农家乐、民宿休闲娱乐等方式增收致富。

各皂坝村建设生态文明小康村，坚持"以长远的目光谋划长远、以长远的规划管理长远"为原则，充分借助地理、自然条件等优势，高效利用政策叠加机遇期，整合脱贫攻坚、易地搬迁、危旧房改造重大项目资金，深入挖掘潜在的乡村旅游资源，大力发展农家乐、餐饮、住宿以及特色手工业，吸引更多的游客前来度假、休闲娱乐。

（三）主要做法

1. 谋划高瞻远瞩，描绘美好蓝图

一直以来，各皂坝村坚持生态优先、彰显优势，按照生态良好、生产发展、生活富裕、环境优美、管理民主、和谐稳定的总要求，在守好青山绿水的同时，全力织就幸福美好的小康梦，会同县、乡、村三级干部力量，对每一户人家、每一条巷道、每一条沟道、每一处空地，都进行了实地详细勘察摸底，并召开乡镇、村组、农户座谈会广泛听取各方面意见，对照"965356"建设标准，按照"缺什么、补什么"的原则，高质量编制了建设规划和建设方案。按照"一户一策"的原则，在保持整村风貌不变、主导产业不变的前提下，针对不同农户的不同情况，因户施策，逐户制订住房改造方案、产业扶持计划等到户政策。组织县发展改革委、住建局等10多个行业单位专业技术人员，按照行业标准要求先后多次对建设规划和建设方案进行了集中修改完善，最终形成了既符合建设标准，又契合各皂坝村情实际，更体现群众意愿的规划和方案，合理确定了村庄的总体布局、功能定位、发展方向，具有很强的可行性、操作性和前瞻性。

2. 尊重群众首创，凝聚建设合力

各皂坝村周边山体为自上而下阶梯式错落有致地形，石材丰富，取材方便，故而石头文化历史悠久、声名远播。各皂坝村在生态文明小康村建设过程中，坚持因地制宜，充分发挥石头文化优势，全力打造石头村寨。就近取经，吸取民间智慧。邀请本地"草根"专家，组织民间能工巧匠，传授石块的取材、打磨、镶砌、造型等技艺，为生态文明小康村打造了一支民间特色建筑队伍，充分发挥民间建筑专家作用，为各皂坝村注入了更多的地域特色和民族特色。就地取材，节约建设成本。各皂坝村建设秉持生态环保理念，不搞大拆大建，充分利用石材便利条件，对石块、瓦片等旧材料进行再设计、再加工、再利用，全部用作建设装饰材料，既节约了建设成本，又增添了特色新韵，村寨改造原汁原味地保留了地方建筑文化特色。动员群众，发挥主力军作用。按照"渠道不变、用途不变、各负其责、各记其功"的原则，建立了"多个渠道进水、一个池子蓄水、一个龙头出水"的项目资金整合机制，对各级在各皂坝村投入的涉农项目资金，

全部整合后再统筹集中安排，在生态文明小康村建设大盘子中捆绑使用，先后累计投入各类项目资金 2 049.85 万元，实施了一批惠民生、增福祉的基础设施项目和公共服务项目。通过组织召开群众大会、逐户走访座谈等方式，加强宣传动员，充分调动群众主动参与生态文明小康村建设的积极性，发动群众投工投劳，安徽桐城六尺巷的邻里礼让典范在这里演绎出了新的故事，藏汉群众主动无偿将自家大门、围墙等建筑后撤，全面打通了村内道路。

3. 突出文化内涵，打响地域品牌

各皂坝村坚持建设与保护并重，在保护村庄原生态风貌的基础上，对古建筑、古树名木和民俗宗教文化、民间艺术、非物质文化遗产等进行严格保护，围绕古建筑、古树名木等打造景点，特别注重挖掘利用当地的生态资源、历史古迹、传统习俗、风土人情、民俗文化等，为生态文明小康村建设注入了人文内涵。修建体育广场 1 座、休闲娱乐广场 1 个、村级综合服务中心 1 个，为群众开展各类文化和民俗活动搭建了平台；新建白塔 5 座，满足了藏族群众宗教活动需求；修建文化墙 558 平方米，雕刻着社会主义核心价值观，描绘着献哈达、敬山神、朝水节、藏族吉祥八宝、传统服饰酿酒、敬酒及白孝经、弟子规、仁义礼智信、吉祥四瑞等图案和文字，藏汉文化在这里互促互融。沿着村庄大门入口，打造了独具特色的藏汉双语楹联 11 副，藏汉双语"各皂坝小赋"各一面，既具藏乡之神奇粗犷，又蕴江南之古朴清雅，向人们诠释着"藏乡小江南"的独特魅力和别样风情。

4. 推进环境革命，优化发展环境

按照甘南州"抢占绿色崛起制高点、打造环境革命升级版"的总体要求，大力整治村庄环境卫生，构建良好的生态环境和生活环境。通过对76 户农户住房进行特色化改造，层层石块、片片红瓦，旧屋展出新颜；通过对村内巷道拓建，构成了"三纵三横"的主干道，实现了村内道路户户相连，家家基本可以通小车；通过对村内沟道、水渠、排水沟等进行综

合治理，实现了人畜分离、粪土柴草集中堆放、河道池塘无污染；通过开展荒山荒坡造林、义务植树，结合庭院经济林果发展，对庭院、路旁、村边空闲区域等实施绿化，村庄内主干道、巷道绿化覆盖率达到70%以上；通过建立长效机制，确定每周一、周五定为集中打扫日，组织干部群众开展卫生大扫除，聘用4名保洁员定期清运垃圾，并聘用老党员、老村干部为卫生监督员，监督全村环境卫生；通过设置宣传栏和公示栏，树立乡村文明新风，及时宣传党和国家的方针政策，公开群众关心关注的热点难点民生问题，开展社会主义核心价值观宣传，形成了农村生态文明小康村新风尚。

5. 注重绿色生态，培育富民产业

围绕县委、县政府确定的"经济林果、汉藏药材、特色养殖、设施种植、劳务经济"五大特色优势富民产业发展思路，立足村情实际，整合各方面产业项目资金，引导扶持群众发展以经济林果业、种养业、乡村旅游业和庭院经济为主的富民增收产业，拓宽群众增收渠道，增加群众收入。引导群众种植优质改良品种核桃达8 800余株200余亩，生长出的核桃作为舟曲核桃的代表，已获农业农村部农产品地理标志登记认证保护。充分利用气候优势，新建樱桃基地60亩，育苗500多亩。引导群众在房前屋后等区域栽种核桃、花椒、苹果、梨、石榴、葡萄等林果树木，逐渐形成了特色的庭院经济。组建农民合作社7个，充分发挥经营主体在产业结构调整中的引领、带动和辐射作用，以苦荞种植和野猪养殖为代表的农民专业合作社，采取流转土地、入股分红、订单种植等方式，与省级龙头企业签订收购合同，生产加工销售苦荞茶、苦荞酒、腊肉等特色农产品，引导发展特色种养殖和经济林果等产业，带动群众增收致富，年养殖出栏从岭藏鸡1万只以上、生猪300头、野猪100头，种植苦荞600余亩。同时把发展农村电子商务作为助力精准扶贫、带动产业升级的重要抓手，大蒜、

苦荞、野猪肉、大果樱桃、核桃、木耳、杂粮面等农产品以及蕨菜、乌兰头等特色山野菜通过借助电商平台、新媒体推广等途径走出"山沟",进入北京等一线城市。

(四) 利益联结机制

以游客接待中心为载体,以群众入股分红的方式带动农户增收致富。各皂坝村建成了占地为 1 150 平方米的乡村旅游休闲接待中心 1 座,有客房 30 间、床位 60 张,有餐厅 300 平方米、可容纳 80 人就餐,有会议室 300 平方米 1 间、可容纳 120 人开会。同时还建成 500 平方米购物广场 1 个、1 200 平方米停车场 1 个、小木屋 10 座、凉亭 5 座,打造有乡村电影院、少儿农业知识实践中心。健全完善了旅游基础设施和信息咨询、商品销售、导游服务、餐饮住宿等优质的综合性服务,能够多方位满足外来游客的各方面需求。游客接待中心吸纳本村剩余劳动力在这里工作,这不仅提高了群众的收入,而且解决了该村及周边群众的就业问题。同时,鼓励发展农(藏)家乐 25 家、民宿 18 家,旅游从业人员达 100 人左右,将该村大蒜、苦荞、野猪肉、大果樱桃、核桃、木耳、杂粮面、桑葚酒、土酒、蕨菜、乌兰头等特色美食佳酿摆上了游客的餐桌,让游客品尝到了具有当地特色的农家风味,大大提升了乡村休闲旅游产业吸引力和影响力,增加了群众收入。

(五) 主要成效

现在的各皂坝村打造有古朴、神奇、粗犷之美感的传统石头建筑,形成独有的建筑特色;打造有藏乡江南、长江流域、地方特色、宗教等相结合的多元文化墙;打造有藏汉楹联,以藏汉楹联文化基础,为民族之间的生活交流搭建起良好的桥梁,为各民族民间传统文化交流拓展渠道;农户房前屋后和院内环境整洁,巷道宽敞干净;墙角院角栽种苹果、梨、石榴、葡萄等林果,逐渐打造特色庭院经济,形成了"天蓝地美水清、村美院净家洁"的秀美画卷,是舟曲县必不可少的旅游之地。在这里,可以感受到石头与楹联文化默契配合的视觉体验,可以感受到藏汉文化相融合的深厚内涵,可以品尝到桑葚酒、猪头肉、腊排、核桃饼、山野菜等特色藏家美食。在这里,可以释放所有的压抑,放松身心,领略藏乡风情。

自 2016 年各皂坝村建设生态文明小康村、发展乡村休闲旅游产业以来,游客接待量和经济收入大幅度提升。2017 年,各皂坝村游客接待量达到 2 300 余人次、实现旅游综合收入 20 万元,2018 年游客接待量达到 6 800 余人次、实现旅游综合收入 70 万元,2019 年上半年游客接待量达到 7 200 余人次、实现旅游综合收入 80 万。全村农民人均可支配收入由 2016 年的 5 863 元提高到 2018 年的 8 395 元，乡村休闲旅游产业促农增收成效明显。

（六）启示

各皂坝村发展乡村休闲旅游产业的成功经验，给全国各地发展乡村休闲旅游产业有以下几点启发。

1. 发展定位要准

各皂坝村在发展乡村休闲旅游之初，就从地理条件、交通条件、人文历史、产业培育等资源优势方面，进行了深入研究和比较分析，高位谋划、高质量编制了建设规划和建设方案。

2. 尊重群众意愿

通过组织召开群众大会、逐户走访座谈等方式，加强宣传动员，充分调动群众主动参与生态文明小康村建设的积极性，使广大群众全部自主自愿参与到乡村休闲旅游产业发展上来。

3. 文旅融合发展

注重推进旅游业与生态文明及其他产业的融合，将产业与扶贫攻坚紧密联系在一起，因地制宜走出一条特色产业之路。结合本地生态资源和文化优势，挖掘历史遗迹、风土人情、风俗习惯等人文元素，合理定位乡村旅游主题特色景观景点，丰富游客的体验感，吸引游客到访，增加游客逗留时间，提高农民的收入，助推脱贫攻坚。

4. 注重生态保护

发展乡村休闲旅游，要坚持生态为先，坚持建设与保护并重，不搞大拆大建，在保护村庄原生态风貌的基础上进行提升打造。

各皂坝村，这座坐落在白龙江畔的石头村，犹如一颗镶嵌在高原藏乡的璀璨明珠，如今正闪烁着迷人的光芒，吸引着万千游客留足，也正迈开轻快的步伐昂首向前。

云南鹤庆：多方助力＋整村推进＋扶贫项目＋乡村旅游模式

导语： 鹤庆县是丽江黄金旅游线上的一颗明珠，也是全国扶贫开发工作重点扶持县之一。自脱贫攻坚工作开展以来，鹤庆县上下一心聚合力，取长补短，同心协力促攻坚，结合当地资源禀赋和市场需求，在产业设置上找准特色。以"党支部＋合作社＋农户、贫困户""扶贫＋乡村旅游""龙头企业＋贫困村"发展模式，立足农业项目，发展"一村一品"特色农业，打好新型产业品牌，引领群众发展乡村旅游，大力发展"文化＋乡村旅游"，用文化力量激发群众脱贫，激活贫困户内生动力，促进脱贫攻坚取得新成效，使县域经济发展迈上新台阶。鹤庆县的脱贫攻坚案例在推动各贫困区项目脱贫扶贫工作中具有借鉴意义，值得认真研究与学习。

发展模式 以"党支部+合作社+农户、贫困户"
"扶贫+乡村旅游"
"龙头企业+贫困村"

（一）主体简介

鹤庆县位于云南省西北部，地处滇西横断山脉南端、云岭山脉以东，大理白族自治州北端，地理坐标为北纬 $25°57'\sim26°42'$、东经 $100°01'\sim100°29'$。东有金沙江与永胜县分津，南与宾川县接界，西与剑川县、洱源县接壤，北与丽江市毗连。鹤庆县四面环山，有着悠久的历史和厚重的人文底蕴，素有"文献明邦"之称，是茶马古道上的文化重镇，也是丽江黄金旅游线上的一颗明珠。千百年来，广大白族人民辛勤劳作，创造了独具地方特色的民族文化。

同时，鹤庆县也是全国扶贫开发工作重点扶持县之一。全县总面积2 395平方公里，辖7镇2乡、114个村民委员会和3个社区居委会，28.05万人，白族、汉族、彝族、傈僳族等25个民族同胞生活在这里，共有2个贫困乡镇、59个贫困村，建档立卡贫困户（人）8 252户31 193人，贫困面广，贫困程度深。自脱贫攻坚工作开展以来，鹤庆县结合资源

禀赋和市场需求，在产业设置上找准特色。"以党支部＋合作社＋农户、贫困户"的发展模式，立足农业项目，发展"一村一品"特色农业，打好新型工业牌，引领群众发展乡村旅游，大力发展"文化＋乡村旅游"，用文化力量激发群众脱贫，激活贫困户内生动力，促进脱贫攻坚取得新成效，县域经济发展迈上新台阶。

（二）主要模式

1. 模式一："多方助力＋整村推进"

（1）发展策略。农民要致富，产业是核心。一家一户小打小闹，没有产业，形不成规模，带动不了区域经济发展，也无法抵御市场风险。对此，鹤庆县坚持精准扶贫、精准脱贫，充分发挥贫困地区资源优势，因地制宜培育优势特色产业。通过党支部引领、合作社带头、贫困户参与，"多方助力＋整村推进"，充分发挥基层党组织的核心作用和农村专业合作社的示范带头帮扶作用，助力精准扶贫、精准脱贫，为贫困户蹚出一条稳定脱贫、长期增收的新路子。

（2）主要做法。

一是妙登村藕鱼立体种养。鹤庆县妙登村具有独特的地理位置，三面环山，气候宜人，土地肥沃，有着丰富的莲藕资源和优质的水资源条件。妙登村积极探索"党支部＋农民专业合作社＋贫困户"的产业发展新模式，注册成立了鹤庆县莲藕种植协会、鹤庆县莲藕种植专业合作社、鹤庆县妙藕种植家庭农场。2015 年，妙登村党支部利用 50 万元"红色股份"入股鹤庆县莲藕种植专业合作社，在妙登村实施了 27 亩藕鱼立体种养试验，实现莲藕亩产 1.6 吨、藕鱼总产值 22.7 万元。2016 年，鹤庆县莲藕种植专业合作社集中连片流转了妙登、新登等村 152 户农户 117 亩水田作为藕鱼立体种养示范项目。通过开挖鱼沟，加高加宽围埂，连片发展藕鱼立体种养，妙登村实现产值107.7万元，平均亩产值9 205元，每亩净收益3 479元。合作社依托建档立卡贫困户争取扶贫贷款11户55万元，通过"党支部＋农民专业合作社＋贫困户"的产业发展新模式，带动了18户贫困户户均土地流转收入480元，11户贷款入股贫困户合作社每户每年分红2 500元。家庭农场优先聘用土地流转贫困户作为常年用工，带动贫困户2户2人人均年收入达2万元。2017年，辛屯镇争取到在妙登、新登、双龙村再发展藕鱼立体种养项目500亩。2016—2020年，每年村集体经济预计增加收入2.5万元；2021—2025年，每年村集体经济预计增加收入4万元。

二是水井村做大黑山羊养殖。水井村地处西邑镇东山片区，属建档立卡贫困村。全村国土面积34.5平方公里，耕地面积2 617亩，人均耕地1.68亩，森林覆盖率达90%以上，全村辖水井、炭窑、洪家窝、南坡、中营、北坡、羊石子、姑娘龙、麦田箐9个自然村。2015年末，全村有农户344户，人口1 554人，其中建档立卡贫困户202户766人。由于受地理、气候、缺水等因素制约，全村农业产业发展缓慢，缺乏支柱产业，群众经济收入主要以畜牧养殖为主，特别是黑山羊养殖一直是当地群众增收致富的主要帮手，家家户户都养殖黑山羊，但一直没形成产业链，农户收入较低，难以致富。结合当地实际情况，水井村争取到黑山羊养殖扶贫项目，对全村200多户养殖户进行扶持，重点实施了高床羊舍建设、种公羊引种、本地能繁母羊选育、养殖技术培训等项目。项目总投资203.1万元，其中财政补助100万元，农户自筹103.1万元。高床羊舍建设1 275平方米，财政补助80元/平方米，共计扶持资金10.2万元。种公羊引种75只，品种为努比亚黑山羊，财政补助3 000元/只，合计扶持资金22.5万元。本地能繁母羊选育653只，财政补助1 000元/只，合计扶持资金65.3万元。开展技术培训4期，共计200人次，合计补助资金2万元。以项目实施为契机，水井村成立了黑山羊养殖合作社，有298户养殖户加入，被扶持户3年内上交合作社600元的产业发展红利，用于全村黑山羊养殖"第二批扶持"的资金，带动更多贫困群众发展。同时严格资金管理，实行专户管理、专款专用。先由被扶持农户垫资建设、引种，经验收合格后一次性兑付补助资金。截至2019年，水井村黑山羊存栏达8 000多只。扶持能繁母羊653只，按年均产羔羊3只计算，多产羊羔1 959只，按市场价格800元/只计价，群众增收150多万元。引入努比亚黑山羊种公羊75只与本地云岭黑山羊杂交，经改良杂交所产的羊羔市场价格比原老品种每只多卖200多元，杂交改良效益明显。通过实施高床羊舍项目，在原来只能卖羊的基础上又增加了一笔卖羊粪的收入，按当前市场价格每袋 20 元计算，50 只的羊群每年羊粪收入可达 4 000～5 000 元。

2. 模式二："扶贫项目＋乡村旅游"

（1）发展策略。着眼脱贫攻坚区域性整体提升，超前谋划，健全完善脱贫攻坚"项目库""资金池"，扎实推进交通、水利、电力、通信网络等基础设施建设，完善贫困地区公共服务体系，促进基础设施和公共服务向贫困村覆盖，破解贫困地区发展"瓶颈"制约。为推动各项扶贫政策措施落实落地，取得了"一年一个样、三年大变样"的脱贫成效，群众的获得感、幸福感和满意度大幅提升。多措并举，做强产业利长远，走出了一条"农、旅、娱、购"四位一体的"扶贫＋旅游"精准扶贫路子，全县手工业和旅游业从业人员超过 3 万人，有效带动了群众增收致富。

（2）主要做法。

一是鹤庆县松桂镇东坡村乡村旅游扶贫开发项目。项目以东坡村古村落风貌、自然美景为基地，以乡村体验为重点，围绕美丽乡村建设，乡村旅游扶贫开发，对当地文化、生态、农家菜资源深度挖掘，统一开发。修建民俗客栈 10 家、景点节点 4 个、休憩亭 10 座，种植樱花 5 000 株，新建栈道 3.5 千米，改造村间道路 1 500 米，河床步道 2 千米，开设里贤一生、君盈山居、青云山居、北长乐、北长丘山庄园、东坡馨苑客栈 6 家农家乐，鼓励村民依托农家特色产品开设精品民宿，为游客提供原生态、高品质的食宿保障。同时，打造以东坡杨家自然村规模化种植百合为主的特色产业，合理规划产业，同时大力发展乡村旅游，助推建档立卡户脱贫。整个产业项目扶持覆盖 56 户建档立卡户，每户均有 1 个以上的产业帮扶项目，为群众增收奠定了良好的基础。

修建民俗客栈10家	景点节点4个	休憩亭10座	种植樱花5 000株

以东坡村古村落风貌、自然美景为基地，以乡村体验为重点，围绕美丽乡村建设，乡村旅游扶贫开发，对当地文化、生态、农家菜资源深度挖掘，统一开发

新建栈道3.5千米	开设特色休闲山庄及精品民宿6家	改造村间道路1 500米

二是鹤庆县奇峰村乡村旅游扶贫开发项目。奇峰村地处鹤庆县西邑镇东山深处，距镇政府所在地 21 千米，坐拥万亩梨园，在奇峰上营、下营自然村生长着 20 000 多棵梨树，最为古老的梨树树龄达 600 多年，而树龄在百年以上的有 1 000 多棵，被外界美誉为"梨花村"。全村辖上营、

下营、琵琶山、接风水、后中窝、三股水6个自然村（9个村民小组），傈僳、白、汉3个民族聚居，共有279户1030人，是西邑镇7个建档立卡贫困村之一，累计建档立卡134户557人。为加快奇峰村脱贫致富步伐，鹤庆县委、县政府提出将奇峰村打造为"民族团结示范村、脱贫致富样板村、乡村旅游新亮点"的谋划，开展乡村旅游。通过梨花文化旅游节等节庆活动的举办，奇峰村在短短两年内成为乡村旅游新网红，切切实实把"古梨树变为摇钱树"。2016年，奇峰村旅游经济毛收入达216万元，村集体经济收入3.68万元，人均增收近1千元。2017年，全村旅游经济毛收入269.35万元，比2016年增长24.69%，村集体经济收入4.35万元，比上年增长18%，人均增收1500多元。在梨花节筹备、举办期间，23户贫困户参与到乡村旅游基础设施建设中，务工收入约14万元，户均收入6000多元；9户贫困户参与客栈、农家乐及小吃摊点经营，总收入约23万元；93户贫困户参与土特产品展销，户均增收1000多元；16户贫困户参与停车场、市场管理、"三清洁"等后勤保障工作，户均收入600多元。2018年，全村各项旅游经济收入均有增长，人均增收1800多元，为全村脱贫奠定了坚实基础。

3. 模式三："企业＋项目＋贫困村"的模式

（1）发展策略。鹤庆县非公经济和社会组织以"万企帮万村"精准扶贫行动为契机，积极投身产业帮扶、就业帮扶、技能帮扶和公益帮扶活动中，为全县打赢脱贫攻坚战发挥了积极作用。在帮扶形式上，鹤庆县通过"一企帮一村，一企帮多村、多企帮一村"的方式，采取产业联村、项目带村、智力扶村、捐赠助村等多种创新帮扶形式，实行"一个项目、一套人马、一抓到底"的做法，强化督促检查，促进责任落实，帮扶活动取得实效。

（2）**主要做法**。一是中宝现代农业有限公司土鸡代养。依托县内种植养殖龙头企业，脱贫攻坚工作开展以来，共投入 1 055 万元，带动全县 19 个贫困村的 1 300 多户农户发展土鸡、生猪、奶牛养殖，实现产业兴村、农户增收。鹤庆县中宝现代农业有限公司按照"党支部＋公司＋基地＋贫困户"的发展模式，与建档立卡贫困户签订生态土鸡代养协议书，带动全县 617 户贫困户饲养土鸡，增加贫困户收入 258.8 万元，户均增收 4 000 余元。以农村劳动力转移就业帮扶专项行动为抓手，协调县内龙头企业、专业合作社、个体工商户开发就业岗位 890 个，从源头上解决贫困户增收难的问题。兴鹤工业园区党工委充分发挥非公企业聚集的优势，动员鹤庆县凌云资源综合利用有限公司、鹤庆乾酒有限公司和大理星球太阳能科技开发有限公司等企业开发 100 余个就业岗位，帮助 62 名贫困劳动力实现就业。根据建档立卡贫困户劳动力培训意愿，有针对性地开展生猪养殖、奶牛养殖、土鸡养殖、蚕桑种植、蔬菜种植等实用技能培训，累计培训建档立卡贫困人口 5 338 人次。六合乡大甸村"两新"组织党支部牵头组成技术指导小组，对 108 户种植户进行一对一技术指导，实现年产值 80 万元以上。

中宝现代农业有限公司土鸡代养

二是磨光村绿荫潭安置项目。项目总投资 2 000 多万元，共安置 70 户 217 人，其中建档立卡户有 31 户 103 人，涉及磨光村辖区内 6 个自然村。针对搬迁过程中孤寡老人和残疾人不具备独立建房条件的实际，金墩乡统筹谋划、因人施策，在绿荫潭安置点以统规统建的方式，规划建设了总占地面积 1 000 多平方米的"温馨家园"。为让搬迁群众脱贫致富，建设美丽乡村，鹤庆县以"多企帮一村"的方式，积极开展"万企帮万村"

精准扶贫行动。磨光村是中船集团派驻村第一书记的建档立卡贫困村，为推进磨光村的驻村帮扶工作，中船集团投入专项帮扶资金100万元，支持磨光村推进村集体经济生态土鸡养殖以及易地扶贫搬迁绿荫潭安置点的医务室、学前班教室和集中安置中心等项目。目前，投入48.6万元建设的"温馨家园"已投入使用，8户孤寡老人、五保户和残疾人春节前住进了新家；投资30.4万元建设的学前班和医务室已封顶；投资21万元的村集体经济生态土鸡养殖项目已完工。

（三）主要成效

积极健全村级集体经济发展机制，盘活集体资产资源，把潜在资源优势变为经济优势，将村级集体经济发展成为村民的"钱袋子"。优化"党支部＋新型经营主体＋基地＋贫困户"的扶贫模式，制定了《鹤庆县培育发展壮大新型经营主体实施意见》，逐步形成"一乡一业""一村一品"产业培植模式，充分发挥基层党组织在脱贫攻坚产业发展中的引领作用。充分利用区域资源优势，以"党支部＋"的方式，在热区着力推进柑橘、葡萄等现代特色经济林果种植，在坝区积极探索藕鱼立体种养、生态农庄等新型特色产业，在山区半山区大力推进土杂鸡、生猪养殖及蚕桑、核桃种植，在大丽路沿线实施体验式乡村旅游项目，在集镇试行农贸市场农副产品交易区、集体商铺建设等项目，并聚力助推全县奶源、生猪两大基地建设，确保建档立卡贫困户产业扶持全覆盖，最大限度发挥资金效益，帮助群众脱贫致富。

健全村级集体经济发展机制，盘活集体资产资源，把潜在资源优势变为经济优势，将村级集体经济发展成为村民的"钱袋子"

优化扶贫模式"党支部+新型经营主体+基地+贫困户"的扶贫模式，制定了《鹤庆县培育发展壮大新型经营主体实施意见》，逐步形成"一乡一业""一村一品"产业培植模式

充分利用区域资源优势，在热区着力推进柑橘、葡萄等林果种植，在坝区探索藕鱼立体种养、生态农庄等，在山区半山区大力推进土杂鸡、生猪养殖及蚕桑、核桃种植，在大丽路沿线实施体验式乡村旅游项目，在集镇试行农贸市场农副产品交易区、集体商铺建设等项目，并聚力助推全县奶源、生猪两大基地建设，确保建档立卡贫困户产业扶持全覆盖

2018年底，鹤庆县实现2个贫困乡镇退出、57个贫困村达标出列，累计减少贫困人口7 291户28 350人，贫困发生率从13.32%降至1.23%

组成县级统筹、部门挂钩、干部参与、社会帮扶的"四位一体"大扶贫格局，走企业、到田间、进院坝、访贫困户，与114个行政村8 252户贫困户共筑脱贫小康梦

经过不懈努力，2018 年底，鹤庆县实现 2 个贫困乡镇退出、57 个贫困村达标出列，累计减少贫困人口 7 291 户 28 350 人，贫困发生率从 13.32％降至 1.23％。同时，组织县直 103 个部门、3 795 名干部、46 家县内企业、114 支驻村扶贫工作队，组成县级统筹、部门挂钩、干部参与、社会帮扶的"四位一体"大扶贫格局，走企业、到田间、进院坝、访贫困户，与 114 个行政村 8 252 户贫困户共筑脱贫小康梦。

（四）启示

扶贫工作，上下一心聚合力，取长补短，同心协力促攻坚。鹤庆县结合资源禀赋和市场需求，在产业设置上找准特色。鹤庆县委、县政府先后制定出台了 11 个扶持农业产业发展的政策文件，大力扶持发展蚕桑、蔬菜、水果、中药材、奶牛、生猪和藕鱼立体种植养殖产业，逐步改变了全县农业底子薄和"散小弱"的窘况，高原特色农业跃升到一个新水平。充分利用县内独特的旅游资源优势，举办"梨花节""文化旅游节""耍海节"等节庆活动，将乡村旅游和生态农业有机融合，打造乡村旅游品牌、推介宣传当地农特产品，大力扶持银、铜、铁器加工和白棉纸、白族服饰、瓦猫等民族手工艺品加工销售，走出了一条"农、旅、娱、购"四位一体的"文化＋旅游"精准扶贫路子，全县手工业和旅游业从业人员只有精准施策才能精准发力。鹤庆县项目扶贫案例让我们看到，扶贫工作要宏观把控，微观推进，系统分析全县贫困户致贫原因，按照"缺什么补什么"的原则，分类指导、分类帮扶、分类管理，科学制定帮扶措施，充分发挥行业部门职能职责，帮助贫困群众学习致富技能，提高贫困群众自身发展动力，做到因村施策、因户施策、因人施策，确保帮扶成效。在产业扶贫中，不是简单地给鸡、给牛、给羊，而是实行长、中、短结合，逐村逐组选准产业扶贫方向，引进、培育市场主体，真正把贫困群众嵌在产业链上，实现产业发展、贫困户脱贫一举两得。扶贫工作不是一个人、一群人的事，是整个社会的事，要多方助力，上下一心促脱贫。在有乡村文化特色的地方，要依托当地优美的自然风光和农特产品，将乡村旅游和生态农业有机融合，以"支部＋党建＋农户"的模式打造乡村旅游品牌，让贫困群众捧上金饭碗。

第三章 乡村新型服务业带动脱贫

国投创益产业基金管理有限公司：产业基金扶贫模式

导语： 产业基金在我国可以发挥作用的范围很广，凡是符合国家鼓励发展并具有较好脱贫攻坚成效的产业，均可采取产业基金扶贫进行投融资运作。基金扶贫构建产业管理体系是在"保本微利"的前提下，发挥产业基金脱贫攻坚的最大效用，为我国经济社会发展作出更大贡献。

国投创益产业基金管理有限公司（以下简称"国投创益"）通过产业扶贫基金，重点投资农业、矿产、制造、园区、旅游、电力、化工、建筑、医疗等行业，主动布局，在贫困地区尤其是深度贫困地区投资打造了服务脱贫攻坚的七大产业平台，助力贫困地区产业发展。

（一）主体简介

国投创益成立于2013年12月27日，注册资本3 000万元，为国家开发投资集团有限公司（简称"国投"）下属全资企业，现受托管理贫困地区产业发展基金和中央企业贫困地区产业投资基金，资金规模181.86亿元。公司为专业管理国家民生类基金为主的基金管理人，致力于通过市场化运作服务国家脱贫攻坚战略，促进贫困地区产业发展以带动建档立卡贫困人口精准脱贫，增强贫困地区的"造血"功能和内生动力，探索可持续的产业扶贫模式。基金打造了服务脱贫攻坚七大平台，包括现代农业平台、资源开发平台、清洁能源平台、医疗健康平台、产销对接平台、产业金融平台和资本运作平台。

（二）主要模式

让老百姓过上好日子是开展脱贫攻坚工作的出发点和落脚点。产业基金、企业、贫困地区资源、贫困人口是产业基金扶贫中的四个主体。在探索产业基金扶贫的过程中，不断完善利益联结机制，将四个主体联系起来，形成"产业基金＋企业＋贫困地区资源＋贫困人口"的产业基金扶贫模式。通过产业扶贫基金的引导、投资企业以直接扶贫和间接扶贫两种方式，吸纳贫困户直接参与到产业链发展中，培育新型农业经营主体和高素质农民，带动更多建档立卡人口脱贫，为推进农业农村现代化注入新动能。

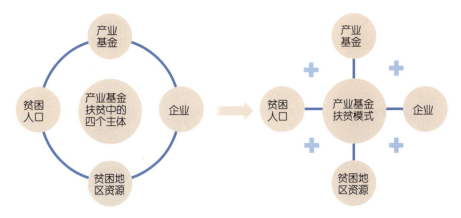

1. 模式一：现代农业平台-直接生产带动＋就业带动＋间接扶贫模式

中央企业贫困地区产业投资基金股份有限公司（以下简称"央企基金"）与贵州国台酒业股份有限公司（以下简称"国台酒业公司"）签订合作协议，约定央企基金以股权方式投资国台酒业公司1亿元，资金用于在安龙县设立贵州国台农业科技发展有限公司（以下简称"国台农发公司"），高粱种植基地建设、安龙县及周边贫困县高粱等粮食收储和位于安龙县与粮食加工相关的资产的收购，相关资金已于2019年1月30日全部拨付到位。

（1）*直接生产带动*。2019年，国台农发公司与农户及合作社签约合作种植面积为16 340亩，共带动农户2 497户。其中，签约合作种植面积位于黔西南州安龙县、兴仁市、义龙新区及安顺市紫云县，以上市（县、区）皆为滇桂黔石漠化集中连片特困地区及国家级贫困县，且安龙县、兴仁市为左右江革命老区范围。

从粮食种植的比较效益看，该地区传统种植的玉米收购价2.0～2.2元/千克，亩产约400千克，亩均种植玉米收益约840元。改种糯高粱后，签约收购价为5.2元/千克，亩产约350千克，亩均种植糯高粱收益约1 820元。相比之下，农户改种糯高粱可每亩增收约1 000元。2019年当年即可为地方农户增收 1 634 万元，按户均 3.5 人计算，可带动 8 740 人增收致富。

（2）就业带动。9～12月粮食收储加工时，可吸纳 60～80 人灵活就业，人均预计可增收 10 000 元，当年可为周边农户提供约 70 万元的劳务收入。

（3）间接扶贫模式。国台酒业公司在产品运输和销售过程中带动周边物流运输、装卸包装等行业的发展，也对当地税收作出贡献。以物流行业为例，国台农发公司 2019 年支付的地头物流费和净粮物流费用就达到 400 万元。在税收方面，国台酒业公司 2018 年向地方纳税超过 3.4 亿元（增值税 1.4 亿元、消费税及附加税 1.3 亿元、所得税 0.7 亿元），显著增加了当地政府的税收。

模式 ➡ 直接生产带动 ＋ 就业带动 ＋ 间接扶贫模式

2. 模式二：医疗健康平台-"一县一科"模式

央企基金与达康医疗、何氏眼科合作，基金认缴投资 1 500 万，以股权方式参与，央企基金投资资金用于贫困地区血液透析中心建设及运营等，目前成立了两家贫困地区的血液透析中心。其中一家血液透析中心收治病人 40 多人中建档立卡的就有 20 多人。

按照"一县一科"模式，在央企基金定点帮扶县分别建设血液透析中心和眼科医疗中心，采取经营性与公益性结合、收费与免费相适宜的运营管理模式和总体保本微利原则，对建档立卡贫困人口免费开展血透和白内障手术，防止因病致贫和因病返贫。

（1）方便高效，延续生命。尿毒症患者每周必须严格按时进行透析，否则会有生命危险。很多贫困地区交通不便，患者在前往血透机构的路途上需要花费大量时间和金钱，造成巨大负担。更多的患者只能选择放弃治疗，绝望等死。达康医疗修建的血液透析中心直接面对基层、特别是农村的贫困患者，方便就近透析，免于舟车劳顿和交通成本，减轻患者看病负担，满足了尿毒症患者的就近透析、及时透析的需求，较大程度地缓解了农村贫困人口透析难的问题，对打赢脱贫攻坚战意义较大。

（2）弘扬人道，减免费用。尿毒症患者群体中因病致贫、因病返贫问题突出，贫困发生率高。达康医疗对贫困人口、低保户、军烈属等进行免费透析，即仅收取医保报销的费用，不让患者出一分钱，让每个患者都能享受血液透析服务。此外，达康公司秉承白求恩基金会的理念，对患者进行人道关怀，鼓励患者积极治疗、勇敢面对生活，还帮助患者办理报销手续、在当地找工作等，不仅在财务上、也在精神上支持了困难群体。按照每家中心服务 80 名患者计算，50 家中心可覆盖 50 个县，解决 4 000 名患者的血液透析问题，对防止因病致贫、因病返贫、维护社会稳定意义较大。

（3）资源下沉，解决就业。达康医疗采用连锁制运营血液透析中心，以专业肾病医院为依托，引入专业规范的医疗队伍，将规范的血液透析中心标准推广到贫困地区，造福贫困群众，提高了贫困地区的医疗水平。同时，达康医疗在当地招聘护士，组织统一培训，提高了医护人员的素质，也提供了就业岗位。按照每家中心配备 20 台血液透析机、每个血液透析机配备 0.5 名护士计算，仅护士岗位，50 家中心就可解决 500 人就业。

达康医疗与行业内领先的企业合作，通过在贫困地区建设并运营独立血液透析中心，精准帮扶因患终末期肾病（尿毒症）致贫、返贫的困难群众，社会效益比较显著。项目符合国家"一县一科"的医疗扶贫战略规划。

3. 模式三：资源开发平台：直接扶贫＋间接扶贫

央企基金投资 5 亿元分别用于迪庆深度贫困地区 3.5 亿元和 1.5 亿元滇中国家级连片特困地区，项目资金使用合法合规。资金在当地发挥了相应的效果。

（1）直接扶贫模式。

一是就业扶贫。2015 年以来，共招收了羊拉乡、格咱乡 16 名精准扶贫户子女到云南迪庆有色金属有限责任公司（以下简称"迪庆有色"）工作，使 16 个贫困家庭有了稳定的收入。现有格咱乡籍 62 人招录到迪庆有色就业上班，解决当地联合办学学生 76 人在迪庆有色就业。截至 2019 年，迪庆有色有香格里拉籍职工 190 人、迪庆州籍职工 220 人。

二是定点帮扶。2015 年以来，迪庆有色认真组织参加迪庆州"千名干部下基层，促进美丽迪庆建设""挂包帮、转走访"精准扶贫等专项活动。派出 3 名专职工作队员到中国铜业、云铜集团挂钩的羊拉乡定点精准扶贫点驻村扶贫；派出 1 名专职工作队员到浪都，2 名专职工作队员到格咱乡开展精准扶贫。在挂包村基础设施建设、产业发展、劳动就业等领域都开展了力所能及的工作。

三是扶贫公益捐赠。2017 年，云南铜业捐赠扶贫专项经费共 40 万元，用于扶持玉溪市易门县铜厂乡碧多村、江口村贫困户，公益事业及扶贫捐赠资金 144.67 万元，精准扶贫帮扶贫困人口 540 人，并组织成立 4 个共计 310 人的志愿者服务团，为贫困地区累计自愿服务时间 3 500 小时。

2018 年 11～12 月，云南铜业向格咱乡格咱村村委会和中心完小捐赠衣物共计 14 万元，向格咱村 9 个贫困户捐赠家具共计 66 285 元，资助 2 名贫困户大学生共计 1 万元。

(2) 间接扶贫模式。

一是增加当地税收效果显著。税收贡献是云南铜业最为显著的扶贫成效之一，云南铜业近 10 年贡献税收达年均 10.15 亿元，特别是处于铜行业景气周期时期，其提供的税收达到年均 14.53 亿元。此外，根据云南铜业规划，未来将对处于深度贫困地区的迪庆有色、凉山矿业等公司进行收购。根据两个项目的测算，凉山矿业预计未来能为贫困地区带来增值税、资源税、所得税等各项税收收入年均超过 2.44 亿元，迪庆有色能为其所在的云南省藏区提供税收年均超过 3.16 亿元。

综合考虑未来行业景气周期、云南铜业未来收购贫困地区项目公司及贫困地区扩增产能等情况，云南铜业预计未来能为贫困地区提供税收年均可达 20 亿元。

二是促进当地基础设施建设。贫困地区道路、环保、安全、卫生、教育等基础设施薄弱是贫困地区贫困落后的原因之一。云南铜业分别向云南、内蒙古、四川等贫困地区进行基建投入，2017 年云南铜业投入 18.9 万元用于玉溪市新平县老厂乡保和小学场地硬化修复及净水器资助项目。云南铜业在贫困地区的基建投入，不仅能配套支持云南铜业基建保障，也为贫困地区提供了便利，为贫困地区的发展提供了坚实的基础。

4. 模式四：清洁能源平台：就业带动＋定向捐赠＋间接扶贫模式

央企基金与中广核风电有限公司签订合作协议，约定双方以现金及资产对价方式新设成立中广核创益风电公司，注册资本 23.333 9 亿元，资金用在 8 个省 11 个县的 15 个风力及光伏发电项目，项目总投资 92.02 亿元，其中 11 个新建项目投资 60.73 亿元，4 个股权出资项目投资 30.29 亿元（已于 2018 年 11 月 1 日装入中广核创益风电公司）。

(1) 就业带动。根据经营管理需要和精简高效的原则，各风电场投产后可新增 104 个就业岗位。其中，生产运行维护、机组维护等关键岗位 69 人，年均收入约 12 万元；保洁、保安等辅助岗位 35 人，年均收入约 4 万元。除主要管理人员、核心技术骨干外，其余员工均在项目所在地招聘，原则上优先培训、聘用建档立卡贫困户。此外，在项目运营期间，周边农户可提供餐饮、物流、住宿、光伏板清洁等服务，预计可间接带动104人。

（2）定向捐赠。各项目达产后，每年可向所在县扶贫办捐赠30万～100万元，定向扶持建档立卡贫困户中部分失能、残疾等无劳动能力者；预计全部达产后年捐赠额为600万元，投资期间捐赠总额3 560万元。按3 500元/人建档立卡户定向捐赠标准计算，每年可使1 714名无劳动能力贫困人口脱贫，共计可支持兜底扶弱10 171人次。具体实施每年由各项目公司与地方政府有关部门共同确定捐赠对象，建档立卡保存。

（3）间接扶贫模式。

一是增加当地税收效果显著。中广核创益风电公司作为中央企业中广核集团三级控股子公司，及时缴纳各项增值税、所得税，有效促进当地税收增收。据测算，2018—2025年基金投资期间，中广核创益风电在各项目所在地缴纳各项税费6.22亿元，为贫困地区送去多座搬不走的"银行"。

二是促进当地基础设施建设。中广核创益风电公司通过项目直接投资在贫困县新增形成60.73亿元固定资产，新改建道路240公里，新建输电线路170公里，配套的道路和输电线路总投资约3.03亿元。

三是促进当地绿色发展。中广核创益风电公司新建的风力发电、光伏发电皆属于环境友好的清洁电源。待新建的各项目全部达产后，中广核创益风电公司总装机容量达126.88万千瓦。2018—2025年并网发电166.612亿度，可节约标准煤约583.1万吨，减少二氧化碳排放958.1万吨、灰渣排放157.4万吨、二氧化硫排放7.7万吨、氮氧化物排放3.3万吨，并可节约淡水3 732.1万立方米，按人均年用水量439立方米（2017年数据）计算，相当于每年可满足1.1万人用水需求。

5. 模式五：产销对接平台：承包经营＋入股分红＋务工就业＋土地流转＋技术培训

央企基金于2017年6月正式完成投资，投资3亿元，成为供销农批的股东，投资协议中约定供销农产品在贫困地区的投资额不低于3亿元，资金于2018年2月底前已全部投向扶贫地区农产品市场项目建设。

在产业扶贫方面，中国供销寻乌现代农业示范园是由中国供销农产品批发市场控股有限公司在寻乌县投资兴建的重点扶贫项目之一。至今共投入资金约 2 000 万元，流转土地 229.6 亩，已建设高标准智能温室大棚 90 亩。该项目涉及农户 199 户，其中建档立卡贫困户 42 户，现已有 39 户脱贫。待项目整体建设完成后，预计涉及农户约 300 户，其中建档立卡贫困户约 80 户。

（1）承包经营。将示范园温室大棚免费给予农户种植，由公司统一发放种苗、肥料、药剂，提供技术指导，由农户自行管理各自区域，待蔬菜上市后公司协助销售。

（2）入股分红。组织高布村 88 户贫困户成立蔬菜专业合作社，每户贫困户参股 500 元。2017—2020 年，每个贫困户每年可从中获得固定分红 1 000 元。

（3）务工就业。公司示范园的自主种植管理区域优先为当地有劳动能力的农户提供就业岗位，解决就业问题。示范园吸纳长期就业农户 20 人左右，每人每天工资为 70～120 元。2019 年，将吸纳长期就业农户 60 人左右，其中贫困户为 40 人，每人每天工资为 70～120 元。人均年增收约 2.5 万元。

（4）土地流转。按所在县最高标准给予每户每年每亩地 888 元的土地流转费用。农户通过流转 229.6 亩土地，每年增收 18 万多元。

（5）技术培训。举办培训班，开办蔬菜种植技术培训，免费现场教学，实地指导。

此外，为了更好地开展扶贫工作，示范园的办公地点设在高布村，公司党支部书记由总社挂职、高布村第一书记兼任并组建拥有 12 名员工的扶贫志愿者服务队，由书记任队长，总经理任副队长。公司党支部和高布村党支部结对共建，共同开展组织生活，将扶贫成效显著的员工优先列为党员发展对象，有效激发了员工的扶贫热情。

模式 ➡ 承包经营 ＋ 入股分红 ＋ 务工就业 ＋ 土地流转 ＋ 技术培训

6. 模式六：产业金融平台：平台公司＋养殖管理服务公司＋养殖示范基地＋家庭农场（养殖小区）＋建档立卡贫困户＋产业互联网

2017 年 7 月 20 日，央企基金与大伟嘉生物签订合作协议，约定央企基金以可转债方式投资大伟嘉生物 1 亿元，资金已于 2017 年 12 月 5 日全部拨付到位。该基金在 2018 年已全部投入使用，主要投资用于河北省周边贫困县、辽宁省阜新县等地的生猪养殖产业扶贫项目。大伟嘉生物的产业扶贫模式如下：

一是采用"平台公司＋养殖管理服务公司＋养殖示范基地＋家庭农场

（养殖小区）＋建档立卡贫困户＋产业互联网"的组织模式。其中扶贫效果非常好，最被认可的是1118模式，即通过1个养猪户年出栏1000头生猪、收益20万元，增加14万元净收益，带动18个贫困户。养殖过程中种猪繁育、仔猪生产、饲料配送、药品配送、饲养管理、疫病防治、商品猪销售等环节，由大伟嘉专业养殖管理服务公司全程负责并跟踪服务，养猪户只负责建设猪舍和提供人工。这种扶贫模式最大的好处是做到稳赚不赔，使贫困户能享受到切实利益。生猪产业扶贫已先后在辽宁、河北、山西、湖南建立了多家扶贫示范基地，在河北和辽宁等地放养生猪近百万头，并在10多个省协管、托管、租赁经营320多家规模猪场，养殖母猪8万多头，已帮扶3610户贫困户实现脱贫。蛋鸡产业扶贫工作方面，从河南、河北、山西、内蒙古、湖北5省区中优选5家规模蛋鸡场作为扶贫示范场，帮扶5210户贫困户实现脱贫。

二是采用"龙头企业＋供应链融资＋贫困户"模式。以大伟嘉生物联合京东金融、永辉金融及部分商业银行，推出"金鸡贷""建设贷"，为养殖贫困户向金融方提供全额担保，金融机构放款给养殖贫困户。通过该模式可把贫困户所用大伟嘉生物饲料的用量精确到天、精确到克，并据此匹配贷款资金，养殖贫困户只需要为实际使用到的资金支付利息。该模式可帮助贫困户解决养殖中的资金问题，帮助贫困户降低养殖成本，控制养殖风险，全面提升养殖管理水平，且有效解决养殖贫困户的融资难、融资贵等问题。

三是国家扶贫资产使用收益模式。在山西省天镇县，大伟嘉与政府合作建设扶贫5000头核心基础母猪场，年出栏12.5万头仔猪，带动贫困户养殖肥猪，公司采用保底7％＋分红方式进行扶贫资产分配。在辽宁省兴城市，公司租赁政府扶贫畜牧地产建设的养殖小区，给予政府固定收益，用于扶贫事业。

央企基金投资大伟嘉生物后，有助于提升大伟嘉生物的产业扩张能力、融资能力和品牌影响力，助推其在贫困地区发展生猪养殖产业。同时，大伟嘉生物产业链每年的新增就业岗位需求超过1000人，未来将达2000人以上，有效解决周边农户和建档立卡户的就业问题。此外，大伟嘉生物仅2018年即向地方纳税超过4600万元，对地方政府的财力形成有力支持。另外，还对周边的物流运输、产业服务链等给予重要支撑。

| 模式 | → | 平台公司 | ＋ | 养殖管理服务公司 | ＋ | 养殖示范基地 | ＋ | 家庭农场 | ＋ | 建档立卡贫困户 | ＋ | 产业互联网 |

7. 模式七：资本运作平台：直接生产带动＋就业带动＋间接扶贫模式

2018 年 12 月 19 日，央企基金与国台酒业公司签订合作协议，约定央企基金以股权方式投资国台酒业公司 1 亿元，资金用于在安龙县设立贵州国台农业科技发展有限公司（以下简称"国台农发公司"），建设高粱种植基地建设、安龙县及周边贫困县高粱等粮食收储和位于安龙县与粮食加工相关的资产的收购，相关资金已于 2019 年 1 月 30 日全部拨付到位。

（1）直接生产带动。2019 年，国台农发公司与农户及合作社签约合作种植面积为 16 340 亩，共带动农户 2 497 户。其中，签约合作种植地区位于黔西南州安龙县、兴仁市、义龙新区及安顺市紫云县，以上县（市、区）皆为滇桂黔石漠化集中连片特困地区及国家级贫困县，且安龙县、兴仁市为左右江革命老区范围。

从粮食种植的比较效益看，该地区传统种植的玉米收购价 2.0～2.2 元/千克，亩产约 400 千克，亩均种植玉米收益约 840 元。改种糯高粱后，签约收购价为 5.2 元/千克，亩产约 350 千克，则亩均种植糯高粱收益约 1 820 元。相比之下，农户改种糯高粱可每亩约增收 1 000 元，2019 年当年即可为地方农户增收 1 634 万元，按户均 3.5 人计算，可带动 8 740 人增收致富。

（2）就业带动。待 9～12 月粮食收储加工时，可吸纳 60～80 人灵活就业，人均预计可增收 10 000 元，当年可为周边农户提供约 70 万元的劳务收入。

（3）间接扶贫模式。国台酒业公司在产品运输和销售过程中带动周边物流运输、装卸包装等行业的发展，也对当地税收作出贡献。以物流行业为例，国台农发公司 2019 年支付的地头物流费和净粮物流费用达到 400 万元。在税收方面，国台酒业公司仅 2018 年向地方纳税超过 3.4 亿元（增值税 1.4 亿元、消费税及附加税 1.3 亿元、所得税 0.7 亿元），显著增加了当地政府的税收。

（三）利益联结机制

贫困户因地制宜发展特色优势产业，并依托扶贫龙头企业、农民合作社等市场主体，提高组织化程度，建立利益联结机制，带动贫困对象增加收入。推进基金产业扶贫，主要有两层含义：一是支持贫困地区发展壮大特色产业；二是提高贫困户在产业发展过程中的参与度和组织化程度，分享产业发展红利。家庭经营性收入仍是农民人均纯收入的主要来源，贫困户尤甚。因此，推进产业扶贫，帮助贫困户增加家庭经营收入，仍是扶贫开发的重中之重。

（四）主要成效

一是综合考虑地区资源禀赋，统筹安排，合理布局，牢牢把握农业供给侧结构性改革机遇，投资约 364 亿元，与重庆帮豪等 40 多家贫困地区企业共同打造现代农业平台。二是依托当地资源禀赋，投资约 349 亿元，与当地旅游、加工制造、能源矿产类企业共同打造资源开发平台。三是落实"两山"理念，积极践行国家能源发展战略，投资约 163 亿元，与当地新能源企业共同打造清洁能源平台。四是防止因病致贫、因病返贫，帮助贫困人口享受到优质医疗服务，投资约 33 亿元，与医疗企业共同打造医疗健康平台。五是破解农产品销售难题，投资约 30 亿元，打造产销对接平台；习近平总书记强调，产业扶贫要在扶持贫困地区农产品产销对接上拿出管用措施。产销对接能有效地将生产与消费无缝衔接，促进价值转化，打通农产品到餐桌的"最后一公里"。为此，央企基金聚焦贫困地区产销对接工作，在适销对路上做足功课，以销售促进生产，带动贫困地区和贫困人口脱贫致富。六是为农业产业链提供融资方案，注入源头活水，投资约 223 亿元，打造产业金融平台。央企基金积极探索"基金＋企业＋产业链金融＋农户/经销商"的股权投资与产业链金融相结合的模式，以农业产业链为依托，为农户、经销商生产和经营融资提供整体解决方案。成功为江苏益客食品、北京大伟嘉、中鼎联合牧业、中国农批等企业及其产业链上下游提供融资服务，取得良好效果。七是发挥基金纽带作用，利用资本证券市场"扶贫绿色通道"，投资约 531 亿元，打造资本运作平台。央企基金充分利用资本市场对贫困地区的支持政策，通过地方金融办公室、市场投资机构、中介机构等多种渠道大力挖掘和培育贫困地区具有上市潜力的企业，吸引发达地区部分拟上市公司共同投资贫困地区，把资本市场的"活水"引入贫困地区，有力提升贫困地区的"造血"功能和内生动力。

各种项目在 64 家被投资企业和子基金中都产生了不同程度的扶贫效果。根据带动模式的不同，扶贫效果也分为直接扶贫效果和间接扶贫效果。

1. 直接扶贫效果

（1）直接生产带动。在直接生产带动中，64 家被投资企业和子基金产品收购流动资金共计 123.42 亿元，免费提供生产资料资金 3 953.56 万元，提供技术指导和培训投入 1 737.11 万元，参加技术培训贫困人数 30 370 人，参加技术培训非贫困人数 47 812 人。

（2）就业带动。在就业带动中，64 家被投资企业和子基金全职就业总人数 54 409 人，其中全职就业贫困人数 2 374 人；全职就业总工资 314 161.8 万元，其中全职就业贫困人口总工资 8 338.23 万元，全职就业贫困人口年平均工资 3.51 万元；非全职就业总人数 54 229 人，非全职就业贫困人数 9 367 人，非全职就业总工资 39 475.35 万元，其中非全职就业贫困人口总工资 8 312.18 万元，非全职就业贫困人口平均工资 0.89 万元。

（3）资产收益带动。在资产收益带动中，64 家被投资企业和子基金土地流转投入 45 181.72 万元，其中流转贫困户土地投入 8 302.06 万元，流转贫困户土地面积 40 538.02 亩，流转土地涉及贫困户 3 534 户。

（4）定点帮扶。在资产收益带动中，64 家被投资企业和子基金定点帮扶村 226 个，定点村贫困人数 20 159 人。

（5）扶贫公益捐赠。在扶贫公益捐赠中，64 家被投资企业和子基金共捐赠资金 5 984.71 万元。

2. 间接扶贫效果

（1）基金投资后新增投资。在吸纳其他资金方面，64 家被投资企业和子基金投资后，新增其他投资共 7 320 万元。

（2）上缴各项税费。在上缴税费方面，64 家被投资企业和子基金共缴纳税收 175 628.7 万元。

（3）经营性基础设施投入。在基础设施建设方面，64 家被投资企业和子基金经营性基础设施建设共投入 991 526.2 万元。

（五）启示

1. 构建产业基金扶贫管理体系目的：服务于产融结合助力脱贫攻坚的使命

2015 年 11 月，中共中央、国务院作出打赢脱贫攻坚战的决定，确保 2020 年农村贫困人口实现脱贫，全面建成小康社会。精准扶贫、精准脱贫是打赢脱贫攻坚的基本方略，产业扶贫是精准扶贫的一种重要手段。当前，通过产融结合提高金融服务实体经济效率是我国一项重要的宏观政策，这一政策在我国"十三五"规划建议中首次提出。此后，从 2015 年的《中国制造 2025》到 2016 年的《关于金融支持工业稳增长调结构增效益的若干意见》和《加强信息共享促进产融合作行动方案》，再到 2017

年的《关于金融支持制造强国建设的指导意见》，一系列政策与规划都凸显了国家倡导产融结合、金融服务实体经济的政策导向。构建产业基金扶贫管理体系既是打赢打好精准脱贫攻坚战、探索产业扶贫新路子的要求，也是服务国家总体发展战略的政治担当。

通过构建产业基金扶贫管理体系，一是立足于解决我国贫困地区产业投资基金运营中普遍存在的募资难题，探索解决中国产业投资基金委托代理关系中存在的逆向选择问题的思路与方法，以找到科学的解决方案，达到规避逆向选择风险的目的，实现贫困地区募资难题的最终突破。二是发挥基金特色优势，构建产业支持体系。贫困地区市场主体发育不足、市场体系建设滞后、产业发展处于价值链低端等问题严重制约着当地产业的发展。因此，破解产业发展难题，要充分发挥基金的引导带动作用，全面构建贫困地区产业发展的支持体系。三是培育产业龙头企业，增强内生发展动力。脱贫攻坚各项措施持久见效，归根结底必须要有产业作为支撑；产业在市场经济中健康稳定发展，离不开规模大、效益好、技术强的龙头企业辐射带动。四是完善利益联结机制，建立脱贫长效机制。与其他市场化基金不同，国投创益管理的两只国家级产业基金承担着产业扶贫的重任，追求的是社会效益和经济效益的统一，要通过基金的引导带动作用，做到扶真贫、真扶贫。

2. 构建产业基金扶贫管理体系的意义

（1）有利于优化资本市场结构。长期以来，我国贫困地区产业发展面临"资本不下乡"的融资困境，导致贫困地区实体经济发展缺乏动能。产业扶贫基金的推出，拓宽了投资标的，可以满足多层次的投资要求，从而优化了资本市场结构。另外，在资本市场上，产业投资基金可以以股权形式为贫困地区企业提供融资，改善贫困地区公司的产权制度与内部治理结构，从而培植大批具有上市前景的股份公司，为贫困地区实体经济的进一步发展奠定基础。

（2）有利于推动贫困地区实体经济摆脱"空心化"困境。当前，我国实体经济陷入"空心化"困境，"脱实向虚"现象严重，需要实业央企在立足实业的基础上实现金融创新，以金融资本服务实体经济发展。从经济学角度分析，产融结合的实质是一种资本交易关系，也是一种金融资源的配置方式，实业央企走产融结合的道路，利用金融资本平台和资金流有效地延伸其价值链，从而实现产业发展、提升并获得资本增值。实业央企在组建财务公司、租赁公司、金融控股公司的同时，有必要开展金融创新，联合金融机构共同发起设立产业基金从事投融资业务，盘活存量资产，推动实体经济摆脱"空心化"困境。

（3）有利于夯实贫困地区产业基础。加快基础设施建设，是促进我国经济发展的必由之路。这需要巨大的资金支持，而国家财力和银行信贷难以满足。从世界发达国家的经验来看，实现基础设施融资的证券化，特别是利用产业投资基金为基础设施发展融资是一条行之有效的途径。产业投资基金聚小为大，使基础产业的民众投资成为国家财政投资的有力补充，就可以配合国家投资，改变我国基础产业严重滞后的局面。同时，由于基础产业和基础设施建设是一种劳动密集型产业，还可以吸纳大量的产业工人，助力脱贫攻坚。

河南商丘：豫东牧业开发有限公司：产业融合扶贫模式

导语：河南省豫东牧业开发有限公司成立于2000年，是豫东最大的种羊育种基地。企业凭着自己的发展，打造出一个集种羊繁育、商品羊育肥、先进养殖技术研发推广为一体的综合性企业，先后被授予省级优秀科技型企业、河南省农业产业化优秀龙头企业、河南省一级种畜场、河南省无公害畜牧良种生产基地、河南省布鲁氏菌病精华示范场、河南省畜牧行业产业扶贫突出贡献企业、河南省畜牧行业高质量发展典范企业。

公司创立了"豫东马头山羊"品牌，下辖21个分公司，现代化种羊场6个、种牛场2个、养殖基地与合作社40个，年存栏基础母羊65 100只、基础母牛5 000头，年可提供能繁母羊8.5万余只、能繁母牛1 000余头，豫东种羊繁育已成为业内领军企业。借助快手、抖音、火山等互联网平台，能繁母羊服务网络遍及16个省份，建立合作加盟繁育推广基地400多家，每个推广基地年纯收入可达5万元。

豫东牧业"五包扶贫、集中托管、吸纳务工就业、扶智扶技、循环产业和土地流转"的"六大扶贫模式"，直接带动农户15 800多户42 800余人致富，户均年收入近万元，带动社会创经济效益2亿多元；辐射和引领周边市（县）农户3万多户9万多人发展养殖产业，被中国畜牧业协会评为"2018中国羊产业企业先进模式"，受到各级党委、政府的肯定，被人民日报、河南日报等众多媒体及专家学者称赞。

河南省豫东牧业开发有限公司

集种羊繁育、商品羊育肥、先进养殖技术研发推广为一体的综合性企业

省级优秀科技型企业　河南省农业产业化优秀龙头企业
河南省一级种畜场　河南省无公害畜牧良种生产基地
河南省布鲁氏菌病精华示范场　河南省畜牧行业产业扶贫突出贡献企业
河南畜牧行业高质量发展典范企业

（一）主体简介

近年来，河南省豫东牧业开发有限公司紧紧围绕产业融合，依托良好的农业基础，不断探索创新融合模式，初步形成了"政府＋龙头企业＋合作社＋基地＋贫困户"的能繁母羊集中托管"企业＋合作社＋基地＋农户""科技部门＋合作社＋农户""企业＋扶贫户""农业＋旅游"等多种行之有效的产业化发展模式，打造一二三产业融合一体化的特色农业产业发展模式，助推乡村振兴，带领群众脱贫致富奔小康。

1. 细耕一产，夯实产业融合基础

第一产业是三个产业的源头，是产业融合的基础。只有搞好第一产业，才能为第二产业提供绿色、优质的原材料产品。公司为了做好第一产业，不断扩大养殖规模，基础母羊存栏量逐年增加，现已达到 65 100 只。为加快企业内部基础设施建设，2018 年在原有 9 栋现代化羊舍基础上，新建 21 栋现代化羊舍，实行自动饮水、自动消毒、自动控温、自动刮粪技术设备。在种羊扩繁方面，进一步提高种羊繁殖能力，严格按照种羊生长标准饲养，提高人工授精配种率，提升种羊产羔率和羔羊成活率。目前，公司种羊繁殖率达到 201.5%，羔羊成活率达到 98.5% 以上，断奶体重平均增加 1.2 千克，真正实现了"畜禽良种化、养殖设施化、饲养科学化、防疫制度化、粪污无害化"五化要求，打造了一个良好的养殖环境。

2. 精耕二产，做好产业融合增值

为了提升产品的市场竞争力，增加产品的价值，公司大力发展第二产业，注重羊产品加工业。公司计划投资 1 000 万元，建设一个标准化屠宰加工厂。利用"豫东马头"品牌，开展牛、羊肉的深加工。现在，豫东马头商标被评为"中国著名品牌""河南著名商标""商丘市知名商标"，生产以牛羊肉为主的五香牛羊肉，利用传统中草药工艺做成营养滋补火锅等系列产品，供应各大连锁超市。做好生牛羊肉卷产品开发，进入全国火锅连锁店的销售推广，以此满足不同消费者的需要，提高产品销量。

3. 深耕三产，做好产业融合推手

公司将进一步提升"红色基地·绿色牧场"建设和管理水平，推进三产融合发展，撬动周边乡村全面发展振兴。要使羊群长在花丛中，四季有花、三季有果。利用羊舍院外空闲土地栽植女贞、栾树、石楠等四季长青苗木和百果园，实现了羊舍建在公园中、羊群长在花丛中的养殖模式，并给基地带来了羊群和苗木、花卉的双向增值效应。近看是养殖场，远看是观光园，成为花园式、观光式养殖企业。

（二）主要模式

为尽快帮助宁陵县贫困户脱贫致富，公司先后成立了宁陵县德伟养殖专业合作社和宁陵县弘鑫养殖专业合作社，积极引领贫困户加入合作组织，帮助他们走养殖致富之路。公司不断探索脱贫模式，不断创新帮扶措施，从多方面、多渠道助力脱贫攻坚。公司通过调研了解贫困户发生情况，从而因户制宜、因人制宜制定帮扶模式，经过几年的实践探索，豫东牧业公司总结落实了"六大扶贫模式"，即五包扶贫、集中托管、务工就业、扶智扶技、循环产业和土地流转。

1. 五包扶贫模式

这是最早实施的一种"解忧"模式，对建档立卡的贫困群众养殖能繁母羊实行无款包送、无病包防、有病包治、养死包换、养成包收、跟踪服务，彻底解决养殖户的后顾之忧。无款包送：对贫困户购置的能繁母羊，不收取贫困户任何运费；无病包防：公司免费提供疫苗，并有技术人员登门亲自做好疫病防疫，解决了贫困户养羊防疫的要求；有病包治：对公司提供的能繁母羊，免费进行治疗，不收取任何医药费、治疗费；养死包换：对贫困户购置的本公司母羊，不是因为人为因素造成的死亡，在7日内公司包换，解决了贫困户养羊怕死的顾虑；养成包收：贫困户饲养的母羊，繁殖的后代羔羊和商品育肥羊由公司包收，并高于市场价 0.3～0.4元/千克，让利于贫困户；跟踪服务：公司实行全方位技术跟踪服务，提供养殖技术资料、手册、电话，贫困户有求必应，有应必果，真正解决了贫困户养殖没技术的难题。通过"五包"扶贫模式直接带动农户 13 600多户，每户年收入近万元。

2. 集中托管模式

率先探索出"政府＋龙头企业＋合作社＋基地＋贫困户"的能繁母羊集中托管产业扶贫模式。自 2018 年起对宁陵县非贫困村 800 户建档立卡贫困户每户集中托管代养 4 只能繁母羊，连续 5 年保底增收。贫困户集中托养的能繁母羊由合作社给予全权托管代养，贫困户不承担任何风险，每年贫困户分红 1 000 元，6 个月分红一次。在托管期间，无论能繁母羊出现何种意外情况，例如疫病死亡等损失，全部由公司、合作社承担，让贫困户真正实现零风险。5 年托管合同期满后，入社贫困户如有意愿想自主家庭养殖的，可以领走 4 只能繁母羊持续发展；不想自主家庭养殖的，可与合作社续签协议继续托管养殖，合作社将每年纯利润的 70％以上继续给贫困户返利增收。建立健全了精准扶贫长效机制，帮助贫困群众早日实现小康梦。

3. 务工就业模式

很多贫困户因为要照顾家庭老人或者年幼的孩子上学，不能外出务工，造成收入不稳定。公司根据贫困户的家庭情况合理安排工作时间。目前，已有400多户贫困户加入到公司，3 200多户贫困户加入基地，每个贫困户务工人员月收入可达2 500～4 000元，基本上可实现一人就业全家脱贫的目的。在这里不仅可以按月领取劳动收入，还可以参与种植、养殖或管理。在此过程中，学习掌握先进的种养技术，每人年可增收4万元左右，让贫困户实现"一人就业全家脱贫"。

4. 扶智扶技模式

公司大力实施扶智扶技兴业工程，注重抓好贫困群众的技术培训工作，创建了豫东牧业实用技术培训基地，定期邀请养殖专家进村入户进行技术指导，不断提高贫困群众技能水平，实现了由"输血式"扶贫向"造血式"扶贫转变，由体力型增收向技能型增收转变。为了解决户养山羊规模小、产仔率低、出栏率低、经济效益低的状况，提高养殖技术水平和管理能力，公司先后拿出500多万元，每年都组织养殖户到外地参观考察，开阔了养殖户的视野，提高了实际养殖能力。公司还聘请农业科技院校的专家教授开展技术培训，现场指导，让养殖户掌握系统的科学养殖方法，并建立起了100多人的专业养殖技术队伍。

5. 循环产业模式

公司探索实践出"养殖-粪便-种植-餐桌-观光"的生态循环、旅游观光、休闲度假产业模式，促进贫困群众增产增收，带动周边农业发展。宁陵县是典型农业县，种养业是主要产业。为了提升农产品质量，减少种地投入，公司根据本地种植特点，利用科学处理的牛羊粪便，开展2万亩以上金顶谢花酥梨、优质小麦、品牌花生基地种植施肥，拓宽当地群众增收渠道，每亩每年让群众增收数百元，累计增收2 000万元以上。

6. 土地流转模式

公司实行"龙头企业＋合作社＋贫困户"土地流转模式，每亩土地流转费用1 000元，流转土地11 000亩，高于当地正常租金200元左右，仅此近5年就累计为群众增收近千万元，为贫困户增收和脱贫致富拓宽路子。通过这些产业扶贫新模式，使贫困群众真正脱贫，还努力为他们提供在当地就业或进城务工，走向可持续致富的道路。

（三）利益联结机制

近年来，河南省豫东牧业开发有限公司秉承打造省级畜牧龙头企业、叫响全国"豫东马头山羊"品牌、积极承担社会责任、服务贫困群众、助力脱贫攻坚。截至 2019 年，公司已无偿捐助贫困户能繁母羊 512 只，价值 102.4 万元，捐赠防疫药品和技术资料价值 75 万元。带动宁陵县及周边县（区）农户 12 603 户 37 809 人，其中建档立卡贫困户 4 802 户 16 807 人，户均年收入 5 600 多元，让贫困户走上了脱贫致富之路。其中，率先探索出"政府＋龙头企业＋合作社＋基地＋贫困户"的能繁母羊集中托管产业扶贫模式。自 2018 年起，对宁陵县非贫困村 800 户建档立卡贫困户每户集中托管代养 4 只能繁母羊，连续 5 年保底增收。贫困户集中托养的能繁母羊由合作社给予全权托管代养，贫困户不承担任何风险。在托管期间，无论能繁母羊出现何种意外情况，例如疫病死亡等损失，全部由公司、合作社承担，让贫困户真正实现零风险。5 年托管合同期满后入社贫困户如有意愿想自主家庭养殖的，可以领走 4 只能繁母羊持续发展；不想自主家庭养殖的，可与合作社续签协议继续托管养殖，合作社将每年纯利润的 70％以上继续给贫困户返利增收。建立健全了精准扶贫长效机制，帮助贫困群众早日实现小康梦。

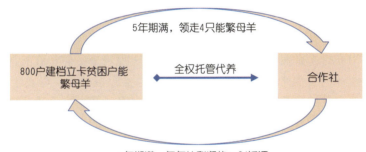

（四）主要成效

1. 经济效益显著提升

豫东牧业开发有限公司积极打造品牌企业，不断扩大养殖规模。企业法人胡业勇深知，没有规模就没有效益，2015 年，实现产值 3 500 多万元，公司实现利润 850 多万元。公司发展历程是阶梯式、递增型、扩展型，产值逐年飙升，2018 年，实现产值 9 650 万元，实现利润 2 350 多万元。2019 年上半年产值已经突破 5 000 万元，年底产值有望实现 1 个亿。

2. 社会效益显著

一人富不算富，众人富才能推进社会共同进步。豫东牧业开发有限公司促进企业本身发展是"根"，助推贫困户脱贫是"本"，"根"的基础牢固了，"本"的发展才有依靠。公司不仅在几年内带领 15 800 多户贫困户脱贫致富，还带领社会群众大力发展养殖企业，让更多的养殖场、户发展起来，以此带动更多的贫困户脱贫，"众人拾柴火焰高"。2015年以来，带动社会效益2亿多元；辐射和引领周边市（县）农户3万多户9万多人发展养殖产业，增加了农户的就业机会。同时，积极帮助个别养殖场、户解为难，困难时帮助6家养殖场重新起步发展，提供启动资金120多万元，帮助他们搭建新的羊舍和基础设施，促进了养殖业发展，社会效益显著。

3. 生态效益明显改善

公司30万元建设了粪污处理设施，同时与当地菜农、果农签订了粪肥消纳协议。公司生产的羊粪是很好的农家肥，是菜农、果农和广大农户非常需要的肥料。梨树、菜园、作物施用羊粪肥，可减少化肥投入，减少无机肥残留，有利于提升农产品质量。公司为2万亩梨树、1000亩菜园每年提供羊粪肥200多吨，增加了酥梨和蔬菜产量，成为很好的有机绿色食品。

（五）启示

豫东牧业开发有限公司之所以发展，得益于党的政策，得益于社会各界的大力支持。企业发展历程是一个奋斗的历程，是一个养殖企业成功的缩影。企业的发展来源于社会，成功后必定要回报社会；得益于党的政策，就要为党的决策和目标为之奋斗，为之努力。豫东牧业开发有限公司不忘初心、牢记使命，引领更多的农户发展养殖，助推了更多的贫困户脱贫。公司2020年新建标准化羊舍5000平方米，增加基础母羊5000只，新建肉羊加工厂1座，提升养殖综合效益，实现集繁育-育肥-研发-生产加工-循环农业为一体的综合性观光养殖场，助推1000户贫困户增收脱贫，实现经济效益、社会效益和生态效益全新增长，为乡村振兴再创佳绩、再写辉煌。

河南叶县：绿筑菌业有限公司仿生态工业化高效农业扶贫模式

导语：按照财政部《农业生产发展资金管理办法》精神，从2018年开始，农业补贴政策向三个方向转变：一是补贴更环保的产业，二是补贴更高生产效率的产业，三是补贴有利于加强食品安全的产业。全国各地政府也在大力建设现代农业产业园、绿色食品产业园、农业特色种植产业园、农产品加工产业园等各种名目繁多的农业园区。食用菌仿生态工厂化种植项目在县、乡落地，特别适合在上述这些园区作为示范引领项目，创新出一二三产业融合的高效农业产业链创业孵化模式。

（一）主体简介

绿筑菌业有限公司的前身成立于2012年，是国内仿生态工厂化种植食用菌行业技术领军企业。公司拥有4项食用菌仿生态系统专利技术，作为国内引进荷兰食用菌先进种植技术并消化吸收、创新应用的科技型企业，公司拥有国内顶尖的高端食用菌仿生态种植项目的投资、设计、施工及运营能力，参与过包括国内外一批上市企业、亚洲规模最大的工厂化食用菌生产基地等诸多菌类生产项目的建造运营实践，赢得了业界的一致好评。

2017年8月，公司在河南省叶县龙泉乡成立项目公司，主营业务：生产销售绿色养生的高品质菌类食品；菌渣生产复合生态肥；食用菌加工产品衍生业务。绿筑菌业有限公司联合美国Amycel spawn菌种、Pjsc tera公司、北京隆泓生物、辽宁中泽农业、承德兴春和等食用菌产业巨头成立中国食用菌战略联盟，整合食用菌工厂化种植产业资源，从菌种菌料研发、二三次发酵隧道技术应用到工厂化种植整套设备监制，结合自身仿生态系统集成专利优势和营销渠道资源，截至2019年底，已完成4个仿生态工业化高效农业＋精准扶贫项目，取得了良好的经济效益和社会效益，获得了当地政府和媒体的关注和支持。

（二）主要模式

1. 模式概况：仿生态工业化高效农业＋精准扶贫

公司种植特色属于第一产业，工厂化大生产及产品加工特色属于第二产业，上下游服务属于第三产业，一二三产业高度融合的特色在扶贫项目中独树一帜。本项目从废弃物秸秆鸡粪制作培养基料到产后菌渣制作有机肥，其循环经济链条具有环保特色，仿生态功能具有高科技特色，一年四季连续生产具有高回报特色。

　　项目既有真正的高科技特色，又特别适合能提供农业废弃物（畜禽粪便等废弃物）和低成本农村劳动力的贫困乡村。基于这样的特色，县、乡政府就可以在项目启动阶段提供政策性扶贫资金和信贷支持，这对于该项目的大量复制、稳健发展具有强有力的扶持作用。该公司投资扶贫项目的1/3资金就来自政府提供的扶贫资金。

叶县基地生产车间内外实景

2. 主要做法

　　（1）扶贫公司化。各村贫困户成立专业食用菌种植合作社，乡镇成立食用菌产业管理公司，对食用菌种植合作社进行托管；注册在乡镇辖区内的绿筑菌业项目公司为专业经营主体，当地管理公司和食用菌种植合作社为参与合作方（提供资金、提供劳动力、提供原材料）；由此建立了彼此依赖、互为共生的稳健合作经营模式。

食用菌种植合作社

（2）**产品品牌化**。扶贫产业基地统一使用绿筑菌业有限公司的注册商标，其鲜菇或深加工产品都采用统一品牌。绿筑菌业有限公司利用过硬的可追溯的管理模式保证产品的质量，以此扩大品牌的知名度和美誉度，使其成为消费者信赖的绿色保健食品。

（3）**生产标准化**。从菌种培育到蘑菇生产、从加工到包装等各个环节都制订标准化操作程序，实行规范化经营，确保产品的质量、产量、品相、口感的长期稳定性。"绿筑菌业"产品是绿色、无公害、有机食品，与当地农业部门设立农产品可追溯点、检测检查站及合格证，实现每批次检测监控，确保产品安全。

（4）**销售平台化**。公司经营为中高端菌种，依托自身销售团队现已进入永辉、大润发、麦德龙、丹尼斯超市，海底捞、巴奴连锁餐饮中央厨房，以及部队院校、西餐厅等知名连锁机构；基于国内日益增长的需求势头，公司正在建设电商营销平台，近期将与淘宝、京东、拼多多、碧桂园"凤凰优选"等平台洽谈签订合作框架协议，并与恒大大健康、万达中央厨房、大品厨房等潜在客户接触达成良好的合作愿景。

（三）利益联结机制

叶县绿筑菌业二期总投资 2 340 万元，设计建设仿生态食用菌智能菇房 28 栋，绿筑菌业与叶县政府、龙泉乡政府及 28 个非贫困村集体经济组织（每村 20 万元）出借资金共计 560 万元（无息）给乙方，乙方承诺龙泉乡 28 个非贫困村集体经济组织享受保底收益每村每年不低于 20 000 元；另外，每村每年分红收益不低于乙方每个菇房当年纯利润 15%。2019 年 9 月 28 日，前 9 个月 42 万元的分红到位，实现了真正脱贫目标，带动就业 150 人，其中贫困户 30 人，覆盖 28 个村集体贫困户 474 户。

集体经济分红大会

叶县辛店镇基地计划投资 3 040 万元，设计建设仿生态食用菌智能菇房 39 间，叶县绿筑菌业与叶县辛店镇政府合作发展 39 个村集体经济。带动当地就业 180 人，其中贫困户 40 人。

叶县水寨乡基地计划投资 1 510 万元，设计建设仿生态食用菌智能菇房 17 栋，绿筑菌业与叶县水寨乡政府合作发展 17 个村集体经济。叶县政府及水寨乡政府入股 340 万元，带动当地就业 80 人，其中贫困户 20 人。

绿筑菌业自筹投资 2 000 余万元的食用菌菌料隧道发酵基地及生态复合肥生产基地也已正式开工建设。为践行企业责任，公司股东决定把生态复合肥首批 100 吨捐给当地 3 个乡镇覆盖的贫困户，带动就业近 500 人，其中贫困户 180 户实现就业，覆盖 84 个村集体经济。并带动当地物流、包装、秸秆回收、有机肥转化加工等行业协同发展，逐步形成食用菌种植规模效应。

（四）主要成效

1. 经济效益

绿筑菌业从农民手中大量收购秸秆和鸡粪，使原本田间地头、农家场院最容易污染环境的废弃物，从原本一文不值到收购价每吨 200~300 元，实现了第一个阶段的价值增值；秸秆和鸡粪进入食用菌培养菌料生产基地，经过二次发酵生产成培养菌料，从 200~300 元/吨增值到 900~1 100 元/吨，实现了第二个阶段的价值增值；食用菌培养菌料进入食用菌高效种植车间，经过恒温恒湿恒二氧化碳"三恒"环境的培养，长成高品质食用菌，从 900~1 100 元/吨增值到 11 000~12 000 元/吨，实现了第三个阶段的价值增值；食用菌培养菌料经过种植环节，肥效衰减从食用菌高效种植车间退出后，经过发酵装置配比添加适量畜禽粪便和微生物，发酵成适用于大田改良土壤的复合生态肥，又进入田间完成了闭式循环，从生产废弃物又增值到 600~900 元/吨，实现了第四个阶段的价值增值。

2. 社会效益

通过对贫困村的土地进行流转、吸收贫困村民务工、联合村集体入股食用菌合作社、共同筹建仿生态种植食用菌基地模式，在食用菌种植技术、工厂运营管理、人员上岗培训、食用菌产品推广销售等多个环节，对贫困乡镇村集体进行全方位技术、资源支持，保证产业扶贫全面覆盖，集体和个人收益稳定，脱贫致富不落一人。

经过 8 年的艰辛努力，公司的股东和经营团队在食用菌仿生态种植技术方面，取得了丰硕的技术成果，共获得 4 项实用新型专利技术，拥有了

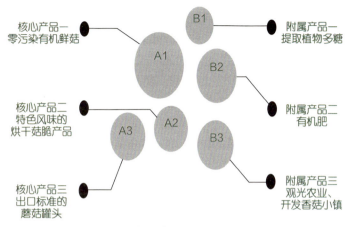

核心产品一
零污染有机鲜菇

附属产品一
提取植物多糖

核心产品二
特色风味的
烘干菇脆产品

附属产品二
有机肥

核心产品三
出口标准的
蘑菇罐头

附属产品三
观光农业、
开发香菇小镇

食用菌系列产品

整个产业系统的自主知识产权，确保了产品技术的可靠和稳定。

3. 生态效益

公司具有多种产业扶贫模式覆盖全产业链，是全国第一个真正实现了高效农业循环经济可持续发展，利用小麦秸秆、鸡粪等农业废弃物做成食用菌基料→仿生态工厂化种植→生态复合肥→还田改善土壤地力，已经完整实现产业闭环，对现代农业规模化、标准化、工业化转型具有重要的里程碑意义。

（五）启示

全国各地政府都在大力建设现代农业产业园、绿色食品产业园、农业特色种植产业园、农产品加工产业园等各种名目繁多的农业园区。食用菌仿生态工厂化种植项目特别适合于在上述这些园区作为示范引领项目，创新出一二三产业融合的高效农业产业链创业孵化模式，把上述各类产业园区做成共享空间、创业孵化平台，吸引当地的打工返乡农民工、返乡大学生、退伍转业军人、城镇无业青年、厌倦打工的职业经理人，以极小的成本和创业风险，在园区内投资创业，利用政府提供的农业产业政策资金作为杠杆，突破各类园区物理空间的局限，将园区的业务外延拓展链接至广大农村专业合作社和村集体，从而使各类农业产业园区在振兴乡村经济方面发挥龙头引领作用。

食用菌仿生态工厂化种植项目之所以能够在各类农业产业园区内，起到一二三产业融合的高效农业产业链创业孵化模式引领作用，是因为其具有以下产业特色：

1. 一二三产业融合的高科技特色

（1）第一产业。园区内高效种植高价值食用菌产品，园区外联合广大的专业合作社＋村集体发展特色种植养殖基地。

（2）第二产业。园区内利用园区外特色种植养殖基地的农牧产品做（工业）深加工，园区外利用产业园的品牌招商加盟农产品深加工的上下游企业。

（3）第三产业。园区内开展电商平台线上线下营销活动、绿色农特食品餐饮服务、科普文化、提供冷链物流、共享空间创业孵化、金融服务等，园区外向授权合作种植养殖基地销售生态肥和农资机具、市区拓展生鲜食品销售点、发展农业旅游观光等。

2. 产业功能多维度拓展特色

（1）产品维度。通过园区内外产业延伸，可以衍生生鲜农产品、绿色加工食品、涉农旅游产品、农业文化产品、农业金融衍生产品等。

（2）科技维度。通过联合互联网和现代农业技术的专业服务机构，在园区内外充分展示、推广应用各种农业科技的成果和业绩。

（3）文化维度。结合产业园的创新经营模式，在绿色食品产业文化宣传方面有文化的说头，有景观的看头，有休闲的玩头，有再来的念头，有后备厢的带头，有发展的奔头，有老百姓的盼头；使产业园与社会各界产生密不可分的连接纽带。

（4）经济维度。产业园内的经营空间共享和园外的资源共享模式，大大突破产业园的物理空间局限，使产业园经济发展的外延无限延伸有了切实的保障。

3. 强力助推振兴乡村经济的特色

（1）国家政策推广的刚性需求。具有一二三产业融合特色的共享空间、创业孵化平台园区，可以在区域生态循环农业示范项目、现代农业产业园一二三产业融合发展项目、国家农业全产业链开发创新示范区项目，以及发改委、科技口扶持的农业项目补贴资金政策推广方面，满足政府的各项农业政策推广落地的刚性需求。

（2）乡村集体经济振兴的刚性需求。围绕乡镇和村级组织急于提振村集体经济的刚性需求，具有一二三产业融合特色的共享空间、创业孵化平台园区，可以发挥核心企业的龙头引领作用。

（3）新农创客的刚性需求。产业园的共享空间创业孵化模式，可满足返乡创业农民、返乡大学生、退役士兵、科技人员、海归人员、城镇创业人员的创业刚性需求。既解决了政府扩大就业的需求，又解决了产业园的投资和招商需求，形成了多赢发展模式。

　　鉴于绿筑菌业的仿生态工业化高效农业种植项目，具有一二三产业融合高科技特色、循环经济增值特色、助推精准扶贫和振兴村集体经济特色，必将为上述各类园区定位于一二三产业融合的高效农业产业链创业孵化功能作出示范表率。同时，由于其业务需要联动广大农村，从而为园区内部共享孵化、外部资源整合联动打下良好的基础。

　　绿筑菌业作为一家小型民营企业，虽然在运营实践方面，通过三年多的探索已经具备了成熟的核心技术，并找到了适合农村集体经济发展需求的商业模式，但在稳健发展和快速复制方面，还需要各级政府农业部门提供全方位指导和帮助，确保每一个生产基地都能获得持久良好的经济效益和社会效益，从而为农村集体经济发展作出较大贡献。

重庆云阳：帮豪种业股份有限公司技术指导扶贫模式

导语：种子行业位于整个农业产业链的起点，是提高农业综合生产能力、增加农民收入、确保粮食安全和食品安全的基础性、战略性产业。近年来，国家出台了一系列政策和办法大力支持种业的健康发展，其中，通过扶持龙头企业做大做强促进行业的不断规范是重要的政策导向之一。在上述背景下，规范经营、实力雄厚的"育繁推"一体化种业公司将面临广阔的市场空间和较好的发展机遇，具有很好的投资价值。

重庆帮豪种业股份有限公司（以下简称"帮豪种业"或"公司"）位于重庆市云阳县，属于秦巴山连片特困地区片区县、国家级贫困县、中国进出口银行定点县。其产品在区域中有较强的竞争优势，投资帮豪种业符合基金的宗旨。帮豪种业经营规范、主要产品竞争力强、研发和销售能力突出，有成为"育繁推"一体化龙头种业公司的潜力，具有较高的投资价值。该公司亟须通过有实力的投资机构的支持，获得进一步的发展，与基金合作意愿较强。经调查和分析，选择帮豪种业作为拟投资的标的企业。

帮豪种业主营业务为玉米、水稻的研发、生产、销售，帮豪种业是农业产业最上游企业，凭借先进的农作物种子生产技术，为云阳地区和其他省、市（地区）的农民提供优良的种子和技术支持，通过直接生产带动、资产收益、就业、定点帮扶和公益捐赠等形式帮助建档立卡贫困户脱贫致富。未来公司以高科技种业为核心向上下游产业链条延伸，打造大型农业产业化集团公司，为产业化扶贫增添助力。

（一）主体简介

重庆帮豪种业股份有限公司成立于 2008 年，集科研、繁育、生产、加工、推广为一体的种业科技企业。作为一家农业企业，公司致力于打造现代农业平台，主营业务为杂交水稻和杂交玉米两大大田作物良种，并成功拓展青贮玉米、鲜食玉米等细分领域。经过多年发展注册资金达到 1.20 亿元，并于 2015 年 6 月 8 日在全国中小企业股份转让系统成功挂牌，也是西南地区第一家新三板挂牌同时定增并做市的种业公司。

　　公司自成立以来，始终秉持"有土地的地方就有帮豪"的企业理念，以"服务'三农'，为祖国富强而奋斗"为使命，致力于打造一流民族企业并服务于现代化农业。公司旗下拥有 5 个全资子公司、1 个控股公司。历经 10 年发展，公司已跃升成为西南区域的种业黑马，屡获殊荣。至今，公司荣获"重庆市重点龙头企业""高新技术企业""2016 年度重庆民营经济榜样企业十强""种业创新奖""诚信种子经营企业"等称号，由种子协会颁发"中国种子协会 AAA 级信用企业""五星级诚实守信种子企业"等相关荣誉，同时"帮豪"商标被评为重庆市著名商标。

　　"不忘初心，方得始终"的帮豪种业已成为重庆地区的种业龙头，正在为农业丰收贡献着自己的力量。同时，帮豪种业也不忘扶贫的困难群体，为他们奉献着自己的爱心。

　　经过多年不断积累，公司总资产达到 4.2 亿元，净资产 3 亿元，年营业收入过亿元。2017 年在全国上市种业综合排名前 20 位。

　　公司核心优势主要为团队优势和科研优势。公司团队呈现专业化、年轻化，核心团队分工明确，效率较高。科研方面，由中国科学院院士谢华安担任公司董事并对公司水稻研发提供技术指导，其学生游年顺研究员为公司首席专职水稻专家；在玉米研发方面，专家王业民有 20 多年科研育种经验，累积科研材料 2 万多份。在强大科研力量的支持下，公司在商业化育种方面优势明显，自新《种子法》实施以后，每年新增 5～10 个新品种，不断增强市场竞争力。

挂牌庆典

(二)主要模式

公司地处国家级贫困县——重庆市万州区云阳县。云阳县地处四川盆地东部边缘的丘陵向山地过渡带,地质构造以褶皱为主,属喀斯特地貌,位于三峡库区腹心,集人口大县、农业大县、山区大县、移民大县、国家扶贫开发重点县等特殊县情于一体,三峡工程动迁移民人口和淹没实物指标均居库区各县之首。作为三峡移民大县,云阳县扶贫问题与水库搬迁、地灾搬迁和生态搬迁等问题,与秦巴山区连片贫困地区整体开发发展的诸多社会经济问题相互交织,使得该县贫困整体状况较为复杂。全县总面积3 649平方公里,辖38个乡镇、4个街道,人口137万。2014年动态调整时,云阳县建档立卡贫困户33 598户125 733人。

1. 发展策略

公司作为农业产业上游企业,凭借先进的农业作物种子生产技术,为云阳地区和其他省(市、区)的农民提供优良的种子和技术支持,通过直接生产带动、资产收益、就业、定点帮扶和公益捐赠等形式帮助建档立卡贫困户脱贫致富。

(1) 直接生产带动。帮豪种业通过直接带动生产帮助贫困人口增加收入。一方面,公司通过销售优质种子和技术指导帮助农民提高产量和销售收入;另一方面,公司实施订单农业,组织安排农民包括贫困户进行农产品生产,并负责回购。订单农业很好地适应了市场需要,避免了盲目生产。考虑到水稻较之玉米具有更高的产业附加值,同时,公司水稻品种"繁优609"本身具备较高抗性,在耕种方式上具备少施乃至不施农药的先天优势,从而在健康性上具有契合订单农业的优势。公司试水以"繁优609"为标准开展订单农业。2017年,公司实现"繁优609"订单销售622 740千克,对应收入7 704 080元。上述订单公司均采取订单制种(即通过制种合作社直接向农户下达制种订单)的方式进行制种,以达到定向管控、质量把控的目的。订单制种中覆盖贫困户155户,合计贫困人口约465人。

(2) 资产收益模式。通过流转农户土地,支付土地租金,增加了农户收入。帮豪种业共流转3 520亩土地,主要有三个用途:一是用于公司自行生产种子,二是用于研发品种,三是用于品种展示。土地流转租金为1 600元/(亩·年),一方面为农户提供了稳定的土地租金收入,另一方面将农民从土地上解放出来,从事其他生产活动获得工资性收入,从而实现了农户和企业双赢的局面。

(3) 就业带动。帮豪种业为尽可能地增加贫困人口的收入。在就业方面，考虑雇用贫困人口，为当地贫困人口提供了大量就业岗位。比如分拣岗位、包装岗位等，还有大量临时性工作岗位，解决了部分贫困人口的就近务工问题。贫困人口既可以种地、照顾家庭，又可以在农闲时获得打工收入。公司的良好发展也吸引了一些外出务工者返乡就业，一定程度上改善了留守儿童和空巢老人的现象。

2. 具体做法

（1）直接扶贫。

一是提供优质种子和技术指导，提高土地产出。2017年度，公司在云阳县实施《新品种推广项目》，为红狮、凤鸣、宝坪、龙角等20个乡（镇）免费发放优质玉米、水稻种子3.8万千克。2018年度，公司免费为红狮镇梅柏、向阳等村无偿提供4 000余千克优质玉米、水稻种子，价值20余万元。惠及农户达到4 000户，户均增收200元以上。此外，公司在重庆、四川、湖北、贵州等地区开展飓风行动，开展"订一送一"活动。公司同所有经销商一起建立"政府引导、区域推进"的发展模式，切切实实地将优惠送到贫困地区百姓手中，惠及百姓，让百姓买得起种子、买得到好种子。2017年，"飓风行动"共送出种子277 517千克，价值971万元。2018年陆续订种量达到446 898千克，根据2017年飓风行动约覆盖32 700人估算，2018年飓风行动覆盖贫困人口50 000人。同时，按照农事季节分批召开技术培训会，累计召开40余次，培训人数达到6 000余人次，印发宣传资料20 000余份，惠及农户8 000余户，户均增收500元以上。

二是创造就业岗位，带动贫困户增收。2019年，公司雇用员工总数为95人，其中10人为来自贫困地区的大学毕业生。此外，公司每年在总部及制种基地雇用临时工约60人，其中公司总部约雇用20名临时工，贫困人口数量为13人，以2017年度为计算标准，年工资支出总额（含临时工）为736.19万元。公司在云阳建立了整套烘干、精选、分级、包衣、分装为一体的加工系统。在制种忙季会大量雇用工人负责分拣、包装、搬运等工作，雇用的工人公司会优先考虑贫困户。临时工的平均工资约为每月 3 000 元，高于云阳县当地平均月收入（2 450 元）水平。相比当地人均收入，仅以 3 个月的工期计算，帮豪种业总部临时工能实现人均额外月收入 1 650 元，20 人共计实现额外月收入 33 000 元，能够较好地提升临时工的生活质量。

三是支付土地租金，增加稳定收益。公司累计流转土地 3 520 亩，其中在海南陵水流转土地 680 亩，在云南楚雄流转土地 2 700 亩，重庆云阳流转土地 140 亩。在流转的土地中，涉及贫困户的土地流转面积大约为 1 500 亩，约涉及贫困户 1 050 户。根据各地的土地流转市场价格，平均农户每亩土地收益为 1 600 元/年，公司进行土地流转累计为涉及贫困户每年带来收益为 168 万元。

四是定点对口帮扶，精准助力脱贫。2016 年，帮豪种业与彭水县签订《种粮高产创建扶贫协议书》，公司无偿为协议书中的指定贫困区域（桑拓镇、高谷镇、万足镇、龙溪镇、大同镇、诸佛乡、善感乡、三义乡、双龙乡、石盘乡、桐楼乡、岩东乡）提供价值 200 万元，共计 10 万千克的"帮豪玉 108"玉米种，并进行必要的技术指导以及督促彭水县农业技术推广中心做好种子发放工作，安排生产达到种粮高产目的。本次扶贫项目建设周期为 12 个月，项目完成后，项目所覆盖的 12 个贫困乡（镇），合计约 124 800 贫困人口，人均实现增收 1 975 元。

（2）间接扶贫。

一是专注种子研发，推动技术进步。在研发上，公司以自主研发为主、科企合作为辅。公司以商业化育种为导向，研发符合市场需求的创新品种。公司不仅与重庆市农业科学院合作成立了重庆帮豪渝单玉米研究有限责任公司，而且同多所科研单位及大专院校广泛合作，开展分子标记、单倍体诱导等高技术育种研究工作。2016 年以来，公司累计投入 1 256 万元用于研发。

二是玉米研发技术。第一，将单倍体育种与常规育种相结合，不仅缩短选育时间，而且解决常规育种自交系稳定性问题。第二，运用分子标记辅助育种技术，一方面将现有公司拥有的种子资源进行分类和划群，将自交系材料更为准确地划分成两个大群，有利于群体内自交系材料循环改良，提高亲本配合力；另一方面，在进行优秀性状筛选时能够更精确，降低育种材料种植规模，提高选育效率。公司拥有近 2 万份育种基础材料，在抗性、产量、品种、株高、熟期等方面各具特色，利用循环育种对育种群体进行改良，通过先进的鉴定评价手段，不断将优秀性状聚合，创制新的育种材料，在保证高配合力的前提下，提高自交系的抗性、产量和品质，为商业化育种提供优秀的材料。第三，运用抗逆育种技术，在品种选育过程设置严苛的种植条件，对自交系和品种进行筛选，试验材料在高温、干旱、高密度、底肥等条件下能够正常生长，并且保持较高的产量。第四，组合测试体系，公司建有完善的品种测试体系，在西南春玉米区和黄淮海夏玉米区 90 多个测试点，并设置了不同层级的试验，进行多年多点试验。试验数据的观察和记载科学规范，并将试验数据录入育种系统统一管理和分析，为商业化育种目标制定提供科学依据。

三是水稻研发核心技术。培育优质多抗品种，长江上游和武陵山稻区为稻瘟病高发区，稻瘟病严重发生时导致水稻严重减产甚至绝收。帮豪种业拥有对稻瘟病、稻曲病具有很好抗性的育种材料，通过先进的育种手段，将抗性基因导入到产量高、品种优的育种材料中，从而培育出适合当地优质多抗水稻品种。

（三）利益联结机制

为强化股东复合背景，增强公司综合实力，2015 年 1 月 16 日，公司召开股东大会，同意引进贫困基金作为公司战略投资人。2015 年 2 月，贫困基金正式向公司注资 3 000 万元。自此，贫困基金成为公司第三大股东。公司作为国家级贫困地区重庆市云阳县的农业龙头企业，通过与贫困基金的强强合作，形成合力，共同推动贫困地区产业发展，带动贫困人口脱贫。

贫困地区产业发展基金以股权投资的形式进入公司，投资金额为 3 000 万元，占比公司股权 9.241 4%，已于 2015 年 2 月拨付。投资资金主要用于标准化办公及加工能力建设、科研投入、销售网络投入。

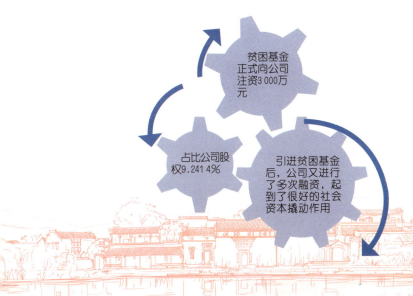

贫困基金正式向公司注资 3 000 万元

占比公司股权 9.241 4%

引进贫困基金后，公司又进行了多次融资，起到了很好的社会资本撬动作用

公司严格按照规定用途使用资金，均达到了较好的效果。引进贫困基金后，公司又进行了多次融资，起到了很好社会资本撬动作用。在这些资金的支持下，公司得到了稳定快速发展。

（四）主要成效

公司已拥有 30 余个水稻及玉米品种，未来 3 年内尚有待审定玉米品种 25 个、水稻品种 15 个。公司主推品种华凯 2 号、繁优 709 等被评为高新技术产品，极大地推动了种子技术的进步。提高种子质量，增加粮食产量。我国是一个地域宽广、人口众多的国家，粮食生产以及粮食增产是至关重要的，是亿万农民的热切期盼。粮食高产离不开的是好种子，有了好的种子，才为高产打下牢靠的基础。帮豪种业以推出良种为己任，近几年，公司不断推出新品种，也让种子更新换代，让新品种提高了抗性和丰产性，为农民增产增收贡献力量。我国以小麦、水稻、玉米三大农作物为主，帮豪种业也以玉米、水稻良种为公司的主营业务。2017 年约销售优质种子 400 万千克，按照每亩用种量 1 千克，亩产 400 千克计算，共计实现产量 160 万吨。

（五）启示

贫困基金投资公司后，在公司治理、三会规范等方面，国投创益对公司提供了有效的帮助，使公司在合规、严谨方面得到了很大的提升。

因新三板挂牌企业借助股转系统融资渠道更畅通，基金投资后，帮豪种业进行多次增资扩股。由于历史原因，多次定增涉及贫困基金股权比例变动均未做评估备案，经公司运营部、财务部等有关牵头部门与国投集团产权部多次沟通得到明确反馈，因历史上的未备案情况，导致后续都无法为帮豪种业股权变化做评估备案。

如按照贫困基金目前股权转让流程要求，帮豪种业必须严格完成评估备案、挂牌等流程，否则无法退出。鉴于以上原因，公司应专题解决备案问题，为项目后续工作做好准备。

四川巴中：三土农业开发公司生态产业扶贫模式

导语： 三土农业积极参与精准扶贫，示范推广"森林＋土鸡养殖"生态产业扶贫项目，在千户精准贫困户中实行"1243"精准扶贫养殖模式。即1户精准贫困户饲养200只乌鸡，一年后实现收入4万余元，利润达到3万余元。2015年以来，公司共带动600余户精准贫困户和10余户养殖大户养殖黑凤乌鸡10万余只，所产"垚记虫草乌鸡绿壳蛋"SGS已检测60多项指标，全部指标合格，公司产品目前主销成都及西南地区，远销广东、上海和北京，品牌效应显著，2018年销售1 700余万元，2019年销售突破5 000万元。通过此模式带动精准贫困户稳定脱贫致富。三土农业开发公司的这种养殖模式先后被"中央7台致富经栏目""凤凰新闻""今日头条""腾讯新闻""重庆卫视""四川日报"等多家媒体宣传报道。

三土农业开发公司成都体验店现场照片

（一）主体简介

四川省三土农业开发有限公司（以下简称三土农业）成立于2015年，注册地巴中南江，在成都市青羊区金鹏街370号设置体验店。三土农业注册资金500万元，是一家集生态放养、销售、技术创新、服务于一体的生态农业开发公司，乌鸡养殖基地位于四川、重庆、贵州三地，主要基地位于巴中市巴州区平梁镇、南江县东榆镇全镇 600 余精准贫困户、大河镇、关门乡、光雾山镇白滩村、乐坝全镇 70 余精准贫困户，基地放养总面积约 1 万余亩，养殖黑凤乌鸡 10 万余只，鸡舍数量 20 余个，南江基地 10 余个，以"虫草乌鸡及富硒绿壳鸡蛋"绿色饲养方式为依托，坚持全林下放养，主食玉米＋小麦＋青菜＋野草。放任其在山林中自行啄食虫子，辅以高蛋白的多种牧草，不喂一粒添加剂饲料，全程视频监控，三土农业现有员工 72 人，其中高级林艺师、高级畜牧师、高级农艺师各 1 名，技术人员 5 人，大专以上管理人员 10 人。同时，与贵州农业大学签订了长期的产学研合作协议，拥有家禽养殖专业的科研团队作为企业研发技术后盾。

基地情况	基地放养总面积约1万余亩，养殖黑凤乌鸡10万余只，鸡舍数量20余个，南江基地10余个
养殖情况	以"虫草乌鸡及富硒绿壳鸡蛋"绿色饲养方式为依托，坚持全林下放养，主食玉米+小麦+青菜+野草
人员情况	现有员工72人，其中高级林艺师、高级畜牧师、高级农艺师各1名，技术人员5人，大专以上管理人员10人

（二）主要模式、策略、行动

1. 扶志扶智，解决好贫困户为谁养鸡的思想问题

贫困户要与三土农业合作养鸡，先到当地乡镇申请，由三土农业与乡镇相关工作人员一起深入到贫困户家中进行实地考察，主要考察贫困户的养殖环境、山林、水源、劳动力和是否勤劳等条件，同时还重点考察贫困户是否有养鸡的主观愿望，愿意养好鸡，先促成让贫困户树立"我要脱贫，我要养鸡"的思想观念。只有解决了思想观念问题的贫困户，三土农业才与之合作。自 2015 年以来，三土农业技术人员与各乡镇干部深入到 1 000 余户农户家里实地考察，落实了 600 余户贫困户养殖乌鸡。

2. "政银企农"联动，解决好贫困户养鸡投入问题

按"1243"养殖模式，每户养殖 200 只乌鸡，鸡苗款需投入 0.5 万元（中国工商银行总行扶贫专项资金），修建圈舍 0.5 万元，鸡粮及其他费用 0.5 万元，共需投入 1.5 万元左右，贫困户难以承担。为此，公司探索"政银企户"四方合作的 555 筹资模式，即贫困村产业发展资金借 0.5 万元（鸡粮及其他费用）由公司担保，当地信用贷款 0.5 万元（修建圈舍），

乌鸡养殖

中国工商银行专项扶贫资金 0.5 万元（鸡苗费）。如乐坝镇向家坡两位 70 来岁的向大爷，属于精准贫困户，为了早日脱贫奔小康，2016 年养殖了 200 只乌鸡，2016 年从产业发展资金借了 1 万元修建了标准化圈舍，乐坝镇又补贴了一部分鸡苗款，公司垫付了一部分鸡苗款，实现每月 3 000 多元的纯收入。2016 年的成鸡三土农业在 2017 年上半年回收完后，向大爷又于 2017 年 5 月申请了鸡苗 200 只，2018 年 8 月三土农业回收 2017 年养殖的 200 只成鸡后，2018 年 11 月向大爷又向公司申请了 200 只鸡苗养殖，此 200 只鸡苗款由中国工商银行专项扶贫资金支付，向大爷已经连续 3 年养殖乌鸡，正迈向脱贫奔小康的道路上。

国家工商银行领导在考察"森林＋土鸡养殖"生态产业扶贫项目

3. 实地精准帮扶，解决好贫困户缺乏技术问题

养殖户大多文化不高，对养殖技术接受能力差，为让贫困户的乌鸡"少死多生多成活"，三土农业特派专业技术人员每周深入到各养殖户家中进行指导和查看有无病情和疫情，并成立了技术组，聘请了四川农业大学的教授进行指导和不定期对养殖技术人员进行专业的培训。三土农业按照"八统一"（统一标准化圈舍、统一提供鸡苗、统一技术指导、统一疫病防控、统一鸡粮配送、统一产品品牌、统一回收鸡和蛋、统一市场营销）的原则，由公司统一孵化鸡苗和育雏鸡苗，待鸡苗成长到 2 个月时再提供给各贫困养殖户，由基地技术人员全程指导圈舍的修建和牧草的种植及防疫等全面技术。三土农业自 2015 年以来给贫困养殖户提供的鸡苗成活率都在 90%～95%。

4. 按质按时保底回收，解决好贫困户销售难的问题

三土农业在成都成立了销售分公司，并开设了西南地区最大最专业的三土农业体验店（以三土农业旗下的品牌：垚记虫草乌鸡及其所产的绿壳鸡蛋为主，辅以巴中的特产）进行店面销售。三土农业体验店位于成都市青羊区金鹏街 370 号，辐射整个西门金沙片区。公司的黑凤乌鸡绿壳鸡蛋养殖基地现属于整个西南地区最大的绿壳鸡蛋基地，绿壳鸡蛋在市场已经有了较稳定的市场占有率。三土农业根据产品定位，从 2015 年起就与贫困养殖户签订了保底收购价：绿壳鸡蛋 1.4 元/枚、黄壳鸡蛋 1 元/枚、乌鸡 80 元/只（不分大小和公母），让贫困养殖户彻底地解决了销售难的后顾之忧。现三土农业的产品远销北京、上海、广州等 10 余个大中城市。

5. 全产业链经营，解决带动贫困户能力不强的问题

三土农业致力于打造中国绿壳鸡蛋第一品牌，决心于带动精准贫困户脱贫致富。为增强公司的现代化管理和带动精准贫困户脱贫致富，三土农业创始人王垚 2016 年 10 月在西南财经大学西部商学院就读 EMBA（工商管理硕士）来提升管理与实战经验。一是打造狼性管理团队，成都销售公司管理团队是专业的职业经理人，销售团队是各个行业的专业营销人员。二是严把产品质量，严格品控决定产品质量。三土农业所有产品从源头开始把控，以保证产品质量，公司分为 7 个步骤：养殖环境→水质→粮食、牧草、中草药的筛选搭配→黑凤乌鸡及鸡蛋在基地检测→配送至成都库房→入库前进行检测是否因运输受到影响→配送至体验店前检测每一枚鸡蛋。确保送到用户手里前每一枚鸡蛋都必须严格经过精心的检测。三是抓市场营销，2017 年 3 月，三土农业"垚记"品牌虫草乌鸡绿壳蛋第一家体验店在成都正式设立。2017 年 8 月，王垚与影视人赵亮所创办经营的杏福农庄合作农业项目，二人持同一愿景——"做最好的农产品"，共

同发展。当下，"垚记"销售联系电话订购、微信商城线上渠道与实体店线下渠道，现全国送货上门。公司未来的运营规划是 2 年内开设 5 家体验店和 5 家乌鸡养生馆，每家体验店及乌鸡养生馆里面都将展示南江特色农产品，如木耳、金银花、核桃、银耳、蜂蜜等。

（三）生态产业扶贫主要成效

1. 农民增收入，企业见效益

三土农业有效解决了农户缺资金、缺技术、缺市场等难题。保价收购绿壳鸡蛋、黄壳鸡蛋和乌鸡（不分大小和公母），让贫困养殖户没有了销售难的后顾之忧，也让三土农业有了稳定的产业基地和产品供应。乐坝镇罗家寨 70 多岁的罗双武大爷和老伴（户主：张登贵，建档贫困户）已经连续 3 年养殖黑凤乌鸡，2019 年 6 月 CCTV - 17 致富经栏目来到乐坝采访报道三土农业黑凤乌鸡养殖情况和精准扶贫情况时，特别采访了罗双武大爷，罗大爷向记者讲解到养殖情况时说：和三土农业合作他们非常省心，养鸡七不愁——不愁鸡苗款（工商银行出钱买鸡苗）；不愁鸡苗成活（200 只鸡最多死亡几只鸡）；不愁养殖技术（他们公司全部负责）；不愁防疫治病（他们有专门技术人员不定期地来走访和看管，鸡生病了，他们全部包治好）；不愁喂养方式（公司免费给牧草种子，种植牧草喂鸡，还有种植蔬菜喂鸡，养鸡成本很低）；不愁卖鸡蛋（公司全部包收，比拿到街上去卖还贵，因为养殖得多，去市场上卖不上价，所以我们直接交给公司回收，我们与三土农业签了养殖收购合同，不得在街上去卖，要诚信）；不愁卖老母鸡（在鸡产蛋一年后，公司就来回收我们的老母鸡，80 元 1 只，不分大小公母。这种鸡本来就比较小，母鸡毛重在 1.25 千克左右，公鸡毛重在 1.5 千克左右，他们回收的价格很高了）。我现在年纪大了，干重活不行，养鸡轻松，我现在一年收入在 3 万元左右。

2. 帮扶有力度，就业有门路

三土农业通过与农户建立"八统一"的经营模式和合作农户的工资体系，保证了养殖户基本收入，缓解当地就业压力，这不仅完成了扶贫任务，也带动了当地的绿色发展。光雾山镇白头滩村建档贫困户李昌吉，身患尿毒症，每周往返南江县医院透析 3 次，深受病魔折磨。

2016 年，李昌吉听朋友说三土农业在养殖黑凤乌鸡，也在扶持精准贫困户养殖。他抱着试一试的想法找到了三土农业创始人王垚，当王垚听完李昌吉的情况后，当下决定全力扶持李昌吉。王垚率领技术团队来到李昌吉的家，给他选择养殖场地和指导圈舍的修建，按照公司的"八统一"原则给李昌吉免费服务。李昌吉 2017 年养殖了 500 只鸡，利润达到了 5

万余元。李昌吉非常感恩三土农业兑现了给他的承诺，让他有了稳定的收入，让他重新看到了生活的希望。

2018 年 9 月，三土农业王垚联合西南财经大学西部商学院部分校友、天安人寿集团总裁陈玉龙先生及集团 10 余个高管和全国 10 余个分公司总经理一行来到南江县参与扶贫。此次来南江县共计 30 余人，来到了李昌吉养殖基地，总裁陈玉龙现场给李昌吉捐献了 2 000 只鸡苗，后回到公司又通过内部给李昌吉捐献了 4 000 只鸡苗，天安人寿给李昌吉捐献 6 000 只鸡苗，总裁陈玉龙先生现场表示如果李昌吉找到合适的肾源，天安人寿将给他捐赠换肾的钱，这让李昌吉深受感动，同时也看到了生活的希望及对未来美好生活的憧憬。2019 年，3 000 只鸡苗已经进入了产蛋期，这 3 000 只鸡将给他带来 30 万元的利润，比他健康时外出打工都要强出太多太多，这让李昌吉重新感知到了生命的重要性和对生命的渴望，现在他已经在成都华西医院排队等候肾源，希望早日过上正常人的生活。

天安人寿保险股份有限公司为精准贫困户捐赠乌鸡苗

3. 生态受保护，健康受呵护

三土农业黑凤乌鸡生态养殖利用优质森林资源，还原了家禽原始的生活习性。在放养过程中，无抗生素、无激素的饲料供给，真正兑现了三土农业生态产品绿色健康原生态的承诺。同时做到了既有益于山林保护，又有益于生态产业发展；既帮助了农民致富，又为广大消费者提供了健康的食品，达到人与自然和谐相处。三土农业的乌鸡采用全林下放养，乌鸡在林间自由觅食野草、虫子、松子、含有富硒的泥土，饮山泉水、食百草药，在林间自由嬉戏。晚上睡觉的地方采用环保发酵床技术，干净无污染。三土农业以玉米＋豆饼＋麦麸为主食，辅以种植多种高蛋白、高维生素、高氨基酸的牧草进行喂养；种植天然的南瓜喂养，南瓜含有丰富的类胡萝卜素、多糖类、果胶、矿质元素、氨基酸等；种植天然的胡萝卜喂养，胡萝卜含有丰富的糖类、脂肪、挥发油、胡萝卜素及多种维生素、花青素及钙、铁等营养元素；种植多种天然蔬菜喂养。以此达到真正原生态无污染的绿色产品。三土农业防疫采用林下放养自由啄食原生态的百草药，三土农业就地取材，采自大巴山深处原生态的中草药，车前草、过路黄、鱼腥草等近20种中草药，晒干磨成粉每周取适量和玉米粉一起混合喂养，以此达到防疫治病的效果。特别值得点赞的是三土农业践行"绿水青山就是金山银山"的理念，所有鸡场的森林都得到了非常好的保护，实现了绿色发展。

（四）启示

1. 天赋生态县，美味出森林

三土农业以扎实的行动践行"绿水青山就是金山银山"的理念，成为生态扶贫的典范。三土农业精准扶贫生态养殖场坐落在美丽的人间仙境、世界地质公园、中国红叶之乡的南江县，生态环境良好，全县流域地表水质达Ⅲ级，城市空气质量达标率达95.75%，生物多样性指数达到50%。373万亩林地、347万亩森林。生态环境指数EI值达到70。

三土农业精准扶贫户李昌吉所在的光雾山镇，地处米仓山深处，具有极为珍贵的生物多样性，有森林植物177科812属2104种，区域内环境空气质量指标（HJ 633—2012）达到一级标准，水质优良达到国家地表水环境质量标准（GB 3838—2002）Ⅰ类标准，土壤环境质量保持自然背景水平达到土壤环境质量（GB 15618—1995）Ⅰ类标准，森林繁茂、覆盖率66.5%，空气中负离子含量平均值达到1万个/立方厘米以上。植被覆盖率97%以上，空气细菌含量平均值低于250个/立方米。在如此优异的环境生产出的"垚记虫草乌鸡绿壳蛋"，已通过SGS60多项检测指标（SGS：全球第三方最具权威的检测机构，欧盟认证），卵磷脂检测结果为2.0克/100克，普通鸡蛋的卵磷脂含量为0.5～0.8克/100克，同时含有维生素A、维生素B、维生素E、微量元素碘、锌、硒以及氨基酸，无农药和抗生素残留，产品达到欧盟出口食品标准。

2. 离乡思故土，创业圆好梦

树高千尺不忘根，水流万里总思源。从大山里走出来的王垚，没有忘了这片养育他的热土，离开家乡20余年，曾在成都经营广告传媒公司，

取得西南财经大学西部商学院 EMBA 文凭后，义无反顾地回到故乡，选择在家乡投资创业，专注于绿色、原生态的黑凤乌鸡养殖及其所产绿壳蛋的销售。

外界为王垚设立了"新农人"的标签。提及新农人，王垚侃侃而言："我认为，并不是在当下这个时代发展农业的就是新农人。新农人应当是了解产品特性，构建产、供、销、服务一条龙的市场意识，能够把握市场终端的新型农业者。"而王垚更为强调的是新农人的产品理念——做最优质的产品。新农人不应只停留在向外界极力宣传自己的产品，而是应该真正地做好产品质量。"试问你的产品你自己会吃吗？你的家人会吃吗？"最后，王垚用一个词概括了新农人的精神品质——坚持。扶贫攻坚和乡村振兴，最难、最关键、最根本的是需要一大批像王垚这样的"新农人"的回归和坚持。

3. 言有信、行有道、达天下

大量实证表明，言而无信、不守契约，是贫困地区产业发展的致命伤。2017 年底，王垚夫妻二人带着销售团队铆足了劲儿准备大干一场，本是鸡蛋销售最为火爆的时候，可鸡蛋的销量不仅不升反降，就连收上来的鸡蛋都是越来越少。后来一打听才知道，城里人来到乡下买鸡蛋，合作社的社员们就把鸡蛋卖掉了。根据当初签订的合同，三土农业提供鸡苗和养殖技术，统一回收所有的鸡和鸡蛋。而社员自己把鸡蛋卖了，价格不统一，鸡蛋也没有经过筛选，品质得不到保障，不利于合作社统一对外打品牌。从长远来看，更不利于农户的收益。王垚夫妻挨家挨户去沟通，保证无论什么情况，只要签订了合同，公司一定回收。公司的行动给农户吃了一颗定心丸。社员们现在对三土农业非常信任，都愿意跟着一起发展。

四川青川：川申农特产开发有限公司科技、电商扶贫模式

> **导语：** 青川县川申农特产开发有限公司（以下简称川申公司）一直在为青川县乡村振兴贡献自己应有的力量，并不断进取、不断探索，力求提供更多有益于乡村振兴的发展模式和发展建议。
>
> 川申公司专注于推广中蜂产业链的发展，立足本地中蜂养殖优势，发展本土蜂群，推广科学养蜂。旗下合作社与农户签订合同，以高于市场价的价格收购蜂农的优质产品，经过相关部门检测合格后再进行进一步加工。现合作社在全县 12 个省级贫困村里发展中蜂养殖产业，带领农户增收致富。公司也注重对农户自身能力的培养，通过免费提供菌种，组织技术人员传授技术、开展培训等活动，帮助青川县当地贫困家庭以种植木耳等菌类或者养蜂等方式来增加收入，也希望通过这些模式的探索，鼓励和支持贫困家庭通过自己的双手和勤劳致富，帮助困难家庭通过自食其力摆脱贫困。
>
> 川申公司自身也在不断进取，希望能够成为青川蜂业的榜样，以榜样的力量，带动全县蜂产业不断发展。不再仅仅满足于最原始的生产销售方式，不断向高质量、高科技、深加工的模式转变，始终以创新精神、奋斗精神为引领，不断探索行业的发展和进步，为青川县乡村振兴之路添砖加瓦。

（一）主体简介

川申公司是一家集蜂蜜生产、加工、销售于一体的现代农业化企业，旗下有青川县智宸电子商务有限公司、青川县蜀蕊蜂业专业合作社。依托于青川县良好的自然环境，川申公司的优质产品受到了广大消费者的喜爱。同时，作为一个有社会责任意识的企业，川申公司也始终坚持为青川县乃至整个社会贡献出自己应有的力量。

川申公司自成立以来，在法人王淑娟的带领下，一直秉承着"主动回馈社会，体现社会担当"的企业发展理念。董事长王淑娟先后荣获四川省青联委员、四川省侨联特聘专家委员、四川省优秀大学生创业典型、第二届"创青春"四川青年创新创业大赛三等奖、四川省侨联特聘专家委员、欢行公益理事长、四川省三八红旗手标兵、四川省"五一劳动奖章"、广元市十大经济人物、全国青年致富带头人称号。

2013 年，川申公司成立了青川县蜀蕊蜂业专业合作社，目前已是国家级专业合作社，专注于推广中蜂养殖产业的发展，惠及当地建卡贫困户近 500 户，采用线上线下双渠道营销，成功实现了"农户＋合作社＋公司＋电商"的新模式。

2014 年，川申公司为了更好地发展电子商务，为青川当地的农副特产扩展网络销量，川申公司成立了青川县智宸电子商务有限公司。它是青川首家、也是唯一一家从事农村电子商务、网络服务的平台化运营公司。通过与阿里巴巴和淘宝网的密切合作，立足于发展农村电子商务，为广大电商提供了一个高质量的可以依靠的平台。此后，还着手申办了淘宝特色中国——青川馆。目前，青川馆已经顺利开馆，成为全国为数不多的县级馆。青川馆的成功开办，不仅为当地提供了一个强有力的平台，而且为打造青川品牌和增加农产品销售提供了一个优质的渠道。在乡村振兴的道路上，川申公司一直在不断地进行新的探索，也收获了一些成果和经验。

> 2013年，成立了青川县蜀蕊蜂业专业合作社，采用线上线下双渠道营销，成功实现了"农户+合作社+公司+电商"的新模式

> 2014年，成立了青川首家、也是唯一一家从事农村电子商务、网络服务的平台化运营公司

> 此后，申办了淘宝特色中国——青川馆，成为全国为数不多的县级馆。为打造青川品牌和增加农产品销售提供了一个优质的渠道

> 在乡村振兴的道路上，川申农特产开发有限公司一直在不断地进行新的探索，也收获了一些成果和经验

（二）主要模式

1. 因地制宜，带头发展特色蜂产业

青川县地处秦巴山区，山高路远，生产资源匮乏，经济作物受限。但与此同时，因地处秦岭南麓，气候温和，山清水秀，山花烂漫，蜜粉源植物丰富，发展养蜂产业具有得天独厚的优势，是天然大型蜜库。青川当地老百姓很早之前就已经开始养殖中蜂，在中蜂的生产、饲养、采集、销售等方面已经自发形成了一定规模的经济生态。

川申公司立足本地优势，发展本土蜂群，推广科学养蜂。公司旗下的合作蜂农，已从 2015 年的 16 户发展到 2017 年的 500 余户。其中，建档

立卡贫困户有 500 余户，共有 28 000 余箱蜂群，3 个中蜂繁育基地，18 个中蜂养殖基地，1 个省级中蜂标准化示范场，3 个中蜂繁育基地。蜂农遍及青川县唐家河、骑马、青溪、木鱼、大坝、瓦砾、楼子、马公等 12 个乡（镇），年产值 4 000 余万元。

中蜂养殖基地

2. 技术创新，带领农民共同致富

为了让养殖户们没有后顾之忧，也为了更好地给养殖户们传授养殖技术，川申公司在 2013 年便成立了青川县蜀蕊蜂业专业合作社，合作社一经成立，便与建卡贫困农户签订合同，以高于市场价的价格收购蜂农的优质产品，经过相关部门检测合格后再进行进一步加工。现合作社在全县 12 个省级贫困村里发展中蜂养殖产业，带领贫困户增收致富。

"扶贫先扶志，治穷先治愚"，依托各种宣传引导，合作社已组织集中培训 4 次，蜂场实地指导培训 12 次，培训人数达到 1 178 人次。此外，合作社还在青川县瓦砾乡上河村，房石镇百兴村、新桥村，姚渡镇柳田村，苏河乡东风村、新民村、漳河村，楼子乡明水村，茶坝乡石古村，马公乡朝阳村等 12 个省级贫困村，结合精准扶贫，推广中蜂养殖产业的发展，惠及当地建卡贫困户 500 余人。通过大力开展"不等不靠、艰苦奋斗""精准扶贫不是养懒人""养蜂技术"等培训活动，不断增强贫困农民群众脱贫致富的信心和技术。这一新模式受到了广泛关注，随着科学养蜂技术的普及，蜂蜜产量将大幅提高，蜂农依托于合作社，更好地实行优质优价，形成三位一体的"农户、合作社、公司"的良性循环。川申公司为农民提供了优质的中蜂蜂群，累计 4 000 余群；专业技术人员亲自到蜂场指导养殖户，以提高产品的品质和产量，从源头上保证产品的"绿色"本质，以充分发挥青川的资源优势，提高产品档次，增加经济效益，助力青川乡村振兴的发展。

中蜂养殖现场技术指导

3. 打造品牌，实现企业与地方的共赢

2017年11月，为提高企业的发展后劲，实现产品质量与国际接轨，川申公司先期投资1052万元，开始建设现代化的低温蜂蜜灌装、蜂蜜水果酵素及其他农副产品生产加工的GMP无尘厂房。生产线严格按照欧盟出口标准进行设计，能有效实现人、物、货分离，避免食品在生产过程中受到污染，保证出口产品达到即食标准。

厂房建成投产后，新增农副产品深加工项目销售收入可达6 000万元以上。而这一项目的实施，不仅为"川申"创造巨大财富，也为青川县的农副产品深加工树立了新标杆。

川申公司始终以做大做强青川农副产品深加工为信念，坚持工艺与技术创新，带领农户共同致富，带动裙带区域的经济发展，逐步形成具有产业典范的种植、粗加工、深加工、销售等于一体的农副产品深加工产业布局链。根据川申公司发展战略规划，坚定走"生态化厂区建设、标准化加工、品牌化营销"之路，着力拓展"川申"的优质山珍品牌，持续塑造属于"川申"的品牌形象。根据青川县农业结构调整和川申公司规划要求，着力打造"现代高效中蜂观光体验园区"。届时将直接带动500余户的建档立卡贫困户脱贫致富，辐射带动2 000户农户增收，促进地区现代农业的发展进程，也势必对青川乡村振兴起到帮助作用。

发展现状

4. 热心公益，牢记企业社会责任与担当

公益是川申公司企业文化的一部分。一个好的企业，不应该仅仅专注于企业自身的发展，还应该学会回报社会，用企业的力量做出个人不能做到的事情。

2009 年 7 月 18 日，阿里巴巴员工志愿者项目——乐橙计划启动（关爱留守儿童），王淑娟在得知消息后便开始与阿里乐橙项目对接。直至今日，王淑娟的青川馆承办了近 60 期的阿里乐橙志愿者项目，累计接待了700 余名志愿者。

2013 年，川申公司及法人王淑娟积极参与到了大地社区帮扶中心对雅安地震灾区的生计项目；参加了益众公益对庐山县两路乡村民合作社建立的项目。

2014 年，王淑娟组织青川当地网商携手团县委，在县城进行冬衣募捐活动，并将募捐的衣物快递到云南鲁甸地震灾区。2014 年底，川申公司与平武县森林保护协会达成合作意向，利用川申公司的网络优势，呼吁更多的人参与到生态保护中。

2015 年，川申公司及法人王淑娟加入了欢行公益，成立了青川馆，并成为理事会一员。王淑娟利用青川馆现有资源，组织当地部分爱心网商助力青川残疾人网商；在青川县红光小学建成了青川县第一只棒球队，该项目获得第七届四川省青年优秀志愿服务项目。

2016—2018 年，她积极联系组织爱心人士到青川开展志愿者活动，走访青川的贫困学生、贫困家庭，和当地农村小学的学生互动，平均每季度都会组织爱心志愿者到青川县开展志愿者活动，到青川县各个村的小学去看望小朋友，并给小朋友带去新颖的课程，还到小朋友家里送温暖。2018 年，在乐安寺小学组织了一支棒球队，并把阿里巴巴集团普惠教育引入乐安寺小学，给小朋友带去了网络美术课程，并把小朋友的作品设计成环保手提袋。

2019 年初，把阿里巴巴集团普惠教育引入红光小学、营盘小学。

截至 2019 年，共组织 1 000 余人参与青川公益项目，涉及爱心善款 50 余万元。川申公司一直持续关注留守儿童的学习、心理等情况，同时也致力于号召越来越多的志愿者和公益组织来青川参与青川馆的公益项目，集结温暖的社会力量，用社会的爱心帮助每一个贫困家庭。希望能够通过这些公益活动，为家乡人民贡献更多的力量。

（三）利益联结机制

蜀蕊蜂业专业合作社已是国家级专业合作社，专注于推广中蜂养殖产业的发展，立足本地优势，发展本土蜂群，推广科学养蜂。公司的合作蜂农，已从 2015 年的 16 户发展到 2017 年的 500 余户。合作社一经成立，便与建卡贫困农户签订合同，以高于市场价的价格收购蜂农的优质产品，经过相关部门检测合格后再进行进一步加工。现合作社在全县 12 个省级贫困村里发展中蜂养殖产业，带领贫困农户增收致富。公司也注重对农户自身能力的培养，已组织集中培训 4 次，蜂场实地指导培训 12 次，培训人数达到 1 178 人次。

随着科学养蜂技术的普及，蜂蜜产量大幅提高。蜂农依托于合作社，更好地实行优质优价，形成三位一体的"农户、合作社、公司"的良性循环。川申公司采用线上线下双渠道营销，成功实现了"农户＋合作社＋公司＋电商"的新模式，找出了一条符合青川实际情况的依托蜂产业进行发展的乡村振兴之路。

（四）主要成效

川申公司在近几年的发展和探索中，也取得了一些不错的成效。企业目前销售经营状况良好，2017 年企业营业收入 3 054.06 万元，无违法经营不良记录，无安全生产事故及不良记录。2015 年 12 月，青川县川申农特产开发有限公司获评第四批广元市院士（专家）工作站孵化单位，现正在积极研发产品，按计划推进和完善产品体系建设。

2019 年公司入驻广州创新谷，获得广州创业大赛第三名，并获得胡海泉天使投资 100 万。公司拥有清江源、念初心两个品牌。其中，清江源蜂蜜被确定为"广元市知名品牌"，并获得消费者最喜爱的"十大四川特产品牌"称号，2016年获得四川省著名品牌。

川申公司董事长兼总经理王淑娟先后获得广元市人民政府2014年度评选的"广元市十大杰出经济人物"、南方农村报选聘的"南粤新农人打造计划导师"、全国农村青年致富带头人、四川省青联委员、四川省侨联特聘专家委员、四川省"五一劳动奖章"、四川省三八红旗手标兵、欢行公益组织理事长、第9届青川县政协委员、第7届广元市政协委员，并在2014年9月19日受阿里巴巴集团之邀成为阿里巴巴美国纽约上市的特邀嘉宾之一。各种荣誉以及资质的取得，体现了川申公司在产业化方面的不断进取及成果，体现了川申公司创始人、企业家王淑娟对企业和社会所作出的贡献，体现了川申公司在稳健经营、快速发展中所得到的社会认同。

2017年，川申公司总资产2 009.99万元，净资产1 441.25万元，营业收入3 054.06万元，税前利润总额373.67万元。目前，企业规划项目"青川中蜂文化观光体验园"已正式投入建设。通过建设以"青川中蜂文化产业观光体验园"为特色主题的文创品质旅游园区，结合农业旅游发展与青川中蜂文化宣传体验，川申公司旨在逐步完善打磨农业文化旅游市场的专业性和规范性，在来往游客中树立良好口碑，成为四川地图上的"广元文化旅游目的地"，扩大青川知名度，让"青川中蜂"走出四川、走向世界。

（五）启示

习近平总书记在党的十九大报告中讲到了七大战略，乡村振兴战略是其中之一，这是决胜全面建成小康社会、全面建设社会主义现代化强国的一项重大战略任务。这是以习近平同志为核心的党中央对"三农"工作作出的一个新的战略部署、提出的一个新的要求，是新时期"三农"工作的指南。

农业、农村、农民问题是关系国计民生的根本性问题。乡村振兴的最终目标，就是要不断提高村民在产业发展中的参与度和受益面，彻底解决农村产业和农民就业问题，确保当地群众长期稳定增收、安居乐业。

川申公司作为一个充满社会责任心的企业，一直关注社会问题，助力社会发展。在青川的乡村振兴之路上，川申从自己的特长——蜂产业出发，专注于推广中蜂养殖产业的发展，立足本地优势，发展本土蜂群，推广科学养蜂。在努力使自身成为一个现代化企业的同时，也帮助青川的蜂产业逐步走向现代化。在青川蜂产业不断发展的过程中，与本地农户帮扶、合作，为农户们找到了一条致富新路。让更多的本地农户能够积极地投身到乡村振兴的道路上。

今后，川申公司将坚决贯彻落实习近平总书记的重要指示精神，继续秉承"不忘初心，方得始终"的企业理念，坚持"做好人，做良心农产品"的企业核心价值，为推动中蜂产业持续健康发展，也为乡村振兴贡献自己的一分力量，撸起袖子加油干！在企业发展壮大的同时，我们将积极响应党委、政府的号召，在乡村振兴之路上作出更大贡献！

宁夏固原：扶贫开发投融资有限公司融资平台扶贫模式

导语：中小微企业是多数贫困地区产业发展的支柱，在我国宏观经济形势最新动态变化下面临的困难相似。

融资难、融资贵，导致中小微企业的扶贫效应受到抑制和强烈约束。为了防止金融风险，金融机构通常选择提高融资门槛。另外，贫困地区的大多数中小微企业资产规模较小，难以满足金融机构抵押、担保的要求。因此，投融资基本局限在"大银行＋大企业（大项目）""垒大户"的行为较多。

企业经营管理、财务管理水平低下，良性发展难，导致稳定和可持续性扶贫效率未能释放和发挥。这是大多数中小微企业的通病，在贫困地区该问题更加突出。贫困地区的中小微企业多是种植、养殖或初级加工业，家族企业、家庭作坊式企业较多，基本没有建立比较完善的经营和财务管理制度。这些因素制约企业很难成为区域性、行业性龙头企业。

固原市是宁夏回族自治区的五个地级市之一，位于宁夏南部。固原市是全国主要的回族聚居区之一，是丝绸之路东段北道的必经之路，是国家"一带一路"规划中打造丝绸之路经济带的重要支点。固原市素有"苦瘠甲天下"之称，是六盘山连片特困地区核心区，是宁夏唯一的全域贫困市和扶贫开发的主战场，属于深度贫困地区。截至2015年底，固原市四县一区建档立卡贫困人口为27.4万，贫困发生率为18.29％。

（一）主体简介

2016年初，固原市政府重组整合市属国有企业，新组建交通、旅游、产业扶贫三家平台公司。其中，宁夏六盘山产业扶贫开发投融资集团有限责任公司（以下简称"六盘山产投"）是产业扶贫平台公司。

固原扶贫开发投融资有限公司（以下简称"投融资公司"）是六盘山产投的子公司，是经固原市人民政府批准成立的国有企业。投资融公司成立于2015年10月29日，注册资本1亿元，实收资本1.37亿元（其中，国有资产经营有限责任公司土地评估1.27亿元，财政拨入0.1亿元）。投融资公司主要为固原市有效搭建投融资平台，多渠道、多层次开展与金融机构的诚信合作，做好融资工作，有效缓解地方财政压力，加快推进固原市扶贫攻坚步伐，推动城乡基础设施、扶贫事业和各项民生事业建设，承接国家和自治区产业引导基金、金融机构扶贫贷款，为精准扶贫筹措资金。

投融资公司与商业银行及金融、投资机构开展业务合作，分别与国投创益公司和国家开发银行宁夏分行达成长期合作，共获得综合授信贷款10亿元，截至2019年4月底，已到位资金共计34 414万元；通过整合各项资金开展自主投资金额共计21 698万元。用款企业涉及固原市的涉农企业共53家、全市"两个带头人"152人。据统计，用款企业通过提供就业岗位、流转土地、提供技术培训、指导服务等直接带动贫困人数51 470人，间接带动10万余人，其中建档立卡贫困人口有5 500余人，人均年净增收8 000余元。

投融资公司年度总结会

（二）主要模式

1. 发展策略

国投创益产业基金管理有限公司（以下简称"国投创益公司"）通过调研发现，固原市产业基础非常薄弱，当地企业存在规模小、分布散等情况。如果通过扶贫基金直接进行股权投资，很难找到满足基金要求的企业，且投资风险大。国投创益公司经与固原市政府多次沟通，通过"扶贫基金＋政府平台＋中小微企业"的投资模式，即"固原模式"，对固原市经营情况和信用情况良好的中小微企业进行债权投资，妥善解决了上述问题。

固原模式　➡️　扶贫基金　＋　政府平台　＋　中小微企业

2. 主要做法

国投创益公司以固原市政府平台公司为纽带，按照"政府引导、企业参与、市场运作、规范决策、严控风险、项目化实施、贫困户受益"的思路进行债权投资，探索了"扶贫基金＋政府平台＋中小微企业"的产业扶贫模式。即由国投创益公司管理的扶贫基金对政府平台进行债权投资、政府平台根据当地中小微企业的经营情况和信用情况进行二次债权投资，并为扶贫基金资金安全提供安全保障的投资模式，有效地解决了贫困地区融资难、融资贵的问题。此外，国投创益公司通过特色增值服务体系规范投资企业经营运作和财务管理，也促进了贫困地区企业的健康发展。

固原模式的具体流程如下：由政府平台六盘山产投旗下的投融资公司业务部对各县区提交的中小微企业资金需求申请进行受理、审查和调查，形成报告。业务部将报告及相关材料提交投融资公司风控管理部进行审核。具体实施的项目一律由政府平台六盘山产投旗下的信用担保公司进行担保，并向中小微企业追加具体反担保措施。审核后的项目需通过投融资公司审贷会的评审。评审通过后，将相关材料提交国投创益公司。国投创益公司收到相关材料后3个工作日内就资金用途、所属行业和带动建档立卡贫困户数等内容未提书面异议，投融资公司可按照投资流程办理相关手续。

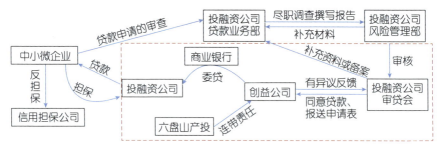

固原模式运作流程图

（创益公司：国投创益产业基金管理有限公司；六盘山产投：宁夏六盘山产业扶贫开发投融资集团有限责任公司，固原市政府平台公司；投融资公司：固原扶贫开发投融资有限公司，六盘山产投全资子公司；信用担保公司：固原市中小企业信用担保有限责任公司，六盘山产投全资子公司）

2017 年 3 月 8 日，国投创益公司与固原市人民政府签订《战略合作框架协议》，焦点访谈跟踪报道了合作双方签订协议的情况。2017 年 4 月 25 日，该项目获得国投创益公司投决会审批通过并签署相关协议；双方合作第一批项目投资额度为 1.98 亿元，帮扶企业 16 家，涉及冷凉蔬菜、中药、蜂蜜、杂粮、淀粉生产和销售等 9 个产业，投资企业均属于中小微企业。

帮扶企业投资情况

序号	企业名称	用款金额（万元）	用款时间（月）
1	固原三鼎马铃薯制品有限责任公司	1 000	12
2	固原玉明淀粉有限公司	800	12
3	宁夏六盘珍坊生态农业科技有限公司	800	12
4	宁夏瑞春杂粮股份有限公司	2 000	12
5	宁夏固原福宁广业有限责任公司	1 000	12
6	彭阳县腾源药业苗木有限责任公司	150	12
7	宁夏明德中药饮片有限公司	3 000	12
8	宁夏固原宏晨龙食品有限公司	2 000	17
9	原州区彭堡镇姚磨村瑞丰蔬菜产销农民专业合作社	2 000	17
10	固原六盘山薯业有限公司	1 000	17
11	固原永伟工贸有限公司	1 500	17
12	宁夏欣丰现代农业科技有限公司	1 000	17
13	宁夏六盘山泾河清真食品有限公司	1 000	17
14	固原博泰农业科技有限公司	1 000	17
15	固原隆鑫淀粉有限公司	500	17
16	固原新月养殖有限公司	1 050	6
	合计	19 800	

2017 年 6 月 30 日，完成项目资金拨付；2018 年 11 月 30 日，该项目按照双方签署协议顺利退出，资金全部到位。

（三）利益联结机制

国投创益公司的投资领域涉及很广，形成了多产业、广覆盖的投资模式。固原 16 家企业涉及 9 个产业，根据产业的不同，也形成了不同的扶贫模式和利益联结方式。总体来看，有以下几种较为典型的扶贫模式。

1. 就业带动

通过直接的就业带动增加贫困户收入，国投创益公司投资的 16 家企业，2018 年全年提供全职岗位 1 195 个，其中建档立卡户 186 人，建档立卡户工资 485.08 万元，人均增收 2.6 万元；提供非全职就业岗位近 3 000 人，其中建档立卡户近 389 人，2018 年全年提供 4 万个工作日，人均增收 1 万元。16 家企业均有此类形式，例如，宁夏六盘山泾河清真食品有限公司提供 160 个全职岗位，其中 34 人是建档立卡户。此外，依据企业经营情况，临时性、季节性用工也很多，宁夏明德中药饮片有限公司临时性用工最多时雇用近 500 工人，其中超过 120 人是建档立卡户。

2. 土地流转

16 家企业流转 608 户建档立卡户土地面积 9 891.7 亩，流转费用 206 万元，平均每户增收 3 388 元。

3. 订单农业

各个企业普遍开展了订单农业，解决了农业产业的市场风险。例如，宁夏固原福宁广业有限责任公司，共计有 30 510 万亩马铃薯订单种植基地，涉及贫困户 152 户，土地 1 117 亩。公司承诺以 0.6 元/千克的保底收购价收购 20 000 吨马铃薯，且收购的所有马铃薯按 40 元/吨进行扶贫补贴。该订单种植基地不但解决了公司生产原料稳定来源问题，而且带动当地农民种植走上了脱贫致富之路。16 家企业定点帮扶 27 个贫困村，覆盖 2 565 户建档立卡户，企业多是通过补贴种苗、订单收购、技能培训、慈善公益等形式帮扶贫困村。仅技术培训一项，2018 年全年 16 家企业就培训了 4 267 人（次）贫困人口。

（四）主要成效

通过"固原模式"投资，16 家企业经营状况得到进一步改善，扶贫效果初步显现。总体来看：贫困户增收效果明显，企业覆盖的贫困户户均有 1 万元以上的收入增加；企业融资成本下降一半，经营风险大幅降低；贫困地区企业经营水平有所提升。

1. 企业融资成本下降一半，经营风险大幅下降

固原市金融系统划分为融资高风险区，主要贷款形式为固定资产抵押贷款，固定资产抵押贷款额度为 50%～70%，贷款额度偏低、融资成本也高，影响了企业的融资额度，不能保证企业生产经营需要的资金额度。企业社会融资的成本普遍在 10% 以上，国投创益公司债权投资的资金成本仅有 5.15%（4.35% 年利率和 0.8% 的担保费用），企业融资成本下降一半以上，16 家企业融资成本一年减少 500 万元以上。2018 年 11 月 30

日，国投创益公司在 16 家企业的债权投资全部顺利退出。

2. 覆盖的贫困地区中小微企业经营水平普遍提升

国投创益公司介入、引导企业经营，主要是通过引导企业提升管理经营水平，这体现在各个公司都逐步建立健全现代公司管理制度逐步完善社保和公积金缴纳制度；逐步明确房屋及车辆产权等资产归属；逐步规范财务管理等。

3. 促进了贫困地区经济发展，带动了上下游产业提升

16 家企业上缴各类税费 1 366 万元，企业经营性基础设施建设投入 19 462 万元，为地方经济发展作出了贡献。此外，由于企业的发展，也带动了上下游相关产业的提升，特别是在物流和包装行业。以固原玉明淀粉有限公司为例，公司每年有 1 万吨的淀粉需要运输，以 300 元每吨计可以带动 300 万元的物流运输，公司每年 6.5 万吨的土豆需要装 2 167 车，以每车 2 000 元计可以带动 433 万元的物流运输，总计带动物流行业经济增长 733 万元。在包装行业，公司 1 万吨的淀粉会产生 80 万元的包装费，带动包装行业的发展。

4. 引入了一些高新环保技术，促进了企业绿色发展

一些企业也通过引入高新技术发展循环经济，促进企业的绿色发展。例如，16 家企业中有 4 家马铃薯淀粉加工企业（马铃薯产业是固原市的主导产业之一），大多数开展了废水还田利用的试点。通过进行技术改造，实现废水、废渣的综合利用，达到节能减排的目标。一是淀粉加工原料洗涤废水达到循环利用，实现节水。二是工艺水通过工艺池提取蛋白质、纤维等有机物，用于畜禽饲养，做到综合利用。三是将淀粉加工产生的工艺水经过蛋白、纤维、微淀粉提取处理后进行农田灌溉，工艺水富含氮、磷、钾及各种有机物，非常适合农田灌溉，有助于改良土壤，增强地力。在以上马铃薯淀粉的生产过程中，实现了薯类加工全进全出零排放、固液分离、脱水干燥、蒸发浓缩，充分提取了马铃薯中的淀粉、蛋白、渣纤维、有机液态肥等有用成分，实现了马铃薯资源的综合利用，同时实现了生产过程水资源循环利用，节水效果显著，解决马铃薯淀粉生产过程中废水排放所造成的环境污染问题，具有显著的社会效益和良好的经济效益。

（五）启示

1. 解决了中小微企业因流动资金不足导致的产能不足的痛点，促进了贫困地区产业的孵育成长和发展壮大。贫困地区中小微企业所属行业多为种养业和初级加工业，需要收购大量原材料以满足全部产能，对流动资金需求量大，用款需求有季节性、周期性的特征。国投创益公司在固原投资的 16 家企

业，资金总量的90%以上的资金用于收购原材料，企业产能普遍提升。

2. 通过观察员制度直接明确资金的产业扶贫用途，保障资金精准用于产业扶贫。国投创益公司履行观察员制度，即国投创益公司委派一名观察员，观察员有权以现场调研、列席审贷会等方式，对目标公司的用款情况进行监督检查，并就政府平台提供的拟投资企业资金用途、所属行业和带动建档立卡贫困户数进行审查。

3. 为企业提供赋能式增值服务，促进企业规范经营管理、完善各项制度建设。国投创益公司对投资企业提供赋能式增值服务：与相关事务所、院校、机构合作，定期聘请律师、会计师、院校教授、金融和管理类专家无偿对企业经营管理人员进行培训；搭建企业间交流的平台，将基金股东方和投资企业拥有的资源整合共享，帮助企业优化产品销售渠道、促进企业间的业务协同；与资本市场进行有机衔接，通过与证监会、证券交易所的合作关系，为证券化项目提供资本运作的培训和服务；牵头组织相关金融机构，为投资企业提供融资服务等。

4. 通过特色反担保形式（应收账款、存货抵押）解决了贫困地区中小微企业因抵押物不足导致的融资难问题。国投创益公司与固原市政府探索了针对贫困地区中小微企业实际运行情况的反担保机制，对承诺带动贫困户发展的企业利用牛、羊、牧草、存货等生物资产以及应收账款等进行抵押，既解决了抵押物不足的情况，也扩展了抵押物的种类，解决了贫困地区中小微企业融资难的难题。

5. 县初筛、市审核、基金复核的三级审核模式，能够选择经营情况较好、信用情况优良、带贫效果突出的企业，降低投资风险，最大程度提升资金的减贫效果。国投创益公司在固原的债权投资，对企业的筛选采取了县级政府初筛、申报，市级平台审核的企业选择模式。这种模式，县级政府最熟悉企业经营情况和信用情况，对企业进行初筛、申报；市级政府平台熟悉企业的财务状况，对企业进行选择；国投创益公司履行观察员制度进行复审，确保企业带动一定数量的贫困户。国投创益公司有一票否决权，即对资金使用不精准、扶贫效益较差、涉及房地产开发行业等内容的企业，一票否决申请。以16家企业为例，多数是当地的龙头企业，经营状况、信用状况也有一定的保证。更重要的是，这些企业都是当地带动大量建档立卡户的涉农企业，充分体现了基金的扶贫效应。

国投创益公司探索的产业扶贫创新模式——"固原模式"，受到了国务院发展研究中心的高度重视。《扶贫新模式：扶贫基金＋政府平台＋中小微企》一文被国务院发展研究中心主办的《经济要参》所采用，刊登于2019年第11期，2019年3月13日出版。

贵州龙里：商贸流通扶贫模式

导语：贵州省龙里县，隶属于贵州省黔南布依族苗族自治州，是通过改善交通环境达到脱贫的典型案例。

龙里县位于黔中腹地、苗岭山脉中段，多山脉河谷的地貌使得交通极为闭塞。通过多年的发展，交通环境得到了显著的改善，脱贫攻坚工作顺利展开。贵新高等级公路，G210国道，湘黔、黔桂、珠六铁路复线、厦蓉高速公路的落成，物流产业的崛起、2014年贵广高铁的通车更使得龙里县的对外贸易及旅游业得到了迅猛发展。2017年，龙里县地区生产总值增加至89.44亿元，比上年同期增长13.4%。第一产业比上年同期增长6.3%，第二产业比上年同期增长13.1%，第三产业比上年同期增长17.1%；第一产业增加值占地区生产总值的比重为11.73%，第二产业增加值占地区生产总值的比重为61.91%，第三产业增加值占地区生产总值的比重为26.36%；人均地区生产总值（GDP）55 504元，同比增长12.9%。

2018年9月18日，国务院扶贫开发领导小组办公室印发《国务院扶贫办关于反馈贵州省2017年贫困县退出专项评估检查结果的函》，文件指出，经国家专项评估检查，龙里县符合贫困县退出条件。2018年9月25日，贵州省人民政府同意龙里县退出贫困县。

（一）主体简介

龙里县隶属于贵州省黔南布依族苗族自治州，位于黔南布依族苗族自治州西北。境内丘陵、低山、中山与河谷槽地南北相间排列，县城海拔1 080米。在地图上呈现出沿东北-西南纵向呈月牙形，南北长约73公里，东西宽约36公里，总面积1 521平方公里。东邻贵定县、福泉市，南接惠水县，西面与北面紧邻贵阳市。龙里县是贵阳的东大门，是东出三湘南下两广的要津。《贵州通志》："龙里县负山阻溪，为八省咽喉。"

龙里县现状

龙里县地处苗岭山脉中段，长江流域乌江水系与珠江流域红河水系的支流分水岭地区，属黔中南缘。地势西南高，东北低，中部隆起，山地、丘陵、盆地、河谷相互交错。

龙里县共74个贫困村、22个深度贫困村，建档立卡贫困户8 054户18 987人。由于交通问题，过去的龙里主要经济模式为省内自销，以农业为主，因为地区地势凹凸不平、沟壑散布，并未取得良好成效。而伴随着近年的发展，龙里县的交通环境得到了很大的改善，县内的经济模式也变得更加丰富，大力发展了农业外销和旅游业等产业，一举拿掉了贫困县的帽子。

（二）主要模式

1. 模式一："流通＋扶贫"

（1）发展策略。产业扶贫是脱贫攻坚的核心内容，是深入基底的长久扶贫。以蔬果产业为引导的产销结合发展模式，是激活农村乃至贵州山区发展活力的有效内生发展机制，也是国家产业扶贫政策落地贵州省黔南州龙里县的积极表现。龙里县以产业扶贫为主题实行"流通＋扶贫"模式，大力建设物流行业，打造贵州快递物流集聚区、西南现代商贸物流新区、中国物流实验基地。以"立足黔南、服务百姓、富裕农村、辐射周边、学习先进、面向全国"为出发点和落脚点，致力于将物流商贸城打造成为"中国新时代的茶马驿站"。

（2）**主要做法**。龙里县依托得天独厚的区位优势，大力发展现代物流业。时至今日，龙里县已然成为贵州乃至西南地区重要的商贸物流中心，产业优势明显，市场前景广阔。因此，由贵州双龙现代实业集团打造的"贵州双龙物流商贸城"应时而生。

成立之初，贵州双龙物流商贸城就以"立足黔南、服务百姓、富裕农村、辐射周边、学习先进、面向全国"为出发点和落脚点，致力于将物流商贸城打造成为"中国新时代的茶马驿站"。

立足贵州，贵州双龙物流商贸城大力发展龙里蔬菜产业扶贫，利用产业优势，展开商贸、就业扶贫等多种形式的扶贫，帮助企业资本、技术、人才等优势，与本地农户、土地、劳动力等特色资源有机结合，大力推进产业品牌化、标准化、规模化，带动就业，提升人力资本，有效推进黔货出山、助力精准扶贫、振兴乡村产业，更能有效促进贫困地区健康可持续发展，有力协调区域经济平衡、统筹城乡发展。

以"贵州省产业扶贫蔬菜销售专区暨双龙农副产品交易中心蔬菜交易区"为例，其位于龙里县双龙物流商贸城，以"立足贵州、服务百姓、富裕农村、面向全国"为宗旨，将其发展成为区域性集散中心、大数据信息聚集中心、价格形成中心，为广大新型农民、农业企业、农民经营组织提供了一个设施一流、管理规范、开放有序的经营舞台。

双龙农副产品交易中心蔬菜交易区是贵州双龙物流商贸城的二期工程，建设规模 21 万余平方米，设置了多个蔬菜品类交易区以及产业扶贫蔬菜销售专区和冷链物流配送中心、停车场、蔬菜农残检测中心、信息服务中心等配套设施也已建设完成，项目运营后可辐射带动农业基地种植面积快速增加。贵州产业扶贫蔬菜销售专区和双龙农副产品交易中心的建立，更是以实际行动支持了新时代下的乡村振兴战略。据了解，整个项目建成后，可辐射带动贵州省农业基地种植面积 300 余万亩、覆盖 75 万余农户、300 余万农民，带动各类现代高效农业产业示范园区 100 家以上。

2. 模式二："流通＋带动就业"

（1）**发展策略**。龙里县是贵阳市的东大门和黔南州的北大门，距省会贵阳市中心 28 公里、龙洞堡国际机场 20 公里，利用有贵广高铁、沪昆高铁、湘黔铁路、黔桂铁路 4 条过境铁路，沪昆高速、厦蓉高速、G210 国道等 4 条快速通达省会贵阳的干道和已经开通的贵龙城市大道及正在建设的龙溪城市大道等交通优势，将其优势发挥，带动农业、物流业发展，提供大量工作岗位，实现"交通建设""带动就业"的目的，产生"流通＋

双龙农副产品交易中心蔬菜交易区

发展带动"的脱贫模式。

（2）主要做法。在县政府积极的招商引资、大力发展交通的背景下，龙里成为企业兴业的热土。不少快递、物流企业早已做足功课，落户龙里。

以中通快递为例，中通快递项目从 2015 年 1 月 20 日进场施工建设开始，在企业负责人和企业特派员的积极协调下，当年 8 月 24 日公司就正式营业。企业负责人林健刚告诉记者，搬进贵州快递物流集聚区第一个月，每天进出单是 6 万票，到现在已经是每天 60 万票的常态化。随着电商行业的快速发展，原有的场地和分拣设备已满足不了企业的发展需求。2018 年初，中通快递公司贵州分中心扩建了 2 期项目，并于 10 月投入使用，新投入的设备处理快递量由原来的 80 万票提升到 150 万票。

企业的扩建也为当地提供了大量的就业岗位，仅中转部用工就达到 750 人。中通快递的发展，只是整个贵州快递物流集聚区快递、物流快速发展的缩影。贵州快递物流集聚区规划占地约 7 000 亩，入驻企业 38 家。其中，龙里县直接签约引进 23 家，入驻企业二次招商 14 家，已投入运营 27 家，集聚区内快递电商、商贸物流等产业已形成集聚效应。如今，贵州快递物流集聚区已经成为龙里县就业扶贫示范点，可以直接带动就业 2 000 余人，间接带动就业 3 000 余人。

按照"政府主导、企业主体、市场运作"的发展模式，园区同步构建"仓储配送一体化"运作平台，建立仓配一体化示范基地，打通"黔货出山"通道。快递企业的集聚引来了上下游产业，形成了良性互补的发展。

深国际贵州综合物流港项目的投资单位为深圳市深国际物流发展有限

公司，是一家专业从事"综合物流港"投资建设运营的平台型企业，规划总占地面积 34.78 万平方米。其中，物流仓储用地共 25.19 万平方米。项目依托深国际全国物流网络，打造贵州现代物流基础服务平台节点，形成以集运分拨、现代仓储为主题，集交易展示、物流总部、配套服务、信息服务为一体的综合物流港。

心怡科技股份有限公司是深国际贵州综合物流港通过以商招商引进的从事一站式供应链企业，该企业与天猫超市合作，提供智能仓配服务。2019 年，该公司仓储的货物品种达到 3 万余个，且贵州省内所有订单都在该公司配货，极大地节省了配送时间。

以上提到的公司和产业都是龙里县物流业发展的典型案例，不同的发展方法也能为不同的发展中企业提供不同的灵感。

3. 模式三："搬迁＋帮扶"

（1）发展策略。近年来，龙里县结合区域经济优势、民族文化特点、产业发展布局等实际，坚持以县城安置为主、集镇安置为辅的搬迁规划原则，按照"集中统建"模式，将全县"十三五"时期 6 290 人的易地扶贫搬迁任务规划建设 4 个安置点，其中 1 个县级安置点、2 个中心集镇安置点、1 个中心村安置点。

龙里县创新提出"以岗定搬、以产促搬"的工作思路，全面落实"五个三"后续服务保障机制，通过开发公益性岗位、创建"就业扶贫车间"等方式确保搬迁户"一户一人"就业，实现搬迁户"一户一人"就业率达98.13％。并在易地扶贫搬迁集中安置点规划蔬菜产业基地 1 150 亩，同步新建学校、农贸市场、卫生室等公共设施，配置平价超市、文化活动中心等服务场所，按标准分配"微田园"，为"搬得出、稳得住、能发展、可致富"奠定了坚实基础。

（2）主要做法。截至 2019 年，龙里县完成易地扶贫搬迁入住 1 272户5 104 人，入住率达 81.14％，易地扶贫搬迁成效显著。

同时在搬迁完成的贫困户中，脱贫人数再创新高，达到了 501 户2 011 人。2018 年，投入资金 20 多万元，在搬迁区域建 300 平方米育苗连栋大棚 1 个、600 平方米产地交易市场 1 个；并引进双龙、石板批发市场蔬菜批发商共同合作，签订订单收购协议，发展豇豆、芸豆等 100 余亩。

2016 年以来，共争取省、州奖补项目 8 个，补助资金 80 万元。其中，科普惠农兴村计划项目 3 个 45 万元，科技助力精准扶贫项目 1 个 15万元，省（州）科协科技致富二传手培训项目 4 个 20 万元，主要用于羊肚菌、百香果、蔬菜、刺梨等示范种植和技术培训，提高农户的科技种植水平。

　　抓管理助农户增收。龙里县科协驻村干部认真坚守岗位，严格按照技术老师的培训规程，时常督促农户做好豇豆、芸豆的漂浮育苗、大田移栽、施肥补充、病虫害防治等生产环节管理。从4月初开始种植，6月下旬芸豆采摘出售，收成持续近2个月的时间，老百姓口袋里几乎天天进钱，丰收的喜悦增强了农户致富的信心。据统计，下寨组农户基本上都参与春季蔬菜的种植，豇豆亩产高达2 000千克、芸豆有1 500千克，订单收购价为2元/千克，一季的收入高达8 000元，最低的也有1 500元左右。

　　通过全体干部的共同努力，"搬迁＋帮扶"的各项工作顺利完成。

4. 模式四：引进技术人才，提升农民技术素养

　　（1）发展策略。为深入贯彻落实习近平同志关于扶贫工作的论述和贵州省委十二届三次全会精神，推动农业专家精准对接产业需求，有效服务脱贫攻坚和乡村振兴战略。龙里县建立了县级产业扶贫技术专家库，并按照产业类别建立产业扶贫技术专家组，将各类专家定位到贫困村产业链上，精准对接产业需求，确保精准、及时地为贫困村产业扶贫和乡村振兴提供技术支持，不断巩固脱贫攻坚成效。

　　（2）主要做法。县级产业扶贫技术专家库由87名省、州、县、镇农业专家组成。87名农业技术专家中，有66名按照贫困村实现"一对一"的方式进行技术指导，其余的21名农业技术专家进行全县流动指导，确保农业技术指导具有针对性、精准性，让农业技术服务更加便民，群众更加满意。

龙里县农业技术指导现场

发挥好农业专家精准服务脱贫攻坚的作用，尤其是在振兴农村经济的产业革命中充分发挥好技术支撑作用，对于不断巩固脱贫攻坚成果、实施乡村振兴战略，具有重要意义。

（三）利益联结机制

长期以来，由于农户原来做生意的市场各种收费等原因，加大了批发商的经营成本，不得已只能将过高的经营成本转嫁到终端消费者，从而导致了农民卖难、市民买贵的现象发生。广大市民怨声载道。因此，多年来商户们都盼望得到一个公平合理、竞争有序、中间环节少、物流成本低、不"背黑锅"的经营环境。

如今，贵州双龙农副产品交易中心终于创造了理想的经营环境，各种收费与原来经营的市场相比，大幅度下降。同时，通过"三变"模式，让入驻的商户们不再是寄人篱下的经营户，而是实实在在地变成了市场的主人，更能调动商户们的劳动积极性。经过多年扶贫摸索，龙里县总结出两点扶贫的方法：

1. 以产业带动贫困户

以物流业的发展为核心，通过为贫困户提供工作岗位的方式解决贫困户的就业问题。而对于拥有产业的贫困户，物流的发展使得整体市场的流通更加便利和高效，同时也通过农产品销量增加等方式间接帮助了脱贫。

2. 以合作社带动贫困户

龙里县鼓励合作社与贫困户建立利益联结机制，帮扶有一定产业基础或有发展产业意愿的贫困户，为他们免费提供农资、技术、管理、销售等服务。合作社每带动一户贫困户建立种植或养殖产业，政府将给予一定补助。"合作社＋贫困户"模式，既解决了绝大多数贫困户面临的无资金、无技术、无经营能力的现实问题，也为合作社发展壮大奠定了基础，实现了贫困户增收与合作社发展双赢。

（四）主要成效

2015 年以来，按照中央、省委和州委的安排部署，龙里举全县之力、集全县之智，聚力攻坚、苦干实干，于 2018 年 9 月 18 日顺利通过了脱贫攻坚国家第三方评估检查，退出贫困县行列。

自 2015 年脱贫攻坚工作展开以来，龙里县城镇平均年新增就业人数 5 405 人，比上年同期增长 3.0%；城镇登记失业人数 333 人，比上年同期下降 3.7%，城镇登记失业率 2.8%。龙里县城镇常住居民人均可支配收入 29 174 元，净增 2 700 元，比上年同期增长 10.2%；城镇居民人均生活消费支出 19 825 元，城镇居民人均居住消费支出 4 072 元。农村常住居民人均可支配收入 10 191 元，净增 968 元，比上年同期增长 10.5%。农村居民人均生活消费支出 11 520 元，农村居民人均居住消费支出 2 442 元。龙里县参加基本养老保险人数 16 405 人，比上年同期增长 19.1%；参加基本医疗保险人数 30 760 人，比上期同期增长 0.3%；参加农村合作医疗保险人数 19.28 万人，比上年同期增长 0.9%；领取最低生活保障救济的人数 8 000 人，比上年同期下降 12.4%，其中，城镇 600 人，比上年同期下降 34.6%。

（五）启示

精准扶贫重在精准发力，重在产业扶贫。要以工匠精神，用绣花功夫，将富民惠民做实做细做足。对于龙里这样一个一开始交通闭塞、产业发展落后的贫困县来说，它精准地找到了自生的突破口，大力发展了交通要道，利用要道带来的人流量和流通大力发展了物流业，再通过物流业带动就业和产业扶贫。在此过程中，同样不能忘了发展基层农业和基础产业，伴随着基础产业不断升级"交通枢纽"同样起到了"物流发源地"的作用。这样一条完整而环环相扣、相互促进的发展链促进了龙里县的脱贫工作迅速发展。对于我们来说，也是通过交通发展而带动脱贫的典型学习案例，我们不一定要死板地认为交通的固有价值，很多时候，如何利用它带来的附加价值和机会，才是取得巨大收益和成功的关键。

贵州黔西："铁路、网路"扶贫模式

> **导语：** 黔西县，隶属贵州省毕节市，是毕节市的东大门，为黔中经济圈旅游、物流、商贸经济流向西北方向的第一要塞，是我国通过交通资源改善利用达到脱贫致富的典型案例之一。

　　黔西县作为贵州省 65 个贫困县之一，2014 年，全县建档立卡贫困户 35 000 户 138 254 人。近年来，全县上下深入贯彻中央和省、市扶贫工作部署，紧紧围绕"群众满意、精彩出列"目标，通过靶向"五个精准"、实施"四个反哺"、强化"三个保障"、落实"两个重点"和狠抓"一个关键"的"54321"扶贫模式，全力推进脱贫攻坚出成效。2017 年底，全县 15 个贫困乡（镇）全部减贫摘帽，209 个贫困村出列 163 个，贫困发生率由 15.58% 下降至 1.62%，顺利通过国务院评估验收，如期退出国家贫困县行列，并获全国脱贫攻坚组织创新奖。

> 2014年，全县建档立卡贫困户35 000户138 254人
>
> ⬇
>
> "五个精准"、实施"四个反哺"、强化"三个保障"、落实"两个重点"和狠抓"一个关键"的"54321"扶贫模式
>
> 2017年底，全县15个贫困乡镇全部减贫摘帽，209个贫困村出列163个，贫困发生率由15.58%下降至1.62%

（一）主体简介

　　黔西县东邻贵阳市修文县，南邻清镇市和织金县，西邻大方县，西北与百里杜鹃风景名胜区接壤，北和东北与大方县、金沙县接壤；矿产、水能资源丰富，旅游资源丰富，素有"一枝花"美誉。景点有灵博山古象祠、黔西观音洞遗址等。黔西县的气候属亚热带温暖湿润气候，平均气温14.2 ℃。黔西矿产、水能资源丰富，是西部大开发拉开序幕的地方，是贵州省"西电东送"的能源基地。煤炭储量达 70 多亿吨，水能资源径流年总量达 77 亿立方米。

　　自 2014 年以来，黔西县大力发展旅游业、物流业和商贸经济，从2014 年全县建档立卡贫困户 35 000 户 138 254 人到 2017 年底，全县 15 个

贫困乡（镇）全部减贫摘帽，209 个贫困村出列 163 个，贫困发生率由 15.58％下降至 1.62％，顺利通过国务院评估验收，如期退出国家贫困县行列，并获全国脱贫攻坚组织创新奖。

（二）主要模式

1. 模式一："交通建设，开拓产业边界"

（1）发展策略。利用黔西县优厚的地理位置条件，开发已有公路、交通要道，发展有价值地区的交通通道，以交通方式的发达来带动周边经济发展；投资中通、圆通等知名物流，进一步发展产业，开拓更广的土地资源；同时，也提供了大量就业岗位。

（2）主要做法。围绕穿境黔西县的厦蓉高速、杭瑞高速、贵毕高等级公路，大力开发物流业和旅游业。2006 年，货物周转量 41 400 万吨公里，旅客周转量 23 149 万人公里，分别比 2005 年增长 20.91％和 9.44％。民用车辆拥有量 3 748 辆，其中，客车类 1 193 辆，货车类 934 辆，摩托车类 1 621 辆。

2013 年，建设成贵快速铁路、黔织高速公路、黔大高速公路、黔西-清镇高速公路、昭黔铁路；规划黔金高速公路、黔遵高速公路。2013—2016 年 3 年之内将黔西县融入贵阳 1 小时经济圈，成为黔西北地区主要交通枢纽，成为贵州新一轮经济发展的重要增长带。

2016 年，改造国道、省道及县乡道路 181.1 公里，建成旅游公路 107 公里、工业专用公路 167 公里、通村水泥路 1 163 公里和乡镇客运站 7 个，实现乡乡通油路（水泥路）、建制村通油路（水泥路）、94％的行政村通客运班线路。

2013年	建设成贵快速铁路、黔织高速公路、黔大高速公路、黔西-清镇高速公路、昭黔铁路；规划黔金高速公路、黔遵高速公路
2013—2016年	3年之内将黔西县融入贵阳1小时经济圈，成为黔西北地区主要交通枢纽，成为贵州新一轮经济发展的重要增长带
2016年	改造国道、省道及县乡道181.1公里，建成旅游公路107公里、工业专用公路167千米、通村水泥路1 163公里和乡镇客运站7个

2. 模式二："五个精准"

（1）发展策略。通过精准扶贫，针对不同贫困区域环境、不同贫困农户状况，运用科学有效程序对扶贫对象实施精确识别、精确帮扶、精确管理。将各地的具体情况纳入考量，制订具体而极具特色的扶贫方案。黔西县以此为主旨，提出了"五个精准"的扶贫战略。

（2）主要做法。

一是精准扶贫对象。对照"六看法"，按照"一申请、一对比、一评议、两公示、一公告"识别程序，组织县、乡、村、组干部进行3次大规模摸排，确定贫困户新增2 054户7 974人，清退5 043户12 562人。同时，建立"互联网＋社会基础信息"平台，将"人、事、地、情、物、组织"纳入平台管理，严格国标对拟退出贫困户基础信息逐一比对调查核实，共退出贫困户30 018户123 847人。

二是精准帮扶主体。按照"党群干部到弱村、政法干部到乱村、经济干部到穷村、涉农干部到产业村"的思路，选优配强乡镇党政班子、村党组织书记，派驻县级干部到乡镇和深度贫困村包保联系，优秀党员干部任村第一书记，组建驻村工作队到村开展工作，实行脱贫不脱钩、贫困村贫困户帮扶全覆盖。派驻40名县级干部包保联系乡镇和深度贫困村、384名优秀党员干部任村第一书记，组建209个驻村工作队1.3万名干部驻村工作，全县87个县直单位3.6万名干部与所有村和贫困户结成对子。

三是精准项目支撑。以"村村有产业、户户有项目、人人有致富门路"为目标，依托对口帮扶地区的项目、资源和资金优势，中央给予一批项目、寻找一批项目、自筹一批项目，对致贫原因靶向治疗、差别化帮扶，确保项目安排、到户措施精准。投入专项扶贫资金2亿元，实施到户帮扶项目3 370个。

四是精准资金管理。整合财政涉农资金，撬动民间资本和银行资本，累计整合投入252亿元助力脱贫攻坚。建立扶贫开发投资公司，盘活存量资金，搭建扶贫融资平台，健全完善资金保障机制。建立扶贫资金公告公示、监督审计、报账规范、投诉监督等系列制度，加大资金监管，提高资金使用效益，保障资金安全。

五是精准调度机制。强化党政主体责任，成立以县委书记、县长任双指挥长的县级脱贫攻坚指挥中心，31个乡级指挥部和384个村级脱贫攻坚大队，统一实施督查调度问责。全县成立4个脱贫攻坚督办督查组、10个脱贫攻坚核查组、29个民生监督组、13个督查问责组，深入开展脱贫攻坚问题整改和扶贫领域监督执纪问责。2014年以来，扶贫领域共立案815件，党政纪处分791人。

3. 模式三："四个反哺"

（1）发展策略。黔西县的矿产主要有煤、高岭土、大理石、重晶石、水泥石灰岩、软质黏土、土陶原料黏土、黄铁矿、赤铁矿、钴锰矿。黔西是西部大开发西电东送工程拉开序幕的地方，能源优势明显，优质无烟煤矿遍布

精准扶贫对象　精准帮扶主体　精准项目支撑　精准资金管理　精准调度机制

全县，潜在储量预计 70 亿吨以上。矿产资源丰富，作物种类丰富多彩，大批产业取得成功。因此，让产业反过来带动农民，让资源结果反哺资源。

（2）主要做法。

一是工业反哺。以工"哺"农，采取建设一批返乡创业园、引进一批环保制造企业、培育一批农产品加工企业，鼓励贫困户就地就近就业，组织企业与贫困村对接，引导贫困人口到企业就业，让贫困户通过就业搭上"工业致富"快车，实现"家门口的就业梦"。全县共培育出农产品加工企业 22 家、农业经营主体 111 家，建成农业园区 35 个，组建 20 家国有产业投资公司和 29 个乡（镇、街道）产业发展公司，有效带动贫困户抱团发展。

二是农业反哺。以农"哺"农，探索"资源变资产、资金变股金、农民变股东"的"三变"模式，瞄准"养牛、养蜂、养禽、果蔬"四大产业，走"合作式、参与式、整合式"农业发展之路，推动农户、村级组织、合作社实现"抱团发展"。建立利益联结机制，成立专业合作社 1 257 个，引导 2.06 万户贫困户与企业、合作社签订利益联结协议，养殖安格斯青年母牛 6 500 头、发展蔬菜大棚 1.22 万栋、养殖中华蜂 3.04 万群、种植经果林 33.27 万亩。

三是旅游反哺。以旅游"哺"农，大力推动"农旅结合"，建设一批美丽乡村、特色风情小镇，让城市人掏出"票子"来填补农村人的"袋子"，刺激旅游消费促增收，规划连缀百里杜鹃、织金洞等国家级风景名胜区的精品旅游线路，促进贫困农户脱贫增收。全县共获批国家 AAA 级景区 1 处，省级乡村旅游点 27 个，启动村寨乡村旅游开发 102 个，乡村旅游直接从业人员 13 908 人，间接从业人员近 7 万余人。

四是服务反哺。以服务"哺"农，成立县农业产业结构调整技术指导小组，依托"农业专家服务'三农'工作、科技人才联乡帮村计划"，从涉农单位抽派农技专家，整合市、县、乡科技副职，科技特派员和农业辅导员"三支队伍"，组建经果林产业、蔬菜产业、中药材产业、高粱产业、草地生态畜牧产业、食用菌产业 6 个指导组，实行分片联系乡镇，对全县农业产业结构调整进行技术指导。全县共有市、县、乡级科技人员 877 人，开展技术指导 1.9 万余人次，培训农民 13 万余人。

工业反哺　　农业反哺　　旅游反哺　　服务反哺

4. 模式四："不仅有铁路，更有网'路'"

（1）发展策略。为了突破地域限制，更好更快地发展经济，脱贫致富，利用"互联网＋"大数据信息平台的农户终端，实现政务公开、各项扶贫惠民政策、民生监督、网上信访，内容丰富，时时更新。同时，发展网络销售、宣传。

（2）具体做法。通过大数据分析，有针对性地鼓励游子返乡创业，先后兴办起腾馨、水西谣农业合作社和周氏农业园区，种植经果林1 000多亩，修建食用菌培植大棚100余个，解决群众700余人就业。通过App平台接入，让鸭池河果蔬、黑霸乌鸡、绿壳鸡蛋等农特产品入驻京东、淘宝网、贵农网等著名电商平台，打通了"网货下乡、黔货出山"的双向通道。2018年度，通过电商创造产值达到新高，带动了农民自主就业10 423人。

5. 模式五："生态＋旅游＋发展"

（1）发展策略。以生态发展为核心，在给予农户生活保障的情况下，发展"原生态"旅游事业以及发展当地农业，发展当地特色作物再用旅游业发展带动其宣传和外销。与此同时，引进高新技术和产业，推动发展。

（2）具体做法。以干井村为例，黔西县永燊乡干井村属一类贫困村，面积4.5平方公里，耕地面积960亩，人均耕地0.6亩，人均林地0.5亩，森林覆盖率48％。有5个村民组397户1 440人，劳动力680人，其中贫困户102户433人，贫困发生率达30％。近年来，村党支部认真学习贯彻党的十九大精神，抓班子带队伍、强基础育产业、建设美丽新农村。特别是大力发展刺梨种植，开展刺梨赏花、刺梨采摘等农业生态观光旅游，推动脱贫攻坚取得显著成效。

在试验区强力推进退耕还林、产业调整的新形势下，干井村因地制宜大力发展刺梨种植，争取退耕还林以奖代补指标，采取"支部＋公司＋合作社＋农户"的"四位一体"经营管理模式。农户以土地入股，合作社组织统一规范管理，引进贵州绿源食品科技有限公司（金刺维）订单收购，保底价每千克不低于2元。2015年和2016年冬季，全村125户种植刺梨960亩。每亩财政3年补助1 200元，全村农户活补助资金115.2万元，户均纯收入9 216元；在刺梨林中套种黄豆等矮秆作物，每亩收获黄豆200千克1 200元，2项收入2 400元；刺梨种植3年挂果后每亩收刺梨270千克以上，盛产期达4 000～6 000千克，按保底价每千克不低于2元，加上黄豆收入1 200元，每亩收入可达3 200～4 200元，刺梨种植已初见成效。2017年秋，收获鲜果1万余千克，2019年收获2.5万余千克，全部实现了订单收购，群众种得出、销得出、得实惠。干井村还种植550亩中药材丹参、脆红李、梨子、枇杷等。截至2017年，全村实现100户贫困户脱贫，剩2户由民政兜底，实现了整村脱贫。

（三）利益联结机制

1. 强化"三个保障"，提升农民生活水平

（1）夯实基础设施。按照"五通四有""四有五覆盖"要求，全力推进"水电路讯"等基础设施建设，着力实现"小康水、小康电、小康路、小康讯"等基础设施全覆盖。投入资金6.64亿元建成樱桃坪水库，启动仙人洞水库、县城供水二期等供水工程建设，实施小水窖1 518口、集中供水工程284个，解决25.67万人的饮水安全问题。投入资金3.7亿元实施电网建设，建成变电站5座、新建和改造电网线路874.13公里、新增变压器385台，实现全县综合电压合格率达95%。筹集资金30.7亿元完成县乡道改造131.4公里、通村通组油路（水泥路）3 321.41公里、连户路和院坝硬化148.54万平方米。

（2）拓宽就业渠道。通过开发护校、护路、护林、护医、护厂、护河、护寨、治安巡防、养老护理、环卫协管员等"10＋N个一批"就业扶贫公益专岗，以实施工业"百千万"工程为契机，大力扶持发展小微企业和劳动密集型企业。全县共开发公益专岗4 477个、就业培训23 652人次，实现贫困户、特别是有劳动能力的搬迁户，每户均有1人以上实现稳定就业创业。

（3）完善社会保障。对"一方水土养不活一方人"的地区，全面实施易地扶贫搬迁；对不符合搬迁对象房屋存在安全隐患的，实施危房改造、安全住房建设；对因病致贫的，实行"四重医疗保障""先诊疗后付费""一站式"即时结算制度。累计发放各类学生资助资金 2.12 亿元、资助学生 23.02 万人次；实施安置搬迁 5 419 户 23 918 人；贫困人口参合率和家庭医生签约率均达 100%，从根本上遏制因病致贫、因病返贫。

夯实基础设施		完善社会保障
全力推进"水电路讯"等基础设施建设，着力实现"小康水、小康电、小康路、小康讯"等基础设施全覆盖	开发护校、护路、护林、护医、护厂、护河、护寨、治安巡防、养老护理、环卫协管员等"10+N个一批"就业扶贫公益专岗	实施易地扶贫搬迁实施危房改造、安全住房建设
	拓宽就业渠道	实行"四重医疗保障"等制度

2. 落实"两个重点"，激发农民内生动力

（1）对内"强素质"。按照"扶贫与扶志"相结合的原则，创办"新时代农民讲习所"514 所。加强对贫困群众思想观念、发展技能等技术培训，增强群众想发展、会发展、能发展的能力。同时，积极争取民建中央及民建东部十省市、深圳市、广州市花都区、恒大集团等单位和企业用心用情用力帮扶，全县上下形成干群齐心协力、社会广泛参与的攻坚局面。全县共开展群众需求讲习 2 万余场次，受众群众达 60 万余人次；开展党建扶贫专题培训受益群众 5 700 人次，整合部门资源培训乡村干部群众 2.5 万人次。

（2）对外"树形象"。大力开展"五子行动"，整治村子、寨子、房子、院子、样子，全面提升农村人居环境外在形象。投入资金 4 663.4 万元，聘请 1 254 名低收入家庭人员定期打扫公路卫生，改变"晴天一身灰、雨天一身泥"的状况。实施"一事一议"财政奖补路灯项目 186 个，修建排污管道 40 余公里，建设乡镇污水处理厂 4 座。投入资金 1.77 亿元改造 4 113 户民居。投入资金 5 800 余万元建成乡镇垃圾转运站 30 个、安置垃圾收集箱 903 个，购买垃圾运输车 87 辆。引导广大群众养成良好的生活习惯，发动 500 余名理发师和驻村干部"爱心理发"，惠及群众 3 500 余人。

（四）主要成效

自扶贫工作展开以来，黔西县在精细识别管理贫困户、精准落实扶贫

项目、精确发展扶贫产业上下功夫，推进精准扶贫工作取得明显成效。全县农民人均可支配收入从 2010 年的 3 391 元增加到 2014 年的 6 279 元，增长 85.2％。2014 年，全县共脱贫 7 957 户 32 100 人，7 个乡镇实现省级减贫摘帽，10 个乡镇实现市级减贫摘帽。

1. 精细识别管理零遗漏

一是采取"四看法"进行打分识别，认真填写贫困农户、贫困村登记表以及扶贫手册等，建立和完善贫困对象档案，做到村有档、户有卡。2014 年末，全县识别出贫困人口 44 822 户 132 223 人、贫困乡镇 6 个、贫困村 197 个。

二是创建贫困户"二维码"识别管理平台，用手机扫一扫"二维码"，即可查询贫困户基本信息、结对帮扶、帮扶计划等信息，接受全体干部群众的监督管理，实现扶贫对象的精准化管理。

三是明确专人跟踪管理贫困户信息台账，对脱贫户及时进行脱贫评估，对脱贫成效不明显的，及时调整帮扶人员或帮扶措施，确保贫困户如期脱贫。

2. 精准落实项目无流失

一是建立驻村干部、帮扶责任人、村干部、组干部帮扶监督机制，充分发挥民生监督组的作用，杜绝"人情扶贫、关系扶贫、亲属扶贫"等乱象，杜绝扶贫项目"打偏跑漏"，确保公平公正公开。

二是对扶贫项目实行"五户联保"，形成连带责任，有效防止贫困户将扶贫物资变卖和扶贫资金流失，确保扶贫项目持续滚动发展。

三是扶贫项目实行先建后补、以奖代补政策，在提高贫困户自我发展能力的同时，防止了扶贫项目资金流失。

3. 精确发展产业保脱贫

充分结合实际并尊重贫困户意愿，实行一户一产业，发展"周期短、见效快、风险小、技术操作容易、劳动强度不高、辐射带动强"的"短平快"产业，大力支持有劳动能力的扶贫对象发展蔬菜、马铃薯、经果林、中药材等种植项目，以及猪、牛、羊和水西乌鸡等养殖项目，培育了一批产业村、种养大户。如洪水镇新桥村充分利用当地资源禀赋，引进贵州高原蓝梦菇业科技有限公司发展食用菌种植产业，促进包括 81 户贫困户在内的 132 户农户脱贫致富，带动 400 人就地就业创业，仅 1 年时间就让全村有发展意愿和有劳动力的 81 户贫困户 327 人全部脱贫。中建乡红板村结合当地高寒气候、荒山资源，发展蔬菜、马铃薯、中药材种植和牛羊养殖，仅 2 年时间农民人均纯收入就从原来的不足 2 000 元增长到 4 620 元，扶贫成效明显。

（五）启示

黔西县作为以交通为基础，在此之上发展第二阶梯产业的代表，其转变值得我们去学习。对于黔西县来说，与龙里不同的是，物流行业并没有在这里成为脱贫致富的金钥匙，而更像是一个载体。黔西县作为贫困县，利用其交通的优势，发展了旅游业、改善了运输只是一方面。更重要的是制定了完完全全符合自身发展的好政策，同时对于扶贫工作者严格要求，把自身利益与老百姓牢牢地绑在一起。善于利用已有资源实现"先富带动后富"，以极其有前瞻性的发展战略完成了脱贫工作。

河北阜城：科技创新脱贫模式

导语： 河北省阜城县科技脱贫是我国脱贫攻坚工作的典型案例之一。农业是阜城县的主要产业之一，也是脱贫攻坚的主要产业之一。阜城县位于河北省东南部，属黑龙港流域。该地区土地肥沃，雨量、热量充足，适宜种植多种农作物。由于优越的自然环境条件，这里出产的农作物，品质上大多数优于其他产地所产出的农作物。为了把农业科技成果转化与扶贫攻坚、农民增收对接起来，开辟特色农业产业扶贫的新途径，阜城县与河北省农林科学院签署了院县共建技术合作协议，实施优质特色农业提质增效行动计划，定期开展产业技术辅导。实施农业科技成果转化13项，带动2 000多户贫困户稳定脱贫。因此，在进行脱贫攻坚工作时，河北省阜城县的红高粱基地脱贫实例具有较强的借鉴意义和价值，值得深入研究。

(一) 主体简介

阜城县是河北省衡水市下辖县，位于河北省东南部，衡水市东北部，属黑龙港流域，总面积697平方公里，东部隔南运河与东光县相望，北部与泊头接壤，西部与武邑县毗邻，南部与景县相连。阜城县地处河北冲积平原，地势自西南向东北缓慢倾斜，境内河流较多。由于河流泛滥和改道，沉积物交错分布，形成许多缓岗、微斜平地和低洼地。但是，由于其良好的自然环境，为农业的发展提供了得天独厚的条件，使其成为全国商品粮生产基地县、全国平原绿化达标县，更有"中国杏梅之乡"和"西瓜之乡"等美誉。

阜城县是我国脱贫攻坚工作的重点县之一，2018年，阜城县共有建档立卡贫困村272个，建档立卡贫困户4 926户10 511人。为了打赢这场脱贫攻坚战，阜城县把脱贫攻坚作为首要政治任务，坚持以脱贫攻坚统揽经济社会发展全局，坚持精准扶贫、精准脱贫基本方略，引领农民跟着市场走，因地制宜调整种养业结构，项目扶贫实现多重覆盖。这提升了广大贫困群众脱贫致富信心及自我发展能力，汇聚成推动发展进步的澎湃力量，为阜城县脱贫工作的顺利完成打下牢固的基础。

（二）主要模式

1. 模式一：企业合作＋高校合作

（1）**发展策略**。阜城县立足县情实际，始终坚持以项目扶贫为重要举措，以脱贫攻坚统揽县域经济发展全局。该县瞄准实力强、信誉高的大企业、大项目、大品牌寻求战略合作。各工作组集中上了一大批扶贫项目，较好地发挥了帮扶作用。该县坚持走"精准扶贫、产业先行，产业扶贫、人才先行"的扶贫方针，力求与企业和高校合作，寻求并达成合作项目，实现当地居民收入的增加，提高人们的生活水平。

该县瞄准实力强、信誉高的大企业、大项目、大品牌寻求战略合作 坚持走"精准扶贫、产业先行，产业扶贫、人才先行"的扶贫方针

（2）**主要做法**。鼓励规模企业和工商资本投入特色产业，引导贫困群众以土地、扶持资金入股产业园区或合作组织，通过股金、薪金、租金和补金等多重收益脱贫。

以河北益彰食品酿造有限公司为实施"六位一体"的主体，充分发挥其农业产业化龙头企业的带动作用，利用益彰的品牌优势，成立了阜城县阜星农业科技有限公司，建立了万亩商品粮基地，并对园区进行专业化管理。合作社以社为单位，为农户提供多种服务，形成生产分散在户、服务统一在社。以科技创新为先导，依托河北省农林科学院的技术优势，不仅加快农业新品种、新技术的推广、转化和应用，还要为农业种植、农产品加工及农产品创新提供一流的技术支撑。

鼓励规模企业和工商资本投入特色产业，通过股金、薪金、租金和补金等多重收益脱贫 依托高校技术优势，加快农业新品种、新技术的推广、转化和应用

农户是生产的主体，将土地以委托或半委托的方式，交给合作社进行管理，实现土地种植和管理的统一。2 万亩大豆和高粱已签订了销售合同，进入北京、天津大型超市。保证了大豆、高粱的高价位回收。古城村的千亩转基因大豆育种基地丰收在望。阜星农业科技有限公司又与 12 个合作社签订土地管理服务协议，合作社与入社农户签订服务协议，对园区内的农作物实行"八统一分"，即统一优良品种、统一施肥、统一浇地、统一治虫喷药、统一技术指导、统一收获、统一品牌包装、统一销售，提供大型机械化服务，并采用无人机喷药、分户种植。

通过项目建设，直接带动农户 2 500 户，间接带动农户 3 000 户，示范性带动农户 5 000 户，直接安排就业贫困人口 62 人，覆盖带动 31 个贫困村。在阜星农业科技有限公司成功运营的带动下，大禹集团、京蓝集团投资开发 10 万亩大豆、高粱基地，正在积极快速设计规划，2019 年全县达到 15 万亩以上。

同时，阜城县与中国科学院、河北省农业科学院建立了院县合作关系，常驻贫困村和农业园区，采取"五个一"（发展一个农业产业、制订一个产业规划、建设一个发展主体、联合一批帮扶部门、建强一个产业队伍）合作模式。对产业发展规模较大的村、园区，整合扶贫资金，集中解决产业发展中遇到的"水、电、路"等问题。为解决发展产业起步资金难题，从 2013 年开始，对发展设施瓜菜、林果、特色种植产业给予补贴。有 82 个扶贫村发展起了设施瓜菜产业，有 20％的户棚菜收入年均超过了 10 万元，新建棚贫困户实现当年见效、当年脱贫。漫河乡的许家铺村由贫困村转变为远近闻名的瓜菜专业村，建成了许铺新村，8 栋居民楼全部搬迁入住。

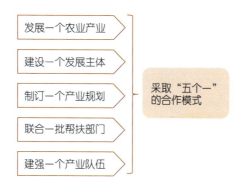

2. 模式二：引进人才＋帮扶到户

（1）**发展策略**。阜城县以培育用好县域乡土人才为基础，以"领军人才＋产研基地""技术人才＋示范园区""销售人才＋专业协会"的乡土人才"叠加"模式引领了脱贫攻坚工作的顺利进行。坚信人才既是脱贫攻坚的"软实力"，更是乡村振兴的"硬支撑"。始终围绕"引得进，干得好，留得住"的人才脱贫方针。

（2）**主要做法**。阜城县与河北省农林科学院签署了院县共建技术合作协议，实施优质特色农业提质增效行动计划，定期开展产业技术辅导。引进了中国科学院、中国农业大学、北京市农林科学院等 9 家科研院所的专家到贫困村开展科技帮扶。通过实施渤海粮仓科技扶贫项目，建设河北德

隆农业科技示范园区（获得省科技厅批准命名，成为全市三家省级示范园区之一），引进"西州蜜25号"等新品种和新技术，带动48户贫困户增收。实施林果科技扶贫，大力推广梨树省力化高效栽培技术，聘请河北省农林科学院、市林业局科技特派员对富源梨果农民专业合作社、绿科家庭农场等进行了"一对一"的技术帮扶，开展技术培训36次，培训贫困户500多户1000余人次，发放技术资料2000余份，带动1000多贫困户发展林果产业脱贫致富。为打造农业创新创业平台，该县创建省市级工程技术研究中心2家、省市级众创空间3家、市级以上星创天地4家（国家级1家、省级2家，市级1家）、省级科技孵化器1家。2018年，围绕家政服务、农作物种植管理等先后培训贫困农民30余次3400余人，实施农业科技成果转化13项，带动2000多户贫困户稳定脱贫。

3. 模式三：特色农业＋打造产业链

（1）**发展策略**。以农业供给侧结构性改革为方向，紧紧围绕"提质增效转方式、稳粮增收可持续、培育主体强产业"的工作主线，充分挖掘农业增效、农民增收的潜力，大力发展生态高效特色农业。同时，积极推动优质大豆、高粱、花生、黄桃、葡萄、西瓜、棚菜等主导产业集中、集聚发展，由点到面，逐步推开，打造了崔家庙镇、古城镇等一批产业特色明显、竞争力强的专业镇村。

（2）**主要做法**。以阜城县崔庙镇的红高粱基地为例，红高粱基地位于阜城县崔庙镇域内，基地种植红高粱面积5万亩，该镇将红高粱基地建设与种植结构调整、推进农业供给侧结构性改革，多次组织相关人员和村干部到山东聊城、河南郑州等地考察、学习，最终在河北省农林科学院谷物研究所的帮助下，种植效益高、易管理、耐旱的红高粱。崔庙镇的4万亩红高粱，不仅使当地农民增收，还有效带动了阜城县100多个村，2万农户种植红高粱。阜城县种植酿酒用高粱8.6万亩，总产量可达到5.1万吨，产值超过1.5亿元，创造利润2000余万元，使农业增效、农民增收。同时，崔庙镇在不断提升红高粱基地的规模化、科技化、品牌化程度，充分发挥示范引领作用，着力将其打造成农业特色产业的"崔庙样板"。

另外，创新农业发展由生产向产加销协调发展转变，大力培育优势特色产业，以品牌创建、产品加工为抓手，进一步做大做强"漫河"牌西瓜、"伊强"牌樱桃番茄、"艳普"牌甜瓜、霞口鸭梨等品牌，通过无公害产品认证，标准化生产，创建名、优、新、特农产品，提高了农产品市场竞争力。

2019年以来，新发展优质大豆10万亩、高粱2万亩、花生2万亩、新增设施蔬菜1 200亩、大棚西州蜜25号哈密瓜1 800亩，新建大棚200亩，旱稻试种基地1 000亩，发展林药间作800亩。

4. 模式四：旅游观光

（1）发展策略。阜城县积极响应国家"五位一体"发展战略，重视文化建设和生态文明建设。通过完善设施、开展活动、精品旅游，为脱贫攻坚工作注入文化力量，更是成为全面建成小康社会、美丽阜城的精神动力和文化支撑。

（2）主要做法。阜城县牢牢抓住丰厚的历史文化资源，把发展乡村旅游作为农村振兴发展的朝阳产业，深入挖掘古城村2 400多年建城史的文化特色，重现历史上简子城风采。建设了邓屯村农耕博物馆，打造了纪庄村红色旅游小镇、大龙湾村运河文化小镇和韩董庄村书香小镇等一大批具有地域特色的文化村镇。立足境内阜城湖、万亩林场、本斋纪念园、中华古梨园、运河文化等资源优势，重点打造了田园绿林、运河文化等6条乡村旅游环线。培育和指导阜城卧龙泉酒业、霞口百年梨园风景区、阜城县阜星科技现代农业园区建成旅游景点。制作了内容丰富、形式生动的阜城手绘旅游地图，发布了2条畅游阜城精品线路，方便游客出行。实施乡村旅游后备厢计划，加大对非物质文化遗产和可移动文物的保护力度，建立非物质文化遗产保护名录，将具有地方特色的剪纸旅游纪念品产业化，为乡村旅游注入活力。现已收集整理县级非物质文化遗产 30 余种，通过几年努力，阜城剪纸成功申报为省级非物质文化遗产。成功举办了"2018首届中国·阜城·霞口梨花节暨京东小站精准扶贫启动仪式""中国·阜城首届农民丰收节暨红高粱文化节"等一系列精彩纷呈的活动，拓宽了周边市场，树立了乡村旅游品牌，扩大了阜城旅游品牌的知名度和影响力。

（三）利益联结机制

综合阜城县的实际情况，该县制定了"人才帮扶到户""政府＋龙头企业＋金融机构＋科研机构＋合作社＋农户"的"六位一体"等脱贫模式，打出了精准脱贫的"组合拳"，为脱贫攻坚战的成功打下牢固的基础。

1. 人才帮扶到户

阜城县与多家知名企业和高校合作，引进人才，向当地的农户提供技术上和销售渠道上的服务，使农业的管理日益科学化，实现了小农经营向集约化经营转变，有利于农业发展、农民增收。同时，研发了新型农作物，改良了当地的农作物，提高了农作物的产量。

2. "六位一体"模式

大力推行"六位一体"模式，鼓励规模企业和工商资本投入特色产业，引导贫困群众以土地、扶持资金入股产业园区或合作组织，通过股金、薪金、租金和补金等多重收益脱贫。同时还展开项目合作，其合作范围包含电力、交通、医疗等多方面。集中解决了当地产业发展和居民生活的"水、电、路"等问题。

人才帮扶到户	与知名企业和高校合作，引进人才，向农户提供技术上和销售渠道上的服务，使农业的管理日益科学化，实现了小农经营向集约化经营转变。同时研发新型农作物，改良当地的农作物，提高农作物的产量
"六位一体"模式	鼓励规模企业和工商资本投入特色产业，引导贫困群众以土地、扶持资金入股产业园区或合作组织，通过股金、薪金、租金和补金等多重收益脱贫

（四）主要成效

阜城县自开展脱贫工作以来，凝聚社会各方面的力量，以"精准扶贫"为脱贫指导思想，制订了正确可实施的脱贫方案。直至 2018 年，取得了以下成效。

　　阜城县建成省级现代农业园区 2 个、市级现代农业园区 8 个，发展农民合作社 1 021 家，实现了贫困村全覆盖。与贵州茅台酒股份有限公司等合作，发展订单酿酒用高粱 8.6 万亩；引进了国家老字号王致和腐乳，发展非转基因大豆 4.8 万亩；引进了鲁花集团，发展优质花生 2 万亩；同时，发展优质甘薯 1 万亩，绿色瓜菜 2.4 万亩，特色经济林 1.1 万亩。覆盖农户 26 000 户，其中贫困户 2 401 户。发展畜牧养殖产业，全县有 732 户 1 847 人从事养殖项目，其中贫困户 124 户 253 人。

　　建设了集中式光伏扶贫电站 35 兆瓦，43 个村级光伏扶贫电站总规模 13.8 兆瓦，228 个村级分布式光伏电站总规模 4.56 兆瓦，带动 271 个贫困村每村受益集体小型公益事业资金 2 万元，带动 3 331 个受益贫困户每户年增收 3 000 元。

　　以美丽乡村、特色小镇为载体，加强阜城县东部剪纸文化特色产业和梨园生态观光产业、运河文化带、西部生态农业观光、森林休闲度假、红色文化旅游建设，成功创办了中国阜城梨花节、河北省首届红高粱丰收节。全县共发展乡村旅游景点 20 个，经营户 150 家，星级酒店 1 家，全年接待游客近 60 万人次，乡村旅游综合收入 2.6 亿元，同比增长 33.6%。

　　深入挖掘崔庙剪纸、卫生香、古城汽车灯具等传统产业优势，加强培训和示范带动，带动解决贫困户 36 户 77 人就业问题。就业方面则通过建档立卡贫困劳动力台账、建档立卡贫困劳动力就业台账、建档立卡贫困劳动力有劳动能力和就业愿望且未就业人员台账、建档立卡贫困劳动力有劳动能力和就业愿望且有培训需求人员台账 4 个就业扶贫台账，对台账实行动态管理，监测贫困劳动力需求，及时调整帮扶思路，跟进帮扶措施，搞好精准服务。借助建设扶贫车间，创新开展培训，合理设置扶贫专岗，做好劳务对接等形式吸纳贫困劳动力。

　　依托德金电子商务有限公司建立了县电商服务中心，构建了县电商领导小组、乡镇电商主管副职、村委会电商专员三级管理体系。建设了阜城县农特产品展销中心，益彰食品、汇鹏梨汁、阜城剪纸等一大批农产品入驻，打造了"阜城梨花节特色产品展厅"。2018 年 4 月 8 日，该县与京东金融集团共同举办了第一届梨花节暨全省首届京东金融扶贫小站启动仪式。2018 年 9 月，该县被命名为国家电子商务进农村综合示范县。建档立卡贫困人口享受医疗保障救助政策 6 856 人次，增补医药费 742.6 万元；全面保障建档立卡贫困人口参保。2018 年，县财政投入 251.94 万元资助建档立卡贫困人口参加城乡居民基本医疗保险，确保一户不漏、一人不落。为有效解决贫困群众就医负担，出资 66 万元为建档立卡贫困群众办理了商业补充保险；全面落实"一站式"报销结算要求。

（五）启示

河北省阜城县的科技脱贫案例，深刻地印证着习近平主席曾指出的一句话——"科学技术是第一生产力，创新是引领发展的第一动力"。阜城县坚持以人为本的发展战略，重视人才，重视科学技术，并通过与实力强、信誉高的大企业、大项目、大品牌寻求战略合作。同时从当地实际情况出发，发现当地产业链不完整、投资资金少、生产力低下的问题，发挥当地特色农业，如红高粱、西瓜、杏等种植型农业，从而建立起极具当地特色的产业及其产业链，使得当地人们的收入不断增加，生活水平不断提高。总结起来可以分为三点，分别为：优选项目，精准扶贫见实效；创新机制，精准扶贫增活力；服务精准，精准扶贫有保障。

打好脱贫攻坚战，需要以促进贫困群众稳定增收为核心，以落实"两不愁、三保障"为中心，以防止返贫为重心，扎实推进扶贫脱贫工作。一定要因地制宜，不能盲目效仿，需要根据当地的实际情况，制订出科学有效的脱贫方案。身为脱贫攻坚战的一分子，要以高度的政治感、使命感和责任感，明确奋斗目标。要广泛凝聚社会各方面的力量，从政府的"单打独斗"到全社会的"握拳出击"，吸纳各界力量，着眼全面扶贫。贯彻落实好精准脱贫的思想——扶持对象精准、项目安排精准、资金使用精准、措施到户精准、因村派人精准、脱贫成效精准。积极采取一项项有针对性的举措瞄准贫困"病根病灶"，实施"定靶治疗"，实现从"大水灌溉"到"精准滴灌"的巨大飞跃。

第四章 乡村产业融合带动脱贫

河北康保：河北乾信牧业股份有限公司绿色发展扶贫模式

导语： 河北乾信牧业股份有限公司，2011年12月在国家级深度贫困县——康保县注册，7年多在康保县8个乡（镇）建成了拥有13个产业基地的全产业链食品加工企业。携1 000多名员工、7家科研单位，在各级政府、国家贫困地区产业发展基金、中国农业银行张家口分行的大力支持下，打造出中国最好的鸡肉食品，带领119个村7 849户贫困户的16 529个贫困人口走上脱贫致富之路。

公司将贫困地区无污染的生态资源优势转变为产业优势，凭借健全的产业链模式，提升了企业在市场的竞争力。为社会提供了就业岗位，又带动了地方的经济发展，积极探索出一条贫困地区绿色发展的产业扶贫之路。公司已发展成为河北省重点农业产业化龙头企业、中国农业产业化龙头企业、河北省扶贫龙头企业。

（一）主体简介

1. 发展背景

张家口市康保县位于河北省最西北部坝上草原，辖7镇8乡，326个行政村，28.3万人口，是国家级深度贫困县。全县共有贫困村155个，21 424贫困户41 195贫困人口，贫困发生率16.87%，高于全国12.4个百分点。康保县属"燕山-太行山"连片特困地区和张承坝上深度贫困区，是国家级扶贫开发重点县。2018年，脱贫出列77个贫困村，2019年仍有贫困村78个、贫困人口9 427户17 980人，贫困发生率7.36%。

2. 企业情况

河北乾信牧业股份有限公司选址于坝上草原康保县，成立于2011年

12 月 23 日，是河北省重点支持的农业产业化龙头企业。注册资本 1.2 亿元，股权方为两个自然人和国家投资公司贫困地区产业发展基金。公司坐落于河北省 10 个深度贫困县排在首位的康保县，占地 10 300 亩，产业涵盖饲料生产、鸡苗孵化、肉鸡养殖、有机肥生产、肉鸡屠宰、肉品深加工、冷链物流运输和旅游观光为一体的全产业链食品加工企业，至 2019 年累计完成投资 6.5 亿元。公司生产健康、营养、高品质的鸡肉食品，乾信牧业是国内第一家实现了全程不使用抗生素养殖成功的公司。同时，公司也有希望成为京津冀地区肯德基唯一的供应商。

3. 产业布局

乾信牧业在康保县 8 个乡（镇）建成了饲料加工厂、鸡苗孵化场、肉品加工厂和 10 个生态肉鸡养殖小区。其中，饲料加工厂、鸡苗孵化场、肉品加工厂和 7 个生态肉鸡养殖小区已经正式运营。

4. 企业经济效益

2018 年，企业资产总额 6.5 亿元，营业收入 2.2 亿元，净利润 2 845 万元。

（二）主要模式

1. 模式一：产业＋就业

乾信牧业在选址立项初就按照区域化布局、规模化发展、全产业链运营、一二三产业融合的发展模式建设，区域化布局完全借鉴欧美国家的农业规划细则。规模化发展能保证固定的供应量，影响市场。全产业链运营能降低运营成本，质量关键点可控，品牌竞争力强，是目前中国肉鸡产业标准最高、华北地区规模最大的企业。

康保县 62％的人口因无可靠收入而外出打工，地方的产业结构现状无力承担现有的闲置劳动力，人员的外流加速了农村的过疏化发展，也造成了留守儿童和空巢老人的增加。

公司通过产业发展，已解决就业岗位 1 100 多个。其中，当地员工 900 余人，占总数 85％。贫困户和易地搬迁人口占到多数，每人每年固定收入 3 万～5.5 万元，超过河北省城镇居民人均可支配收入。建档立卡贫困户优先录用，每年还能享受额外 600 元的补贴。实实在在地帮助地方解决贫困人口和闲置劳动力就业的问题。在公司上班的员工每天享受免费用餐、免费住宿、免费通勤班车接送，员工不用背井离乡奔波生活，在当地就可以通过自己的付出获得稳定收入。

公司运行初期，因当地员工长期闲散在家，一时无法适应固定的工作模式，员工工作状态和技术能力无法达到生产线所需的标准；同时，也存在懒散、懈怠、不愿工作而坐享其成的惰性思维。

要想拔穷根，必须激发人的内生动力，从根本上改变等、靠、要的思维。通过教育、培训、引导，让在企业的员工认识到自身的价值和潜在的能力，通过企业文化的塑造，潜移默化地转变员工的价值观，鼓励员工做自立、自律、自强、自尊、自信的人。通过自己的劳动改善自己和家人的生活品质，体现自己给别人带来幸福和价值的快乐，带动当地就业风气的转变。

2. 模式二：合作＋扶贫

乾信牧业将生态优势转变为产业优势，打造绿色高端农产品生产区，形成产业融合、生态循环、可循环发展的产业格局。为经济发展夯实基础，带动农民脱贫致富，守住生态和发展两条底线，实现"生态美""百姓富"目标，力推"大扶贫"与"大生态"（生态农业、生态旅游）战略相互融合、相互促进，打造生态脱贫攻坚示范区。

政府扶贫资金与乾信牧业合作扩大企业规模，帮助企业提质增效。同时，用合作收益设立公益性岗位，创造更多的就业岗位。通过扶持产业发展带动地方经济发展，走出一条由"输血"变"造血"可持续发展的扶贫之路。合作的收益用于社会公益岗位的薪酬支出，由各村根据实际情况设立护林员、保洁员、巡视员等公益性岗位，贫困户通过付出一定的劳动获得报酬，从根本上既解决了贫困户的收入问题，又杜绝了发钱养懒汉的扶贫短板。

通过扶贫资金注入企业进行合作，企业每年通过多种模式将 6 811 万元扶贫资金中的 664.53 万元合作收益用于社会公益岗位的薪酬支出，贫困户通过付出一定的劳动获得报酬，直接带动全县 8 个乡（镇）119 个村的 7 849 户贫困户脱贫。

（1）2018 年 5 月，省级财政扶贫专项资金 6 000 万元入股。企业肉鸡养殖项目，每年由公司将入股资金 10% 收益作为贫困户薪酬，固定收益为贫困户增收、创收，直接带动全县 8 个乡（镇）110 个非贫困村的 7 500 户贫困户脱贫，涉及 14 494 名贫困人口。

（2）设立农村合作社，帮助农民脱贫致富。2016 年 9 月，乾信牧业以"公司＋合作社入股"的方式，与张纪镇人民政府、张纪镇马鞍架村贫困户签订三方协议，与贫困户建立合作。马鞍架村 115 个贫困户将国家财政支持的扶贫资金（共计 69 万元，每户 6 000 元）投资到乾信牧业马鞍架村的肉鸡养殖项目合作入股。

（3）开展小额扶贫贷，以"合伙、合股、合作"的三合模式，通过和农业银行、扶农公司、合作社合作，入股企业 442 万元，带动 106 户建档立卡贫困户。

（4）照阳河镇扶贫资金入股企业 300 万元，每年按 10％支付合作收益，直接带动照阳河 128 户建档立卡贫困户。

3. 模式三：企业＋公益

公司始终不忘承担社会责任，积极开展公益帮扶，并定点帮扶贫困村。2018 年 9 月，为康保县教育发展促进会捐款 50 万元，支持地方教育事业发展。参与百企帮百村活动，定点帮扶满德堂村，捐助财物为贫困户打水井，解决生活用水问题。

模式一：产业+就业	公司通过产业发展，解决就业岗位，实实在在地帮助地方解决贫困人口和闲置劳动力就业的问题
模式二：合作+扶贫	政府扶贫资金与乾信牧业合作扩大企业规模，帮助企业提质增效，同时用合作收益设立公益性岗位，创造更多的就业岗位。通过扶持产业发展带动地方经济发展，走出一条由"输血"变"造血"可持续发展的扶贫之路
模式三：企业+公益	公司始终不忘承担社会责任，积极开展公益帮扶，并定点帮扶贫困村

（三）利益联结机制

1. 以股金带动脱贫

通过扶贫资金注入企业进行合作，企业通过多种模式扶贫资金的合作收益用于社会公益性岗位的薪酬支出，贫困户通过付出一定的劳动获得报酬，直接带动全县 8 个乡（镇）116 个村的 7 849 户贫困户脱贫。

2. 以薪金带动脱贫

公司各产业在职员工 1 086 人，其中当地员工 900 余人，占总数 85％。在职员工因工种和岗位不同，年工资为 3 万～5.5 万。公司已经启动贫困户优先录用绿色通道，优先招聘贫困人员，鼓励他们积极参加工作，努力脱贫。

3. 以租金带动脱贫

公司在康保县 7 个乡（镇）建设 10 个肉鸡养殖小区，流转荒地 664 亩，为 10 个村集体共增加租金收入 59.76 万元。

4. 间接带动脱贫

通过推广种养结合生态循环农业模式，间接带动 2 万户农户增收，拉动地方附属产业经济增长点，助力地方经济发展和扶贫攻坚工作不断推进。

（四）主要成效

1. 经济效益

乾信牧业项目全部实施后，企业可实现销售收入 11.93 亿元，年均净利润 1.31 亿元。可增加纳税额，为地方财政增收。食品深加工项目投入运营后，也可大幅度增加地方财政收入。

2. 社会效益

乾信牧业通过扶贫资金合作、产业带动、解决就业等多种精准扶贫模式，积极参与到康保县的脱贫攻坚工作中。至 2019 年，公司直接解决就业人口近 1 100 人，产业扶贫项目直接带动贫困人口 15 000 余人，产业间接带动农户 3 万户。2017 年 10 月，公司被中华全国妇女联合会认定为"全国巾帼脱贫示范基地"；2018 年，被康保县人民政府认定为"扶贫产业园"。

企业产业全部投入运行后，直接提供 3 000 人的就业岗位，带动 20 000 户贫困户脱贫。同时，项目的全面实施可直接带动地方运输业、包装业、餐饮业、旅游业等其他相关附属产业的经济增长，从而达到促进就业、带动地方附属产业的实效。

3. 生态效益

康保县农作物种植面积151.8 万亩，年使用化肥近 3 万吨，对土壤的破坏和农产品的质量安全产生了严重的影响。而全县畜禽养殖数量更是达到 1 168.62 万只（头）的规模，畜禽年产出粪污量达 44.5 万吨。康保县虽然是国家深度贫困县，同样也是农业大县，但是全县农业依然禁闭在固有的发展模式，种养废弃物没有得到有效利用，其种植和养殖业也没有形成融合发展，属于种养分离，而其两大孤立的产业发展越快，对生态环境的潜在威胁就越大。因此，发展种养结合的循环农业，实现资源的可持续利用，可以从源头上解决发展生产和保护生态之间的平衡问题，让粪污变成资源，让资源变成效益。

乾信牧业的养殖和有机肥项目全部实施后，全县畜禽养殖量将达到2 728.62 万只（头）的规模，年产出粪污量达 48.66 万吨，可生产有机肥 38.93 万吨，按照每亩 280 千克有机肥计算，可满足 139 万亩消纳田使用，覆盖率达到全县种植土地的 92.1%。

（五）启示

"扶贫不是一句空口号，得有真办法、实举措、硬功夫"。扶贫措施不落实，群众困难不解决，脱贫路径不明确，只会继续陷入"年年扶贫年年贫"的境地。解决贫困问题的关键在于找准路径。乾信牧业通过加大基础设施建设力度，引导产业结构调整，利用"产业＋就业"的模式帮助贫困人口脱贫致富等一系列措施，精准扶贫工作取得了较好效果。

通过打造种养结合的模式，可以从根本上提升农产品质量，有效带动地方经济增长。既能保护康保县坝上草原的独特生态环境，还可以改变传统的农牧业格局，形成种养结合、循环发展的一二三产业融合发展模式，为保护生态环境、促进农民增收、带动地方脱贫发挥重要作用。

山西长治：农文旅融合产业模式

　　导语：振兴村位于山西省东南部上党区振兴小镇境内，地处太行山西麓，上党盆地南缘，北距上党古城长治35公里，南距晋城50公里，交通便捷、地理优越。村四周群山环绕、翠绿掩映、气候宜人，地处北纬38°线，年平均气温9℃，素有"无扇之城""天然氧吧"之称，是国家扶贫开发工作的重点村。

　　近年来，该村以习近平新时代中国特色社会主义思想为引领，紧紧围绕"绿水青山就是金山银山"的发展理念，坚持以发展"特"为先、以"文"为魂、以"旅"为径，以特色引领乡村建设，以发展农旅融合、工旅融合、商旅融合三产融合发展旅游建设，全力打好脱贫攻坚战，大力实施乡村振兴战略。该村拥有1个集团公司、6个子公司，总资产达到30亿元，占地面积9 900亩，全村人均年收入36 900元，主导产业为煤炭和旅游业。

（一）主体简介

　　山西省长治市委、市政府高度重视农业农村产业振兴工作，以"绿水青山就是金山银山"的发展理念调动乡村农民积极性，对长治市振兴村的产业建设进行大力改革和扩充，全面发展乡村产业振兴。

振兴村生活居住区

　　2007年3月，振兴村举行了新农村建设开工奠基仪式，由原来的关家村更名为现在的振兴村。2010年7月，成立了长治县振兴鑫源农产品专业合作社，共流转土地6 331亩；绿化荒山3 000亩，植树1 335万株。

2012 年 5 月成立了山西上党振兴现代农业集团有限公司，集团下辖 6 个子公司、1 个农业专业合作社、1 个休闲旅游促进委员会。旅商融合带动服务业发展，调动社会资本，投资建设核心景区，先后建成特色景点 10 多处，开办农家乐 70 余户、民俗酒店 6 处。

（二）模式简介

1. 发展概括

振兴村以"农业＋企业＋农户、党建＋教育＋康养＋旅游"为发展模式。

2. 发展策略

近年来，振兴村借助乡村振兴发展政策，实现了文化内涵与经济产业相共生，自然风光与人文景观相映衬，三产发展与农业增收相融合，初步走出了一条生产、生活、生态"三生同步"，一二三产业"三产融合"，农业文化旅游"三位一体"的新路子。在脱贫攻坚的道路上，当地政府坚持高标准，实现生产体系基础坚实；坚持文化与旅游业大融合，实现产业体系特色突出；坚持强龙头，实现经营体系创新发展；坚持可持续，实现生态体系绿色发展；坚持优服务，实现服务体系功能完善。在农业发展方面，树立发展现代化、水利化、专业化、梯田化、生态化的农业发展总目标。

贯彻落实"绿水青山就是金山银山"的发展理念，建设生态文明是中华民族永续发展的千年大计，坚持人与自然和谐共生是新时代坚持和发展中国特色社会主义的基本方略之一。为了更好地贯彻绿色发展理念、实施乡村振兴战略，振兴村在五个方面发力、实现五个方面振兴。以采用"公司＋农业＋农户"的形式，统一规划、分片承包、自主经营，提升农业品质，推动"旅游＋"融合发展，拓宽农民致富增收渠道，确保乡村振兴的稳定发展。

3. 主要做法

（1）文化传承，精神延续。为加快跟进乡村振兴步伐，促进乡村旅游业的发展，振兴村先后推出了以体验农耕文明、民俗特色为主的"金"色文化，以发展传承革命精神、先烈遗志为主的"红"色文化；以牢记传统美德、历史根脉的"古"色文化。通过建设槐荫寺、花间堂、闲庭、振兴会堂、梅兰竹菊长廊、孝廉公园、红色广场、上党战役展览馆、红色收藏馆、解放战争广场、抗日战争广场、振兴红色一条街、振兴党群馆、振兴展览馆、家风家训展览馆、太行乡村振兴人才学院、新媒体中心等，来完善乡村产业文化，确保乡村产业文化得到传承、精神得到延续。

现代农业产业园景观实拍

上党战役展览馆、槐荫寺和孝廉公园

　　（2）人才培养，坚定信念。乡村振兴，人才是关键，振兴村"两委"班子根据《关于做好新型职业农民培育工作的通知》领会新精神、落实新行动、对标新任务、强化新学习，积极鼓励村"两委"成员抓好"三字队伍"学，通过班子带头学、支部领头学、党员自主学来引导党员干部牢建信仰之基、补足精神之钙、把稳思想之舵。开辟"三种形式"学，通过流动党员微信学、游客党员情景学、农民党员轻松学，实现学习对象全覆盖、学习内容全渗透。创新"三种载体"学，通过编撰学习手册、开辟农民讲习所、成立党建服务站三种载体创新学习，并通过聘请全国"三农"专家、全国劳模、改革先锋、农业技术能人等多项专业人才，以培养农民的种植技术，结合乡村规划、乡村人才队伍建设、农村产业、文化旅游等内容多角度制订课程内容，设立了传统农业、现代农业、乡村旅游等13个实训基地，专门用来培养农业技术人才、高素质农民、乡村工匠等各类人才，传达党建引领的乡村振兴思想。

高素质农民培训

　　（3）责任落实，发挥作用。振兴村党总支创新实施了"四项机制"：
　　一是创新实施"融合党建"新机制，完善领导干部一岗多责制，建立党建与发展两手一起抓、两手一起硬的总思路，发挥党建引领功能，切实将党建优势转化为发展经济优势和服务民生优势。
　　二是创新实施"三级联动"机制，实施"党总支抓大事、支部办实事、党员做好事"的党建工作新机制。根据基层党组织的不同功能，分类施策，精准发力，制定各类措施和制度20多项，并为每位党员设岗定责，层层压实责任；在民生上下功夫，将党总支制定的党建工程、惠民项目与发展大事抓具体、抓深入，一件接着一件办、一年接着一年干，把好事办好、把实事落实；制定鼓励党员做好事的激励机制，在游客中心、便民服务中心和山药蛋客栈设立党员先锋岗，在振兴村党建服务站设立党建服务岗，党员的先锋模范作用得到突出体现。

三是创新激励引导机制，实施"三包四推五培"党建新机制。三包：党总支包村、包企业，支委包组、包项目，党员包户、包班组；四推：从优秀职工和群众中推选劳动模范，从劳动模范中推选党员，从党员中推选中层管理人员，从中层管理人员中推选村委决策层；五培：把员工和群众培养成劳动模范，把劳动模范培养成积极分子，把积极分子培养成党员，把党员培养成先锋，把先锋培养成管理人员。

四是严肃党内政治生活，创新实施"三亮活动"长效机制。党总支领导亮身份，做示范；"两委"干部亮承诺，转作风；党员代表亮行动，树形象。

4. 主要措施

（1）加强组织领导。改革创新天地宽，奋发有为正当时。根据《中共长治市委、长治市人民政府关于坚持农业农村优先发展　做好"三农"工作的实施意见》的总体要求，振兴村成立建设领导小组，负责村庄建设的组织协调、重大事宜决策、督查指导、绩效考核等工作，及时研究协调解决方案实施过程中出现的重大问题。各领导小组分工明确、形成工作合力。振兴村管委会实行以企业为核心的透明和高效率管理机制，落实贯彻"行动快速、专业高效、企业为重"的原则，提供一站式服务。振兴新区作为振兴村的管理主体，负责振兴村乡村发展总战略和总规划，制定实施扶持政策、监督执法，但不涉及市场具体运营。县政府列出专项资金，对发展乡村旅游企业给予财政支持，对重大项目给予扶持，对配套服务政策给予完善。

（2）创新工作机制。振兴村通过成立农业专业合作社、休闲旅游促进委员会，并探索建立了以"特"为先、以"文"为魂、以"旅"为径的工作机制。全力推进乡村建设，实现文化内涵与经济产业相互共生，三产发展与农业增收相融合，确保乡村有序发展"四统一"，即统一规划建设、统一土地流转、统一增加收益、统一提供服务。坚持农业农村优先发展，以旅农相融提升农业品质、农工结合催热城乡建设、旅商互促带动餐饮物流，探索一二三产业融合发展，生产、生活、生态"三生"同步建设。积极为入驻企业提供征地清表、手续办理等服务，使服务由分散变集中。以简政放权为抓手，优化营商管理，严格依法平等保护各类产权，加大知识产权保护力度，保障不同所有制企业的资质许可、政府采购、科技项目、标准制定等方面公平制度，坚决查处滥用职权，排除和限制竞争行动。对入驻的项目，严格落实产业政策、投资实力、经营规模、旅游制度、市场前景、社会效益"六项评估"。通过大力发展乡村旅游，加大制度提升，实现一二三产业融合发展，辐射带动全县及周边相关产业发展。

（3）重视人才培养。乡村振兴，人才培养是关键。由中央党校干部教育学院原院长、教授赵理文，中央党校公共管理教研部教授竹立家，中国人民银行党校原常务副校长贾轶峰，民生智库党建研究所副研究员尹正鸿、助理研究员刘文杰等组成的专家组走进长治县振兴村，对太行乡村振兴人才学院进行考察，通过参观了解振兴村乡村旅游和"三农"事业的发展，对振兴村的发展方式给予肯定。太行乡村振兴人才学院是贯彻落实党的十九大提出的"实施乡村振兴战略"，是加强乡村人才队伍建设、推进乡村振兴的重要举措。学院是通过学术研究、专题培训、政策咨询、人才培养等方式，为振兴村乡村振兴发展提供智力支持，打造农村实用人才基地、集成干部培训基地、乡村振兴研究基地，为实现助力乡村振兴培育一批爱农民、懂技术、善经营的"新'三农'"实践人才。

（三）利益联结机制

近年来，振兴村积极探索集体经济与农户紧密的利益联结机制，让集体经济的发展成果更多惠及全村，不让每一个群众掉队。

创建党建联合机制。振兴村党总支创新实施了"四项机制"。

1. 合作经营联结机制

贫困户自筹资金或申请攻坚扶贫资金建设旅游区、现代农业产业园。贫困户与合作社或龙头企业及技术能人合作管理果园、统一销售果品，采取合作经营的办法建设园区。

2. 集体入股分红机制

通过土地、果园、农机等方式认股集体经济联合社的农户，每年村集体将纯收入按股权份额进行首次分红。同时，联合社对入社成员在农资供应、技术服务等方面给予优惠。村集体在首次分红的基础上，再按照"4321"分配模式进行二次分红，40%为全体村民分红，30%发展村内公益事业，20%作为集体经济发展公积金，10%用于扶危助残济困。

3. 劳务增收联合机制

对于有劳动能力和一技之长的村民，通过临时务工、长期务工方式获得务工报酬。对于年龄较大、责任心强的村民，村集体安排担任保洁员、护林员、光伏电站管护员、水利员等，通过管理水、电、路、网等公益事业，获得工资收益。

4. 入股经营联结机制

一方面，村集体通过统一流转土地，实行全托管经营，年底在扣除投入成本的基础上将纯收益全部返还农户；另一方面，村集体经济纯收益的10%重点向无劳动能力的深度贫困户倾斜，并采取多种方式资助贫困学生、救助大病患者、照顾孤寡老人等。每年每人发放 1 500 元生活补贴，60 周岁以上老人每年发放 1 200 元养老补贴。全村医药费全部报销，一年 2 次体检，每年每人发放 25 千克面、10 千克大米。

（四）主要成效

1. 经济效益

振兴村的建设以当地特色农业农村资源为依托，完善产业的融合发展，促进农业产带销的紧密连接，实现一二三产业一体推进。预测全年生产总值 2021 年达到 28 200 万元；人均可支配收入年均增长 15% 以上，超过 35 000 元。村民年收入由原来的 6 500 元达到现在的 3 万元；员工由原来的 300 人达到 3 000 人，人均年收入由原来的 1.6 万元增长到现在的 5.69 万元。振兴村于 2015 年投入 8.5 亿元，累计游客 300 万人，综合收入 8 000 万元。

近几年，随着乡村振兴政策的完善、收入的提高，振兴村坚持"新农合"报销，普及"福村宝"医疗保险保障，按病种比例实行二次报销，最多可报销 30 万元。2019 年，振兴"福村宝"报销总人数 216 人，报销总额 110 万元。为全体村民和职工免费发放上党区全域旅游直通车公交卡、和平医院健康体检卡，累计金额达到 369 万元。这是一项健康工程、养生工程，更是一项民心工程。

2. 社会效益

（1）农业生产摆脱了"弱、单、散"，走上质量兴农之路。在过去，振兴村产业结构单一、农业基础薄弱、土地经营分散，农业产量低下、效益不佳，仅能解决农民温饱问题。后在牛扎根的带领下，实现了文化内涵与经济产业相共生、自然风光与人文景观相衬托、三产发展与农民增收相融合的乡村发展之路。通过项目实施，带动企业资本加大农田基本建设，大大改善了农业生产条件；发展现代化牧场和规模化饲草种植，打破了过去"一棉独大"的产业结构；以财政扶贫到户资金入股合作社，形成"龙头企业＋合作社＋贫困户"的利益联结机制，实现了由分散经营向适度规模经营转变。

（2）农民生活摆脱了"土、累、贫"，走上共同致富之路。过去，振兴村农民思想守旧、劳动生产率低下、人均收入微薄，农民收入仅仅能够解决温饱。振兴集团培育了一批高素质农民，并把先进的经营理念、市场观念、现代企业文化带给农民，使农民克服小农意识，增强集体观念，有利于形成乡风文明、治理有效的社会环境和治理体系。通过龙头企业带动，农业生产实现从农民单打独斗向抱团发展，提高了劳动生产率和农业经营收益。依托新型经营主体，创新利益联结机制，通过扶贫资金整合下放、折股量化、投放参股，农民天天能打工、月月有收入、年年能分红，实现了流转土地挣租金、入企打工挣薪金、参与入股挣红金的"一份土地挣三份钱"，增加了农民收入，走上富裕道路。

（3）农村面貌摆脱了"脏、乱、差"，走上绿色发展之路。由于经济发展滞后，振兴村普遍存在村舍乱建、垃圾成堆、污水横流、蚊蝇滋生等"脏、乱、差"现象。振兴村带领农户实施"山坡植绿""身边增绿""庭院披绿"三大工程，累计绿化荒山 2 000 余亩，植树 135 万棵，绿化覆盖率达到 72%。通过市场调研、考察论证，以现代高效农业产业为拓展的发展新思路，全面实施"由黑变绿"的产业转型。以垃圾处理、污水处理、"厕所革命"、坑塘治理、村容村貌整治、清洁取暖、"空心村"治理为重点，深入实施农村人居环境整治攻坚行动。

振兴村经过不断的变革，发展以生态农业为基，以山水、田园文化为韵，以休闲体验为题，以产业融合为径，大力发展乡村休闲旅游业。先后被授予"全国文明村镇""全国生态文化村""全国美丽休闲乡村""全国一村一品示范村镇""全国绿色农业特产示范基地""全省休闲农业与乡村旅游示范点""山西转型跨越第一村""山西省生态文明村""省级平安村""省级平安家庭示范村""中国全面小康十大示范村镇""一带一路精品文旅特色小镇"，入围农业部"初夏到乡村品美食"2017 年度乡村休闲旅游示范、全国乡村度假示范区、中国避暑小镇、中国生态休闲乡村旅游胜地、中国最美宜居宜业宜游小城、新时代乡村振兴发展范例、2017 国家农民合作社示范社、2018 年度中国田园综合体示范单位、国家 AAAA 级景区、国家五星级企业园区等国家级荣誉称号。

振兴集团被评为"山西省优秀企业"。振兴现代农业园被省农业厅授予"山西省现代农业示范园"等荣誉称号。名誉的赋予使振兴村的农民更有动力，使振兴村在乡村振兴的道路上走得更加坚定。

秋千林、拓展训练基地、幸福里客栈和鹊桥仙

3. 生态效益

近年来，借新农村建设东风，振兴村紧紧围绕"生态立村、旅游兴村、项目强村、农业稳村"的发展思路，积极推动生态文明和美丽乡村建设，建立生态旅游观光园、经济发展产业园和特色农业产业园三个园区，村内生态文化活动形式多样，吸引全国各地游客前来观光旅游，走出了一条"生态宜居生态美、兴业富民生活美"的发展之路。

振兴农业庄园

振兴村通过将农业生产、康体养生、文化旅游、美丽乡村建设与生态建设、环境保护紧密结合，通过发展康养产业和文化旅游产业，大力美化农村环境。通过实行测土配方施肥、病虫害统防统治、绿色防控技术和有

机肥替代化肥行动，减少农业面源污染。通过山水林田湖草综合治理工程，综合整治采煤沉陷区，开展农村人居环境整治，开展环镇绿化、沿路绿化、村庄绿化，不断优化当地生态环境。

（五）启示

振兴村能取得今天的成就，源于"党建统领"的指挥。振兴村通过党总支抓大事、支部办实事、党员做好事，三级齐抓固党建，在决策上出实招，在民生上下功夫，在本色上不动摇。对于打造美丽乡村，自然离不开"创新发展"的动力源泉。振兴村紧紧围绕"绿水青山就是金山银山"的发展理念，紧跟党的步伐，坚持发展以"特"为先、以"文"为魂，以"旅"为径，特色引领建设美丽乡村，以三产融合发展催生旅游经济。坚持以企带村、以工带农、以商带户，"三带"并带抓产业。坚持走融合生产、便利生活、注重生态，"三生"同步的发展趋势。坚持转民风、治家风、养村风，"三风"共育促文明。坚持农旅融合、工旅结合、商旅互促，"三产"融合共同致富。

振兴村通过实现科技引领，开启了经济发展的总开关，同时也吹响了三产融合的号角。通过发展三产融合，成功实现乡村由原来的传统型乡村向现代型乡村的转型升级。

江苏响水：现代农业产业模式

导语： 近年来，江苏省响水县以精准扶贫、精准脱贫为基本方略，坚持把产业发展作为脱贫致富的根本，把实施项目作为增收减贫的重要路径，出台政策意见，落实帮扶措施，因地制宜大力发展西蓝花、浅水藕、生态稻米、中药材、生猪、经济林果等一批农业主导产业，使之成为群众增收致富的重要支撑。全县西蓝花种植面积达到10万亩，成为全国西蓝花种植第一县、"中国西蓝花之乡"。通过园区、农业龙头企业、合作社和能人大户"四带动"，把低收入户融入优势特色产业链。低收入户通过务工就业、土地租赁、反租倒包、保底分红等形式，与农业龙头企业等新型经营主体建立稳定的利益联结机制，实现在产业中增收。到2019年底，全县17 754户52 215人口全部脱贫，22个省定经济薄弱村持续稳定达标，73个市、县定经济薄弱村集体经济收入全部超过18万元。

江苏省响水县

（一）主体简介

响水县行政隶属于江苏省盐城市，1966年4月经国务院批准正式建立，因县政府驻响水镇，又因濒临灌河，河床深阔，潮水涨落时水位落差大，支流汇入跌水声轰响，故名响水。东濒黄海，北枕灌河，与连云港灌南县相依；西与淮安市涟水县交界，南抵中山河，与盐城市滨海县相邻。县域地势平坦，河流纵横，四季分明，气候温和，物产丰富，宜农宜工。县城距盐城市90公里，距连云港市55公里，是盐城、淮安、连云港等几个城市的相对中心处。县域东西最大直线长61公里，南北宽21公里，总面积1 461平方公里，下辖8个镇、2个工业园区，60多万人口。该县历史悠久，位于黄圩镇境内的"古云梯关"是古淮河入海口，是省重点文物保护单位。该县是对外开放县、江苏省综合改革试点县、国家级生态示范区、全国粮棉生产先进县、全国平原绿化先进县、中国小戏艺术之乡、中国西蓝花之乡、中国最具投资潜力中小城市百强县、全国义务教育发展基本均衡县。

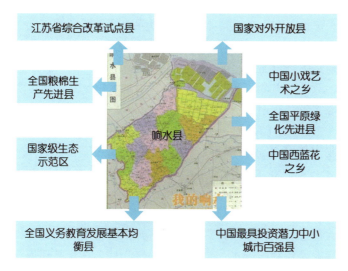

近年来，响水县高度重视产业扶贫工作。新型农业经营主体培育成果丰硕。截至2018年底，累计发展家庭农场323家；培育农民专业合作社1 077家，其中，国家级示范社5家、省级示范社15家；拥有年销售500万元以上的农业龙头企业92家，其中省级农业龙头企业4家。农业特色产业培育明显。2018年，全县调减低效粮食作物4.5万亩、油料2.17万亩。新增西蓝花、蔬菜毛豆4.1万亩，浅水藕1.5万亩；全县新发展蔬菜园艺作物面积达8.2万亩，其中设施农业面积2.2万亩。初步建成全省规模最大的西蓝花生产基地。南河、张集、运河、六套等镇区均建成千亩以上的设施农业示范基地，有力地促进了全县现代高效特色农业发展。西蓝花、浅水藕、经济林果等一批农业主导产业成为群众增收致富，尤其是贫困户脱贫致富的重要支撑。产业扶贫效果显著。通过吸纳低收入户务工就业、种植经营、土地流转等方式，带动群众增收致富。2018年底，全县6 242户17 075低收入人口脱贫，脱贫率达84.3%，22个省定经济薄弱村年集体收入全部超过18万元。2019年底，全县所有贫困户全部脱贫，贫困县顺利"摘帽"。

（二）模式简介

1. 模式概括

（1）大力发展新型农业经营主体助推产业扶贫。培育壮大农业龙头企业，引导和支持企业拉长增粗产业链条，增强联农带农能力。2017年上半年，全县92家农业龙头企业通过安排农村富余劳动力在产业基地或生产加工车间就业，或者对愿意自主种植西蓝花等高效特色产业的实行订单种植并以保护价收购，或者对不具备体力劳动且无技术的安排他们力所能及的工作，甚至托底扶贫等，为农民提供就业岗位45 500余人，其中低收入农户和贫困户就业达8 300余人。盐城万洋农副产品有限公司在南河、老舍、双港、六套、黄圩等镇区流转土地6 215亩，自建西蓝花、毛豆种植基地，带动辐射57户种植大户或家庭农场建成23 500亩基地，订单带动5 800余农户增加农民收入9 400多万元。引导家庭农场、合作社等新型农业主体开展适度规模经营，带动低收入户有序开展土地流转。2017年以来，新流转土地面积5.156万余亩，累计流转土地面积57.016万亩。各镇区流转土地租金因地域不同而价格不等，每亩年租金为800～1 200元。流转土地的农民既得土地租金，又得务工收入，还学到了先进的生产经营理念和实用技术，为脱贫致富奔小康打下坚实的基础。兴旺小杂粮农民专业合作社是响水苏合联合社的核心社，在全县建成3个农资供应点，实现年经营收入2 000万元，合作社带动全县3 000多农户发展杂粮种植，成员农户比非成员农户增加收入25％以上，2018年他们带动的33户贫困户成员全部脱贫。

（2）大力发展村级集体经济引领产业扶贫。该县始终把村级集体经济发展作为产业扶贫、促进农民增收的主要抓手，紧紧抓在手上。为切实有效解决村级集体经济发展问题，2017年下半年，组织引导各村（居）成立社区股份合作社，增强经济薄弱村"造血"功能和贫困群众自我发展能力。每个社区股份合作社多渠道筹集资本金200万元，作为村集体资产资源入股县国有平台公司（灌江控股集团有限公司），进行收益分红，形成长效稳定的收入，让"资源变资产、资金变股金、农民变股民"。成立农村社区股份合作社，可以说是农村集体经济抱团发展的一个创举，是脱贫攻坚工作体系"链条"上的关键一环，也是确保所有村（居）集体收入达到18万元以上目标的重要举措。按照计划，全县集体年经营收入在18万元以下的97家村（居、社区）股份合作社入股资本金每家200万元，合计1.94亿元，每季度参与一次分红，每次每社分红5万元，合计20万元/年。

（3）切实加强三资管理推进产业扶贫。2017年县纪委、县财政局和原县委农办共同印发了《关于在全县建立村级财务"一折付"制度的实施意见》，要求所有村级财务支出全面实行非现金结算，所有支出、付款一律打卡发放。强化农村财务管理和民主监督。出台了村级财务管理实施细则，对村级资金收支实行镇区农经部门和村集体双印鉴管理，制定出台减轻农民负担、控减村级债务实施意见，村务公开、财务公开实现了常态化，凡涉及农民群众切身利益、农民群众普遍关心的事项，都通过各种形式及时向群众公开，让农民群众知晓农村集体资产的存量、价值和交易情况，更好地行使民主监督权利。建立电子阳光手机 App 平台，让农民随时随地了解村级收支情况、资产出租、资源发包等涉及自身利益的事项。2018 年全县累计开展交易 173 笔，总交易额达到 3.46 亿元，交易溢价 2 492.29 万元，溢价率 7.4%，列全市前列。实现镇级交易平台、交易量、交易品种"三个全覆盖"。全县 14 个镇区"镇镇有交易"。农村土地流转、资产出租、农村项目建设等八大类交易 10 个品种已经基本实现全覆盖。

2. 发展策略

全面贯彻党的十九大和十九届三中全会精神，以习近平新时代中国特色社会主义思想为指导，按照中央打赢脱贫攻坚战决策部署和省、市党委政府实施脱贫致富奔小康工程部署要求，强化精准扶贫、精准脱贫方略，强化系统化思维，强化"五个转变"，在保持政策连续性、稳定性的基础上，采取更加集中的支持、有力的举措、精细的工作，深化脱贫攻坚政策措施，巩固和扩大扶贫成果，确保如期高质量完成脱贫各项目标任务，为全面建成小康社会奠定坚实基础。具体目标是 2019 年底全县所有低收入人口全部脱贫，省、市、县级经济薄弱村年集体经营性收入全部达 18 万元以上。渠北片区整体面貌发生明显改变，基本公共服务主要指标接近全省平均水平，省定扶贫重点县摘帽。2020 年，全面组织回头看，对低收入人口脱贫不牢、经济薄弱村达标不牢的重点扶持，巩固脱贫攻坚成果，不断加快强富美高新响水进程。

3. 主要做法

以农业供给侧结构性改革为主线，以巩固强化农业产能基础、推进农业转型升级、构建现代农业经营体系、促进农村产业融合发展为主要抓手，全面激发农村产业发展活力和新动能，加快提高农业综合效益和竞争力。

（1）夯实现代农业发展基础为产业扶贫奠定根基。深入推进农村土地整治和高标准农田建设，加快实施新增千亿斤*粮食、水稻绿色高产高效创建等项目。至 2020 年，建设高标准农田总规模 21 000 公顷，经整治后

---

* 斤为非法定计量单位，1 斤＝500 克。——编者著

耕地质量平均提高 1 个等级。深入推进"粮食生产功能区"和"重要农产品生产保护区"建设工作，开展"两区"划定，建立数据库，加强"两区"监测保护，确保"两区"空间布局落到实地，为提高全县乃至全省粮食等重要农产品有效供给奠定坚实基础。强化永久基本农田对各类建设布局的硬约束，加强农田基本建设，采取农艺、生物、生化调控等综合配套技术，提高土壤肥力和综合产出能力。强化农业科技创新和成果转化，进一步推进与农业科研院所密切合作，推动成立"院士工作站"，增强特色产业发展科技支撑能力。推进农业科技强农富民工程，实施农业科技示范户培植、挂县强农项目，组织实施高素质农民培育工程，扎实推进农业信息化与农业现代化的有机融合。到 2020 年底，全县农业信息化覆盖率达 72%，规模设施农业物联网应用比例达 25%，创建省"一村一品一店"示范村 10 个。积极开展农业保险工作，主要种植业每年承保面积占全县总面积 85% 以上，高效设施农业（包括蔬菜大棚、养殖等）投保比例每年达 60% 以上，充分发挥农业保险在农业生产中的保障作用，提高农民灾后生产自救能力。

（2）*积极加强农业基地建设为产业扶贫提供载体*。继续加大龙头企业、农民合作社、家庭农场等新型农业经营主体的培育力度，扩大有效供给，推动农业由增产转向提质，不断提升农副产品市场核心竞争力。依托响水的自然条件和经济发展水平，按照"宜粮则粮、宜经则经、宜草则草、宜牧则牧、宜渔则渔"原则，加快推进农业结构调整。稳定提升小麦、水稻种植面积，压缩大麦、油菜、玉米、大豆等低产低效作物种植面积。在沿 S326 省道两侧，以南河、陈家港、双港、响水、小尖等镇区为重点，大力推广日光温室等反季节蔬菜种植，打造以南河、陈家港、双港等镇区为重点的 10 万亩西蓝花种植基地。在 X308 道路沿线，大力发展浅水藕和经济林果种植，培植以运河、六套、七套和张集、黄圩等镇区为重点的浅水藕和 10 公里黄桃种植基地。

以经营集约化、产业链条化、生产标准化、品牌知名化为方向，重点扶持盐城万洋农副产品有限公司、响水春秋园农副产品有限公司、江苏天荷源食品饮料有限公司等农业龙头企业做大做强。围绕果蔬加工、畜禽加工等特色农产品加工产业，重点招引新开工投资超 1 000 万元的农产品深加工、农业综合体等农业产业化项目，建设一批投资大、产品关联性强、发展后劲足的大项目，培育成为产业发展的重要支撑。以提升"一镇一园"和园区等级创建为抓手，全力提升现有 1 个省级农业园区和 8 个市级农业园区的发展水平，引领全县现代农业加快发展。进一步加大农产品质量追溯基地建设力度，努力促进农产品来源可溯、去向可知、责任可查等措施落实，扩大质量可追溯范围，不断提高农产品质量安全追溯能力。到 2022 年，争取创建成国家级农产品质量安全县，力争"三品"用标率达 100％以上，省级例行监测合格率达 99％以上，辖区内追溯基地覆盖率达到 100％。

（3）构建现代农业经营体系为产业扶贫注入活力。完善农村基本经营制度，壮大农村新型农业经营主体，创新联农带农发展模式。大力培育专业大户和家庭农场，培植国家、省市级农民专业合作社典型，搭建农户（家庭农场）＋合作社＋龙头企业的模式，不断提高全县农业产业化水平。所有涉农项目和优惠政策，重点向国家、省市级龙头企业、合作社、家庭农场倾斜。深入推进农村集体产权制度改革，推动资源变资产、资金变股金、农民变股东，发展多种形式的农村集体经济，增加村级集体积累。通过大力发展资源开发型、资产经营型、统一服务型、异地发展型、休闲观光型集体经济，盘活农村闲置资源。加快推进农产品加工园区规划与建设，加大农业招商引资，做大培优规模农业龙头企业，打造一批农业产业化联合体。

2019 年底，20 个村实现村集体经营性收入 50 万元以上，30 个村实现村集体经营性收入 30 万元以上，80％以上村集体经营性收入达到 20 万元以上。完善扶持政策，积极推进村级债务化解，探索用以奖代补的模式加大村级债务的化解力度，实现到 2022 年全部化解村级债务。围绕"急需、迫切"的原则，重点关注生产中的短板，选择农民需求大、市场化机制还没有形成的生产关键环节继续开展社会化服务试点。发挥供销合作社特色优势，加快培育服务主体，搭建载体，延伸服务网络。全面创新服务方式和手段，积极推广直供、飞防等新型农资供给和服务方式，推动农资企业向全程农业社会化服务延伸，向现代农资综合服务转型。以密切与农民利益联结为核心，以发展农民为主体的综合性合作社为主抓手，深入推进"三体两强"和加快薄弱基层社建设，以"六有"标准改建薄弱基层社，到 2020 年基层社覆盖全县所有乡镇。

（4）推动农村产业融合发展为产业扶贫增添后劲。加快推进要素资源跨界配置和产业有机融合，大力促进农村一二三产业融合发展，实现产业同步升级、同步增值、同步收益，提高农村产业融合发展水平。

大力发展农产品加工、流通服务、电子商务、休闲农业和乡村旅游，构建农业三产融合发展体系，提高现代农业融合发展水平。开展稻田综合种养技术示范，推广稻鱼共生、稻虾共生等新模式。以中粮集团为依托，建立稻米加工企业＋基地＋农户的优质优价订单收购模式，通过三到五年打造，在大有镇形成 2 万亩优质稻米生产基地。在休闲观光农业发展方面，加快创建大地九丰现代农业项目等休闲农业景点，继续举办江苏·响水韩家荡荷花节等节庆活动，把韩家荡建设成为全国荷花种质资源基地、全省浅水藕生态旅游基地和全国"一村一品"示范村。着力培植农业电商产业，加快构建线上线下融合发展的农村电子商务经营体系，引导扶持农业经营主体在淘宝、天猫、京东商城等知名电商平台，建设响水馆，建设优势特色农产品、农资、乡村休闲旅游销售以及农业技术服务等自营电商平台，指导全县村级益农信息社全力做好"四项服务"。积极组织开展"一村一品一店"示范村创建，2020 年底达 10 个。坚持规模化、标准化、设施化、信息化、机械化"五化"标准，切实加强重大项目招引和建设，扎实推进项目落地，积极争牌创牌、培植名牌名品，不断推进园区规模基础、设施装备提档升级。到 2020 年底，全县建成国家级现代农业科技园区 1 个（省级园区提档升级），省级现代农业科技综合示范基地1～2 个，市级现代农业科技综合示范基地 1～2 个，省级现代农业技术产业体系 6 个（其中，园艺业 2 个、畜牧业 2 个、种植业 1 个、渔业 1 个），省农业科技贡献率达 69%。

（三）利益联结机制

近年来，在响水县委、县政府的正确领导下，该县认真落实江苏省委、省政府《关于聚焦富民持续提高城乡居民收入水平的若干意见》中提出的 33 条富民政策举措，以及县委、县政府《关于聚焦富民持续促进城乡居民增收的行动计划》的要求，扎实推进农业农村改革，农村发展活力增强，农业质效明显提升，农村民生持续改善。通过"龙头企业＋基地""龙头企业＋合作社＋农户""能人大户＋基地""合作社＋农户"等模式，广泛建立与低收入户的利益联结机制，通过务工就业、种植经营、土地流转等方式，带动群众增收致富和低收入户增收脱贫。建立健全农业龙头企业等农业新型经营主体与农户采用"订单收购＋分红""土地流转＋优先雇用＋社会保障""农民入股＋保底收益＋按股分红"等多种利益联结方式，让广大农民分享农业加工、销售环节的增值收益。2017—2018 年，10 个产业富民项目带动 120 个低收入户当年脱贫。

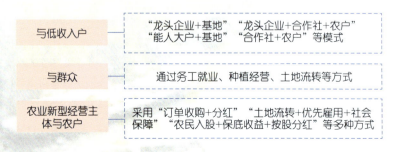

与低收入户	"龙头企业+基地""龙头企业+合作社+农户""能人大户+基地""合作社+农户"等模式
与群众	通过务工就业、种植经营、土地流转等方式
农业新型经营主体与农户	采用"订单收购+分红""土地流转+优先雇用+社会保障""农民入股+保底收益+按股分红"等多种方式

（四）主要成效

1. 农村居民人均可支配收入实现新增长

始终把农民增收作为工作的主旋律，加强农民收入动态监测。2019年，已组织 3 次入户调查，认真做好农民收入调研分析，因势利导地向县委、县政府提出促进农民增收建议，并获县委主要领导肯定及采纳。在2017 年农民人均可支配收入增幅已位居盐城市前列，2018 年农民人均可支配收入继续保持高位增长，达到 17 124 元，同比增长 9.1％，增幅继续位居盐城市前列。持续增长主要表现在工资性收入平稳增长，经营性、转移净收入继续保持较快增长势头。

2. 农村改革取得新发展

农村土地确权登记颁证工作推进有力，全部做到面积、合同、登记簿、证书"四相符"。农村产权交易市场建设取得历史性突破，指导出台《响水县农村产权交易管理办法》《响水县农村产权交易操作细则》《响水县农村产权交易问责办法》，村级资产资源应进必进。农村社区股份合作社成效显著，各村（居）多渠道筹集资本金入股县国有平台公司进行收益分红，"资源变资产、资金变股金、农民变股民"。社区股份合作社的40％收益用于低收入户增收，60％收益用于村集体增收。该县农村社区股份合作社率先在盐城市实现村（居）全覆盖，做法得到了市委、市政府主要领导的充分肯定。

3. 新型农业经营主体实现新提升

家庭农场成为农民增收的重要渠道。2018 年，该县新增注册家庭农场 39 家，累计 323 家，经营面积 61 530 亩，流转土地面积 60 814.7 亩，有效地促进了土地规模经营，实现了土地资源优化配置。农民专业合作社规范发展。全县累计经工商注册 1 077 家农民专业合作社，入社成员 207 100人。规范各个合作社损益和盈余分配，发挥合作社引领带动作用，提升整体发展水平。农业龙头企业支撑作用不断增强。新办规模农业龙头企业 8家，全县农业龙头企业达 92 家，2019 年上半年实现农产品加工产值 45亿元。积极推进一二三产业融合发展。紧紧围绕产业振兴，充分发挥职能，加快推进一二三产业融合，突出西蓝花、大葱、有机稻米等为主的特色产业培育，促进了投资 10 亿元大地九丰现代农业项目、韩家荡生态旅游休闲观光项目、10 公里西蓝花产业带项目等特色农业落户，促进一二三产业融合发展。

4. 农村"三资"管理取得新成效

紧紧围绕省、市部署要求，以创建全国"三资"管理示范县为目标，通过自查、督查、核查、验收的工作方式，扎实推进以清产核资为重点的农村集体"三资"管理工作，取得了显著成效。在资金管理方面，结合"百村轮审巡察"和"正风肃纪镇村行"的活动，扎实推进村级财务阳光行动，建立了农村财务管理"一折付"制度，村级资金管理全部非现金结算。在资源资产方面，贯彻落实县委、县政府"见底见亮见成效"的工作要求，组织 3 个专业公司，对照卫星航拍图逐村逐组逐田块进行核对，实现了"全覆盖、无缝隙、制成图"清查目标。截至 2019 年，全县 148 个村（居）"三资"清查核资工作已全部验收完成，清理出村集体资源总面积 6.11 万亩、资产 2.38 亿元，较 2017 年底清查前分别增加 5.63 万亩和0.79 亿元。

5. 产业扶贫取得新成果

严格贯彻落实江苏省相关文件要求，按照着力突出主导产业培植、扎实带动低收入户脱贫致富的原则，经县委、县政府同意，2017 年实施了响水县春秋园农副产品有限公司新建的西蓝花冷藏保鲜及加工、盐城源怡农业科技有限公司园艺育苗基地改建、盐城缘荷农业科技发展有限公司新建浅水藕仓储设施及加工、盐城万洋农副产品有限公司新建连栋育苗温室大棚 4 个产业富民项目，带动 60 户低收入户于次年底全部实现脱贫。2018—2019 年又实施了 15 个产业富民项目，财政补助 4 250 万元。所有项目正在稳妥推进之中，2020 年底前全部建成。

（五）启示

从产业扶贫发展形势分析来看，近年来响水县还存在一些不容忽视的问题。一是农民增收渠道不宽。部分农民无持续增收项目，且大多数低收入户的财产净收入几乎为零。财产性收入不足成为该县农民收入最严重、最明显的短板。同时，该县农村居民工资性收入占总收入近一半，且由于用人成本的增加，这种收入模式抗风险能力非常差，容易出现因病致贫、因病返贫的情况。除此之外，经营性收入也无较强的上升幅度。二是产业富民项目和新型经营主体项目带动能力不强、带动面还不广。产业富民项目实施效果十分显著，非常好地带动了农民增收和产业兴旺。但从实际情况来看，仍然存在带动力不强的问题，项目数量少、资金不足，不能实现全部覆盖，远远没能满足现有的需求。另外，家庭农场、农民专业合作社等新型经营主体发展层次低、规模小、能力弱、水平差，引领带动能力不足。三是农村公共服务成为产业富民的短板。该县农村发展底子薄、基础差，虽然近些年在整体上已经有了较大提升，但环境"脏、乱、差"，交通道路滞后等问题并没有得到有效解决。同时，农村保洁员的工资待遇较低，很难有效调动其工作积极性，使不少保洁员兼职从事其他工作，不能全力做好农村公共服务保洁工作。

今后，要继续以习近平新时代中国特色社会主义思想为指导，积极贯彻落实习近平总书记"三农"工作讲话精神，坚持以乡村振兴战略统揽全县"三农"工作全局，继续以促进农民增收、产业扶贫为中心任务，深入推进农业供给侧结构性改革，稳步推进农村集体产权制度改革，加快培育新型农业经营主体，促进农村一二三产业融合发展，着力加强农村集体"三资"和农民负担监督管理，推进"三农"工作在新的起点上再登新的台阶。在产业兴旺上下功夫。着力调整优化农业结构，围绕西蓝花、浅水藕、设施蔬菜、规模畜禽、生态林果等特色主导产业发展，做大做强盐城万洋、江苏天荷源、中粮家佳康、温氏畜牧等重点龙头企业，突出抓好全县农产品标准化生产和特色农产品品牌创建，积极打造产品质量可追溯示范基地，提高县域农产品质量效益和市场竞争力。着力发展休闲农业和乡村旅游。研究制定促进该县休闲观光农业和乡村旅游业发展的用地、财政、金融、人才引进和培训等方面的扶持激励政策。采取以奖代补、先建后补、财政贴息、产业投资基金等方式，着力扶持农民发展休闲旅游合作社和民宿经济，集中培植打造10家以上集休闲度假、生态观光、农耕体验、采摘垂钓、餐饮购物为一体的休闲农业典型，使休闲观光农业、乡村旅游产业从洼地崛起，成为富民增收的新亮点。

积极扶持发展家庭农场。以建立健全家庭农场运行监测体系为切入点，强化动态跟踪监测，完善示范家庭农场名录制度，提升家庭农场发展质量；进一步制定完善用地、资金、项目等扶持政策，引导鼓励高素质农民、务工经商返乡人员、大中专毕业生等领办兴办家庭农场；通过强化项目扶持和精准服务，加大培训力度，推进政策性农业保险扩面，创新家庭农场贷款担保方式等组合措施，不断提升家庭农场发展质量和市场竞争力。每年培育省级示范家庭农场5个以上。做大做强农业龙头企业。在企业技术改造、项目审批、基建用地、信贷担保、税收保险等方面制定更加优惠的扶持政策，整合分散支农资金，重点支持龙头企业搞深加工开发、拉长增粗产业链条、建设研发平台、创建名优品牌等。扎实做好产业扶贫工作。大力培植新型经营主体，引导农业龙头企业、合作社、家庭农场和经营大户发挥生产收购、冷藏保鲜、市场营销等优势，对西蓝花、毛豆等农产品进行深加工，提高附加值。完善"公司＋产业园区＋低收入户"的利益联结机制，有效抵御市场风险，让低收入农户分享产业扶贫的利益。通过产业发展和机制创新，让低收入农户通过在产业基地创业就业，既能脱贫，又能养成勤劳致富的好习惯，学到技术技能真本领。

贵州湄潭：茶旅融合产业模式

　　导语：脱贫攻坚是贫困地区的头等大事和第一民生工程，贵州省遵义市湄潭县作为我国扶贫攻坚的典型案例，值得我们细细研究。茶叶产业成为当地的主导产业，且依托当地文化旅游资源，湄潭县着力构建以山水田园风光和茶旅一体化为主线，以县城为中心、乡村为依托、节点景观为支撑的全景域山地旅游体系。湄潭县大力实施扶贫＋旅游战略行动计划，有效加快脱贫攻坚步伐，近3年来，湄潭县旅游综合收入增速均居遵义市第一位。2016年上半年，湄潭县全县累计接待游客170.86万人，实现旅游综合收入10.15亿元，同比增长55.3％，旅游从业人员达5 483人（其中贫困人口达658人）。随着旅游业的发展壮大，越来越多的群众获得旅游扶贫的红利，扶贫效果显著，已促进4个贫困镇"摘帽"、19个贫困村出列，4.08万贫困人口"脱贫"，贫困发生率从16.45％下降到6.4％。

湄潭县茶园

（一）主体简介

　　湄潭县位于贵州省北部、遵义市东部，东西宽25.5公里，南北长96.5公里，平均海拔972.7米，森林覆盖率达60.08％。总面积1 864平方公里，辖15个镇（街道）133个村（居、社区），总人口50.66万人，其中农业人口 43.23 万人。

湄潭县是"贵州茶业第一县",所产"湄潭翠芽""遵义红""贵州针"等品牌茶叶享誉中国。湄潭也素有"茶城、烟县、粮仓、酒乡"之美誉,是茶文化、红军长征文化、浙大西迁文化交汇之地,先后被授予"全国农村改革试验区""国家生态县""国家现代农业示范区"等 20 余项荣誉称号。湄潭县由于地处西部内陆山区,受天然条件制约,湄潭县经济发展缓慢区域发展不平衡。2011 年被列入武陵山片区区域发展与扶贫攻坚重点县,2014 年通过精准识别建档立卡,全县共有 5 个贫困镇 64 个贫困村,贫困人口 12 961 户 43 689 人,贫困发生率 10.1%。近年来,湄潭县深入贯彻习总书记扶贫开发战略思想,聚焦"两不愁、三保障"标准,持续坚定打好扶贫攻坚这场硬战,采取"三线融合""三产融合""三保组合"等一系列方案政策助力扶贫攻坚。2014 年以来,共计投入资金 129 亿元助推脱贫攻坚,实现 5 个贫困镇(街道)减贫摘帽,56 个贫困村出列,累计减少贫困人口 9 913 户 35 777 人,还有未脱贫人员 3 048 户 7 912 人,贫困发生率降至 1.83%。

(二) 主要模式

1. 模式一:茶叶+旅游业

(1) 发展策略。按照"绿水青山就是金山银山"的理念,湄潭县大力发展旅游业,并与第一产业茶业相结合,通过促进茶旅融合,实现茶产业高质量发展、旅游业"井喷"式增长,推动农村产业升级、拓宽农民增收渠道,为扶贫攻坚、乡村振兴打下基础。湄潭县的"茶旅一体化"模式就是在通过种植茶树、美化生态环境的基础上,大力发展乡村旅游,实现茶叶种植和乡村旅游的深度融合。打造了茶旅生态屏障,将节约资源和减少污染的绿色产业发展理念有机融入茶产业全过程,持续推进退耕还茶、林间种茶,全县森林覆盖率达 60.8%、环境空气优良率 96.6%。打造茶旅特色城镇和美丽乡村,整县推进农村人居环境整治,打造"生态美、生活美、和谐美"新农村。至 2019 年,全县已规划建设"四在农家·美丽乡村"示范点 206 个,实施村庄整治点 820 个,累计新(改)建黔北民居 7 万余户,农村居住条件改善率达 98%。同时也培育茶旅文化,定期开展茶叶节、茶文化节、茶文化旅游节、茶文化博览会等大型节会活动,助推茶文化旅游发展。

(2) 主要做法。湄潭县生态旅游扶贫作为其扶贫攻坚特色,积极运用上级有关政策,合理利用茶园、水田、山林、旱地等"沉睡"资源,同时配套旅游业服务。湄潭县以旅游点为中心,围绕"吃、住、行、游、购、

湄潭县民宿

娱"六要素拓展开来，增加有效服务设施供给。湄潭县旅游脱贫的关键所在是全景式、一体化发展，充分利用贵州旅游资源多的优势，形成城乡互融、类型丰富的旅游格局。茶叶种植方面，湄潭采取横坡种植方式，既符合农民增收的要求，又符合生态建设的需要。保护生态也是其重要环节，湄潭县实施植树造林、退耕还林、封山育林等重大林业生态建设，其中计入森林覆盖率的 26 万亩茶园为全县 60.8％的森林覆盖率贡献了 9.3 个百分点。同时，还有"六线九园"彩湄工程，建成"印象湄江"滨河景观公园、桃花江湿地公园等景观，空气质量优良天数率达 100％，成功创建"国家生态县"。

湄潭"七彩部落"

实现茶旅一体化目标是增加农民收入。"十二五"规划以来，按照"五化"要求（茶树良种化、基地规模化、技术标准化、环境清洁化、生产机械化），湄潭县全力打造了 6 条茶旅产业带，形成了一批茶叶专业大户、专业村镇，以及七彩部落、核桃坝、田家沟等茶旅带动脱贫的成功典型。2016 年前三季度，实现茶旅综合收入 13.48 亿元，同比增长 50.8%；接待游客 221.5 万人次，同比增长 45.3%。湄潭县还制订了全县旅游发展规划，与旅游公司合作，全年接待游客 500 万人次，其中省外游客 200 万人次，入境游 1 850 人次，旅游综合收入 29.5 亿元，同比分别增长 73%、68.4%、170%、69.3%，通过旅游扶贫带动建档立卡贫困人口 930 人脱贫。下个阶段，湄潭县还将继续完善茶旅一体化建设，推进乡村旅游标准化建设，提高服务质量。同时，将争取申报 2 个国家 AAAAA 级景区、4 个 AAAA 级景区，争取该县每一个乡镇都有一个 AAA 级景区，以大景区带动小景区的方式，推动茶旅一体化向高质量、高层次发展。

2. 模式二：公司（合作社）＋基地＋农户

（1）发展策略。湄潭县制订了旅游产业发展若干政策文件和规划，成立旅发委和旅投公司，每年筹集 2 亿元财政专项资金。并且依托"全国农村改革试验区"，着力推进农村土地流转、入市、集体产权制度、"两权"抵押等国家级改革试点，充分利用农村全要素，激发农村发展动力盘活农村资源。公司（合作社）＋基地＋农户的模式能够积极创新经营管理模式，优化产业结构，建立起合作社与农民的利益共同体，从而实现农村资源"活"起来、农村要素"动"起来、贫困群众"富"起来。产业是湄潭的一个基础优势，形成湄潭模式主要依靠做强基地，对茶叶种植区域进行科学规划，制定生态茶园发展奖扶政策。至今，湄潭县全县茶园面积已达 60 万亩，投产茶园 48 万亩。大力实施茶园户籍化、标准化、清洁化管理，全面推广茶园病虫害统防统治、生物农药、黄板蓝板等绿色生态防控技术。

（2）主要做法。扶贫目标对象是农民，相应的产业扶贫标准是农民是否受益。我们需要促进激发农户自主参与产业发展的过程中来，并且享受发展成果。湄潭县对产业进行了有效分工，并且延长产业链，不仅仅局限在茶叶产业。让合适的主体做合适的事情，合作社、农户、基地各尽其责，各自发挥优势。龙头企业能够发挥闯市场的优势，专业合作社组织能够发挥资源综合的优势，减少农民闯市场的风险，实现保底稳定收益。同时，农民作为劳动力，与企业联合，内联外引才能够做强龙头企业，围绕特色、绿色和品牌，加快优势资源开发、产品开发和市场开拓。湄潭县大力发展各类农民专业合作组织，以及把龙头企业作为推动产业发展、带动农民增收的主要动力。一体化合作能够吸纳资金、技术、信息等资源要素，并且开拓市场。专业合作组织是提升茶产业规模化、组织化水平和提高农民素质的阵地，农户是作为产业发展的重要力量，是产业基地的重要人力资源，一脉相承。

湄潭的"七彩部落"，其通过"三变"改革，引导农民以"三资"入股参与旅游开发，构建"公司＋股份合作社＋股民"的联合经营模式。自2015年5月运营以来，"七彩部落"旅游综合收入达1 200余万元，占该村民组总收入的85％以上。湄潭县七彩部落主要是在2015年初，在村"两委"的号召下组织村民组建旅游专业合作社，采取统一规划打造、统一资源整合、统一运营管理、统一股份分红的"四统一"方式，村党支部引导群众组建合作社，动员村民既可以用现金入股，也可以用土地、茶园、林地等生态资源入股的形式，探索建立了"人人是股东、户户能分红"的新型农村经营模式，走出了一条"产业兴、村民富、村寨美"的茶旅一体化新路子，实现了"资源变资产，资金变股金，农民变股东"。目前，七彩部落有乡村餐馆17家、乡村宾馆5家、农家客栈16家、乡村超市3家、奶茶吧2家、特色小吃24家、手工茶叶加工4家，每月旅游综合收入达300万元以上。2017年全村人均收入达3.16万元，人均年分红金额超过2 000元。

3. 模式三：三保＋贫困户

（1）发展策略。民生政策是基本保障，湄潭县一直坚持民生优先，主要实施的是"三保"政策。"三保"政府主要指教育、医疗、民生保障政策。教育主要是加强学生营养餐改善和教育资助的监管，比较有特色的是对贫困村贫困户食材的采购，也就是脱贫攻坚的"春风行动"。医疗是将健康与扶贫相结合，采取了义诊、知识讲座等方式。民生保障主要是生态易地扶贫搬迁以及对基础设施的建设，因为湄潭县的一些农民处在不适宜生存的环境，所以易地扶贫搬迁也是主要组成部分。

教育	▶	加强学生营养餐改善和教育资助的监管
医疗	▶	将健康与扶贫相结合，采取了义诊、知识讲座等方式
民生保障	▶	生态易地扶贫搬迁以及对基础设施的建设

（2）主要做法。关于湄潭县开展脱贫攻坚"春风行动"，主要是通过推进"校农结合"工作。首先是完成学校食堂工作，按资助办公室的要求完成食堂食材的采购、登记、供餐、监督等相关工作，确保学校食堂提供安全的营养餐。其次是资助工作必须坚持原则，不能胡作非为，绝不允许优亲厚友，将不应享有资助的学生纳入资助，发放资助金。最后也是最重

要的是积极开展校农结合，学校食堂要采购贫困村贫困户的食材达40％以上，并按月上报数据，学校食材供应商积极采购当地贫困村贫困户产出的蔬菜，各校要做好登记，建立专档，将采购凭据复印存档备查。当地西河的100吨羊角菜、石莲的洞藏糟辣椒，都是扶贫产业，各个学校食堂必须大力支持，组织采购。

除此之外，教育扶贫还保证贫困家庭孩子入学接受教育。湄潭县新（改）建学校45所，完成106间学校"三通两平台"建设，城乡办学条件明显改善。推进示范学校创建，建成省、市、县级先进文化，实验教学，绿色示范学校69所。实现农村中小学、幼儿园"营养午餐"全覆盖。全面落实"两免一补"政策，落实资助资金1.17亿元，受助贫困家庭子女289 872人次，防止贫困学生因学致贫返贫。实行"双线控辍"责任制，各阶段入学率普遍提升，同时还有贵州大学茶学院落户湄潭。

关于医疗扶贫。湄潭县共有公立医院17家、村卫生室359家，培育民营医疗机构9家，拥有卫生技术从业资格人员1 984人；筹资7亿元，实施县医院、县中医院、县妇幼保健院、县疾控中心、10个卫生院新建和改扩建工程，每千人拥有床位数达4.3张；常住人口家庭医生签约服务率达100％；农村贫困人口参合率达100％；对贫困人口实现"四重"医疗保障，实施小额扶贫医疗保险，医疗补偿费用达90％以上。2017年，全县建档立卡贫困人口8 165人次获得补偿，总费用4 346.23万元。通过开展义诊及知识讲座的方式宣传基础医疗常识，减少农民因知识误区导致的救治不及时产生悲剧，以及对医疗救助政策进行宣传，贫困户的医疗救助力度较大，大力避免脱贫户因病返贫。

关于民生政策。湄潭县主要是推进农村低保制度与扶贫开发政策有效衔接，逐年提高农村低保标准，逐步实现"两线合一"。截至2017年底，全县农村低保对象5 299户10 988人，其中贫困户3 801户8 253人。建成15所敬老院，设置床位911张，全县842名特困人员已入住敬老院598名，集中供养率达71％。落实农村低保、特困供养救助、临时救助、医疗救助等资金共计1.9亿元。发放残疾人护理补贴和生活补贴共计835.62万元，受益残疾人12 389人次。启动实施被征地农民养老保险工作。城乡居民社会养老保险工作获国务院表彰。一个重要的部分易地扶贫搬迁，要加强安置点的团建工作，做好移民社区后续扶持保障服务工作，加强团组织的凝聚力和战斗力，强化移民社区后续扶持保障工作。

教育扶贫 ▶	➤ 推进"校农结合"工作 ➤ 资助工作必须坚持原则 ➤ 积极开展校农结合
医疗扶贫 ▶	➤ 对贫困人口实现"四重"医疗保障 ➤ 通过开展义诊的方式以及知识讲座的方式宣传基础医疗常识 ➤ 加大对医疗救助政策进行宣传的力度
民生保障 ▶	➤ 推进农村低保制度与扶贫开发政策有效衔接，逐年提高农村低保标准，逐步实现"两线合一"

（三）利益联结机制

湄潭县完善利益联结主要是通过定期租赁、经营权永久流转、返租倒包等模式，促进农民特别是贫困户到园区就业，实现茶产业带动农民增收致富。同时也是积极推行"人人是股东、户户能分红"的新型农业经营体系。通过持续的培育发展，湄潭县形成了茶叶、优质稻、烤烟、果蔬等支柱产业，体量大，覆盖面和受益面都很广。增加农民的收入主要是通过发展茶叶与旅游业一体化，延长产业链，完善产业体系，一系列的服务使游客能够享受提升价值和获得感。到 2018 年，全县 80％的农户、40％的贫困人口通过茶叶增收、脱贫，共享发展成果。坚持以"市场运作为主、政府补贴为辅"思路，将茶树种植、茶叶加工、茶品电商和茶文化体验的三次产业深度融合，运用"公司＋合作社＋农户"筹资方式，整合资源、资金、人力等要素，实现景区景点打造一个点、做活一个点、引爆一个点，让更多农民持续稳定增收、贫困群众稳定脱贫。2018 年底，全县已脱贫 10 308 户 36 998 人，64 个贫困村全部出列，贫困发生率降至 1.51％。

通过定期租赁、经营权永久流转、返租倒包等模式

促进农民特别是贫困户到园区就业

实现茶产业带动农民增收致富

（四）主要成效

通过大家的一起努力，湄潭县有了前所未有的全新变化，贫困户脱贫

率上升，返贫率持续下降，开启了百姓富、生态美、茶海湄潭新篇章。一是贫困率下降。4 年期间，通过因村因户因人精准施策和"分年度分措施分人"精准脱贫，全县建档立卡贫困户 12 961 户 43 689 人中 9 913 户 35 777 人达到脱贫标准，实现脱贫。二是基础设施建设有成效。4 年一共创造性实施"五大行动"和"七改一增两处理"工程，高标准、全覆盖、快速度建设完善农村水、电、路、讯、房、寨、广场、学校、卫生院等基础服务设施，极大地改善农村人居环境，群众幸福指数普遍提升。三是县域经济发展有了质的飞跃。2017 年，湄潭县地区生产总值达 104.64 亿元，是 2014 年的 1.58 倍；财政总收入 10.58 亿元，是 2014 年 9.04 亿元的 1.17 倍；一般公共预算支出 31.23 亿元，是 2014 年 21.73 亿元的 1.44 倍；城镇居民和农村居民人均可支配收入分别达 29 536 元、12 137 元，城乡差距不断缩小；全面小康社会实现程度预计达 96.2%。四是基层治理团队有了新突破。湄潭县选优配强 64 个贫困村村支监"三委"干部，整顿软弱涣散党组织 22 个，村级组织战斗力不断增强，村级集体经济不断壮大，64 个贫困村全部脱"空壳"。通过法治扶贫融合感恩教育，树立新风引正气；以及"群众会＋"农村社会治理模式，畅通诉求平民怨；基层警务"所队合一"，重拳出击治乱象，全县社会和谐稳定。五是干部作风大展新貌。

（五）启示

脱贫攻坚是一个需要长期坚持的事情，并且涉及方方面面的工作，需要政府各部门相互配合协调，需要把脱贫攻坚放在第一位。打好脱贫攻坚战需要注意几点内容。首先，因地制宜，发展产业、制定政策都需要结合当地的实际情况。产业支撑是根本，产业扶贫是根本之策。湄潭县就是依托良好的自然生态和资源禀赋，选择发展特色农业、绿色工业和生态旅游，注重就业扶贫、利益联结和群众培训，推进三产融合发展，促进农民增收。其次，党建引领是关键。脱贫攻坚是该县最重要的政治任务。脱贫攻坚取得的成效，是党中央政策支持的结果，需要政策的支持与大家齐心协力的努力，统一领导、统一行动。最后，人是要素和支撑保障。人才是发展的第一资源，是第一生产力。湄潭县积极营造尊重人才的环境，巩固人才优先发展地位。依托各类国家职业技能培训平台，加大茶农培训力度，每年对涉茶农户指导培训率达 90％以上，提升了茶农的专业技能。湄潭县一直不断激活人才存量、扩大人才增量、提升人才质量，为茶产业的发展提供了有力的人才支撑和智力支持。

陕西延长：种养结合产业模式

导语：陕西省延长县苹果基地是我国重点脱贫攻坚工作的典型案例。苹果是兴县富民的主导产业，也是脱贫攻坚的核心切入点。延长县地处延安东部延河下游，属渭北黄土高原梁峁丘陵沟壑区，是全国最佳苹果优生区之一。优越的气候条件促使这里生产的苹果色泽艳丽、口感香甜，备受消费者青睐。在政府的大力扶持与当地良好环境的基础上，延长苹果产业发展基本实现了生产有基地、储藏有企业、营销有组织、流通有市场的产业化经营格局。

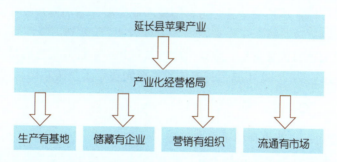

2019年上半年完成新建果园200亩，新建防雹网2 466亩；同时建立扩大"保险＋期货"模式，全县4 253户果农投保苹果政策性保险4.04万亩。因此，在进行脱贫扶贫工作的时候，延长县的脱贫攻坚案例具有借鉴意义，值得去认真研究与学习。

（一）主体简介

延长县位于陕西北部，延安市东部，延河下游，西接宝塔区，北靠延川县，南依宜川县，东临黄河与山西省大宁县、永和县隔河相望，县名因延河自西向东长流入黄河而得名。全县东西长73公里，南北宽55公里，地势由西北向东南倾斜，南北高、中间低，呈谷峰形。延长县土地资源丰富，以黄绵土和黑垆土为主的土壤土层深厚，光照充足，光热昼夜温差20℃左右，降水集中在作物生长茂盛期，适宜种植多种农作物，有利于林牧业生产；发展苹果、酥梨、西瓜得天独厚，"延长苹果""延长酥梨""延长西瓜"多次荣获大奖。现有梨、果面积31万亩，以苹果为主的绿色产业成为农民群众增收致富的主导产业。

延长县苹果

延长县是国家扶贫开发工作重点县，全县共有贫困村 83 个，建档立卡贫困人口 9 077 户 20 163 人。为了确保打赢这场脱贫攻坚战，实现整体脱贫摘帽目标，延长举全县之力，围绕产业发展、增加群众收入、基础设施建设等脱贫攻坚核心工作来啃这块"硬骨头"，做到力量配置向扶贫倾斜、资源配置向扶贫聚集、政策措施向扶贫集中，统筹推进脱贫攻坚和发展县域经济，为 2020 年底全县整体脱贫摘帽奠定了坚实基础。

（二）主要模式

1. 模式一：苹果种植＋家禽养殖

（1）发展策略。延长县采取产业长短结合，使得群众增收"双保险"。近年来，延长坚持围绕建设塬区 32 万亩优质苹果生产基地、川道 3 万亩绿色瓜菜生产基地、黄河沿岸 5 万亩特色农产品基地和全县生态畜禽养殖基地目标来引领带动贫困群众发展致富产业，按照"长短期产业结合、贫困户产业与区域产业结合、贫困户产业与合作社结合"的思路，因地制宜、因户施策。

2016 年，该县拿出 1 600 万元专项资金支持贫困户发展长效产业，贫困户每户每年可享受 2 000 元产业补助。2019 年，该县又多方筹资 7 336 万元，在张家滩、安沟 2 个镇的 54 个村开展试点，在发展苹果栽植、瓜菜棚栽、规模养殖等长效产业的同时，帮扶贫困户发展食用菌、菌草、土鸡等短期产业，实现脱贫产业"长短结合"，让贫困群众增收有了"双保险"。全县贫困户 6 403 户 16 120 人都发展了"长短结合"的脱贫产业。

（2）主要做法。以位于延长县安沟镇东南部塬区的阿青行政村摘帽为例，自精准扶贫工作开展以来，阿青村按照"长期苹果＋短期养鸡"的扶贫措施，采取"党支部＋合作社＋贫困户"的扶贫模式，积极争取县信用联社、扶贫、水利等相关部门支持，建立贫困户"一对一"帮扶制度，2017年阿青村顺利通过国检、省检及第三方检查验收，成功摘帽。阿青村苹果产业基础较好，全村果园1 788亩，贫困户人均栽植苹果2.24亩，2017年人均纯收入达到了9 600元。阿青村按照"党支部＋合作社＋贫困户"的模式，村党支部领办果业合作社，为群众提供技术培训、物资统购、销售储藏等服务，村上联系多海兴恒种植养殖合作社，支持30户贫困户发展果园林下养鸡，每户养鸡50只左右，由合作社提供日常防疫和技术服务，并签订收购合同，每年可为农户增收3 000余元。

延长县对未建立长效产业的农户注入人均不低于6 000元的扶持资金，给每亩果园补助1 000元建防雹网。2019年，在村里建设小型制冷果库，进一步巩固提升群众苹果产业发展。此外，在县信用联社的协作配合下，阿青村建成了信用村，为30户贫困户发放信用贷款150万元，落实小额贴息贷款政策，为23户贫困户发放贴息贷款115万元。

以延长县黑家堡镇瓦村，从贫困大村到产业大村的致富之路为例。瓦村坚持把发展短平快增收产业与长期致富产业相结合，利用长效产业补助金，扶持贫困户发展养殖业，在村里建设拱棚种植香菇、西瓜等作物，走出了一条以棚栽、苹果为主导，养猪、发展香菇为补充，主副业同步的脱贫路子，确保贫困户能脱贫、不返贫。

同时，他们依托优势，通过采取土地流转、配齐水电路设施、贴息贷款扶持、分户承包经营等多种措施，扶持12户贫困户养猪，户均养猪8头以上，3户养牛，20户发展香菇，实现当年增收。

苹果种植 ＋ 家禽养殖	建设目标：塬区32万亩优质苹果生产基地 川道3万亩绿色瓜菜生产基地 黄河沿岸5万亩特色农产品基地 全县生态畜禽养殖基地
	发展思路：长短期产业结合 贫困户产业与区域产业结合 贫困户产业与合作社结合
	主要做法：阿青行政村：按照"长期苹果＋短期养鸡"的扶贫措施，采取"党支部＋合作社＋贫困户"的扶贫模式，建立贫困户"一对一"帮扶制度。对未建立长效产业的农户，注入人均不低于6 000元的扶持资金，给每亩果园补助1 000元建防雹网；建设小型制冷果库；建成了信用村 　黑家堡镇瓦村：以棚栽、苹果为主导，养猪、发展香菇为补充，主副业同步的发展路线；采取土地流转、配齐水电路设施、贴息贷款扶持、分户承包经营等多种措施

2. 模式二：果农＋保险＋期货

（1）发展策略。该县昼夜温差大，适宜种植苹果等多种农作物。当地果农的惜售心理导致苹果价格起伏不定，周期性变化较大，贸易商出货量也没有保障。华信期货联合人保财险延安分公司在当地推出的"保险＋期货"项目，将为果农及贸易商提供强有力的价格保障。

（2）主要做法。2017年，延长县在苹果"保险＋期货"金融扶贫方面做了有益的探索，通过链接"小苹果"和"大金融市场"，降低了果农市场风险，确保了贫困群众连年稳定增收。在中国证监会的帮助下，8家期货公司对延长县8镇13个果业示范村投入产业发展扶持资金696.505万元，郑州交易所在延长县设立5 000吨苹果交割库，通过多方参与、全力推进，苹果"保险＋期货"金融扶贫模式初步形成。延长县联合华信期货股份有限公司开展苹果"保险＋期货"试点，保险苹果196吨，与6户贫困户签订保险合同，保费为每吨407.04元，共计79 780元，由华信期货股份有限公司全额补贴。

2018年，延长县对接中国工商银行共同参与，积极探索由地方政府、中国工商银行、中国人保财险公司、期货公司和农户组成的"五位一体"金融精准扶贫模式，拓展为"保险＋期货＋银行"新形式。共为906户、1万亩1.5万吨苹果购买了保险，保费840万元，其中涉及贫困户153户。同时，为了减轻果农负担，约定即使到期后不产生赔付，仍向果农返还交付的保费。

果农＋保险＋期货	**发展策略**：华信期货联合人保财险延安分公司在当地推出的"保险＋期货"项目，为果农及贸易商提供强有力的价格保障
	主要做法：延长县在苹果"保险＋期货"金融扶贫方面做了有益的探索；郑州交易所在延长县设立5 000吨苹果交割库；联合华信期货股份有限公司开展苹果"保险＋期货"试点；由地方政府、中国工商银行、中国人保财险公司、期货公司和农户组成的"五位一体"金融精准扶贫模式，拓展为"保险＋期货＋银行"新形式

3. 模式三：产业园区＋贫困户

（1）发展策略。为了解决贫困户产业从无到有的问题，延长县确立了"政府扶持、支部引领、企业带动、利益联结、市场运作"的工作思路，积极探索"合作社＋贫困户""产业园区＋贫困户""金融扶持＋贫困户""能人大户＋贫困户""互联网＋贫困户"等不同产业扶贫模式，有力地促进农业增效、农民增收，为脱贫攻坚战奠定了胜利的基础，孵化建立产业，构建稳定脱贫机制。

（2）主要做法。延安中果生态农业科技股份有限公司依托苹果产业，帮扶延长县1 171户产业贫困户脱贫致富。据统计，贫困户苹果增产8.9%，贫困户直接增收节支441.4万元，户均2 850元。2014年7月，该公司成立党支部、工会和妇女组织。延长县老区扶贫开发局负责人说：

"延安中果公司在党支部的领导下，农场党组织上联党委政府，下联会员群众，外联销售市场，改变了以往农户分散经营、单打独斗、自我摸索的固有模式，带领群众共同闯市场、抓生产，提高服务、促进增收，为县域农业企业起到了良好的示范效应。"

该公司支部确定了"金果富民"计划，从苹果生产管理入手，产前推行苹果标准化管理，生产出符合市场要求和公司标准的苹果，确保质量的稳定性和一致性；产中规范苹果储藏和加工，产后做好苹果销售和服务，最终形成生产、储藏、加工、销售为一体的生态产业链。2016 年公司完成销售收入 4 353 万元，实现利润 330 万元。2017 年公司完成销售收入 4 460 万元，实现利润 340 万元。该公司注重加强电子商务建设，积极落实延安市《苹果产业后整理暨扶贫攻坚方案》，引进 4.0 苹果智能分选线一条，完成了中国证监会国内首个苹果期货交割仓库落地，实现首单延长苹果期货交割。

产业园区+贫困户	**发展策略**：延长县确立了"政府扶持、支部引领、企业带动、利益联结、市场运作"的工作思路，积极探索"合作社+贫困户""产业园区+贫困户""金融扶持+贫困户""能人大户+贫困户""互联网+贫困户"等不同产业扶贫模式
	主要做法：延安中果生态农业科技股份有限公司依托苹果产业，帮扶延长县1 171户产业贫困户脱贫致富。确定了"金果富民"计划；形成生产、储藏、加工、销售为一体的生态产业链；注重加强电子商务建设

（三）利益联结机制

经过多年扶贫摸索，延长县积极探索出了"合作社＋贫困户""产业园区＋贫困户""金融扶持＋贫困户""能人大户＋贫困户""互联网＋贫困户"等不同产业扶贫模式，有力地促进农业增效、农民增收，为脱贫攻坚战奠定了胜利的基础。

1. 以产业带动贫困户

中果公司根据彭家源村的实际情况进行果园连片集中经营，让"能人"带着干，解决个体经营规模有限、管理效率低下、抵御风险能力差等问题。并且由公司从施肥、病虫害防治、苹果销售等各个环节统一指导，还在果园设置灭蚊灯、防雹网、虫情测报机等设备，使果园管理日益科学化，实现了小农经营向集约化经营转变，这对延长苹果来说是件好事，对果农来说也增加了不少的收入。

2. 以合作社带动贫困户

延长县鼓励合作社与贫困户建立利益联结机制，帮扶有一定产业基础或有发展产业意愿的贫困户，为他们免费提供农资、技术、管理、销售等服务。合作社每带动1户贫困户建立种植或养殖产业，政府奖励1 000元；贫困户每建立一项致富产业，政府根据其产业类型给予1 000～3 000元补助。"合作社＋贫困户"模式，既解决了绝大多数贫困户面临的无资金、无技术、无经营能力的现实问题，也为合作社发展壮大奠定了基础，实现了贫困户增收与合作社发展双赢。

(四) 主要成效

延长县广泛凝聚社会帮扶力量，开展精准脱贫工作。2018年以来，中金所定点帮扶延长县，对口援建5个扶贫项目，涉及资金达700余万元，涉及健康扶贫中医馆建设、产业扶贫长江期货营业部、农特产品有机种植、教育扶贫资助贫困学生、党建引领发展村集体经济等项目。2019年，宜兴市8个镇（街道办事处）与延长县7镇1个街道办事处全部结对，并安排结对帮扶资金400万元，截至2019年，已结对5组；宜兴市妇联携手宜兴市女企业家协会与延长县46名贫困学生结对，并捐助共建资金20万元；利用苏陕扶贫援助资金30万元，开发公益性岗位50名，安置了50名移民搬迁贫困劳动力就业；认真筛选2018年苏陕协作项目，实施协作项目两批次11个，对口帮扶资金425万元；还组织延长县人员赴宜兴学习交流，延长县人民医院赴宜兴市人民医院学习，第一批外派9人；还有3＋X帮扶体系，西安工程大学赴延长县开展教育扶贫工作，投入1.9万元组织培训了120人次，国企合力团延长石油炼化公司招聘了50名贫困大学生，实现优质就业。

2019年上半年，延长县累计投入各类抗旱、防冻资金2 840余万元，用于修建储水池，购买各类抗旱、防冻物资，有效缓解了果园旱情和防止花期冻害。启动实施张家滩镇月余等10个村苹果示范园建设和安沟镇多海至阿青一线苹果采摘观光带建设。上半年完成新建果园200亩，新建防雹网2 466亩。稳步扩大"保险＋期货"试点规模，2019年，全县4 253户果农投保苹果政策性保险4.04万亩。成立延长县瓜菜协会，实现了西甜瓜追溯二维码标签全覆盖。以交通便利的黄河沿岸集中连片地块为重点，落实优质农特产品种植6.3万亩。累计建成"一乡一业"专业镇5个、"一村一品"专业村63个，同时大力发展农村电商。

(五) 启示

延长县用苹果圆了致富梦，成功实现脱贫摘帽。政府扶贫资金使用规范有序，问题整改有序推进，多措并举，让贫困户退得出、稳得住、不返贫。以金融扶贫为例，实施苹果金融扶贫打破传统的农险只对天灾等影响农作物产量的险因进行保护，并未忽视市场上供需变化对农民收入的影响。而"保险＋期货"就解决了这方面的问题，它的主要功能是对苹果价格进行保险，形成一个投保人、保险公司和期货公司三方共担风险的交易闭环，规避了现货交易中苹果价格下跌的风险，确保了果农的利益。同时，解决了商品果销售价格低的问题，有利于果业增效、果农增收。

　　打好脱贫攻坚战需要聚焦"两不愁、三保障"等问题，夯实责任、明确任务，扎实推进各类问题改彻底、改到位。坚持特色产业发展思路，在补短板、提质量、增效益上下功夫，夯实群众增收致富基础，深化扶贫协作的深度和广度。深入开展村容村貌、户容户貌和精神面貌"三貌"治理，强化技术技能培训，开展文明创建，评选先进典型，办好脱贫致富奖励站，不断提振贫困群众"精气神"。

甘肃定西：甘肃蓝天马铃薯产业发展有限公司"蓝天模式"

导语： 甘肃蓝天马铃薯产业发展有限公司在产业扶贫中，坚持以服务"三农"为宗旨，以马铃薯全产业链为纽带，以产业发展、农民增收为目标，通过建联合社、修储藏库、创蓝天贷、推订单化，构建了"龙头企业＋联合社＋合作社＋农户（贫困户）＋银行＋电商平台"六位一体的"蓝天模式"，使金融服务贯穿于马铃薯种植、储藏、收购、加工、销售多环节，让马铃薯产业链上 267 个种植合作社、10 个农机合作社受益，带动 10 万农户和 26 318 户贫困户在马铃薯产业链上通过勤劳的双手增收致富，形成了"风险共担，利益共享"的利益联结机制，有效解决了合作社会员和马铃薯种植农户"无抵押、无担保、融资难"的问题，让农户、贫困户得到了普惠金融带来的实实在在的好处。

（一）主体简介

甘肃蓝天马铃薯产业发展有限公司（以下简称"公司"）成立于 2002 年 8 月，是一家集马铃薯种植、加工、购销、服务为一体的省级农业产业化重点龙头企业。公司位于甘肃省定西市安定区巉口镇，注册资金 4 000 万元，资产总额 5.48 亿元，现有员工 278 人，其中专业技术人员 35 人。

公司为全国马铃薯产业知名品牌创建示范区骨干企业，先后被授予"中国马铃薯淀粉行业龙头企业""AAA 级信用企业""甘肃省诚信企业""甘肃省守合同重信用企业""2017 年度全省推动非公有制经济跨越发展先进集体"定西市"十大优秀扶贫企业"等荣誉称号数十项。公司通过了ISO 9001：2016 质量管理体系、ISO 22000：2005 食品安全管理体系、中国绿色食品、甘肃省名牌产品等认证，公司"福景堂"牌商标和"幸泽"牌商标被评为甘肃省著名商标。

近年来，公司依托马铃薯庞大的产业供应链，充分发挥示范带动作用，以企业良好的信誉度为基础，通过与浦发银行、工商银行、定西农商银行、兰州银行等合作建立了完善的供应链金融机制，创设推出了蓝天供应链金融信誉担保模式，走出了依托金融支持企业壮大、企业带动产业发展、产业助力贫困群众增收致富的产业扶贫之路。

公司在马铃薯淀粉行业内做到了产能全国第一，质量全国第一，2016

年、2017年、2018年连续3年在甘肃省10个农业产业化大型重点龙头企业评审中获得第一名。

（二）主要模式

1. 模式概括

"蓝天模式"："龙头企业＋联合社＋合作社＋农户（贫困户）＋银行＋电商平台"六位一体。"蓝天模式"最终让农民变社员、社员变会员、会员变股东，将甘肃蓝天马铃薯产业发展有限公司真正变成由80个农民专业合作社和若干个农户参股的股份制有限公司。

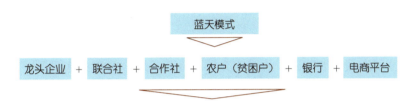

2. 发展策略

发展的核心理念：坚持以服务"三农"为宗旨，以马铃薯全产业链为纽带，以产业发展、农民增收为目标，让广大农户（贫困户）通过勤劳的双手在马铃薯产业链上增收致富。

模式概括：通过建联合社、修储藏库、创蓝天贷、推订单化，构建"龙头企业＋联合社＋合作社＋农户（贫困户）＋银行＋电商平台"六位一体的"蓝天模式"。

3. 主要做法

（1）打造全产业链模式，实现"抱团式"发展。针对深度贫困地区普遍存在龙头企业自身不强、抵押物少，农民专业合作社起步晚、资本积累不足及农户（贫困户）缺少有效抵押物，贷款难和融资贵制约龙头企业、农民专业合作社和贫困群众发展的老大难问题，甘肃蓝天马铃薯产业发展有限公司于2014年采取股份合作方式，牵头组建成立了甘肃福景堂马铃薯产业农民专业合作社联合社，把马铃薯产业上游267个种植专业合作社、10个农机专业合作社、10万农户和26 318户贫困户联合起来，建立了"龙头企业＋联合社＋合作社＋农民"订单种植模式，与农民专业合作社发展订单种植，合作社与农户、贫困户签订订单合同，带动贫困户发展马铃薯种植业，形成了完善的委托生产、订单农业、贷款担保、入股分红、利益返还的合作机制，实现了工业生产与农业种植、小农户与大市场的利益链接，推行利益链上全员经济效益相挂钩的绩效管理模式，形成了风险共担、利益共享的全产业链命运共同体。

在这一"命运共同体"中，采用"龙头企业＋合作社＋基地＋贫困户"帮带机制，积极引导广大种植农户特别是贫困户种什么、怎么种、收获后卖给谁，充分保证和提升农民种植马铃薯的收益，发挥产业链助农脱贫长效机制，让广大农户特别是贫困户参与到产业链中，通过自己的双手实现勤劳致富。这样既保证了企业的原料供应，降低了生产经营和服务成本，又稳定保障了马铃薯种植农户和专业合作社等各方利益，提高了农民组织化程度，让农民在多环节受益，最大限度地增加农民收入，实现了产业发展、企业增效、农民增收的多重效应。公司生产的"福景堂"牌淀粉系列产品远销全国，与国内 70 多家大型食品加工企业建立了稳定供货关系。公司产品还借助银行的线上交易平台，通过 B2B 形式实现了产品在电商领域的销售。

（2）创设蓝天供应链金融，破解融资贷款难题。

一是蓝天公司与银行建立良好的金融合作关系，推出了保购担保贷款业务。蓝天公司、联合社及公司法人提供最高额贷款担保，蓝天公司再以存货作为抵押并提供马铃薯销售保购承诺，联合社将筹集的保证金作为质押，合作社和农户（贫困户）以马铃薯销售应收账款作为质押，联合社社员之间形成互保关系，形成"农户贷款合作社保、合作社贷款联合社保、联合社贷款龙头企业保"的联保服务模式。创设系列金融支农模式，通过联合社的"中介"作用，将信贷效应放大到各个合作社和农户，担保贷款额度 50 万～500 万元。

二是蓝天公司依托马铃薯庞大的产业供应链，充分发挥示范带动作用，以企业良好的信誉度为基础，通过与浦发银行、工商银行、定西农商银行、兰州银行等合作建立了完善的供应链金融机制，创设推出了蓝天供应链金融信誉担保模式。浦发银行围绕蓝天公司上下游全产业链，采取"线下＋线上"齐步走的模式，将"蓝天模式"深化为"蓝天 e 贷"。工商银行以"核心企业＋联合社＋银行＋合作社＋农户＋保险"六位一体和银行"对公与对私业务统筹、投行与商行业务统筹、线上与线下服务统筹、金融与非金融服务统筹"，创新推出以蓝天公司命名的"核心企业＋N 个农民专业合作社"的"蓝天贷"供应链金融模式。2014—2018 年，通过"蓝天贷"供应链金融模式，银行给合作社、农户、贫困户累计发放贷款 6.8 亿元；2019 年，工商银行、浦发银行、定西农商银行、兰州银行等各大银行给蓝天供应链金融各链条总授信额度 6 亿元，计划给合作社、农户、贫困户发放贷款 3.2 亿元以上，从根本上解决龙头企业、新型经营主体、农户和贫困户融资难问题。

蓝天供应链金融信誉担保现场图

（3）推订单化保底收购，助力脱贫攻坚。为保证马铃薯种植农户的收益，建立稳定的原料生产基地，蓝天公司积极推行订单农业模式，与安定区各贫困乡镇 80 多个农民专业合作社合作签订马铃薯种植订单，各乡村合作社与农户签订种植合同，马铃薯收获后公司以高于市场均价收购订单农户的马铃薯。近年来，公司订单收购农户标准化基地种植的马铃薯每年达 12 万亩，实现了马铃薯产业链单元主体抱团发展，有效解决了农户产品卖难和"薯贱伤农"问题，使产业链上的农民专业合作社和广大薯农获得了实实在在的收益，带动农户 10 万多户，其中带动贫困户 26 813 多户，户均年增收 8 300 元。公司通过与农户签订合同，采取统一供种、代耕代收、流转土地、规模经营，建立了高淀粉加工型马铃薯生产基地。既保证公司有稳定的原料供应，又形成了农户稳定可靠的增收渠道，有效增强了农户、贫困户抵御市场风险能力。

蓝天淀粉石峡湾马铃薯收购点现场图

（4）修储藏库前移关口，打造扶贫车间。围绕打造马铃薯全产业链，公司探索建立"企业＋联合社＋储藏库＋合作社＋基地＋贫困户"的马铃薯储藏带动产业发展模式，将马铃薯收购现场直接延伸到田间地头，实现农户直产直销。公司投资 6 000 多万元，先后在马铃薯不同集中产地修建马铃薯储藏库 30 座，增加储藏能力 30 万吨以上，辐射带动 5 万多农户，其中贫困户 6 000 多户，实现了马铃薯种植农户就近就地即时销售马铃薯，户均减少马铃薯运输成本 1 000 多元，贫困户种植马铃薯变成了"家门口"的产业扶贫。不仅如此，在马铃薯收购季节，公司还优先吸纳当地300 多名贫困人口参与搬运、入库等劳务，人均增加务工收入 5 000 元。

（5）创新"蓝天模式"，形成"三大实践"。

一是"杏园实践"。具体表现为杏园乡"654"产业扶贫体系，"6"即"党建引领＋龙头企业带动＋金融支撑＋联合社＋合作社＋贫困户"产业扶贫模式；"5"即"培育一项主导产业、选择一家经营主体、打造一个订单基地、创新一套发展模式、建立一种分配机制"的"五个一"措施；"4"即"农户得收入、联合社（合作社）得收益、企业得原料、政府得民心"四个目标，使马铃薯产业助推脱贫攻坚取得显著成效。

在"杏园实践"中，该乡充分发挥自身优势，准确把握定位，通过打造"一园三区"（马铃薯产业园、良种扩繁区、加工薯种植区、营销服务区），推动全乡马铃薯产业全面发展。

良种扩繁区：该乡骏逸农业农民专业合作社与定西农夫薯园公司及亚青公司对接，建设 11 座日光温室及网室，建立庄薯 3 号原原种繁育基地，可生产原原种 300 万粒，可供扩繁原种 700 亩；该乡兴佳源农牧农民专业合作社联合社等 5 家合作社建立庄薯 3 号原种扩繁基地 210 亩，可生产原种 370 吨，可供扩繁一级种 2 960 亩；该乡薯宝宝种植农民专业合作社等6 家合作社建立庄薯 3 号一级种扩繁基地 950 亩，可生产一级种 1 660 吨，按每亩 125 千克用种，可供建立加工薯原料基地 13 300 亩。

加工薯种植区：2019 年，全乡调运庄薯 3 号良种 1 217.5 吨，与蓝天公司签订订单，以每千克 0.9 元的收购价格在全乡建立庄薯 3 号加工薯基地 1.1 万亩，带动农户 1 429 户，其中贫困户 560 户。按照亩预计产量（也是合同约定产量）1 750 千克计算，总产量可达 1.925 万吨，总收入达1 732.5 万元。按照"4221"的增收、分配机制，①种植农户按每千克0.8 元订单收购价交售，总收入可达 1 540 万元，种植户户均收入 1.08 万元；②合作社按每千克 0.04 元收益，9 个村级合作社总收益达 77 万元；③每千克运输、损耗费用按 0.04 元计算，共 77 万元；④联合社按每千克0.02 元计算，收益达 38.5 万元，从而形成利益共享、风险共担的市场化运作机制。在马铃薯交售期间，由蓝天公司负责交售资金保障，联合社负责集中收购，合作社负责组织群众交售，按照"一车一清算、一车一支付"的方式，一次性将销售资金支付给种植农户，解决了群众"种什么、卖给谁、保收入"等后顾之忧，最终达到农户得收入、联合社（合作社）得收益、企业得原料、政府得民心的"四个目标"。

营销服务区、该乡依托蓝天公司，投资1 000万元，建设杏园（蓝天）马铃薯综合服务中心，占地12亩，已修建3 600平方米马铃薯储藏库3座，年储藏能力达1.5万吨；年内计划新建2 000平方米的集农技、农资、农机、办公为一体的综合服务区，全方位打造产业扶贫车间，形成春季供种供农资、提供技术咨询服务、提供农机服务，秋季一边交售订单马铃薯并购买良种、一边购买冬季取暖用煤的全方位服务，同时，还可方便群众就地务工增收。

二是"称钩实践"。在"称钩实践"中，称钩驿镇针对农村劳动力结构性、季节性、区域性短缺的现状，对整户外出或无劳动能力耕种的土地，由合作社与农户签订协议，从耕种、覆膜、防病、收获等全程托管，把农户从繁重的劳作束缚中解放出来，全身心投入二三产业，从根本上解决了当前农村"人到哪里去、地由谁来种、钱从哪里来"的问题，走出了一条"龙头企业＋合作社＋农户"的产业扶贫路子。

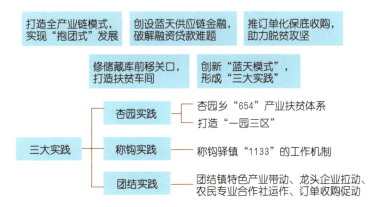

称钩驿镇按照"1133"的工作机制（即镇上成立1个土地托管服务中心，村上成立1个土地托管服务站，合作社组建农机、农技、植保3支服务队，开展菜单式托管、服务型全托和收益型全托3种模式），成立了土地托管服务中心，负责监管和服务工作，要求经营主体依照具体的运行规章，明确服务水平、服务内容、收费标准，与农户签订托管协议，按照农户的托管需求进行作业。这种"农户加入自愿、退出自由、服务自选"的土地托管模式，既解决了因主要家庭劳动力常年外出务工或季节性外出务

工造成的农村劳动力严重缺乏与农业生产之间的矛盾，又提高了农户按照需求自主选择的灵活性，增加了农户的收益，真正把农民从土地中解放出来，因而受到了广大群众的欢迎，实现种养劳＋全产业链协调发展的干旱深山区现代农业发展之路。

2018年，定西安泰农机服务农民专业合作社流转土地1 270亩，经营托管服务土地3 500亩，辐射带动农户200户。在周家河、花园、川坪等村建成高标准淀粉加工示范基地1 270亩，采取统一服务、统一种植、统一标准、统一收购、统一销售的"五统一"模式，实现了土地适度规模经营，形成了产前、产中、产后的产业链条。

三是"团结实践"。在团结镇，定西市鑫源马铃薯良种专业合作社通过对接蓝天公司，在特色产业带动、龙头企业拉动、农民专业合作社运作、订单收购促动上下功夫，从马铃薯种植、储藏、营销等多方面入手，不断壮大自身实力，做马铃薯支柱产业，做农户帮扶带动能手，走出了一条以"对接龙头壮规模、订单收购促产业、脱贫致富保增收"的新路子。合作社按照"龙头企业＋联合社＋合作社＋基地＋农户"的订单生产模式，对接蓝天公司牵头建立的甘肃福景堂马铃薯产业农民专业合作社联合社，在庙川、唐家堡、中化、金花、寒树、寒水6个村建立庄薯3号马铃薯加工专用薯种植基地6 000亩，辐射带动基地所在5个村853户农户（其中贫困户207户）签订订单协议，以0.80元/千克的保护价向农户收购，以0.90元/千克的价格运送到企业。合作社一头连着农户，一头连着企业和市场，既保护了农民群众和企业的共同利益，合作社也得到了发展，在马铃薯产业链里面，合作社真正起到了桥梁和纽带的作用。

（三）利益联结机制

1. 开展订单农业保底价收购

2017—2018年，公司先后与安定区周边各乡镇78个农民专业合作社签订订单合同、合作社又与5万多农户（贫困户6 318户）签订订单合同，订单面积12万亩。一是由公司统一提供"庄薯3号"优良品种，以0.90元/千克的保护价格收购，使农户户均增收4 500元。二是对建档立卡贫困户每户订单面积5亩，每亩平均产量按1 750千克计算，马铃薯价格按高出市场价0.10元/千克的保护价进行收购，户均增收8 750元以上。三是年底进行分红，联合社按照合作社交售马铃薯的数量，每吨分红40元；合作社按照农户交售马铃薯数量，每吨分红20元。

2. 开展农机服务帮助贫困户种植和收获

依托甘肃福景堂农机咨询服务农民专业合作社，购进马铃薯播种机、收获机、旋耕机等农机具 40 多台，由联合社有计划地为缺乏劳动力的农户无偿提供机械。2018 年帮助缺乏劳动力的 1 282 户贫困户种植和收获马铃薯 12 820 亩，户均减少耕种和收获费用 2 000 元。

3. 对缺少资金的合作社、农户进行补贴

每年拿出 300 万元资金，对基地 30 个合作社、3 000 户农户和 2 000 户贫困户所需种子、化肥、地膜、农药等农资进行适当补贴，引导合作社和农户扩大马铃薯种植，以实际行动助推脱贫攻坚"一号工程"。

4. 土地入股参与分红

2017—2018 年，按照股份合作方式，7 800 户农户以土地入股合作社，每户平均入股 5 亩计算，每亩按照 200 元分红，每年户均增收 1 000 元。

5. 打造扶贫车间

2017 年员工总数 573 人，其中招收季节性（6 个月）工人 270 人参与企业生产，人均经济收入 18 000 元；2018 年员工总数 573 人，其中招收季节性工人 275 人参与企业生产，人均经济收入 19 200 元。

（四）主要成效

甘肃蓝天马铃薯产业发展有限公司引进丹麦 KMC 公司的核心设备、先进的技术、先进的环保理念，建成处理 35 吨/小时马铃薯的淀粉生产线 4 条、60 吨/小时精淀粉生产线 1 条，年产 1 万吨马铃薯蛋白生产线 4 条，年处理加工鲜马铃薯 720 000 吨，年产 12 万吨马铃薯精淀粉，带动 10 万农户和 26 318 户贫困户在马铃薯产业链上增收致富，推动了该地区经济的发展。同时，带动了运输业等相关产业的发展，有效解决了当地政府和企业发展什么产业，广大农户（贫困户）种什么、怎么种、种后卖给谁、卖多少钱、卖掉后能不能拿到钱的问题，实现了产业发展、企业增效、农民增收的多重效应。

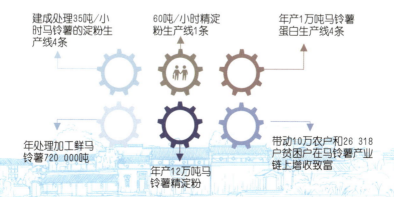

（五）启示

农业龙头企业是实现农业产业化、农业转型升级的关键，是实现产业扶贫的重要抓手。但缺资金、融资难困扰着农业龙头企业的发展。近年来，在普惠金融与精准扶贫实践中，甘肃蓝天马铃薯产业发展有限公司与浦发银行通过银企合作，形成了供应链金融支持马铃薯产业全链发展，"龙头企业＋联合社＋银行＋合作社＋农户（贫困户）＋电商平台""六位一体"的"蓝天模式"，走出了金融扶产业——产业助脱贫的良性循环之路。蓝天模式既是一种金融模式、商业模式，也是一种产业模式、扶贫模式，蓝天公司创建了较为成熟的供应链管理、供应链金融。但随着蓝天公司规模不断扩大，公司要走出去，企业管理能力必须跟进，供应链金融必须优化，需要运用新的金融科技力量提升企业供应链金融管理水平。同时，在产业扶贫中，龙头企业一定要强，只有龙头企业强了，才能更好地带动产业发展，带动更多的农户通过勤劳的双手在马铃薯产业链上增收致富。国家应在政策上给予龙头企业倾斜，在资金方面给予龙头企业更多的支持和帮助。

甘肃白银：“1＋N”产业模式

导语：白银市是甘肃省六盘山片区脱贫攻坚重点区域，常住人口173.42 万人，其中，会宁、靖远、景泰三县为国家六盘山片区扶贫重点县，白银、平川两区为插花扶贫县，会宁县、靖远县是深度贫困县。近年来，白银市深入贯彻落实中央和省委、省政府关于打赢打好深度贫困地区脱贫攻坚工作的一系列决策部署，聚焦脱贫攻坚标准、脱贫攻坚时序部署，细化完善“一户一策”脱贫攻坚举措，进一步加大扶贫资金投入力度和帮扶工作力度，着力解决“两不愁、三保障”面临的突出问题，全市脱贫攻坚工作取得了阶段性成效。2014 年以来，全市共有28.73 万人脱贫、144 个贫困村退出，白银区、平川区和景泰县 3 个贫困县（区）脱贫摘帽。截至 2018 年底，全市尚有贫困人口 2.02 万户 8.33 万人，贫困发生率为 6.52％。2019 年全市计划减少贫困人口 6.68 万人，贫困发生率降至 1.29％，力争 144 个贫困村达标退出，会宁县、靖远县脱贫摘帽。

在全力推进脱贫攻坚过程中，白银市立足市情，扎实补短板、积极强弱项，把产业扶贫作为扶贫工作的重中之重，按照“脱贫抓产业、产业抓覆盖、覆盖抓达标、达标抓效益”的思路，挖掘潜力，培育动能，狠抓脱贫致富产业，尤其是力争做大做强肉牛、肉羊、瓜菜、果品、马铃薯、中药材、小杂粮、黑毛驴、水产养殖、文冠果等特色产业，着力强化农户自我造血能力，产业扶贫工作取得了明显成效。

（一）主体简介

黄河流经白银 258 公里，这里四季分明、光照充足，已相继建成被称为“中华之最”的景电等 31 处大中型电力提灌工程，发展有效灌溉面积157.58 万亩，农业生产的光、热、水、土自然资源组合代表性强，是甘肃农业大市、陇上鱼米之乡。马铃薯、玉米种植和牛羊等草食畜牧业基础稳固，大棚蔬菜、特色林果、小杂粮等特色农产品远销国内外，黑毛驴、奶骆驼、戈壁农业等“独一份”产业发展势头强劲。会宁县是中国小杂粮之乡、肉羊之乡和亚麻之乡，靖远县是陇原蔬菜之乡、北京冬季蔬菜供应储备直供基地，景泰县是甘肃戈壁农业重要基地。会宁胡麻籽油、靖远枸杞、靖远羊羔肉、景泰条山梨、平川甜瓜等 17 个农产品获得国家农产品地理标志认证。

会宁县	中国小杂粮之乡 肉羊之乡 亚麻之乡	
靖远县	陇原蔬菜之乡 北京冬季蔬菜供应 储备直供基地	
景泰县	甘肃戈壁农业重要基地	

（二）主要模式

1. 模式概括

积极响应甘肃省委、省政府发展现代丝路寒旱农业的部署要求，从农业农村省级出发，着力培育乡村振兴"五大引擎"，积极扶持"五小产业"，夯实产业扶贫发展基础。在推进产业扶贫实践中，探索和尝试了 5 种产业扶贫模式。

一是"1＋N"产业带动模式。"1"是基础产业，"N"是增收产业。通过扶持发展基础产业和增收产业，提升贫困户生产经营能力和市场参与能力，增加贫困户收入。二是"两园两率"促进模式。根据资源禀赋和市场导向，在贫困村建设脱贫产业园、在非贫困村建设特色产业园（以下简称"两园"建设），通过建园区、育产业、带农户，实现对全市 702 个建制村全覆盖，提高贫困户入园率和产业达标率。三是"扶贫车间"助推模式。针对部分贫困户劳动能力弱、外出务工不便等实际困难，构建以"扶贫车间"为载体的就地就近就业脱贫模式，鼓励企业把产业链条延伸到乡村，为贫困户搭建就业创业平台、产业发展平台，把"扶贫车间"与产业扶贫项目、农村电商等积极对接，把帮扶资金、项目与当地产业基础结合，引导贫困户就地就近从事订单生产、入企务工等实现增收。四是"合作社＋农户"发展模式。通过规范合作社发展道路，提升种养各领域和生产、加工、销售的各个环节水平，带动群众有效致富。五是龙头企业引领模式。发挥龙头企业的带动引领作用，通过结对帮扶、资金支持、技术服务、订单收购等方式，带动贫困户增收。

2. 主要做法

深入开展"两园"建设，确保"一户一策"落地见效。2018年，白银市把"两园两率两节点"脱贫产业行动作为推动产业扶贫工作的重要抓手，精心安排，狠抓落实，确保"一户一策"落地见效。以白银市委、市政府名义下发了"两园"建设指导意见，建立了市级领导干部包抓督导产业扶贫工作责任制和全市农业农村系统干部职工全员包抓脱贫产业责任制，形成组建一套包抓班子、制订一套工作方案、完善一套工作方法、抓好一批产业园建设、建立一套督导机制的"五个一"工作机制。组织动员近1 200名市、县农业农村部门干部职工对全市702个建制村包抓"两园"建设全覆盖。目前，全市建成脱贫产业园328个、特色产业园403个，镶嵌在"两园"上的利益联结紧密的龙头企业156个、带动能力较强的合作社1 609个，带动贫困户8.62万户、贫困人口37.06万，贫困户依托十大产业，人均实现收入2 205元。

积极培育壮大经营主体，推动农村一二三产业融合发展。围绕推动一二三产业融合，积极培育壮大各类新型农业经营主体，构建更加完善的农产品产供销体系，不断激发现代农业发展新活力。一是做大龙头企业。切实加大融资和招商引资力度，特别注重培育农产品加工型、市场销售型全产业链企业引进。在2018年引进北京雄特、四川德康、新疆润丰等10家大型农业产业化龙头企业的基础上，2019年上半年新增新希望六和股份有限公司、景泰海景洲渔业科技有限公司等10家农业产业化龙头企业，龙头企业总数达到443家。新引进的12家大型农业龙头企业中，开工建设的10家，占83.3%。二是做强合作组织。截至2019年2月底，全市贫困村农民专业合作社有3 133家，其中运营规范的455家，运营一般的1 145家，未运营的1 533家。针对合作社"大水漫灌"的问题，该市按照"运营规范的、运营较规范的、运营一般的、未运营的、注销吊销的"5种类型，扎实推进合作社整改提升。白银市累计创建国家级示范社58个、省级示范社345家、市级示范社486个，全面提升了农民专业合作社带贫能力。三是做优家庭农场。积极引导择优扶持，鼓励有一定规模的专业大户成立家庭农场，推动农业生产规模化经营。全市现有家庭农场1 148家，其中种植类844家，养殖类82家，种养结合的222家。评定创建省级示范性家庭农场32家，市级示范性家庭农场100家。家庭农场经营总面积10.32万亩。

积极谋划农业产业布局，构建农业全产业链体系。白银市紧紧围绕脱贫攻坚和乡村振兴两大主题，立足十大特色产业优势，积极谋划、科学布局，全力构建大农业发展新格局。构建会宁县以中天羊业 100 万只肉羊加工等 8 个重点项目为支撑的全产业链体系；构建靖远县以阿西娅 200 万只滩羊养殖及屠宰加工等 7 个重点项目为支撑的全产业链体系；构建景泰县以新疆润丰 46 万亩现代农业产业园等 7 个重点项目为支撑的全产业链体系；构建白银区以鑫昊科技生物等 5 个重点项目为支撑的全产业链体系；构建平川区以博康与佛慈药业全市养驴联合体等 5 个重点项目为支撑的全产业链体系。

加强产销体系构建，拓宽农产品市场营销渠道。构建以获奖获证产品为引领、"三品一标"为主导、农产品质量安全县为基础的"甘味"农产品品牌体系，以产地集配中心和田园市场为源头、以农产品批发市场为中心、以农产品零售市场为基础、以高效规范的电子商务等新型市场为重要补充的供销体系。推进冷链物流设施建设，提高产销对接组织化程度，全方位拓宽市场营销渠道。全市建成县乡农贸市场 64 个、农产品产地批发市场 2 个、果蔬保鲜库 157 座、购置厢式冷藏车 40 辆，建成县（区）电子商务服务中心 5 个、乡镇级电子商务服务站 69 个、村级电子商务服务点 500 个（贫困村 255 个）。2019 年上半年，白银市农产品销往外地约 32.7 万吨，实现销售收入约 11.4 亿元。

加强财政金融保险工作，充分保障农业农村发展。把财政金融支持作为农业农村发展的重要保障，持续抓实抓好。一是积极争取各级财政项目。2018 年，积极争取中央和甘肃省产业强镇、果蔬保鲜库、旱作农业等各项目资金共计 22 416 万元；2019 年上半年，已争取现代畜牧业全产业链建设、高产优质苜蓿、废旧地膜回收利用示范县等建设项目资金共计 10 024 万元。二是积极开展特色产业贷款。认真做好符合条件申贷企业的推荐和初审把关工作。2018 年至今，累计向金控集团白银融资担保公司和 15 家银行推荐龙头企业和合作社 258 家，发放产业工程贷款 20.73 亿元。三是加快推进农业保险。截至 2019 年，全市贫困户参保率 83.1%。种植业完成承保 125.01 万亩，完成率 92.2%；养殖业完成承保 78.08 万头（只），完成率 56.22%。

加强到户资金监督管理，确保到户资金落实到位。一是严格落实《关于进一步加强到户产业扶持资金使用管理的指导意见》，坚持"五个挂钩"原则，按照查漏补缺、填平补齐的方式，督促各县（区）尽快落实到户产业扶持资金，确保到户资金政策落实到位。二是加强对到户产业扶持资金使用管理情况的督导检查，严防"一发了之"或"一股了之"，真正做到资金投放程序合理、使用合规、管理规范，发挥其应有的效益。2019 年全市发放到户产业扶持资金 3.42 亿元。截至 8 月底，全市已发放到户产业扶持资金 2.37 亿元（其中入股配股资金 1.05 亿元），占计划的 69.31%。

坚持"缺什么补什么"，动态调整产业发展方向。按照市里统筹、县（区）主体、乡（镇）和驻村帮扶工作队审核把关的原则，督促指导各级帮扶单位组织帮扶责任人紧盯"一超过、两不愁、三保障"标准和脱贫时序，重点围绕基本情况、致贫原因、增收措施、保障措施等内容，坚持"缺什么补什么"，深入分析农户致贫原因，认真研究脱贫路径和方式，仔细算清收入支出账，对农户基本信息、帮扶措施再校核、再完善，动态调整完善"一户一策"，做到底数清、任务清、问题清、对策清、措施实，为贫困户发展产业、如期脱贫提供时间表和路线图。全市共制订 4.51 万户"一户一策"脱贫计划和 0.78 万户巩固提升计划。

以十大特色产业为抓手，加强农民就业技能培训。以"培养一批人才，带动一方百姓"为理念，以培育发展十大农业支柱产业为抓手，深入扎实开展一系列农业实用技术培训。一是实施万名人才扶贫行动"1+10"计划。2018 年度"1+10"计划中的"特色种植技能提升行动计划"培训贫困村农户 679 人，"养殖技能提升行动计划"培训贫困村农户 1 863 人，共培训 2 542 人。二是开展新型职业农民培育。2018 年，省里下达白银市新型职业农民培育工程补助资金 460 万元，共完成培训任务 2 726 人。三是开展农业科技团队培训。借助"三区"服务平台，培养基层技术骨干251 人，共举办各类培训班 69 场次，累计培训农民 4 020 人次。四是开展实用技术培训。2018 年共举办各种培训班 33 期，培训农民 4 500 人次，发放各类培训资料 2 000 份。

（三）主要成效

2019 年，在全市重点培育的十大优势特色产业中，肉牛饲养量 18.7万头，其中贫困户饲养量 3.4 万头，带动 1.04 万户、4.65 万贫困人口，贫困户依托肉牛产业人均实现收入 2 337 元；肉羊饲养量 511.7 万只，其中贫困户饲养量 41.24 万只，带动 1.67 万户、7.49 万贫困人口，贫困户依托肉羊产业人均实现收入 2 042 元；瓜菜种植面积 71.84 万亩，其中贫困户种植 7.9 万亩，带动 2.02 万户、7.91 万贫困人口，贫困户依托瓜菜产业人均实现收入 2 547 元；果品种植面积 37.3 万亩，其中贫困户种植1.58 万亩，带动 0.65 万户、2.83 万贫困人口，贫困户依托果品产业人均实现收入 1 678 元；马铃薯种植面积 118.3 万亩，其中贫困户种植 35.5万亩，带动 0.35 万户、1.51 万贫困人口，贫困户依托马铃薯产业人均实现收入 1 732 元；中药材种植面积 61.73 万亩，其中贫困户种植 5.71 万亩，带动 1.5 万户、6.61 万贫困人口，贫困户依托中药材产业人均实现收入 2 429 元；小杂粮种植面积 46.1 万亩，其中贫困户种植 12.71 万亩，带动 0.31 万户、1.3 万贫困人口，贫困户依托小杂粮产业人均实现收入 1 802 元；黑毛驴饲养量 6.3 万头，其中贫困户饲养量 1.66 万头，带动 0.33 万户、1.36 万贫困人口，贫困户依托黑毛驴产业人均实现收入 1 094 元；水产养殖面积 1.39 万亩，其中贫困户养殖 474 亩，带动 115 户、462 贫困人口，贫困户依托水产养殖产业人均实现收入 1 664 元；文冠果种植面积 42.39 万亩，其中贫困种植 1.14 万亩，带动 521 户、2 094 贫困人口，贫困户依托文冠果产业人均实现收入 1 087 元。全市"五小"产业涉及贫困户 2.33 万户，人均增收 200 多元。建成农业扶贫车间 34 个，带动贫困户 5 346 户，吸纳就业 1 829 人。

主要成效情况

品　种	饲养量/面积	贫困户饲养量	带动人口（户）	带动贫困人口（人）	贫困户依托肉牛产业人均实现收入（元）
肉牛	18.7 万头	3.4 万头	1.04 万	4.65 万	2 337
肉羊	511.7 万只	41.24 万只	1.67 万	7.49 万	2 042
瓜菜	71.84 万亩	7.9 万亩	2.02 万	7.91 万	2 547
果品	37.3 万亩	1.58 万亩	0.65 万	2.83 万	1 678
马铃薯	118.3 万亩	35.5 万亩	0.35 万	1.51 万	1 732
中药材	61.73 万亩	5.71 万亩	1.5 万	6.61 万	2 429
小杂粮	46.1 万亩	12.71 万亩	0.31 万	1.3 万	1 802
黑毛驴	6.3 万头	1.66 万头	0.33 万	1.36 万	1 094
水产养殖	1.39 万亩	474 亩	115	462	1 664
文冠果	42.39 万亩	1.14 万亩	521	2 094	1 087

（四）启示

1. 实施产业扶贫，必须做大做强特色产业

产业是县域经济的"发动机"，也是精准脱贫的"铁抓手"。白银市依托得天独厚的自然资源禀赋，突出特色，精准发力，不断发展壮大具有县域优势的产业，培育品牌，规模化发展，实现了产业由小到大、由弱到强、由强到精的跃升。实践证明，只有立足区位优势，做足特色文章，大力发展优势产业，才能持续增加农民收入，切实增强产业扶贫的广泛性、带动性和持久性。

2. 实施产业扶贫，必须持续发力久久为功

产业培育壮大考验的是定力，需要的是耐力。在优势特色产业发展上，咬定产业不放松，一任接着一任干，一张蓝图绘到底，向着"农民富、农村美、农业强"的目标扎实迈进。实践证明，只有牢固树立功成不必在我的理念，持之以恒、矢志不移、久久为功，才能真正把产业扶贫落到实处。

3. 实施产业扶贫，必须发挥群众主体作用

群众是产业扶贫的受益者，更是产业扶贫的主体。面对繁重的扶贫开发任务，自始至终把调动贫困群众积极性、主动性作为产业扶贫开发的力量源泉，扶志扶智扶技并举，坚定脱贫信心，从根本上激发了贫困群众脱贫致富的内生动力。实践证明，只有坚持因户因人制宜、分类施策、靶向发力，才能把产业扶贫工作不断推向前进。

4. 实施产业扶贫，必须深化改革锐意创新

改革创新是推进产业扶贫的"金钥匙"，打破惯性思维，摒弃老套老法，改资金"撒胡椒面"式分散使用为集中资源办大事，变扶贫部门单打独斗办大事为全社会共同参与，凝聚起脱贫攻坚的强大合力。实践证明，只有坚持问题导向、深化改革、聚焦发展、大胆创新，才能为产业扶贫注入源源不断的生机和活力。

河南武陟：河南旭瑞食品有限公司肉鸭产业化扶贫模式

导语： 近年来，河南旭瑞食品有限公司积极响应各级党委、政府的号召，始终坚持"精准扶贫为己任，服务地方经济发展为目标"的原则，把产业扶贫与企业发展紧密结合，采取"龙头企业＋合作社＋家庭农场"的产业化经营模式，突出强化"五统一"管理，创新"411"扶贫机制，把产业扶贫措施落到实处。

该公司围绕现代畜禽产业体系、生产体系和经营体系建设，以发展特色优势产业为抓手，以提升畜禽养殖现代化水平和促进农民增收为目标，以特色优势产业链条整合、效益提升、集群发展为重点，积极探索农村产业多类型融合方式，培育多元化融合主体，建立多形式利益共享机制，提高农业附加值。

该公司共带动 12 个乡（镇）1 200 农户从事肉鸭养殖（其中建档立卡贫困户 235 户）。养殖规模达 417 万只，吸纳贫困就业人员 380 人，助力 121 户贫困户脱贫，为当地经济发展、脱贫攻坚作出积极贡献。

"龙头企业+合作社+家庭农场"的产业化经营模式

⬇

"五统一"管理，创新"411"扶贫机制

⬇

多元化融合主体，多形式利益共享机制

（一）主体简介

河南旭瑞食品有限公司成立于 2009 年 5 月，注册资本 6 000 万元，是一家以畜禽饲料研发及加工、种禽繁育、肉鸭养殖、肉鸭屠宰加工及熟食生产于一体的综合经营企业，是河南省农业产业化重点龙头企业、武陟旭瑞畜禽产业化集群和联合体核心企业，2018 年实现销售收入 6.8 亿元，利税 1 200 万元；公司是省级工程技术研究中心、省企业技术中心。

该公司在发展过程中，充分发挥龙头企业辐射带动作用，坚持走"公司＋基地＋农户（合作社）"的产业化经营模式，形成了与农民从饲料生产、科学养殖、收购销售、屠宰加工、冷链运输等多领域合作，通过龙头企业带动，直接安排当地农民就业 1 000 余人，其他方式带动就业人数 1 500 人。建立了龙头企业和农民之间互惠互利的新型合作关系，走出了一条以养殖肉鸭为致富道路的新的农业经营模式。

> "公司+基地+农户（合作社）"的产业化经营模式

> 与农民从饲料生产、科学养殖、收购销售、屠宰加工、冷链运输等多领域合作

> 走出了一条以养殖肉鸭为致富道路的新的农业经营模式

为做好精准扶贫工作，该公司坚持扶贫攻坚战略"项目到村、措施到户"的原则，与带贫基地周边贫困户签订养殖合同，实施"五统一"和"411"的带贫到户增收模式。其带动附近 12 个乡（镇）1 200 户农户从事肉鸭养殖（其中建档立卡贫困户 235 户），吸纳贫困就业人员 380 人，助力 121 户贫困户脱贫。

（二）主要模式

河南旭瑞食品有限公司董事长邱国庆通过实地考察、问卷访谈、集中座谈等多种方式，广泛听取农业专家、基层干部、农民企业家和贫困户对如何推进产业脱贫的意见或建议，全面了解贫困村农业产业发展现状，为进一步理清产业脱贫思路、探索产业发展新路径、加快农业农村现代化发展步伐、助力乡村产业振兴提供决策依据。近年来，旭瑞公司通过积极探索产业发展新路子，形成了一些新的产业扶贫模式，为贫困户脱贫发挥了重要作用。

1. 采取"公司＋基地＋农户"的农业产业化扶贫模式

近 3 年来，该公司一年一个台阶，在壮大自身企业实力的同时，致力于产业扶贫基地建设，有效带动了贫困户增收脱贫。

2017 年，该公司投资 2 000 万元，在武陟县三阳乡三阳村和西封村建立了占地面积 280 亩的贫困户产业扶贫基地。在三阳乡政府注册成立武陟县开泰养殖专业合作社，整合县产业扶贫资金（2017 年 44 万元、2018 年 25 万元）和乡慈善扶贫资金（2017 年 15 万元、2018 年 15 万）共 99 万元，分两期购买河南旭瑞食品有限公司位于三阳村的环保鸭棚养殖示范基地内的 6 座环保鸭棚，并反租于河南旭瑞食品有限公司使用，每年收取不低于投资额 10% 的租金平均分配给 125 户贫困户（每户年收益 800 元），确保扶贫资金"零风险"。截至 2019 年 6 月，公司共为基地 178 户（605 人）建档立卡贫困户发放租金分红 44 万元，为 80 余名贫困人员安排就业，月薪 2 500 元以上。

2018 年，该公司投资 1 100 万元，在省级贫困村武陟县谢旗营镇陈堤村建设占地面积 95 亩的产业扶贫到户增收现代肉鸭养殖项目，基地共建设标准化鸭棚 12 栋，年存栏特色肉鸭 6 万只，年出栏特色肉鸭 42 万只，实现年销售收入 800 万元、利润总额 64 万元。同时，还为陈堤村现有 57 户贫困户发放租金分红 8 万元，户均年增收 1.26 万元。

2019 年，公司投资 1 500 万元，在修武县郇封镇大文案村建设占地面积 88 亩的肉鸭扶贫养殖基地。预计建成后，能为当地贫困户提供就业岗位 40 多个，人均年收入 2.5 万元，年返还贫困户租金分红 30 万元以上。同时，还辐射带动基地周边地区食品、服务、运输等相关行业的发展，间接提供就业岗位 100 余个，人均年增加收入约 5 000 元。

2017年	投资2 000万元，建设占地面积280亩的贫困户产业扶贫基地	
2018年	投资1 100万元，建设占地面积95亩的产业扶贫到户增收现代肉鸭养殖项目	
2019年	投资1 500万元，建设占地面积88亩的肉鸭扶贫养殖基地	

2. 向贫困户提供鸭苗和技术

该公司研发中心组织由职爱民、李强博士为主的饲料和养殖专家定期为养殖户提供技术指导，为养殖户提供鸭苗、饲料、药物、技术及销售等一条龙服务。通过为养殖户提供优质的鸭苗和具有很强操作性的养殖技术等，提高了肉鸭养殖业的产品品质和养殖技术水平，普及肉鸭养殖的标准化知识，提高养殖效益，增加贫困户收入。由技术人员指导养殖户防疫、饲料配比用量、防寒防暑等关键技术，使养殖户鸭苗成活率在98％以上，有近半数养殖户鸭苗成活率达100％。

3. 公司与养殖户签订保护价收购协议

该公司与养殖户签订养殖合同，进行统一管理，通过重点发展肉鸭养殖基地，形成了一整套养殖扶持带动的成功经验。实行统一提供合格优质的鸭苗和饲料，做好技术服务和按时按价回收成鸭的"订单农业"。根据养殖户的实践经验，鸭苗成活率高，生长周期短，单只饲养利润为2.5～3.03元。在整个合作过程中，坚持"风险共担，利益共享"的原则。养殖户主要承担养殖风险，但公司通过派技术员辅助养殖户管理，使养殖户的养殖风险趋于零；公司主要承担市场风险，公司对养殖户的肉鸭按一定价格回收，使养殖户不受市场风险的干扰，免受市场价格波动而造成损失，帮助广大农民走上致富的道路。

4. 解决农民就业

该公司为当地提供农民工就业岗位120个，人均年收入2万元。还可辐射带动项目周边地区食品、服务、运输等相关行业的发展，间接提供就业岗位1 000余人，人均年增加收入约5 000元。随着产业的发展、人员需求的增加，公司从周边地区招收贫困农民工从事季节性生产劳动达2 000余人次，招收初、高中毕业的农家子弟进入车间学习技术50余人。同时，招聘本地学成回乡的大中专毕业生，充实企业管理和专业技术岗位20余人，为贫困地区农民提供了增收机会，为贫困地区青年提供了事业发展的平台。

5. 无偿给农民进行技术培训

该公司先后聘请中国农业大学、河南农业大学、华南农业大学等专家教授以及聘用的技术员组织养殖户分阶段进行培训。通过课堂讲座、发放技术书籍、科普宣传资料、播放影像资料、现场讲解、养殖大棚指导等累计培训养殖户1 600人次，发放资料2 400余册。同时，免费为养殖户开展畜禽抗体水平检测和疾病检测422次，玉米、豆粕等原料检测347次，运用原子吸收光谱仪进行矿物质检测145次，水质检测189次，肉鸭原料霉菌毒素检测889次。

为确保养殖基地成品肉鸭的品质安全，适应国内肉鸭市场需求迅速增大的现状，延伸公司肉鸭产业链，挖掘优质经济增长潜力，进一步发挥当地龙头企业的带动优势，促进当地肉鸭基地建设，发展现代农业，推动新农村建设和农民增收，该公司与河南旭百瑞生物科技股份有限公司、河南旭瑞种禽有限公司、武陟县豫北庆农肉鸭养殖专业合作社、焦作和农饲料有限公司联姻，形成了一条"肉鸭养殖、收购、屠宰加工、销售"肉鸭产业链。

（三）利益联结机制

1. 农民土地出租模式

以村集体作为农民与企业合作的桥梁，统一标准、统一协议，将土地集中后，与公司签订土地租赁协议，公司不面对一家一户，这样就避免了土地零星流转带来的诸多问题，消除了租地农民的担忧心理。

2. 企业资金、技术和农民土地、劳力入股模式

为激活农村土地要素，按照"谁投资、谁受益"的原则，通过"企业以资金、技术入股，农民以土地、劳力入股分红"方式，该公司与农民直接建立利益联结机制，实现共同受益。农民以拥有的土地、劳力折价入股，企业以拥有的资金、技术折价入股，所得收益按入股比例分红（农户占所得收益的40%，企业占所得收益的60%）。

3. 企业建立养殖基地，养殖户参与管理模式

由企业建设肉鸭养殖基地，养殖户到基地帮助"寄养"管理，公司与养殖户签订合同，实行"五统一"（由公司统一提供鸭苗、统一提供饲料、统一技术服务、统一管理指导、统一回收屠宰）。

4. 企业带动农户经验模式

由公司出资建设标准化养殖场，免费提供技术，包成鸭回收；养殖户租赁，自主生产管理，获取养殖利润。明确最低保护价，确保养殖户利益。

5. 企业带专合组织模式

组织养殖户成立肉鸭养殖专业合作社，按照"合作社＋企业＋养殖户"经营模式，实行统一经营、统一管理、统一分红，并对会员按照股金份额进行二次返利，合作社与会员之间结成风险共担、利益共享的共同体。公司向合作社提供鸭苗、饲料和养殖技术，包成鸭回收；合作社组织会员自主养殖、自行管理、统一销售，真正实行"公司＋合作社＋养殖户"的发展模式，进一步带动养殖户增产增收。会员按照项目区建档立卡的贫困户优先安排，力争让建档立卡的贫困户会员占到总会员的70%左右。

6. 农民到企业就业领工资模式

企业用工优先安排项目区的建档立卡贫困户，由项目所在村的村委会负责协调轮流派工，工人工资按照市场价格协商支付，贫困农户务工收入总和不低于企业享受扶贫资金补贴的总和。

（四）主要成效

1. 经济效益

旭瑞公司以屠宰加工产业直接带动肉鸭养殖户1200户，每户年均养

殖规模 1 万只，可达到 1 200 万只以上的肉鸭养殖量，按照每只肉鸭 2.5 元养殖利润计算，每户每年增收 2.5 万元，直接带动养殖户年增收 3 000 万元。辐射带动肉鸭养殖户 3 000 户，覆盖区域包括武陟县、博爱县、修武县、焦作市区、获嘉县、巩义等县（市）以及山西省的部分地区，年肉鸭养殖量 3 000 万只以上，年总增收 7 500 万元。

肉鸭屠宰加工业属于劳动密集型产业，用工量大，企业固定生产员工达到 500 余人，人均年收入 3 万元以上。还带动周边肉鸭养殖经纪人、食品加工、运输、包装等行业提供就业岗位近万个，为解决农村劳动力转移、农民增收和新农村建设发挥了重要作用。

2. 社会效益

从近几年家禽市场行情来看，肉鸭价格相对稳定，与肉鸡养殖相比，养殖周期短、饲料和防疫费用低、饲养效益与附加值高，副产品鸭毛价格是鸡毛的近 10 倍，市场潜力非常大，促进了广大农民养殖肉鸭积极性的提高。同时，采取"公司＋基地＋农户"的经营模式，与项目区周边贫困户签订养殖合同，实施"五统一"管理，并保证提供合格优质优惠鸭苗和足量饲料，搞好技术服务和按时按价回收成鸭。公司前期合作的养殖户已见成效，鸭苗成活率高。

同时辐射带动项目周边地区食品、服务、运输等相关行业的发展，间接提供就业岗位约 50 余人，人均年增加收入约 5 000 元。对增加当地农民收入、促进和谐社会发展将起到积极作用，项目具有良好的社会效益。

3. 生态效益

现有扶贫养殖基地项目建设地点为黄河滩地，远离村镇。鸭粪多为干粪，经发酵处理后和沼液集中收集还田，增强土壤有机质含量，提高地力，改善耕地质量，促进粮食生产，节省农业生产成本。肉鸭养殖业还能有效加快剩余粮食转化为畜产品，增收效益显著。

（五）启示

河南旭瑞食品有限公司以农业增效、农民增收为主线，以农业为基本依托，以新型经营主体为引领，以利益联结为纽带，通过产业联动、要素集聚、技术渗透、体制创新等方式，将资本、技术以及资源要素进行跨界集约化配置，使农业生产、农产品加工和销售、电子商务等相关服务业有机整合，延长产业链、提升价值链、拓宽增收链，优化农产品产地生产力结构布局，促进了农村一二三产业紧密连接和乡村振兴、融合发展。

我国大多数养鸭场为家庭作坊式，都在实践中摸索着饲养管理，技术力量非常薄弱。从品种、设备、饲养技术、饲料、疫病防治到产品加工等各个环节，几乎全以各自的经验和想法而经营，尤其是饲养环节缺乏适用技术的支持，致使饲养成本增加和整个经济效益降低。

规模化、集约化是现代养殖业的发展趋势，2010 年，农业部畜牧业司开始实施畜禽规模养殖标准化示范创建活动，使我国鸭产业的规划建设、技术能力和管理水平有了显著提高。转变肉鸭传统养殖方式，发展规模养殖，实行专业化、产业化生产，符合国家和地方的产业政策及行业区域发展规划，是国家重点鼓励发展的行业。

以市场为导向，充分发挥农民合作社、龙头企业等市场主体作用，建立健全产业到户到人的精准扶持机制；重点发展适合当地气候特点、经济效益好、市场潜力大的品种，建设一批贫困人口参与度高、受益率高的养殖基地；深度挖掘农业多种功能，培育壮大新产业、新业态，推进农业与旅游、文化、健康等产业深度融合，有利于加快形成农村一二三产业融合发展的现代产业体系。

为此，河南旭瑞食品有限公司现有的养殖扶贫模式，有利于促进资源要素的集中集聚，增强融合发展的辐射带动效果，有利于加快提升产业整体发展水平，推动农村产业兴旺，促进农民就业创业，拓宽增收渠道，构建现代农业生产体系、产业体系和经营体系，助推美丽乡村和美丽中国建设，对深入实施乡村振兴战略、实现农业农村现代化、促进社会经济发展和打赢脱贫攻坚战都具有十分重要的意义。

今后，该公司将紧紧围绕省委、省政府总体部署，实施"项目＋科技＋品牌"三位一体发展战略，加大资金投入，创新发展模式，努力打造成为行业内具有较强竞争力和辐射带动能力的龙头企业，推动高效养殖业和绿色食品业转型升级。在已有产业扶贫成效的基础上，进一步加大工作力度，构建扶贫新机制，"在精准施策上出实招、在精准推进上下实功、在精准落地上见实效"，坚决打赢脱贫攻坚战，为精准扶贫工作作出应有的贡献。

该公司将进一步完善产业链与农民的利益联结机制，让农民共享产业融合发展的增值收益；把实现好、发展好、维护好农民利益作为推进企业产业融合的出发点和立足点，充分体现农民的主体地位，真正实现产业兴、农民富、农村美。

甘肃正宁:"党建+"扶贫模式

导语: 甘肃省正宁县是我国推进精准扶贫政策取得重大成就的一个地区,通过多样化的项目投资,正宁县正一步一步地脱掉贫困的帽子。为打赢脱贫攻坚战,正宁县建立了"1+23"脱贫攻坚实施方案,制定出台了《正宁县贯彻落实脱贫攻坚责任制及督查巡察问责追究办法》《驻村帮扶干部管理办法》,紧盯"两不愁、三保障"和稳定脱贫奔小康总目标,聚焦"六个精准"要求,统筹推进"五个一批"脱贫工程,深入开展"绣花"式扶贫,狠抓工作落实,取得了明显成效。仅2018年就稳定减贫105户422人,剩余贫困人口531户1 904人,贫困发生率下降到0.89%,李家川村退出了贫困村序列,7月份顺利通过了国家专项评估检查验收。正宁县的脱贫工作成果斐然,值得我们去研究和学习。

(一) 主体简介

正宁县隶属于甘肃省庆阳市,位于庆阳东南部、子午岭西麓,美丽富饶的子午岭横亘于东,蜿蜒绵长的泾河水萦绕于西,南通八百里秦川,北靠陇东粮仓,是华夏文明和传统农业的发祥地之一。周显祖曾在此"教民稼穑",开创了华夏农耕文明的先河。在战争年代,这里也是陕甘宁边区的重要组成部分,邓小平、刘志丹、谢志长、习仲勋等老一辈无产阶级革命家曾在这里开展武装斗争,为革命事业作出重大贡献。正宁县辖8镇、2乡,共7个社区94个村677个村民小组,总人口24.3万人,占地1 319平方公里,耕地43万亩。正宁县也是国家六盘山片区扶贫攻坚重点县,是全省58个集中连片特困县之一。全县共有省定贫困村19个,2014

年全县建档立卡贫困人口 7 313 户 2.99 万人。通过近几年全县人民的不懈努力，截至 2018 年底，全县剩余贫困人口 531 户 1 904 人，多处于川区、子午岭林缘生态功能区和塬边咀梢区，脱贫成本高、难度大，属于真正难啃的"硬骨头"。

经过努力，正宁县的经济状况呈现了不断上升的势头。2018 年，全年完成国内生产总值 28.11 亿元，增长 7.5％；财政大口径收入 2.28 亿元，增长 37.3％；一般公共预算收入 1.34 亿元，增长 27.6％；社会消费品零售总额 19.19 亿元，增长 8.6％；城镇居民人均可支配收入 28 156.6 元，增长 7.8％；农村居民人均可支配收入 9 669.7 元，增长 8.8％。在国家的政策扶持与不断努力下，正宁县的经济取得了显著发展，人民的生活水准与幸福感都得到了极大的提升。

（二）主要模式

1. 模式一："党建＋"模式

（1）发展策略。在脱贫工作中，党建工作与党组织的领导是非常重要的一环，只有充分发挥基层党组织的战斗堡垒作用，才能加快实施乡村振兴战略，以"党建＋"模式，一村带多村，加快决胜全面小康步伐，带领人民脱贫致富。

（2）主要做法。关川村党支部非常注重"党建＋"模式的推广，采取了以下几个模式：

一是"党建＋集体经济"，探索壮大村级发展实力。面对村级集体经济薄弱现状，关川村党支部依托省定贫困村 50 万元集体经济发展资金，积极探索壮大村级发展实力，联合刘川、松树坪和狼牙坬 3 个贫困村，每村出资 50 万元，合资在正宁县天润新城购置门面房 2 间 265 平方米，出租商户，回收租金 6.5 万元/年，平均分红，每村可增加村级集体经济收入 1.6 万元/年。村级发展有了经济支撑，关川村党支部也成为远近闻名的致富带头党组织。

二是"党建＋乡村旅游"，加快实施美丽乡村建设。3 年内将关川村打造成三嘉旅游中心地，这是关川村党支部的决心和勇气。2019 年，党支部依托川区"飞瀑流川""翠屏晓月""幽谷响潭""支党古渡"等景点资源，努力打造"十里荷花湾"旅游景观带，加快美丽乡村建设，推动川区生态综合治理，发展乡村旅游，建成张刘公路沿线村碑广场 1 处；按照明清建筑风格，带动刘川和松树坪村，改造升级民居 448 户，建设"社会主义核心价值观"主题生态花园 1 处，鼓励农户发展家庭农场，建办农家乐、停车场等。在吸引投资的同时，通过大力发展旅游业提升居民的收入。

三是"党建＋富民产业"，稳步增加农民收入。党支部牵头，以"三变"改革为牵引，采取"公司＋基地＋农户"模式，联合刘川和松树坪村，在支党河川区种植中药材3 000亩。在川区三村流转312户农户土地3 120亩，建成中药材种植示范基地1处，交由正宁县步天医药公司负责药材生产和管理等工作，农户以土地、劳动力等资源入股（以土地入股的农户每亩700元/年保底分红，以劳动力入股的农户，医药公司按男100元/天、女80元/天付以酬劳，凡土地入股农户均优先参与劳动力入股分红）。土地全部流转到位，医药公司正在指导中药材种植，可实现农民群众收入稳步增加。

（3）具体做法。无独有偶，与关川村一样，榆林子镇也始终把党建作为助推脱贫攻坚、带动群众致富增收的有效载体，采取"党支部＋合作社＋基地"等模式，进一步细化工作措施，聚焦发力重点，按照"建龙头、扩基地、优服务、创品牌、促营销"的思路，以"实"字为基，示范引领，延伸链条，助推经济发展活力日趋增强，具体做法如下：

一是突出党建引领，在助推脱贫攻坚上"用实策"。按照"围绕发展抓党建，抓好党建促发展"的思路，成立了满川红苹果农民专业合作社党支部，积极推行"331＋"扶贫新模式，取得了明显成效。带动榆林子、周家、湫头3个乡（镇）262户贫困户942人（其中，榆林子73户274人、周家184户649人、湫头5户19人）脱贫致富，推动产业换挡提速、优化升级，提升了企业的科学生产和引领带动能力。

二是突出资源整合，在打造示范基地上"下实功"。以满川红苹果种植农民专业合作社为牵引，在小寺头村建成矮化密植示范园300亩；积极探索"村社合一"发展新路子，按照"村党支部＋合作社＋基地＋农户"的经营模式，成立了文乐村茂源果技术专业合作社，流转土地新建苹果矮化密植示范园500亩，带动156户贫困户入股158.68万元，第1～5年按每亩100元、第6～20年按每亩200元分红于农户，每年每亩50元分红给村集体；20年合同期满后，贫困户不再分红，村集体每年每亩分红75元，壮大村级集体经济。

三是突出技术支撑，在提升服务保障上"出实招"。坚持把技术培训、人才培养作为根本和核心，积极聘请西北农林科技大学李秉智教授团队担任产业发展技术顾问，帮助企业完善思路、培训人才、提高能力；依托陇源红果业技术协会，建立了集技术交流、信息共享、成果共用的网络技术服务平台，及时为合作社社员提供产前、产中、产后技术服务，并大力推广引进烟士8号、烟士10号2个新品种，力促今春合作社栽植面积达到300亩。

　　四是突出品牌效应，在拓展市场营销上"见实效"。坚持"以市场育品牌、以品牌拓市场"，在广州、南宁、贵阳、福建等地建立苹果直销点（果行）14 个，年直销苹果 5 万吨左右。积极打造苹果品牌，依托农博会、文博会等会展以及一亩田、淘宝网、惠农网等电子商务平台，争取连锁经营、品牌代理、第三方物流配送等方式，积极推广满川红合作社"果真好""大大果""川兴"等品牌推动苹果产业优化升级，带动农民增收致富。

2. 模式二："331＋"产业扶贫模式

　　（1）发展策略。正宁县坚持把产业扶贫作为稳定脱贫的治本之策，创新机制、加大投入、强化保障，大力推广"331＋"产业扶贫模式。

　　（2）主要做法。正宁县精心筛选确定融诚集团、步天医药、永和源果业等企业（合作社）作为承接经营主体，组织实施永和源有机苹果生产基地、永正佛堂田园综合体等"331"产业扶贫项目 11 个，入股资金 3 746 万元，带动全县 10 个乡（镇）、1.5 万户农户进入产业发展组织体系，其中包括无自主发展能力的农户 2 926 户。

　　同时，正宁县联合陕西融诚农业科技集团，投资 7 亿元，采用合作联营、收购兼并、入股等投资形式发展现代农业项目，实施"一基地三园区"跨省联县扶贫工程，主要包括建设 10 万亩优质苹果基地、精深加工产业园区、共建共享产业园区、生态文旅产业园区等。正在建设的 10 万亩优质苹果基地，已流转土地 1 200 多亩，流转果园（幼园）3 200 余亩，资金入股贫困户 475 户。精深加工产业园区位于县城工业集中园区，计划建办果糖厂、果品分选厂及冷储库等项目，占地 54.23 亩，已完成场地平整和厂区规划设计，正在施工建设。共建共享产业园区依托宫河万亩有机苹果示范基地，采取"331"产业扶贫模式，建成多元创意小木屋、啤酒屋 150 个，改建周边农户为农家乐、旅游民宿 300 户，打造特色文化小吃、风情民宿酒店、两个文化广场及 10 公里文化长廊，动员群众以土地、果园、自有房屋、政府扶贫资金入股，年终保底分红；村集体以基础设施资产入股，享受固定分红。生态文旅产业园区位于永正镇佛堂村，计划投资 2 000 万元，占地 354 亩，建设以生态高效观光、旅游休闲、生态农业采摘、生态大棚培育为主题的田园综合体项目，已完成项目可研报告及规划效果图。

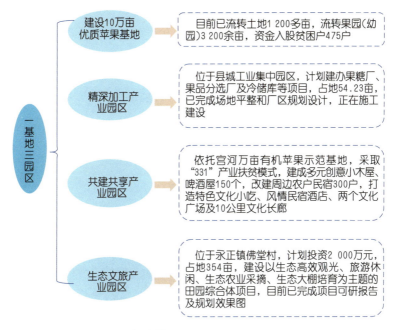

3. 模式三："三定"养猪模式

（1）**发展策略**。"三定"养猪模式是正宁县与正大公司共同商议签订的模式，取得了非常好的效果。"三定"就是定仔猪价格、定饲料价格、定回收价格。即企业提供育肥猪回收标准及生产技术指导，合作猪场以企业确定的价格购买仔猪、饲料养殖，以固定的价格回收育肥猪，并根据不同的市场行情给予不同的养殖报酬，生产风险由养殖场承担，市场风险由企业承担。

（2）**主要做法**。"三定"养殖模式是甘肃省农牧厅推广的比较先进的养殖方式，采用了自由采食、自动饮水、电脑控制抽风换气等先进技术，给猪提供了良好的生长环境，使猪生长快、成活率高。正宁县引进的 500 头仔猪，仅仅饲养了 4 个月零 10 天，平均体重达到了 118 千克。一头猪按照 400 元利润来计算，一批就能赚 20 万元，一年养两批能赚 40 万元，大大增加了农民的收入。

近年来,正宁县积极探索出了"政府、企业、农民、银行"四位一体的现代农牧产业化发展新模式,实施了一批以"高投入、高效益、高环保、高品质、低成本"为养殖经营理念的新农村合作示范项目,改变了正宁的养猪业格局。传统意义上的养猪业,绝大多数分散在农村千家万户,喂猪用的饲料以粗粮、麸糠和青菜为主。因为这些产品都来自农民自家田地,也就忽略了饲养成本,等猪出栏后拿到钱时感觉赚了。事实上,如果按照出栏后的成本核算,充其量就是零散的投入积累了一个整数而已。加之疾病预防、肉价涨跌不定等因素干扰,传统养猪业正经受着前所未有的巨大风险。

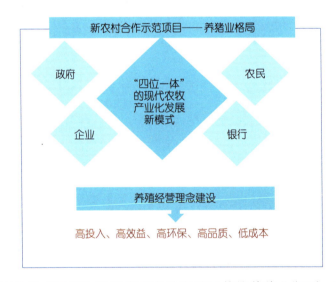

正宁县的"三定"养猪模式有效突破了传统养猪业瓶颈。随着"三定"模式的推广,必将提升正宁县的养殖产业再上新台阶,带动农民脱贫致富、精准扶贫创出了一条新的、行之有效的路子。

4. 模式四:"三个三"发展模式

(1) 发展策略。近年来,正宁县充分依托沟壑纵横的荒山资源,积极探索"三个三"发展模式,坚持整流域、整面坡、整座山开发,多层次、多形式推进宜林荒山和撂荒地林木种苗产业发展,走出了一条"既要青山绿水、又要金山银山"的现代林业发展新路子。

(2) 主要做法。"三个三"是指三个结合、三方聚力、三管齐下。"三个结合"增效益、助增收。正宁县把苗林培育与退耕还林相结合,为农户每亩兑付补助资金 1 200 元,提高了群众参与生产积极性;把苗林产业培

"三定"养殖模式下产出的猪仔

育与经济林产业培育相结合，对没有涉及退耕还林的农户，采取"核桃油松""核桃大葱""核桃紫苏"等立体间作套种模式，大力发展经济林，确保农民年年有收入；把苗林培育与为民办实事相结合，为消化本地留床苗，正宁县造林绿化工程全部采用县域群众自育苗木，拉动群众种苗受益8.2亿元，实现了从育苗到绿化的良性循环。

"三方聚力"活机制、保栽植。在苗林产业培育中，主动打破由政府投资的传统，引入市场机制，采取"政府＋民资＋企业"的投资模式。政府引导"群众自主栽"，对未纳入退耕还林的撂荒地由群众自主投工投劳栽植，县财政每年列支300万元，从基础设施、苗木投放等方面给予支持；启动民资"大户带动栽"，扶持引导县内能人大户（专业合作社），采取租赁、转包、互换、入股、抵押等方式，积极流转无劳力、缺技术农户和贫困户的土地，通过"合作社＋农户基地""大户＋农户＋基地"的模式，盘活林地资源，发展苗林产业；招商引资"立体开发栽"，落实优惠政策，吸引有资质、有实力、有意愿企业投资，在宜林荒山培育苗林，山地梯田发展苹果、核桃等经济林木，林缘建办家庭农场，林下发展生态养殖。全县培育苗林19.7万亩，发展山地苹果3万亩，培育万亩苗林示范点10处、千亩示范点30处，建办家庭农场69个，发展林下生态养殖13处，走上了立体开发的生态循环发展路子。

"三管齐下"强措施、求质量。公司栽植"包成活"，对于建设规模大、技术要求高、栽植难度大的示范点，采取政府购买服务的方式，公开

正宁县山地梯田

招标，引进有资质、有实力的造林公司，从规划设计到施工，全部采用专业操作规程，包栽包活；蹲点指导"保规范"，每个苗林培育点安排3～5名专业技术人员蹲点指导和管理，做到工程标准高、质量好；巡回督查"促进度"，正宁县成立了工程质量监督工作组，对全县所有示范点建设情况进行定期巡查，发现问题，及时沟通纠改，协调解决阻碍工程推进的土地权属纠纷等问题，群众利益有了更进一步保障。

（三）利益联结机制

正宁县坚持以创新投资体制机制为突破口，不断完善投资政策，拓宽投资渠道，优化投资模式，有效激发了各类市场主体投资活力，为全县经济社会持续健康发展提供了强大动力。一是实行并联审批，全面开通投资项目在线审批监管平台，23个职能审批部门按程序开展项目网上审批，所有投资项目并联审核、同步审批，有效缩短了审批时间，提高了审批效率，实现了"项目审批时间减一半"的目标。二是简化审批程序，下放了政府投资项目初步设计审批、变更调整、竣工验收管理权限，扩大部门项目管理权限；取消了300万元以下县级政府投资项目"可研报告"审批环节，提高了审批效率。三是放宽投资准入。配套落实国家发改委、商务部印发的《市场准入负面清单草案（试点版）》，除国家禁止和限制的项目外，允许各类市场主体进入各行各业进行各类投资，放宽投资准入限制，鼓励民营资本、社会资本以PPP模式参与政府投资，在全市率先推进企业投资项目事中、事后监管，激发了市场活力和社会创造力。

截至2019年，全县共备案各类企业投资项目19个，投资规模8.93亿元。2018年，全县生产总值完成28.11亿元，增长7.5%。其中，第一产业增加值5.28亿元，增长5.2%；第二产业增加值2.87亿元，增长7.2%；第三产业增加值19.96亿元，增长8.1%。三次产业结构为

18.8：10.2：71.0。全县完成农林牧渔业增加值5.45亿元，增长5.3%。全年粮食总产量6.49万吨，夏粮总产量0.7万吨，玉米总产量5万吨，油料产量0.59万吨。大牲口合计0.34万头，牛存栏0.34万头，牛出栏0.19万头；猪存栏5.04万头，猪出栏4.76万头；羊存栏1.22万只，羊出栏0.62万只。全县工业增加值完成17 177万元，增长1.2%。其中，规模以上工业实现增加值1 378万元，下降8.7%；规模以下工业实现增加值15 799万元，增长3.03%。全县共完成固定资产投资额23.33亿元，下降20.1%。其中，5 000万元以上项目投资额完成9.46亿元，下降36.4%；房地产开发投资额完成7.08亿元，增长32.1%。城镇居民人均可支配收入28 156.61元，增长7.8%；农村居民人均可支配收入9 669.7元，增长8.8%。

（四）主要成效

正宁县紧盯"两不愁、三保障"，截至2018年底，19个省定贫困村全部退出，全县贫困发生率下降到0.91%，正式摘掉了贫困县"帽子"，标注了正宁发展新坐标。全县一般公共预算扶贫支出1.6亿元，较上年增加7 045万元，增长77.2%；全面实行"四类分类法"和"一户一策"，全域推广"331＋"产业扶贫模式，为9 699户贫困户落实奖补资金1.5亿元，新建专业合作社85个，带动4 026户贫困户入股龙头企业（合作社），当年实现分红。首批4个光伏扶贫电站并网发电，293户贫困户从中受益。基础设施持续改善，新修农村公路194公里，通组连户水泥路通达率83%；实施农村供水工程188处，安全饮水率100%；改造危房315户，全额援助无能力建房户95户，C、D级危房全部清零；光纤网络实现村村全覆盖。兜底保障全面落实，资助贫困学生2.5万人次、2 877万元，义务教育巩固率达到95.97%；4 247名贫困患者享受大病救助政策，贫困人口家庭医生签约服务全覆盖，合规医疗费用报销率达到88%以上，"三户一孤"保险投保1.2万人。东西部扶贫协作扎实推进，7个乡镇、19个贫困村、12个部门与天津市北辰区签订了结对帮扶协议，落实帮扶资金2 350万元，实施产业开发、劳务输转、技能培训、人才交流等帮扶项目17个，为打赢脱贫攻坚战注入强劲动力。

同时，正宁县注重产业优化升级，农业产业持续发展，新栽补植苹果2.1万亩，种植瓜菜6.8万亩；种植烤烟1.6万亩，实现税收1 080万元；新增规模养殖小区（场）2个、养殖户684户；粮食总产量达到7万吨；产业收入占到农民人均可支配收入的85%以上。兴办农产品加工企业5户，"宫河大葱"生产标准正式发布，特色农产品进入一线城市商超。能源工业稳步发展，核桃峪矿井三期建设提速推进，2020年建成投产；布设石油探井11口，生产原油1.1万吨。地方工业加快发展，出台了支持地方工业发展的奖励办法，营商环境不断优化，协调金融机构担保融资4500万元，紫苏综合加工利用、农业废弃物再生利用、诚通安防照明、融诚果糖厂等一批工业项目相继上马，年产50万吨建筑垃圾资源再生利用、3000吨豆制品、3000吨中药饮片加工生产线建成投产，完成工业增加值1.7亿元，增长1.2%。第三产业蓬勃发展，中小微企业异军突起，新增市场主体622户，完成出口创汇2359万元。电商进村综合示范项目顺利实施，培育建办电商企业5家，发展乡村电商服务站（店）57个，交易额突破2亿元。黄帝文化景区建设和乡村旅游项目稳步推进，养生、物流、信息、保险等服务业方兴未艾，第三产业完成增加值19.96亿元，增长8%。

正宁县坚持以项目稳增长、强支撑，拉动多方面投资，深入开展"项目突破年"活动，组织实施500万元以上重大项目64个。银西高铁罗川大桥全线贯通；甜永高速正宁段两条隧道贯通、桥面浇筑过半，县城连接线征地拆迁加快推进。轩辕大道西口排水、全民健身中心、中医院综合业务楼、北街小学等项目加快建设，农林、水利、文化等一批新建续建项目齐头并进，拉动了投资增长。紧盯国家投资导向，争取到调令关景区建设、恒强铅业土壤修复等国投项目94个，投资7.4亿元。2018年，招商引资强势推进，成功举办了项目推介说明会，先后10多次"北上南下"恳谈推介项目，邀请中国蓝投、四川能投、成都中恒等20多家企业集团考察对接项目，与甘肃六建签订了43亿元的产业发展项目框架协议，签约生物质热电联产、智能环卫一体化、苹果全产业链等生态产业项目9个，签约资金57亿元，是招商力度最大、成效最好的一年。

（五）启示

正宁县从全国知名的贫困县到如今成功"摘帽"，经济取得快速发展，百姓们的生活水平不断提高，幸福指数不断提升，正宁县的脱贫经验值得我们总结与思考。首先，我们要紧盯"两不愁、三保障"面临的突出问题，聚焦深度贫困地区和特殊贫困群体，敢死拼命真扶贫、砸锅卖铁扶真贫，统筹推进乡村振兴战略全面实施。集中攻克深度贫困堡垒，越是艰难的地方越需要我们作出工作，进行改善，优先安排并足额保障深度贫困地区产业发展、基础建设、民生发展等所需用地，新增脱贫攻坚项目重点向深度贫困地区布局。大力推进乡村振兴。坚持农业农村优先发展，切实稳住"三农"工作基本盘。落实粮食安全省长责任制，实施优质粮食工程。

发挥特色优势推动产业振兴，优化"一带五区"产业布局，抓好两个"三品一标"建设，实施农产品加工业提升行动，推动县域经济突破发展。

　　正宁县的经验还告诉我们，想要打赢脱贫攻坚战，外部因素和自身努力缺一不可。首先，我们要做好自身，利用好已有的资源，发挥出自身在农业上的技术优势，拥有真正具有核心竞争力的好项目。有了好项目，自然就会吸引来投资；有了投资，项目也会越做越大、越做越好，这是一个不断地良性循环。如果我们走到了这个良性循环的路上，脱贫便不是梦！

陕西神木：纳林采当村"六维一体"扶贫模式

导语： 作为神木市中鸡镇最大的行政村，纳林采当村也是全镇唯一的贫困村，同时也是集体经济"空壳村"。为了改变贫困落后的面貌，纳林采当村以乡村振兴战略为契机，按照"产业兴旺、生态宜居、乡风文明、治理有效、生活富裕"的总要求，坚持以党建为引领，统筹考虑自然条件、资源禀赋等各方面因素，高起点谋划、高标准实施，推动镇、村、企三方联动发展，探索出了一条"招商引资＋三产融合＋集体经济＋富美乡村＋双扶双脱＋幸福康养"的"六维一体"复合式产业兴旺之路，实现了农业强、农村美、农民富，全村呈现出欣欣向荣的景象，昔日的贫困村发展成为乡村振兴的标杆村。

（一）主体简介

纳林采当村位于神木市中鸡镇西南 20 公里处，距全国最大的沙漠淡水湖红碱淖仅 8 公里。全村土地面积 88 平方公里，耕地面积 6 893 亩（其中水地 3 400 亩），属于北部风沙草滩区，地势平坦，土地肥沃，水位较高，村民主要收入来源以种植玉米、土豆等农作物和养羊为主，是典型的纯农业乡村。全村 7 个村民小组，共 493 户 1 623 人，其中在家的有 326 户 652 人，外出打工的有 971 人。全村建档立卡贫困户 19 户 39 人，其中 2019 年在册贫困户 3 户 5 人。

（二）主要模式

1. 模式概括

"六维一体"复合式产业兴旺之路。

2. 发展策略

实施乡村振兴战略是从根本上解决"三农"问题的新思路和新举措，事关决胜全面建成小康社会、农业农村现代化进程、农村繁荣稳定和经济社会发展全局。要实现乡村振兴，离不开农村基层党组织的引领，离不开基层党员发挥出战斗堡垒和先锋模范作用。作为中鸡镇最大的行政村，纳林采当村也是全镇唯一的贫困村，自然条件差，基础设施落后，缺少年轻劳动力，同时也是集体经济"空壳村"。为了改变贫困村的面貌，纳林采

当村按照"党建引领·富美强旺"的目标，选好干部，配强班子，超前谋划，高点定位，镇、村、企三方联动，探索出了一条"招商引资+三产融合+集体经济+富美乡村+双扶双脱+幸福康养"的"六维一体"复合式产业兴旺之路，由昔日的贫困村发展成为乡村振兴标杆村。

"六维一体"复合式产业兴旺之路，即一是加大招商引资力度，积极推进产业项目落地，为产业兴旺注入强劲动力；二是狠抓村企共建，推动三产融合发展，夯实乡村振兴产业基础；三是深化"三变"改革，发展壮大集体经济，激发乡村振兴活力；四是建设美丽乡村，打造生态宜居家园，变绿水青山为金山银山；五是开创精神扶贫，实现双扶双脱，焕发乡风文明新风尚；六是创新幸福康养，破解养老难题，让群众共享乡村振兴发展成果。

3. 主要做法

（1）*加大招商引资，注入源头活水*。近年来，中鸡镇把招商引企作为推动产业兴旺、实现乡村振兴的头等大事，亲自抓、亲自跑，上门寻亲、主动服务。2016年引进的恒源集团农丰农业公司，先后投入7 000多万元，建起了集种植、养殖、加工、旅游观光于一体的现代种养加游综合体；2017年引进的长青健康科技有限责任公司，计划投资2亿元打造以1万亩饲草种植+5万只肉羊繁育+100万只羊屠宰项目为核心的种养加销售产业链，完成投资5 000万元，2020年建成投产；2018年，跟海南航天投资管理有限公司签订战略合作框架协议，发展航天育种、航天科普，目前航天育种项目已开始试种；引入河南春富实业，2020年种植1 000亩水果萝卜，并建设冷藏及加工厂；2019年引进互联网农业神牛科技，计划投资3 000万元建设物联网智慧养殖系统、农牧大数据中心、肉牛生鲜溯源系统、新零售销售渠道、特色农产品交易平台等。有效的招商引资为产业兴旺注入了强劲动力。

（2）狠抓村企共建，促使三产融合。在顶层设计上，委托中国农业科学院区域规划研究所做了《"塞北田园"田园综合体总体规划》，将纳林采当村纳入全镇"四园一带一中心"的总体框架里的"丹霞地貌-红碱淖-乡村旅游一线旅游带"。探索出"恒源农丰模式"，将"有机蔬菜种植＋良种畜禽繁育＋小杂粮加工＋肉食品加工＋休闲餐饮"三产叠加契合，实现产值倍增。长青健康科技有限责任公司打破传统，大规模推行机械化种植，并推广"磁化水膜下滴灌水肥一体宽行窄株"高产玉米种植技术。牛大叔农业科技公司的物联网＋智慧循环种养项目，未来要实现线上线下联动互补；由于我们注重打造全产业链，推动一二三产业相互渗透、有效融合，使农民收入大幅提高，为实现乡村振兴打下了坚实的产业基础。

（3）深化"三变"改革，壮大集体经济。纳林采当村是中鸡镇第一个实行"三变改革"的示范村。严格按照股权对象确定原则及本村村规民约执行，最终界定股权享有对象1 310名。同时，将股权设置为人口股、资金股、土地股。按享受股权的村民及其家庭成员人口设"人口股"；按村民小组对外承包的耕地、荒地等设"土地股"。2017年11月28日正式挂牌成立纳林采当股份经济合作社，占地1 100多亩，其中大棚基地65亩、羊养殖500只、肉驴养殖110头，已完成投资400多万元。2020年投资400万元建设标准化养牛场（10月底建成），并与长青健康科技有限责任公司尝试村有、民营双向交叉持股，进行混合所有制改革，让集体经济焕发活力，实现产供销一体化发展。合作社成立以来，不断地发展壮大，2018年底初见效益，主要收入来源于出售羔羊、种驴。2017年建成的集体扶贫光伏项目，共占地10亩，对全村建档立卡19户贫困户和全镇10个村的在册贫困户共50户83人进行直接补助帮扶。2019年1月和4月实现分红两次，每户每次700元，项目预计累计持续分红达20年以上。

（4）建设美丽乡村，打造生态宜居。几年来，坚持"四化"同步，努力建设美丽乡村。积极争取陕西省交通厅、财政厅资金3 000多万元，引进企业投资1.2亿元，得到本级财政支持4 000多万元，整合各类资金，推进综合治理。改良农田2 000亩。新修水泥和沥青路60多公里，实现组组通。美化改造居民住房300多户，安装太阳能路灯440多盏，建设中心广场 2 000 多平方米，整修美化 2 000 多米排洪道，新建蒙古包 10 个。2020 年又争取神东公司绿化投资 185 万元，对该村南湖周边进行绿化改造。该村紧紧围绕亲子周末游，利用村内闲置的土地、房屋、牲畜、传统民俗文化等优势资源，计划实施亲子体验、拓展训练、摄影基地、名宿精品酒店、民间艺人作坊、观光步道、村委会绿化提升等村旅游项目。目前全村面貌焕然一新，人民生活更加幸福。

(5) 开创精神扶贫，实现双扶双脱。大力推进精准脱贫，建成光伏扶贫电站，金融扶贫实现全覆盖，产业、就业、教育、生态、医疗、危房改造多措并举，纳林采当村成为扶贫模式孵化中心基地，2018 年人均收入达 14 800 元。随着全村经济收入不断增加，该村同时加大了对村民精神扶贫的力度，中鸡镇编写并推广原创音乐《厚德新民谣》《做个好人》，精神扶贫三字经在全村推广。选择脱贫户模范燕世平给所有贫困户现身说法，讲脱贫故事，启智励志。推动思想道德建设，村内涌现出方国正和方建岗两位全镇道德模范。围绕人心净化，积极打造"敬畏、感恩、仁爱、孝悌、勤劳、智慧、诚信、宽容"的中鸡集体人格。该敬老院还被打造为全镇的传统"孝"文化教育基地，成为组织全镇村干部学习取经的样本，养老院通过建立"感恩堂"让村里年轻人为老年人服务，培养年轻人树立敬老孝亲、关爱老人的思想观念。此外，该村进一步完善乡村治理机制，通过成立红白理事会、民事纠纷调解组、道德讲堂宣讲组、制定村规民约，广泛开展宣讲古今中外孝老爱亲故事的活动，大力宣传道德模范先进事迹，有效化解了村里各类矛盾，三年来村里没有上报过一起矛盾纠纷。目前，纳林采当村邻里和睦、互帮互助、互敬互让，形成了良好的社会道德氛围，全村争当文明户、争做文明人蔚然成风。

(6) 创新幸福康养，乐享发展成果。纳林采当村把养老和脱贫紧密结合起来，争取帮扶单位资助建立老年公寓，对全村 41 名 70 岁以上的老人、孤寡老人和残疾人实行集中供养。中鸡镇还动员爱心企业和企业家为敬老院出钱捐物，尽最大努力创造舒适的生活条件。截至 2019 年，敬老院已收到各界捐款共计 52 万元，为老人们的吃、穿、看病等费用提供了坚实的物质保障。此外，敬老院利用村集体提供的 10 多亩种植基地，鼓励老人们自己动手种植农作物、从事养殖，实现自给自足，形成了"农业＋休闲＋养老＋医疗"的新型康体养老模式。纳林采当村通过"村办＋公助＋自筹＋慈善捐助＋企业帮扶"和"半农半养"筹资运营机制，探索出一条全新的健康养老路径，为贫困村破解养老难题提供了有益借鉴。

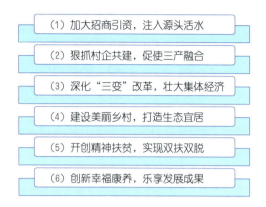

（1）加大招商引资，注入源头活水

（2）狠抓村企共建，促使三产融合

（3）深化"三变"改革，壮大集体经济

（4）建设美丽乡村，打造生态宜居

（5）开创精神扶贫，实现双扶双脱

（6）创新幸福康养，乐享发展成果

（三）主要成效

在实施乡村振兴战略过程中，纳林采当村按照"产业兴旺、生态宜居、乡风文明、治理有效、生活富裕"的总要求，统筹考虑自然条件、资源禀赋等各方面因素，高起点谋划、高标准实施，通过"六维一体"复合模式带动了产业兴旺，实现了农业强、农村美、农民富。通过引进公司建设种植养殖基地，一方面给村民提供了致富增收渠道，激发了村民主动要求致富的内生动力，为加快乡村振兴创造了条件；另一方面给全村经济社会发展带来了新技术、新观念、新思路和新气象，加快了市场信息的有效传递和资源要素的双向流动，盘活了村里的各类资源，带动了基础设施条件的改善，全村呈现出欣欣向荣的景象，一步一个脚印地把乡村振兴的美好蓝图变成现实。

（四）利益联结机制

纳林采当村以农村集体产权制度改革为契机，以壮大集体经济为目标，不断探索形成了"全民参股经济合作型＋村有企用土地流转型＋镇建村有厂房租赁型＋混合所有保底收益型＋光伏扶贫固定分红型＋村产企销链条整合型＋股权众筹三方托管型"7种新型村集体模式，每年可直接给群众带来上百万的收入。同时，纳林采当村还形成了"壮大集体经济＋产业转型升级＋村民自主择业"的多方联动机制，实现了农民增收致富，群众幸福指数得到大幅提升。在产业转型升级方面，纳林采当村通过招商引进现代规模种植养殖企业，调动了村民调整种植养殖结构的积极性。一改多年单一种植玉米的传统耕种方式，试种新品种玉米4 000多亩，饲草2 000多亩，亩产值达到2 500元，远超传统种植模式，大幅度增加了羊的饲养量，全村养羊突破1万只大关。在村民自主择业方面，纳林采当村积极与驻村企业协商，在同等招工条件下优先使用村里剩余劳动力，全村有近 200 个村民在种植养殖基地打工，其中 4 名饲养员每月工资达 3 900 元，村民收入得到大幅度提高。

（五）启示

习近平总书记在党的十九大报告中首次提出了实施乡村振兴战略，这不仅是在新时代下解决我国"三农"问题、全面激发农村发展新活力的重大举措，也是对未来农业农村发展提出的新定位和新要求。对于贫困村来说，要实现乡村振兴战略和全面建成小康社会的目标，一方面必须以打赢脱贫攻坚战为基础和前提，为乡村振兴夯实发展根基；另一方面，要在脱贫攻坚过程中积极探索乡村振兴战略实施的有效路径，促进脱贫攻坚与乡村振兴紧密结合，加快推进贫困地区农业农村现代化。基层干部要深刻领会和把握实施乡村振兴战略的重大意义及内涵，超前谋划实施乡村振兴战略，有机结合美丽乡村建设、新型城镇化、农村三产融合等重大举措，制订乡村的整体发展规划和长远规划，为全面建成更高质量的小康社会奠定坚实基础。

乡村振兴战略是中央的一盘大棋，也是基层的一场大战，政府是主导，农民是主体，企业是主演，三产融合是主旋律，广大农村是主战场，各方联动是主基调。中央的战略已定，我们的蓝图已就，我们将坚决抓住千载难逢的发展机遇，付出更为艰苦的努力，向着"产业兴旺、生态宜居、乡风文明、治理有效、生活富裕"的目标迈进。

贵州凤冈：多样化项目扶贫模式

导语： 在全面建成小康社会的决胜期，贵州省凤冈县顺利摘除贫困帽。凤冈县作为多样化项目投资的典型案例，在当地政府的大力支持和企业精准扶贫的帮助之下，将消除小农意识作为推进脱贫攻坚工作的首要条件，将资金投资在包括水利项目、电网建设项目、全线建设通信项目等；实现危房改造，发展茶叶良顷万亩、精品水果种植、肉牛养殖等多种产业；构建了以扶贫产业园加强利益链接机制为主要内容的新兴产业扶贫体系，实施了以山地特色高效农业为主要内容的守住生态底线的做法，不仅增加了就业岗位，同时也带来了产业链的延伸，包括生态旅游、食品加工等。通过风险的分散来实现资源的有效配置和资金的灵活运用，只有通过这种发展模式，才能实现生态文明和第三产业的可持续协调发展，对于实现生态产业化具有重要的借鉴意义。

凤冈县茶园

（一）主体简介

贵州省凤冈县永安镇以茶叶闻名，被誉为"中国茶旅第一镇。"该旅游名牌的建成是在基层党建工作的基础之上发展而来，通过加强当地村民的职业技能培训，引导村民自主创业。旅游名牌的打响，为当地吸引了大量的旅游资源，该镇位于凤冈县西北部，其茶叶产业的发展情况受到当地政府的重点关注。永安镇（包括永安茶海之心景区）凭借着先天的自然环境优势和地理优势，将茶林融合，集生态、养生、文化旅游和茶叶种植为一体，将传统的小农户"自产自销"经营模式改为集约化的统筹经营。国际度假村和国际温泉养生度假区通过将当地的旅游名牌和旅游产品出口与世界接轨，基于当地的文化旅游资源，产业更是出口到了西欧等发达国家。通过合理的城镇规划和茶叶种植的布局，引用机械化、现代化的生产工具，增加了当地农民的收入。永安镇成为凤冈县农民收入的大镇，千万元资产收入和百万元以上资产收入的农户呈上升趋势。

　　茶叶品牌的打造，茶艺表演，土家油茶茶艺非物质文化遗产的申报，地方文艺节目表演丰富扩充了当地的旅游资源。"凤冈锌硒茶"作为当地的特色茶叶品牌，毫无疑问已经成为当地产业发展的支柱行业。同时，这也得益于当地政府的扶助和补贴政策，得益于当地的地理优势、充足的降雨和日照。一片充满盎然生机的茶园是绿色的丝带，将茶旅联合一体化，带动当地的第三产业发展。不仅带动当地的经济建设，更实现了致富脱贫。

（二）主要模式

1. 模式一：旅游资源与第一产业相结合

　　贵州省凤冈县第一产业的发展，虽然得益于当地得天独厚的地理环境，但是由于当地基础设施的落后和薄弱，小农意识和分散化的经营模式严重制约了当地的经济发展能力，使农民生活也捉襟见肘。随着脱贫攻坚战的打响，贫困帽的摘除势在必行。在传统的小农经济的经营模式下，农业生产遇到了很大的瓶颈。现代机械化、半自动化生产器械和工具的引进，极大地提高了当地的作物产量，旅游资源与第一产业的结合更是为之注入了新鲜的活力。

　　凤冈被誉为"中国最美茶乡"，通过茶林结合和景区的开发、度假村和温泉度假区设置使得来自世界各地的人们可以充分享受和领略当地的独特旅游资源，并购买文化产品；通过农村合作社、企业的多项目投资和政府政策的大力支持，将当地的资金和土地资源等进行集约，实现产业利益的联结。凤冈县不仅建成农业产业化龙头企业，还建成农旅一体化园区。随着资产进一步投入，当地的交通、水电和通信等基础设施也在不断地完善，省道、高速和固定班车使得货物的运输和流转更加快捷，茶叶种植和畜牧业养殖增加了产业收入，"凤冈锌硒茶""春江花月夜"等知名茶叶品牌也得到了广大消费者的认同，万寿菊等高经济效益农作物的种植摆脱了传统的低产量、低收入的经营模式。随着央视栏目的播出，借助新闻媒体的传播作用，凤冈将着力发展乡村旅游业。贵州省凤冈县通过企业的多项目投资促进旅游与第一产业融合发展，促进园区景区化和农旅一体化。通过利用农村集体资源、资产和资金，让第一产业充分发挥其最大的经济效益，产业链的延伸和食品的加工改变了单一的食品生产模式；通过与旅游资源的联合，着力打造具有现代特色的高效农业生产园区。凤冈县特色古代建筑白粉墙转角楼、四合院等充分展示了当地厚重的文化底蕴，但在利用和开发时要注意保护，对当地历史故事的介绍在专业人员的培训上要有所侧重，将旅游资源与特色乡村的建设相融合。

2. 模式二：茶叶与旅游结合

凤冈县土地富含丰富的锌和硒等矿物质元素，适宜的自然环境为"凤冈锌硒茶"提供了良好的生长环境。在凤冈县田坝村拥有 2 000 多亩生态的工艺茶园，无论是茶叶产品的输出，还是在此基础上所结合的文化旅游都展现出了新兴产业的活力。

随着城市化进程的加快，人们面临着工作和生活压力，这种原生态的休闲项目正发挥着越来越大的吸引力。当地正是看到了这一经济效益，着重提升"黔北居民"建设品位，有近 40 家升级为当地休闲茶庄，注重茶艺文化氛围的营造和产品的构想。在当地原有的文化底蕴基础之上，增加人文表演，利用历史文物古籍和地方名人打响知名度。通过"文化搭台，经济唱戏"，使游客在观赏茶叶庄园的同时既能体验到一种返璞归真的田园乐趣，又能在当地的茶乡文艺表演节目当中体验到当地的人文情怀。茶艺文化表演包括油茶的制作环节和工艺程序，使游客可以全程体验油茶的制作过程，在简单的操作和动手劳动当中，以一种喜闻乐见的方式深受游客欢迎。除此之外，还有歌舞表演、民间手艺工人的推推灯和长短唢呐的吹奏等，在茶庄，游客可以亲自体验茶园观光、采茶、茶树修剪与种植以及制茶品尝，并且还有专职茶艺师进行表演。通过交通网络系统的不断完善，凤冈县的旅游更加便捷。田坝村的森林覆盖率达到了很高的程度，营造了绿色文明的生态发展环境，高质量的空气环境和原生态的山岭溪流使之成为城市人休闲度假的好去处。

随着现代科学技术的快速发展，"互联网＋"的发展模式已经成为现行知识经济大背景下提高经济效益的重要模式。通过茶叶的网络销售和旅游名片的网络化宣传，提高了知名度和拓展销售途径。利用市场对资源配置的作用促进当地旅游资源的开发和利用，村民是经济效益创造的主体，在茶庄和农业园聘请当地有经验的农民参与到种植和管理当中，通过园区的固定资产投资和产业扶贫项目的跟进与落实，使当地人人都参与到旅游文化和名片的建设当中，既增加了工作岗位，又增加了农民的工资收入，让土地的经营权和承包权得到了充分的利用。"要想富先修路"，当地交通基础设施的完善为茶旅事业的发展提供了便利的条件，不仅有利于将农产品和文化产品销售出去，也有利于外界的游客更加方便地进入凤冈。

3. 模式三：加强景区的景点建设，经济与生态文明相结合

凤冈县在当地历史文化底蕴的基础上努力打造和构建了具有当地特色的乡村发展体系。通过加强对龙潭河生态湿地公园和九龙生态文化园的建设，发挥龙潭河湿地公园国家 AAAA 级景区的龙头带动作用，通过多效联动以点带面促进其他旅游景点的发展，极富特色的农庄果蔬菜园、生态垂钓和农家小院的住宿经营模型，为旅客带来不一样的住宿体验。

通过促进全国康养旅游示范基地的建设，国际温泉养生度假区和度假村的打造，中药材康养项目的实施，打造了具有凤冈特色的文化疗养品牌。中国古代茶文化博大精深，在凤冈当地村民的摸索和建设当中，形成了独具特色的茶文化品牌。通过与中国瑜伽产业的合作，瑜伽产业与茶文化太极生态养生有机融合，挖掘其共性，促进了国际和国内知名的瑜伽培训机构在当地的落地。

在凤冈境内，无论是蚂蟥沟还是万佛峡谷、千年古银杏林，这些巧夺天工的自然旅游资源都吸引了大量的游客。旅游主题的突出、康养健身、踏青与山地乡村旅游模式的结合，形成了多元化、多内涵的旅游业态。同时也要考虑到当地景区的游客承载能力，乡村旅游基础设施的完善和景点的开发都与游客的体验有着密切的联系，通过互联网的信息传播作用，当地口碑既已积成，但也要注重维护。与此同时，凤冈县个别地方出现了一些不文明游客乱扔生活垃圾的行为，这对凤冈的旅游形象产生了一定的负面影响，因此景区的管理力度还须进一步的完善。贵州茶叶种植和肉牛养殖作为当地的主要产业收入，当地农民参与其中可以有效地整合当地的劳动力资源，还有政府对项目投资和支持，可以引导和鼓励农民自主创建茶庄和文化产品的开发，打造具有观光旅游、休闲体验和特色餐饮为一体的现代化茶庄。该地区有丰富的自然资源，利用当地环境植被生物多样化的特点，先后荣获了多项荣誉称号，被评为重庆的后花园；该景区旅游资源的开发更多具有多样化的特点，着重以体验性、参与性产品的开发，将质朴和谐的人文精神融入旅游的服务当中，提升服务的质量和水平，以集约化、人性化的开发模式，提升服务的档次。

4. 模式四：现代信息技术与传统产业的融合

在大众创业、万众创新的大背景之下，企业多项目投资更加注重的是该项目所能带来的经济效益。凤冈县充分发挥先富带后富的领头羊作用，通过人员培训和大学生支持创业，为当地提供更为广泛的创业平台和创业

凤冈县旅游风景

环境。当地的旅游是特色产业，在此基础上进行创新和改革可更好地释放市场活力。该县电信基础设施的持续完善，为现代信息技术与传统产业的融合提供了便利的环境。文化产品和当地大品牌产业的网络销售，可以借助现代购物平台和发达的交通网络体系实现市场的开发，"互联网＋"的应用可以方便实时快捷地记录生产数据应用和库存。特色产业如万寿菊、蜜蜂和中药材等的发展，改变了传统的低效种植模式。

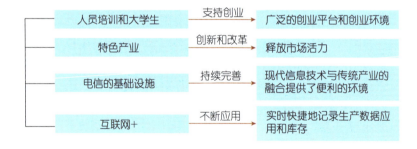

（三）利益联结机制

贵州省凤冈县在整个脱贫攻坚过程中，涉及多方利益的主体。农民既是促进发展的主体，也是发展成果共享的主体。随着当地旅游资源项目的开发和旅游产品的销售，在当地政府和企业多项目投资的多效联合带动作用之下，凤冈县一改往日的脏乱差形象，退出了贫困县的行列，干净整洁的农村居住环境和教育资源的丰富使得人人都看见了生活的美好。据统计，2017 年旅游综合收入高达 48.6 亿元，城乡居民人均可支配收入分别为 26 323 元，10 105 元，分别增长了 8.2％和 9％，全面小康实现程度达到了 93％，脱贫攻坚战取得了突破性的进展。农民通过岗位的参与和农庄的自主创业等多种途径实现了小康生活，通过利益的联结机制也促进了企业经济目标的实现，被视为脱贫攻坚的最终样板示范区。

```
旅游资源项目的开发     +     政府和企业多项目投
旅游产品的销售               资的多效联合带动
              ↓
脱贫攻坚战取得了突破性的进展，
贫困发生率成功地降到了4%以下
              ↓
      脱贫攻坚的最终样板示范区
```

（四）主要成效

企业的多项目投资不仅可以更加合理和科学地规避风险，在市场进行资源配置的过程中规避是摆在每一个项目投资人面前的重要课题。从贵州省凤冈县现行的经济发展状况来看，企业的多项目投资被实践证明是一条切实可行的脱贫攻坚道路，实现了经济效益、社会效益和生态效益的高度统一。城乡居民人均可支配收入分别达到了 26 323 元、10 105 元，居民收入显著提高；同时旅游文化第三产业的发展也进一步调整了当地的经济结构，产业链的不断延伸仅仅提供了就业岗位，改变了传统的高污染和高消耗的生产模式，向着可持续生态文明协调发展。

企业的多项目投资也兼顾了社会效益和生态效益，农民收入的提高使得凤冈县摘除了贫困帽，有利于全面建成小康社会，改善了人们的生活质量，同时也提高了人们的生产积极性，促进资源的合理利用，增强企业信誉。

（五）启示

产业帮扶政策的实施提供了多样化的就业岗位，满足了当地多样化的工作需求。这种多元化的扶贫方式极大地扩大了致富对象的范围，同时也降低了生产和投资的风险，利用市场对资源配置的手段来调动当地人们的生产积极性。通过丰富资产结构使风险均摊，贫困户贫困的主要原因是没有自主创业和资金累计的能力，通过多项目的投资来充分挖掘当地的经济发展潜力。

从贵州凤冈脱贫攻坚战的经验当中可以得到，企业实体的经济带动效应具有非常大的经济效益和社会效益。同时，扶助补贴政策的实施惠及的是贫困户和企业双方，对有潜力发展前景的企业，可以进行政策性的扶持，从而提高市场竞争力，带动当地农民进行就业和创业；社会保障制度是社会福利的重要方面，与市场机制联结可以形成良好有效的发展格局，不要只停留在扬汤止沸的作用层面，要通过企业的多项目投资进一步完善农村的产业结构。

联动企业、合作社和贫困户这三个主体，农民也要积极地参与到管理建设当中。旅游作为第三产业，更要注重大力发展，但在发展过程当中也要兼顾生态效益和社会效益，充分利用当地的自然资源和人文条件，合理地开发和利用，促进生态文明发展。多项目投资可以提供更广泛的就业机会和就业平台，加以借鉴和重视应用。旅游不仅是游客对于当地自然环境和风土人情的体验，更是与当地相关部门管理人员的服务能力密切相关。旅游过程当中的文化性和趣味性也是非常重要的，只有通过加强对当地人员的培训，提升服务质量和水平，才能更好地促进凤冈旅游业更为长足的发展，从而提升当地的居民收入和民众的获得感，打赢脱贫攻坚战。

云南姚安："对症治贫"模式

导语：姚安县脱贫攻坚案例是我国基层脱贫攻坚的典型案例。在政府的大力扶持与当地人民的共同努力之下，姚安县不仅发展了当地的基础性产业，同时也带动了相关特色产业的发展，为当地农民提供了更高的收入，也带来了更多的就业岗位。在姚安县委、县政府、县脱贫办公室等部门的大力支持下，全县人民奋起努力，在多方努力之下积极进行招商引资，摘下了贫困县的帽子。因此，在脱贫扶贫工作中，姚安县的脱贫攻坚案例具有重要的借鉴意义，值得认真研究与学习。

（一）主体简介

姚安县是云南省楚雄彝族自治州下辖县，位于自治州西北部，东邻牟定县、南枕南华县、北接大姚县、西与大理州祥云县隔一泡江相望，土地面积广阔，水资源、矿产资源、生物资源十分丰富。交通条件十分便利，同时人口数量也在云南各个县当中排列靠前。姚安县主要景点有德丰寺、龙华寺、洋派水库等景点。2018 年 9 月 29 日，姚安县经云南省委、省政府研究，批准退出贫困县行列。2019 年 2 月 2 日，被国家中医药管理局评为县级全国基层中医药工作先进单位。

姚安县扶贫开发领导小组办公室于 2018 年 11 月 20 日开始推行《云南省姚安县精准脱贫攻坚三年实施方案》，在财政支出上姚安县精准脱贫攻坚三年实施规划（2018—2020 年）总投资 138 424.70 万元，建立了坚实的脱贫基础。立足于姚安县贫困落后的状况：有 3 个贫困乡镇、19 个贫困村（2017 年增加 25 个）、6 611 户贫困户、24 939 名贫困人口，贫困发生率高达 14.56%。县委、县政府积极进行战略性的工作部署，多方努力之下使全县的落后面貌得到了前所未有的改善，人民生活水平不断提高，生活幸福感大大增强。

（二）主要扶贫工作

自脱贫攻坚工作开展以来，姚安县深入贯彻落实党的十八大、十九大精神，认真践行习总书记脱贫攻坚的战略构想，在省州党委、政府的正确领导下，坚持以脱贫攻坚统揽经济社会发展全局，把打赢脱贫摘帽攻坚战作为最硬的政治任务和最大的民生工程，突出"六个精准"要求，围绕"五个一批"，统筹整合各类资源，全力推进脱贫攻坚，使脱贫攻坚取得了阶段性胜利。姚安县委、县政府制定《脱贫攻坚责任追究办法》《驻村工作队员召回管理办法》等制度，整合纪检监察、督查审计、组织人事等部门力量，成立脱贫攻坚工作督查组、纪律检查组和专项巡察组，适时开展督查巡察，把执纪监督贯穿于脱贫攻坚全过程，保证了县委、县政府的决策部署全面落实推进。

1. 模式一：对症治贫，确保精准

姚安县政府深刻认识到深度贫困地区如期完成脱贫攻坚任务的艰巨性、重要性、紧迫性，采取更加集中的支持、更加有效的举措、更加有力的工作，扎实推进深度贫困地区脱贫攻坚的重要指示精神。

一是精准安排项目。围绕贫困人口、贫困村、贫困乡和贫困县脱贫退出考核验收标准，优先选择群众迫切需要解决的困难和问题，制订了县、乡、村、组 4 级脱贫规划，以及建档立卡户的脱贫计划和后续巩固发展计划，并建立了财政涉农资金整合项目库，确保产业扶持、安居工程、基础设施、公共服务保障、劳动力素质提升等到村到户帮扶措施都有扶贫项目储备。同时，在工作推进过程当中严格规范项目审批程序，按照"乡申报、县审批"原则，所有实施项目都从项目库中筛选，财政涉农资金优先安排项目库中的项目，确保了项目安排精准。

二是补齐发展短板。围绕脱贫攻坚考核指标，全面加大项目资金投入，实现了脱贫攻坚任务项目化。加大国家 20 项、省 21 项、州 19 项财政涉农资金统筹整合力度，撬动各类涉农资金投入脱贫攻坚，集中资金解决脱贫攻坚"短板"问题，补齐了水利设施、道路交通、教育医疗、广播电视、电力通信、文化体育等公共服务短板，贫困地区发展条件全面改善，自我发展能力持续提高。

2. 模式二：产业培强，促进增收

因地制宜、因村施策发展产业，实现村有主导产业、户有增收渠道。根据全县资源禀赋、产业基础和市场需求，全面加大产业项目扶持，把富

县产业与富民产业有机结合起来，深入实施产业转型升级行动，稳步推进全省肉牛生产基地县、现代烟草农业示范县、商品蔬菜基地县和蚕桑生产重点县建设，加紧推进一大批农业龙头企业、农民经济合作组织培育工程。全县发展起农业龙头企业 23 家、农民专业合作社 346 个，把扶贫产业纳入全县产业发展通盘考虑，为贫困户制定"菜单式"产业扶贫项目清单。按照有产业发展能力和有意向的农户，每户给予 5 000 元产业资金和 5 万元产业贷款的标准，投入产业发展资金 3.6 亿元，投入小额贷款 2.6 亿元，引导贫困户发展家庭产业。坚持走"党总支＋合作社＋贫困户"产业发展模式，积极探索"资源转资产、资金转股金、农民转工人、价格保险助增收"的"三转一保"改革，在全省率先闯出了群众稳定增收的试点经验。突出龙头、基地、大户带动，建立新型农业经营主体与贫困群众利益联结机制，对缺乏劳力、增收乏力的贫困户，动员以 5 万元小额信贷资金入股合作社，连续 3 年每年可稳定获得分红 3 000 元，2017 年已带动 180 户贫困户增收 54 万元。

3. 模式三：安居就业，综合保障

开展群众住房全面排查，对所有居住于疑似 C 级、D 级危房中的农户进行"地毯式"排查，全部由住建部门出具住房安全等级认定书。对排查出来的危房户，采取农村危房改造、易地扶贫搬迁"两条腿走路"的方式予以解决。在易地扶贫搬迁方面，围绕《姚安县易地扶贫搬迁三年行动计划》，采取县城安置、中心村安置、小集镇安置等多种方式，让群众搬迁到交通便利、发展基础较好的县城、小集镇和中心村生活。全县共实施易地扶贫搬迁 712 户 2 763 人，投入资金 8 980.85 万元，并在公路沿线、集镇周边、产业发展区统一规划了 7 个集中安置点，投入资金 1 797.05 万元，统一配套供水、通路、通电、排污、文体活动等公共设施，为搬迁群众创造良好的生活环境。转移就业成为群众脱贫增收的重要支撑。

按照"培训一人、就业一人、脱贫一户"的目标，建立了全县 16～60 周岁劳动力信息台账。结合全县产业发展、企业需求、市场紧缺技术，整合人社、扶贫、教育、农业等行业部门资源，举办种植、养殖、建筑等农村实用劳动技能培训 6 450 人次，让每个贫困家庭至少有 1 人掌握一项专业技术，全面提升群众就业竞争力。经调查统计，培训人员掌握一技之长后，月均工资基本在 3 000～4 000 元。针对缺乏就业渠道，能够外出就业的，由人社、扶贫部门通过供需对接，统一组织劳务输出，每月获得 3 000 元收入。在大力组织外出就业的同时，不断强化劳动力就近转移。就近组织农村劳动力到县内企业和产业基地务工，每人每天可获得 70～80 元收入。针对贫困户中持续增收乏力但有劳动能力的人员，进一步加

大政府购买服务力度，积极开辟增加公益性就业岗位，优先聘用了一批生态护林员、河库巡查员，每人每年可获得工资收入 10 000 元。每年可实现农村劳动力务工收入 2 亿多元，农村劳动力转移就业成为农民增收致富的重要来源，基本实现了"转移 1 个劳动力、稳定脱贫一家人"的目标。

4. 模式四：党建民生，深入实施

按照保基本、兜底线的原则，织密社保兜底脱贫网，率先在全州实现了农村低保"两线合一"，为贫困群众脱贫提供了重要保障。实施最低生活保障全面兜底，进一步提高了特困人员的保障水平。做好临时困难救助，对遭遇突发事件、意外伤害的贫困家庭，及时给予应急性、过渡性救助，同时完善孤儿救助工作，全县 8 名在册孤儿基本生活费实行社会化发放，切实保障了孤儿在生活方面的基本需求。加强养老服务体系建设，目前全县有社会福利院 1 个、村级居家养老服务中心 14 所、县中心敬老院 1 个、乡镇敬老院 4 个，已建成民营养老机构 2 个。

扎实推进城乡居民基本养老保险，全县符合参保条件的 20 424 贫困人口全部参保，参保率达 100%。党建方面也成效显著，县委、县政府把脱贫攻坚实绩作为培养、识别和选拔干部的重要依据，建立问题整改销号台账，点对点制定整改措施，明确整改时限、整改责任领导和责任部门，把脱贫攻坚考核发现问题整改作为县委、县政府重点工作进行督查，以强有力的举措抓好问题整改"清零"，并对工作不到位、失职失责的 12 名干部进行了问责，确保各项整改工作如期落实，对涉及扶贫领域腐败问题立案查处 8 起、处理 8 人。

（二）利益联结机制

脱贫攻坚工作的不断推进，进一步带动了当地农民收入增长，实现共赢发展。姚安县在结合当地具体的发展模式基础上，也积极地去创新相关联动机制，基于"共赢、共享"的原则，实现了与农民共同富裕、共同发展的目标。

紧扣贫困户发展产业增收脱贫目标，充分发挥贫困户土地（耕地、林地、宅基地）、劳动力、扶持政策等资源配置作用，精准发展"大"特色主导产业，大力培育发展新型农业经营主体，实现有产业发展条件的贫困户和贫困人口，通过发展增收脱贫；实现新型农业经营主体带动有产业发展条件的贫困户产业发展全覆盖。

同时，加大兜底保障政策支持力度，推进扶贫开发政策与社会保障制度的有效衔接，对符合农村低保政策的建档立卡贫困户，实施政策性兜底保障，对全县贫困地区残疾人，纳入社会保障体系予以保障和扶持。姚安

县政府工作推进顺利，人民群众脱贫工作高效有序，实现了经济效益和社会效益的有机结合。

（三）主要成效

围绕"脱贫成效精准"的脱贫摘帽目标，统筹各方资源、调动一切力量，敢于担当、真抓实干、苦干实干，脱贫攻坚工作取得了明显成效。一是贫困人口脱贫计划顺利完成。严格对照贫困户退出程序和 6 条标准，对经过帮扶稳定达到标准的贫困户，在按程序脱贫的基础上，开展了"户户达标、人人过关"的专项行动，全面核查脱贫指标。二是 44 个贫困村出列任务按计划完成。三是贫困县达到脱贫摘帽条件。四是经济社会持续快速发展。坚持以脱贫攻坚统揽经济社会发展全局，围绕实现脱贫摘帽目标，持续加大资金投入，全力培植增收产业、夯实发展基础，全县经济持续快速发展。城乡居民收入均高于全州发展水平。五是发展基础全面夯实。聚焦制约发展的瓶颈问题和群众生产生活难题，坚持项目资金重点向贫困地区倾斜，实施了一大批农田水利、道路交通、广播电视、活动场所、教育卫生等基础设施项目。六是党建扶贫双推进，全民脱贫攻坚格局全面形成。广大群众自力更生、脱贫致富的思想全面增强，主人翁意识、主体意识全面形成，积极发展产业、务工就业，激发了脱贫致富的内生动力，在全县形成了"领导领着干、干部抢着干、群众跟着干"的脱贫攻坚良好格局。

（四）启示

姚安县的脱贫攻坚战，是全国脱贫攻坚战的一个重要战役，人民群众的生活条件已经得到了有效改善，贫困人口群体不断缩小，趋向消除。几年来，姚安县在脱贫攻坚方面的工作带动了农民致富，取得了显著的成效。这对于全面建成小康社会，提升新时期人民生活幸福感是有着重要作用的。

姚安县的脱贫攻坚案例值得各地开展脱贫攻坚工作的党政机关、地方政府、基层组织等学习与吸取，基于自身的发展条件，结合当地的实际情况来开展脱贫攻坚工作，对于缩小、消灭贫困人口群体，不断提高经济发展水平，有着重要的现实意义。

附　　录

附录1　国务院扶贫开发领导小组关于广泛引导和动员社会组织参与脱贫攻坚的通知

国开发〔2017〕12号

国务院扶贫开发领导小组各成员单位、中央国家机关有关单位，各省、自治区、直辖市和新疆生产建设兵团扶贫开发领导小组：

为全面贯彻落实党的十九大精神，坚持大扶贫格局，坚决打赢脱贫攻坚战，现就广泛引导和动员社会组织（指的是在民政部门登记的社会团体、基金会、社会服务机构，下同）积极参与脱贫攻坚工作通知如下。

一、参与脱贫攻坚是社会组织的重要责任

确保我国现行标准下农村贫困人口如期脱贫、贫困县全部摘帽、解决区域性整体贫困，是全面建成小康社会的基本标志和底线目标，是以习近平同志为核心的党中央作出的庄严承诺。现在距2020年实现全面脱贫目标还有三年时间，全国仍有4 300多万贫困人口没有摆脱贫困，脱贫攻坚任务十分艰巨。

社会组织是我国社会主义现代化建设的重要力量，是联系爱心企业、爱心人士等社会帮扶资源与农村贫困人口的重要纽带，是动员组织社会力量参与脱贫攻坚的重要载体，是构建专项扶贫、行业扶贫、社会扶贫"三位一体"大扶贫格局的重要组成部分。参与脱贫攻坚，既是社会组织的重要责任，又是社会组织服务国家、服务社会、服务群众、服务行业的重要体现，更是社会组织发展壮大的重要舞台和现实途径。要按照党的十九大关于动员全党全国全社会力量参与脱贫攻坚的要求，积极引导各级各类社会组织深入学习贯彻习近平总书记扶贫开发的重要战略思想，领会精髓实

质，牢固树立政治意识、大局意识、核心意识、看齐意识，与以习近平同志为核心的党中央同心同德、同向同行，发挥自身专长和优势，从帮助贫困人口解决最直接、最现实、最紧迫的问题入手，促进社会帮扶资源进一步向贫困地区、贫困人口汇聚，在承担公共服务、提供智力支持、实施帮扶项目、协助科学决策等方面主动作为，在打赢脱贫攻坚战中发挥重要作用。

二、社会组织参与脱贫攻坚的重点领域

（一）参与产业扶贫。支持有条件的社会组织特别是行业协会商会、农村专业技术协会参与落实贫困地区特色产业发展规划，围绕市场需求踊跃参与贫困地区特色产业发展、培育农民专业合作组织、引进龙头企业、搭建产销平台、推广应用中国社会扶贫网、推进电商扶贫工程、促进休闲农业和乡村旅游开发、支持农民工返乡创业等。鼓励社会组织组织专业人才为贫困地区发展特色优势产业提供智力和技术支持，提高贫困人口脱贫增收能力，促进贫困地区经济社会发展。

（二）参与教育扶贫。鼓励社会组织特别是基金会参与《教育脱贫攻坚"十三五"规划》《职业教育东西协作行动计划（2016—2020 年）》等政策的落实工作，参与实施教育扶贫结对帮扶、扶贫助学助困项目。鼓励社会组织通过增强贫困地区教育培训机构能力和师资水平，开展科学普及，提升贫困地区教育水平，帮助扶贫对象（含建档立卡贫困人口、农村低保对象、特困人员、贫困残疾人）学习掌握职业技能、致富技术，提供职业指导，增强就业能力。鼓励社会组织有序组织大学生、退休教师、社会人士到贫困地区开展扶贫支教。鼓励非营利性民办学校加大对贫困学生资助力度。

（三）参与健康扶贫。鼓励社会组织通过提供医疗技术支持、卫生人才培训和紧缺设备援助等，帮助贫困地区提高医疗水平，改善服务设施。支持社会组织针对贫困人口实施儿童营养改善、新生儿疾病筛查、小儿先心病治疗、妇女两癌筛查、优生优育、白内障治疗、失能失智老人照护等健康项目，帮助解决大病、地方病、慢性病等问题，做好疾病预防宣传、早发现、早治疗等工作。动员有条件的社会组织对贫困人口开展义诊、免费体检等公益活动。鼓励支持相关公益慈善组织通过设立专项基金等形式，开展贫困人口重特大疾病专项救助。依托慈善组织互联网公开募捐信息平台向社会公众进行募捐，加大慈善医疗救助力度，精准对接特殊困难家庭，减轻贫困人口医疗费用负担。鼓励非营利性民办医院对贫困人口开展一对一帮扶和义诊等活动。

（四）参与易地扶贫搬迁。鼓励社会组织积极参与易地扶贫搬迁，促进帮扶资源与建档立卡搬迁户精准对接，帮助搬迁群众发展生产、充分就业。支持社会组织发挥专项建设规划、心理疏导、关系调适等方面的优势，促进搬迁群众融合适应，形成现代文明理念和生活方式，为"搬得进、稳得住、能脱贫"创造条件。

（五）倡导志愿扶贫。支持贫困地区培育发展志愿服务组织，鼓励志愿服务组织到贫困地区开展扶贫志愿服务。推动社会工作服务机构为贫困人口提供心理疏导、生活帮扶、能力提升、权益保障等专业服务，为贫困妇女、青年提供技能培训、能力提升、就业援助、生计发展等服务。支持社会组织参与贫困村农村社区服务体系建设，开展贫困村老人、残疾人、留守儿童、低保家庭、特困人员等关爱保障工作，帮助化解其生活、学习等方面的困难。

（六）支持社会组织参与其他扶贫行动。发挥产业信息汇集、行业资源聚集、专业人才密集等优势，助推劳务输出就业扶贫；发挥服务专业、成本低廉、运作高效等优势，助力贫困地区水利交通建设、电力能源开发、危房改造、文化建设等工作。鼓励社会组织对脱贫攻坚工作提出政策建议、参与第三方评估、反映贫困人口需求等。支持社会组织在贫困地区宣传现代文明理念和生活方式，开展科技助力精准扶贫活动，参与环境综合治理整治，保护和修复生态，改善贫困乡村生产生活条件。

三、发挥全国性和省级社会组织示范带头作用

全国性和省级社会组织是社会组织参与脱贫攻坚的主力军。要倡导全国性和省级社会组织结合自身专长、优势和活动地域，每年至少面向贫困地区开展一次扶贫活动；主办、承办的博览会、展销会、年会、专题会等，优先选择在贫困地区举行，积极与贫困地区经济发展、招商引资、扶贫开发等相结合，并对贫困地区参展参会给予费用减免等优惠。要支持全国性和省级社会组织通过设立慈善信托、实施扶贫项目、结对帮扶、捐赠款物、消费扶贫、资助贫困地区公益慈善组织等方式，参与贫困地区脱贫攻坚工作。要鼓励公益慈善类社会组织、科技类社会组织、行业协会商会和民办教育、培训、养老、卫生等社会服务机构，进一步提高业务活动成本中用于脱贫攻坚的比例。

社会组织业务主管单位、行业管理部门和登记管理机关要按照管理权限，引导实行双重管理的全国性和省级社会组织、脱钩后的全国性和省级行业协会商会、直接登记试点的全国性和省级社会组织，主动对接政府扶贫工作计划和扶贫工作部署，按要求定期上报参与脱贫攻坚的情况，配合

做好工作检查和信息统计，并通过互联网等多种途径及时、全面地公开"在哪里扶贫""扶了谁""扶了多少""扶贫效果怎么样"等情况，接受社会各方监督。

社会组织业务主管单位、行业管理部门和登记管理机关要引导全国性和省级社会组织，按照其宗旨和业务范围，结合上述要求制定2020年前参与脱贫攻坚工作规划和年度工作计划，明确工作目标，细化任务措施。工作规划和实施情况于本通知下发后两个月内分别报送业务主管单位、登记管理机关和扶贫部门备案。2018—2020年，年度工作计划和上一年度参与脱贫攻坚工作情况，随当年年检年报工作相关材料一同报送业务主管单位、登记管理机关和扶贫部门。

四、创造条件，支持社会组织参与脱贫攻坚

国务院扶贫开发领导小组各成员单位、中央国家机关各有关单位、各省（区、市）扶贫开发领导小组要通过思想动员、政策支持、典型宣传等方式，支持引导社会组织积极参与脱贫攻坚。要推动社会组织资源供给和扶贫需求实现有效对接，努力为社会组织提供信息服务。要建立健全政府向社会组织购买扶贫服务制度，细化落实社会组织参与扶贫济困活动的税收减免、信贷支持、行政事业性费用减免等政策，努力为社会组织提供优惠政策服务。要定期开展相关扶贫政策和业务知识培训，努力为社会组织提供能力建设服务。民政部门、扶贫部门要建设共享合作平台和信息服务网络，建立健全社会组织参与脱贫攻坚信息核对和抽查机制，确保"真扶贫""扶真贫"。

扶贫部门要将社会组织参与脱贫攻坚纳入重要议事日程，建立相应机制，积极协调本级扶贫开发领导小组成员单位为社会组织参与脱贫攻坚提供方便、创造条件。定期与社会组织沟通工作，切实加强业务指导，通过合理方式对到贫困地区参与脱贫攻坚的社会组织给予必要的资金和项目支持。

民政部门要做好社会组织依法登记、年检年报、评估、慈善组织认定、公募资格审定、慈善信托的备案和监督等工作，支持、规范社会组织参与脱贫攻坚。要会同同级扶贫部门牵头建立协调服务机制，明确专门机构和人员负责组织协调服务工作，及时解决社会组织参与脱贫攻坚遇到的困难和问题。要创新宣传形式，拓宽宣传渠道，大力表彰在脱贫攻坚中作出突出贡献的社会组织，配合新闻宣传部门，加大社会组织参与脱贫攻坚先进事迹、先进人物宣传力度，营造支持社会组织参与脱贫攻坚的浓厚氛围。

社会组织业务主管单位应当定期检查社会组织参与脱贫攻坚工作的情况，每年 12 月底前，统计并公布本单位、本部门、本系统社会组织参与脱贫攻坚的情况，并将检查情况和统计信息通报给同级登记管理机关和扶贫部门。

行业管理部门等有关单位要依法对社会组织参与脱贫攻坚中弄虚作假的行为进行公开曝光批评；对挪用、截流扶贫资金或擅自改变用途，以及假借扶贫开发名义，违法募集、套取资金的，对没有公开募捐资格或未获得互联网公开募捐信息平台指定，擅自开展在线扶贫募捐的，要严肃予以查处；对未经登记、擅自以社会组织名义进行扶贫开发的非法社会组织，要坚决予以取缔；对于假借扶贫名义，搞各种违法犯罪活动的，要坚决予以打击。

各省（区、市）扶贫开发领导小组可按本通知精神，制定本省（区、市）引导社会组织参与脱贫攻坚具体规定，要部署贫困地区县级民政部门会同扶贫部门建立健全各级、各类参与本行政区域内脱贫攻坚活动的社会组织信息统计制度，定期向社会公布，并于每年年底联合向省级民政部门和扶贫部门报送相关数据，省级民政部门和扶贫部门汇总后，报送民政部和国务院扶贫办。工作中遇到的重大问题请及时向当地党委、政府报告，并通报给民政部和国务院扶贫办。

国务院扶贫开发领导小组

2017 年 11 月 22 日

附录 2　国务院关于印发"十三五"脱贫攻坚规划的通知

国发〔2016〕64 号

各省、自治区、直辖市人民政府，国务院各部委、各直属机构：

　　现将《"十三五"脱贫攻坚规划》印发给你们，请认真贯彻执行。

国务院

2016 年 11 月 23 日

（此件公开发布）

"十三五"脱贫攻坚规划

　　消除贫困、改善民生、逐步实现共同富裕，是社会主义的本质要求，是我们党的重要使命。"十三五"时期，是全面建成小康社会、实现第一个百年奋斗目标的决胜阶段，也是打赢脱贫攻坚战的决胜阶段。本规划根据《中国农村扶贫开发纲要（2011—2020 年）》《中共中央　国务院关于打赢脱贫攻坚战的决定》和《中华人民共和国国民经济和社会发展第十三个五年规划纲要》编制，主要阐明"十三五"时期国家脱贫攻坚总体思路、基本目标、主要任务和重大举措，是指导各地脱贫攻坚工作的行动指南，是各有关方面制定相关扶贫专项规划的重要依据。

　　规划范围包括 14 个集中连片特困地区的片区县、片区外国家扶贫开发工作重点县，以及建档立卡贫困村和建档立卡贫困户。

第一章　总体要求

第一节　面临形势

　　改革开放以来，在全党全社会的共同努力下，我国成功解决了几亿农村贫困人口的温饱问题，成为世界上减贫人口最多的国家，探索和积累了许多宝贵经验。党的十八大以来，以习近平同志为核心的党中央把扶贫开发摆到治国理政的重要位置，提升到事关全面建成小康社会、实现第一个百年奋斗目标的新高度，纳入"五位一体"总体布局和"四个全面"战略布局进行决策部署，加大扶贫投入，创新扶贫方式，出台系列重大政策措施，扶贫开发取得巨大成就。2011—2015年，现行标准下农村贫困人口减少1亿多人、贫困发生率降低11.5个百分点，贫困地区农民收入大幅提升，贫困人口生产生活条件明显改善，上学难、就医难、行路难、饮水不安全等问题逐步缓解，基本公共服务水平与全国平均水平差距趋于缩小，为打赢脱贫攻坚战创造了有利条件。

当前，贫困问题依然是我国经济社会发展中最突出的"短板"，脱贫攻坚形势复杂严峻。从贫困现状看，截至2015年底，我国还有5 630万农村建档立卡贫困人口，主要分布在832个国家扶贫开发工作重点县、集中连片特困地区县（以下统称"贫困县"）和12.8万个建档立卡贫困村，多数西部省份的贫困发生率在10%以上，民族8省区贫困发生率达12.1%。现有贫困人口贫困程度更深、减贫成本更高、脱贫难度更大，依靠常规举措难以摆脱贫困状况。从发展环境看，经济形势更加错综复杂，经济下行压力大，地区经济发展分化对缩小贫困地区与全国发展差距带来新挑战；贫困地区县级财力薄弱，基础设施瓶颈制约依然明显，基本公共服务供给能力不足；产业发展活力不强，结构单一，环境约束趋紧，粗放式资源开发模式难以为继；贫困人口就业渠道狭窄，转移就业和增收难度大。实现到2020年打赢脱贫攻坚战的目标，时间特别紧迫，任务特别艰巨。

"十三五"时期，新型工业化、信息化、城镇化、农业现代化同步推进和国家重大区域发展战略加快实施，为贫困地区发展提供了良好环境和重大机遇，特别是国家综合实力不断增强，为打赢脱贫攻坚战奠定了坚实的物质基础。中央扶贫开发工作会议确立了精准扶贫、精准脱贫基本方略，党中央、国务院制定出台了系列重大政策措施，为举全国之力打赢脱贫攻坚战提供了坚强的政治保证和制度保障；各地区各部门及社会各界积极行动、凝神聚气、锐意进取，形成强大合力；贫困地区广大干部群众盼脱贫、谋发展的意愿强烈，内生动力和活力不断激发，脱贫攻坚已经成为全党全社会的统一意志和共同行动。

打赢脱贫攻坚战，确保到2020年现行标准下农村贫困人口实现脱贫，是促进全体人民共享改革发展成果、实现共同富裕的重大举措，是促进区域协调发展、跨越"中等收入陷阱"的重要途径，是促进民族团结、边疆稳固的重要保证，是全面建成小康社会的重要内容，是积极响应联合国2030年可持续发展议程的重要行动，事关人民福祉，事关党的执政基础和国家长治久安，使命光荣、责任重大。

第二节　指导思想

全面贯彻党的十八大和十八届三中、四中、五中、六中全会以及中央扶贫开发工作会议精神，深入贯彻习近平总书记系列重要讲话精神和治国理政新理念新思想新战略，统筹推进"五位一体"总体布局和协调推进"四个全面"战略布局，牢固树立和贯彻落实创新、协调、绿色、开放、共享的发展理念，按照党中央、国务院决策部署，坚持精准扶贫、精准脱贫基本方略，坚持精准帮扶与区域整体开发有机结合，以革命老区、民族地区、边疆地区和集中连片特困地区为重点，以社会主义政治制度为根本保障，不断创新体制机制，充分发挥政府、市场和社会协同作用，充分调动贫困地区干部群众的内生动力，大力推进实施一批脱贫攻坚工程，加快破解贫困地区区域发展瓶颈制约，不断增强贫困地区和贫困人口自我发展能力，确保与全国同步进入全面小康社会。

必须遵循以下原则：

——坚持精准扶贫、精准脱贫。坚持以"六个精准"统领贫困地区脱贫攻坚工作，精确瞄准、因地制宜、分类施策，大力实施精准扶贫脱贫工程，变"大水漫灌"为"精准滴灌"，做到真扶贫、扶真贫、真脱贫。

——坚持全面落实主体责任。充分发挥政治优势和制度优势，强化政府在脱贫攻坚中的主体责任，创新扶贫考评体系，加强脱贫成效考核。按照中央统筹、省负总责、市县抓落实的工作机制，坚持问题导向和目标导向，压实责任、强力推进。

——坚持统筹推进改革创新。脱贫攻坚工作要与经济社会发展各领域工作相衔接，与新型工业化、信息化、城镇化、农业现代化相统筹，充分发挥政府主导和市场机制作用，稳步提高贫困人口增收脱贫能力，逐步解决区域性整体贫困问题。加强改革创新，不断完善资金筹措、资源整合、利益联结、监督考评等机制，形成有利于发挥各方面优势、全社会协同推进的大扶贫开发格局。

——坚持绿色协调可持续发展。牢固树立绿水青山就是金山银山的理念，把贫困地区生态环境保护摆在更加重要位置，探索生态脱贫有效途径，推动扶贫开发与资源环境相协调、脱贫致富与可持续发展相促进，使贫困人口从生态保护中得到更多实惠。

——坚持激发群众内生动力活力。坚持群众主体地位，保障贫困人口平等参与、平等发展权利，充分调动贫困地区广大干部群众积极性、主动性、创造性，发扬自强自立精神，依靠自身努力改变贫困落后面貌，实现光荣脱贫。

第三节　脱贫目标

到 2020 年，稳定实现现行标准下农村贫困人口不愁吃、不愁穿，义务教育、基本医疗和住房安全有保障（以下称"两不愁、三保障"）。贫困地区农民人均可支配收入比 2010 年翻一番以上，增长幅度高于全国平均水平，基本公共服务主要领域指标接近全国平均水平。确保我国现行标准下农村贫困人口实现脱贫，贫困县全部摘帽，解决区域性整体贫困。

专栏1　"十三五"时期贫困地区发展和贫困人口脱贫主要指标[①]

指标	2015 年	2020 年	属性	数据来源
建档立卡贫困人口（万人）	5 630[①]	实现脱贫	约束性	国务院扶贫办
建档立卡贫困村（万个）	12.8	0	约束性	国务院扶贫办
贫困县（个）	832[②]	0	约束性	国务院扶贫办
实施易地扶贫搬迁贫困人口（万人）	—	981	约束性	国家发展改革委、国务院扶贫办
贫困地区农民人均可支配收入增速（%）	11.7	年均增速高于全国平均水平	预期性	国家统计局
贫困地区农村集中供水率（%）	75	≥83	预期性	水利部
建档立卡贫困户存量危房改造率（%）	—	近 100	约束性	住房城乡建设部、国务院扶贫办
贫困县义务教育巩固率（%）	90	93	预期性	教育部
建档立卡贫困户因病致（返）贫户数（万户）	838.5	基本解决	预期性	国家卫生计生委
建档立卡贫困村村集体经济年收入（万元）	2	≥5	预期性	国务院扶贫办

　　——现行标准下农村建档立卡贫困人口实现脱贫。贫困户有稳定收入来源，人均可支配收入稳定超过国家扶贫标准，实现"两不愁、三保障"。

　　——建档立卡贫困村有序摘帽。村内基础设施、基本公共服务设施和人居环境明显改善，基本农田和农田水利等设施水平明显提高，特色产业基本形成，集体经济有一定规模，社区管理能力不断增强。

　　——贫困县全部摘帽。县域内基础设施明显改善，基本公共服务能力和水平进一步提升，全面解决出行难、上学难、就医难等问题，社会保障实现全覆盖，县域经济发展壮大，生态环境有效改善，可持续发展能力不断增强。

---

　　① 国家统计局抽样统计调查显示，截至 2015 年底，全国农村贫困人口为 5 575 万人。根据国务院扶贫办扶贫开发建档立卡信息系统识别认定，截至 2015 年底，全国农村建档立卡贫困人口为 5 630 万人。按照精准扶贫、精准脱贫要求，为确保脱贫一户、销号一户，本规划使用扶贫开发建档立卡信息系统核定的贫困人口数。

　　② 此外，还有新疆维吾尔自治区阿克苏地区 6 县 1 市享受片区政策。

第二章　产业发展脱贫

立足贫困地区资源禀赋，以市场为导向，充分发挥农民合作组织、龙头企业等市场主体作用，建立健全产业到户到人的精准扶持机制，每个贫困县建成一批脱贫带动能力强的特色产业，每个贫困乡、村形成特色拳头产品，贫困人口劳动技能得到提升，贫困户经营性、财产性收入稳定增加。

第一节　农林产业扶贫

优化发展种植业。粮食主产县要大规模建设集中连片、旱涝保收、稳产高产、生态友好的高标准农田，巩固提升粮食生产能力。非粮食主产县要大力调整种植结构，重点发展适合当地气候特点、经济效益好、市场潜力大的品种，建设一批贫困人口参与度高、受益率高的种植基地，大力发展设施农业，积极支持园艺作物标准化创建。适度发展高附加值的特色种植业。生态退化地区要坚持生态优先，发展低耗水、有利于生态环境恢复的特色作物种植，实现种地养地相结合。

积极发展养殖业。因地制宜在贫困地区发展适度规模标准化养殖，加强动物疫病防控工作，建立健全畜禽水产良种繁育体系，加强地方品种保护与利用，发展地方特色畜牧业。通过实施退牧还草等工程和草原生态保护补助奖励政策，提高饲草供给能力和质量，大力发展草食畜牧业，坚持草畜平衡。积极推广适合贫困地区发展的农牧结合、粮草兼顾、生态循环种养模式。有序发展健康水产养殖业，加快池塘标准化改造，推进稻田综合种养工程，积极发展环保型养殖方式，打造区域特色水产生态养殖品牌。

大力发展林产业。结合国家生态建设工程，培育一批兼具生态和经济效益的特色林产业。因地制宜大力推进木本油料、特色林果、林下经济、竹藤、花卉等产业发展，打造一批特色示范基地，带动贫困人口脱贫致富。着力提高木本油料生产加工水平，扶持发展以干鲜果品、竹藤、速生丰产林、松脂等为原料的林产品加工业。

促进产业融合发展。深度挖掘农业多种功能，培育壮大新产业、新业态，推进农业与旅游、文化、健康养老等产业深度融合，加快形成农村一二三产业融合发展的现代产业体系。积极发展特色农产品加工业，鼓励地方扩大贫困地区农产品产地初加工补助政策实施区域，加强农产品加工技术研发、引进、示范和推广。引导农产品加工业向贫困地区县域、重点乡镇和产业园区集中，打造产业集群。推动农产品批发市场、产地集配中心等流通基础设施以及鲜活农产品冷链物流设施建设，促进跨区域农产品产销衔接。加快实施农业品牌战略，积极培育品牌特色农产品，促进供需结构升级。加快发展无公害农产品、绿色食品、有机农产品和地理标志农产品。

扶持培育新型经营主体。培育壮大贫困地区农民专业合作社、龙头企业、种养大户、家庭农（林）场、股份制农（林）场等新型经营主体，支持发展产供直销，鼓励采取订单帮扶模式对贫困户开展定向帮扶，提供全产业链服务。支持各类新型经营主体通过土地托管、土地流转、订单农业、牲畜托养、土地经营权股份合作等方式，与贫困村、贫困户建立稳定的利益联结机制，使贫困户从中直接受益。鼓励贫困地区各类企业开展农业对外合作，提升经营管理水平，扩大农产品出口。推进贫困地区农民专业合作社示范社创建，鼓励组建联合社。现代青年农场主培养计划向贫困地区倾斜。

加大农林技术推广和培训力度。强化贫困地区基层农业技术推广体系建设。鼓励科研机构和企业加强对地方特色动植物资源、优良品种的保护和开发利用。支持农业科研机构、技术推广机构建立互联网信息帮扶平台，向贫困户免费传授技术、提供信息。强化新型职业农民培育，扩大贫困地区培训覆盖面，实施农村实用人才带头人和大学生村官示范培训，加大对脱贫致富带头人、驻村工作队和大学生村官培养力度。对农村贫困家庭劳动力进行农林技术培训，确保有劳动力的贫困户中至少有 1 名成员掌握 1 项实用技术。

专栏 2　产业扶贫工程

（一）农林种养产业扶贫工程。

重点实施"一村一品"强村富民、粮油扶贫、园艺作物扶贫、畜牧业扶贫、水产扶贫、中草药扶贫、林果扶贫、木本油料扶贫、林下经济扶贫、林木种苗扶贫、花卉产业扶贫、竹产业扶贫等专项工程。

（二）农村一二三产业融合发展试点示范工程。

支持农业集体经济组织、新型经营主体、企业、合作社开展原料基地、农产品加工、营销平台等生产流通设施建设，鼓励贫困地区因地制宜发展产业园区，以发展劳动密集型项目为主，带动当地贫困人口就地就近就业。

（三）贫困地区培训工程。

重点实施新型经营主体培育、新型职业农民培育、农村实用人才带头人和大学生村官示范培训、致富带头人培训、农民手机应用技能培训等专项工程。

第二节　旅游扶贫

因地制宜发展乡村旅游。开展贫困村旅游资源普查和旅游扶贫摸底调查，建立乡村旅游扶贫工程重点村名录。以具备发展乡村旅游条件的2.26万个建档立卡贫困村为乡村旅游扶贫重点，推进旅游基础设施建设，实施乡村旅游后备箱工程、旅游基础设施提升工程等一批旅游扶贫重点工程，打造精品旅游线路，推动游客资源共享。安排贫困人口旅游服务能力培训和就业。

大力发展休闲农业。依托贫困地区特色农产品、农事景观及人文景观等资源，积极发展带动贫困人口增收的休闲农业和森林休闲健康养生产业。实施休闲农业和乡村旅游提升工程，加强休闲农业聚集村、休闲农业园等配套服务设施建设，培育扶持休闲农业新型经营主体，促进农业与旅游观光、健康养老等产业深度融合。引导和支持社会资本开发农民参与度高、受益面广的休闲农业项目。

积极发展特色文化旅游。打造一批辐射带动贫困人口就业增收的风景名胜区、特色小镇，实施特色民族村镇和传统村落、历史文化名镇名村保护与发展工程。依托当地民族特色文化、红色文化、乡土文化和非物质文化遗产，大力发展贫困人口参与并受益的传统文化展示表演与体验活动等乡村文化旅游。开展非物质文化遗产生产性保护，鼓励民族传统工艺传承发展和产品生产销售。坚持创意开发，推出具有地方特点的旅游商品和纪念品。支持农村贫困家庭妇女发展家庭手工旅游产品。

专栏3　旅游扶贫工程

（一）旅游基础设施提升工程。

支持中西部地区重点景区、乡村旅游、红色旅游、集中连片特困地区生态旅游交通基础设施建设，加快风景名胜区和重点村镇旅游集聚区旅游基础设施和公共服务设施建设。对乡村旅游经营户实施改厨、改厕、改院落、整治周边环境工程，支持国家扶贫开发工作重点县、集中连片特困地区县中具备条件的6 130个村的基础设施建设。支持贫困村周边10千米范围内具备条件的重点景区基础设施建设。

（二）乡村旅游产品建设工程。

鼓励各类资本和大学生、返乡农民工等参与贫困村旅游开发。鼓励开发建设休闲农庄、乡村酒店、特色民宿以及自驾露营、户外运动和养老养生等乡村旅游产品，培育1 000家乡村旅游创客基地，建成一批金牌农家乐、A级旅游景区、中国风情小镇、特色景观旅游名镇名村、中国度假乡村、中国精品民宿。

（三）休闲农业和乡村旅游提升工程。

在贫困地区扶持建设一批休闲农业聚集村、休闲农庄、休闲农业园、休闲旅游合作社。认定推介一批休闲农业和乡村旅游示范县，推介一批中国美丽休闲乡村，加大品牌培育力度，鼓励创建推介有地方特色的休闲农业村、星级户、精品线路等，逐步形成品牌体系。

（四）森林旅游扶贫工程。

推出一批森林旅游扶贫示范市、示范县、示范景区，确定一批重点森林旅游地和特色旅游线路，鼓励发展"森林人家"，打造多元化旅游产品。

（五）乡村旅游后备箱工程。

鼓励和支持农民将当地农副土特产品、手工艺品通过自驾车旅游渠道就地就近销售，推出一批乡村旅游优质农产品推荐名录。到2020年，全国建设1 000家"乡村旅游后备箱工程示范基地"，支持在临近的景区、高速公路服务区设立特色农产品销售店。

（六）乡村旅游扶贫培训宣传工程。

培养一批乡村旅游扶贫培训师。鼓励各地设立一批乡村旅游教学基地和实训基地，对乡村旅游重点村负责人、乡村旅游带头人、从业人员等分类开展旅游经营管理和服务技能培训。2020年前，每年组织1 000名乡村旅游扶贫重点村村干部开展乡村旅游培训。开展"乡村旅游＋互联网"万村千店扶贫专项行动，加大对贫困地区旅游线路、旅游产品、特色农产品等宣传推介力度。组织开展乡村旅游扶贫公益宣传。鼓励各地打造一批具有浓郁地方特色的乡村旅游节庆活动。

第三节　电商扶贫

培育电子商务市场主体。将农村电子商务作为精准扶贫的重要载体，把电子商务纳入扶贫开发工作体系，以建档立卡贫困村为工作重点，提升贫困户运用电子商务创业增收的能力。依托农村现有组织资源，积极培育农村电子商务市场主体。发挥大型电商企业孵化带动作用，支持有意愿的贫困户和带动贫困户的农民专业合作社开办网上商店，鼓励引导电商和电商平台企业开辟特色农产品网上销售平台，与合作社、种养大户建立直采直供关系。加快物流配送体系建设，鼓励邮政、供销合作等系统在贫困乡村建立和改造服务网点，引导电商平台企业拓展农村业务，加强农产品网上销售平台建设。实施电商扶贫工程，逐步形成农产品进城、工业品下乡的双向流通服务网络。对贫困户通过电商平台创业就业的，鼓励地方政府和电商企业免费提供网店设计、推介服务和经营管理培训，给予网络资费补助和小额信贷支持。

改善农村电子商务发展环境。加强交通、商贸流通、供销合作、邮政等部门及大型电商、快递企业信息网络共享衔接，鼓励多站合一、服务同网。加快推进适应电子商务的农产品质量标准体系和可追溯体系建设以及分等分级、包装运输标准制定和应用。

专栏 4　电商扶贫工程

通过设备和物流补助、宽带网络优惠、冷链建设、培训支持等方式实施电商扶贫工程。鼓励有条件的地方和电商企业，对贫困村电商站、设备配置以及代办物流快递服务点等，给予适当补助和小额信贷支持；当地电信运营企业根据用户需求负责宽带入户建设，鼓励电信运营企业对贫困村网络流量资费给予适当优惠；在有条件的贫困村建设一批生鲜冷链物流设施。

第四节　资产收益扶贫

组织开展资产收益扶贫工作。鼓励和引导贫困户将已确权登记的土地承包经营权入股企业、合作社、家庭农（林）场与新型经营主体形成利益共同体，分享经营收益。积极推进农村集体资产、集体所有的土地等资产资源使用权作价入股，形成集体股权并按比例量化到农村集体经济组织。财政扶贫资金、相关涉农资金和社会帮扶资金投入设施农业、养殖、光伏、水电、乡村旅游等项目形成的资产，可折股量化到农村集体经济组织，优先保障丧失劳动能力的贫困户。建立健全收益分配机制，强化监督管理，确保持股贫困户和农村集体经济组织分享资产收益。创新水电、矿产资源开发占用农村集体土地的补偿补助方式，在贫困地区选择一批项目开展资源开发资产收益扶贫改革试点。通过试点，形成可复制、可推广的模式和制度，并在贫困地区推广，让贫困人口分享资源开发收益。

专栏 5　资产收益扶贫工程

（一）光伏扶贫工程。

在前期开展试点、光照条件较好的 5 万个建档立卡贫困村实施光伏扶贫，保障 280 万无劳动能力建档立卡贫困户户均年增收 3 000 元以上。其他光照条件好的贫困地区可因地制宜推进实施。

（二）水库移民脱贫工程。

完善地方水库移民扶持基金分配制度，在避险解困、产业发展、技能培训、教育卫生等方面向贫困水库移民倾斜，探索实施水库移民扶持基金对贫困水库移民发展产业的直接补助、贷款贴息、担保服务、小额贷款保证保险保费补助、资产收益扶贫等扶持政策。

（三）农村小水电扶贫工程。

在总结试点经验基础上，全面实施农村小水电扶贫工程。建设农村小水电扶贫装机 200 万千瓦，让贫困地区 1 万个建档立卡贫困村的 100 万贫困农户每年稳定获得小水电开发收益，助力贫困户脱贫。

第五节　科技扶贫

促进科技成果向贫困地区转移转化。组织高等学校、科研院所、企业等开展技术攻关，解决贫困地区产业发展和生态建设关键技术问题。围绕全产业链技术需求，加大贫困地区新品种、新技术、新成果的开发、引进、集成、试验、示范力度，鼓励贫困县建设科技成果转化示范基地，围绕支柱产业转化推广 5 万项以上先进适用技术成果。

提高贫困人口创新创业能力。深入推行科技特派员制度，基本实现特派员对贫困村科技服务和创业带动全覆盖。鼓励和支持高等院校、科研院所发挥科技优势，为贫困地区培养科技致富带头人。大力实施边远贫困地区、边疆民族地区和革命老区人才支持计划科技人员专项计划，引导支持科技人员与贫困户结成利益共同体，创办、领办、协办企业和农民专业合作社，带动贫困人口脱贫。加强乡村科普工作，为贫困群众提供线上线下、点对点、面对面的培训。

加强贫困地区创新平台载体建设。支持贫困地区建设一批"星创天地"、科技园区等科技创新载体。充分发挥各类科技园区在扶贫开发中的技术集中、要素聚集、应用示范、辐射带动作用，通过"科技园区＋贫困村＋贫困户"的方式带动贫困人口脱贫。推动高等学校新农村发展研究院在贫困地区建设一批农村科技服务基地。实施科技助力精准扶贫工程，在贫困地区支持建设 1 000 个以上农技协联合会（联合体）和 10 000 个以上农村专业技术协会。

第三章　转移就业脱贫

加强贫困人口职业技能培训和就业服务，保障转移就业贫困人口合法权益，开展劳务协作，推进就地就近转移就业，促进已就业贫困人口稳定就业和有序实现市民化、有劳动能力和就业意愿未就业贫困人口实现转移就业。

第一节　大力开展职业培训

完善劳动者终身职业技能培训制度。针对贫困家庭中有转移就业愿望劳动力、已转移就业劳动力、新成长劳动力的特点和就业需求，开展差异化技能培训。整合各部门各行业培训资源，创新培训方式，以政府购买服务形式，通过农林技术培训、订单培训、定岗培训、定向培训、"互联网＋培训"等方式开展就业技能培训、岗位技能提升培训和创业培训。加强对贫困家庭妇女的职业技能培训和就业指导服务。支持公共实训基地建设。

提高贫困家庭农民工职业技能培训精准度。深入推进农民工职业技能提升计划，加强对已外出务工贫困人口的岗位培训。继续开展贫困家庭子女、未升学初高中毕业生（俗称"两后生"）、农民工免费职业培训等专项行动，提高培训的针对性和有效性。实施农民工等人员返乡创业培训五年行动计划（2016—2020年）、残疾人职业技能提升计划。

第二节　促进稳定就业和转移就业

加强对转移就业贫困人口的公共服务。输入地政府对已稳定就业的贫困人口予以政策支持，将符合条件的转移人口纳入当地住房保障范围，完善随迁子女在当地接受义务教育和参加中高考政策，保障其本人及随迁家属平等享受城镇基本公共服务。支持输入地政府吸纳贫困人口转移就业和落户。为外出务工的贫困人口提供法律援助。

开展地区间劳务协作。建立健全劳务协作信息共享机制。输出地政府与输入地政府要加强劳务信息共享和劳务协作对接工作，全面落实转移就业相关政策措施。输出地政府要摸清摸准贫困家庭劳动力状况和外出务工意愿，输入地政府要协调提供就业信息和岗位，采取多种方式协助做好就业安置工作。对到东部地区或省内经济发达地区接受职业教育和技能培训的贫困家庭"两后生"，培训地政府要帮助有意愿的毕业生在当地就业。建立健全转移就业工作考核机制。输出地政府和输入地政府要加强对务工人员的禁毒法制教育。

推进就地就近转移就业。建立定向培训就业机制，积极开展校企合作和订单培训。将贫困人口转移就业与产业聚集园区建设、城镇化建设相结合，鼓励引导企业向贫困人口提供就业岗位。财政资金支持的企业或园区，应优先安排贫困人口就业，资金应与安置贫困人口就业任务相挂钩。支持贫困户自主创业，鼓励发展居家就业等新业态，促进就地就近就业。

专栏6　就业扶贫行动

（一）劳务协作对接行动。

依托东西部扶贫协作机制和对口支援工作机制，开展省际劳务协作，同时积极推动省内经济发达地区和贫困县开展劳务协作。围绕实现精准对接、促进稳定就业的目标，通过开发岗位、劳务协作、技能培训等措施，带动一批未就业贫困劳动力转移就业，帮助一批已就业贫困劳动力稳定就业，帮助一批贫困家庭未升学初高中毕业生就读技工院校毕业后实现技能就业。

（二）重点群体免费职业培训行动。

组织开展贫困家庭子女、未升学初高中毕业生等免费职业培训。到2020年，力争使新进入人力资源市场的贫困家庭劳动力都有机会接受1次就业技能培训；使具备一定创业条件或已创业的贫困家庭劳动力都有机会接受1次创业培训。

（三）春潮行动。

到2020年，力争使各类农村转移就业劳动者都有机会接受1次相应的职业培训，平均每年培训800万人左右，优先保障有劳动能力的建档立卡贫困人口培训。

（四）促进建档立卡贫困劳动者就业。

根据建档立卡贫困劳动者就业情况，分类施策、精准服务。对已就业的，通过跟踪服务、落实扶持政策，促进其稳定就业。对未就业的，通过健全劳务协作机制、开发就业岗位、强化就业服务和技能培训，促进劳务输出和就地就近就业。

（五）返乡农民工创业培训行动。

实施农民工等人员返乡创业培训五年行动计划（2016—2020年），推进建档立卡贫困人口等人员返乡创业培训工作。到2020年，力争使有创业要求和培训愿望、具备一定创业条件或已创业的贫困家庭农民工等人员，都能得到1次创业培训。

（六）技能脱贫千校行动。

在全国组织千所省级重点以上的技工院校开展技能脱贫千校行动，使每个有就读技工院校意愿的贫困家庭应、往届"两后生"都能免费接受技工教育，使每个有劳动能力且有参加职业培训意愿的贫困家庭劳动力每年都能到技工院校接受至少 1 次免费职业培训，对接受技工教育和职业培训的贫困家庭学生（学员）推荐就业。加大政策支持，对接受技工教育的，落实助学金、免学费和对家庭给予补助的政策，制定并落实减免学生杂费、书本费和给予生活费补助的政策；对接受职业培训的，按规定落实职业培训、职业技能鉴定补贴政策。

第四章　易地搬迁脱贫

组织实施好易地扶贫搬迁工程，确保搬迁群众住房安全得到保障，饮水安全、出行、用电等基本生活条件得到明显改善，享有便利可及的教育、医疗等基本公共服务，迁出区生态环境得到有效治理，确保有劳动能力的贫困家庭后续发展有门路、转移就业有渠道、收入水平不断提高，实现建档立卡搬迁人口搬得出、稳得住、能脱贫。

第一节　精准识别搬迁对象

合理确定搬迁范围和对象。以扶贫开发建档立卡信息系统识别认定结果为依据，以生活在自然条件严酷、生存环境恶劣、发展条件严重欠缺等"一方水土养不起一方人"地区的农村建档立卡贫困人口为对象，以省级政府批准的年度搬迁进度安排为主要参考，确定易地扶贫搬迁人口总规模和年度搬迁任务。

确保建档立卡贫困人口应搬尽搬。在充分尊重群众意愿基础上，加强宣传引导和组织动员，保障搬迁资金，确保符合条件的建档立卡贫困人口应搬尽搬。统筹规划同步搬迁人口。

第二节　稳妥实施搬迁安置

因地制宜选择搬迁安置方式。根据水土资源条件、经济发展环境和城镇化进程，按照集中安置与分散安置相结合、以集中安置为主的原则选择安置方式和安置区（点）。采取集中安置的，可依托移民新村、小城镇、产业园区、旅游景区、乡村旅游区等适宜区域进行安置，并做好配套建设。采取分散安置的，可选择"插花"、进城务工、投亲靠友等方式进行安置，也可在确保有房可住、有业可就的前提下，采取货币化方式进行安置。地方各级政府要结合本地实际，加强安置区（点）建设方案研究论证工作，将安置区（点）后续产业发展和搬迁人口就业等安排情况纳入建设方案专章表述，并做好推进落实工作。鼓励地方选择基础较好、具备条件的安置区（点），开展低碳社区建设试点。

合理确定住房建设标准。按照"保障基本、安全适用"的原则规划建设安置住房，严格执行建档立卡搬迁户人均住房建设面积不超过25平方米的标准。在稳定脱贫前，建档立卡搬迁户不得自行举债扩大安置住房建设面积。合理制定建房补助标准和相关扶持政策，鼓励地方因地制宜采取差异化补助标准。国家易地扶贫搬迁政策范围内的建房补助资金，应以建档立卡搬迁户人口数量为依据进行核算和补助，不得变相扩大或缩小补助范围。同步搬迁人口所需建房资金，由省级及以下政府统筹相关资源、农户自筹资金等解决，安置区（点）配套基础设施和公共服务设施可一并统筹规划、统一建设。

配套建设基础设施和公共服务设施。按照"规模适度、功能合理、经济安全、环境整洁、宜居宜业"的原则，配套建设安置区（点）水、电、路、邮政、基础电信网络以及污水、垃圾处理等基础设施，完善安置区（点）商业网点、便民超市、集贸市场等生活服务设施以及必要的教育、卫生、文化体育等公共服务设施。

拓展资金筹措渠道。加大中央预算内投资支持力度，创新投融资机制，安排专项建设基金和地方政府债券资金作为易地扶贫搬迁项目资本金，发行专项金融债券筹集贷款资金支持易地扶贫搬迁工作。建立或明确易地扶贫搬迁省级投融资主体和市县项目实施主体，负责资金承接运作和工程组织实施。地方政府要统筹可支配财力，用好用活城乡建设用地增减挂钩政策，支持省级投融资主体还贷。易地扶贫搬迁资金如有节余，可用于支持搬迁贫困人口后续产业发展。

第三节　促进搬迁群众稳定脱贫

大力发展安置区（点）优势产业。将安置区（点）产业发展纳入当地产业扶贫规划，统筹整合使用财政涉农资金，支持搬迁贫困人口大力发展后续产业。支持"有土安置"的搬迁户通过土地流转等方式开展适度规模经营，发展特色产业。建立完善新型农业经营主体与搬迁户的利益联结机制，确保每个建档立卡搬迁户都有脱贫致富产业或稳定收入来源。

多措并举促进建档立卡搬迁户就业增收。结合农业园区、工业园区、旅游景区和小城镇建设，引导搬迁群众从事种养加工、商贸物流、家政服务、物业管理、旅游服务等工作。在集中安置区（点）开发设立卫生保洁、水暖、电力维修等岗位，为建档立卡贫困人口提供就地就近就业机会，解决好养老保险、医疗保险等问题。鼓励工矿企业、农业龙头企业优先聘用建档立卡搬迁人口。支持安置区（点）发展物业经济，将商铺、厂房、停车场等营利性物业产权量化到建档立卡搬迁户。

促进搬迁人口融入当地社会。引导搬迁人口自力更生，积极参与住房建设、配套设施建设、安置区环境改善等工作，通过投工投劳建设美好家园。加强对易地搬迁人口的心理疏导和先进文化教育，培养其形成与新环境相适应的生产方式和生活习惯。优化安置区（点）社区管理服务，营造开放包容的社区环境，积极引导搬迁人口参与当地社区管理和服务，增强其主人翁意识和适应新生活的信心，使搬迁群众平稳顺利融入当地社会。

专栏7　易地扶贫搬迁工程

"十三五"期间，对全国22个省（区、市）约1400个县（市、区）981万建档立卡贫困人口实施易地扶贫搬迁，按人均不超过25平方米的标准建设住房，同步开展安置区（点）配套基础设施和基本公共服务设施建设、迁出区宅基地复垦和生态修复等工作。安排中央预算内投资、地方政府债券、专项建设基金、长期贴息贷款和农户自筹等易地扶贫搬迁资金约6000亿元。同步搬迁人口建房所需资金，以地方政府补助和农户自筹为主解决，鼓励开发银行、农业发展银行对符合条件的项目给予优惠贷款支持。在分解下达城乡建设用地增减挂钩指标时，向易地扶贫搬迁省份倾斜。允许贫困县将城乡建设用地增减挂钩节余指标在省域范围内流转使用，前期使用贷款进行拆迁安置、基础设施建设和土地复垦。

第五章　教育扶贫

以提高贫困人口基本文化素质和贫困家庭劳动力技能为抓手，瞄准教育最薄弱领域，阻断贫困的代际传递。到2020年，贫困地区基础教育能力明显增强，职业教育体系更加完善，高等教育服务能力明显提升，教育总体质量显著提高，基本公共教育服务水平接近全国平均水平。

第一节　提升基础教育水平

改善办学条件。加快完善贫困地区学前教育公共服务体系，建立健全农村学前教育服务网络，优先保障贫困家庭适龄儿童接受学前教育。全面改善义务教育薄弱学校基本办学条件，加强农村寄宿制学校建设，优化义务教育学校布局，办好必要的村小学和教学点，建立城乡统一、重在农村的义务教育经费保障机制。实施高中阶段教育普及攻坚计划，加大对普通高中和中等职业学校新建改扩建的支持力度，扩大教育资源，提高普及水平。加快推进教育信息化，扩大优质教育资源覆盖面。建立健全双语教学体系。

强化教师队伍建设。通过改善乡村教师生活待遇、强化师资培训、结对帮扶等方式，加强贫困地区师资队伍建设。建立省级统筹乡村教师补充机制，依托师范院校开展"一专多能"乡村教师培养培训，建立城乡学校教师均衡配置机制，推进县（区）域内义务教育学校校长教师交流轮岗。全面落实集中连片特困地区和边远艰苦地区乡村教师生活补助政策。加大对边远艰苦地区农村学校教师周转宿舍建设的支持力度。继续实施特岗计划，"国培计划"向贫困地区乡村教师倾斜。加大双语教师培养力度，加强国家通用语言文字教学。实施好边远贫困地区、边疆民族地区和革命老区人才支持计划教师专项计划，每年向"三区"选派3万名支教教师。建立乡村教师荣誉制度，向在乡村学校从教30年以上的教师颁发荣誉证书。

第二节　降低贫困家庭就学负担

完善困难学生资助救助政策。健全学前教育资助制度，帮助农村贫困家庭幼儿接受学前教育。稳步推进贫困地区农村义务教育学生营养改善计划。率先对建档立卡贫困家庭学生以及非建档立卡的家庭经济困难残疾学生、农村低保家庭学生、农村特困救助供养学生实施普通高中免除学杂费。完善国家奖助学金、国家助学贷款、新生入学资助、研究生"三助"（助教、助研、助管）岗位津贴、勤工助学、校内奖助学金、困难补助、学费减免等多元化高校学生资助体系，对建档立卡贫困家庭学生优先予以资助，优先推荐勤工助学岗位，做到应助尽助。

第三节　加快发展职业教育

强化职业教育资源建设。加快推进贫困地区职业院校布局结构调整，加强有专业特色并适应市场需求的职业院校建设。继续推动落实东西部联合招生，加强东西部职教资源对接。鼓励东部地区职教集团和职业院校对口支援或指导贫困地区职业院校建设。

加大职业教育力度。引导企业扶贫与职业教育相结合，鼓励职业院校面向建档立卡贫困家庭开展多种形式的职业教育。启动职教圆梦行动计划，省级教育行政部门统筹协调国家中等职业教育改革发展示范学校和国家重点中职学校选择就业前景好的专业，针对建档立卡贫困家庭子女单列招生计划。实施中等职业教育协作计划，支持建档立卡贫困家庭初中毕业生到省外经济较发达地区接受中职教育。让未升入普通高中的初中毕业生都能接受中等职业教育。鼓励职业院校开展面向贫困人口的继续教育。保障贫困家庭妇女、残疾人平等享有职业教育资源和机会。支持民族地区职业学校建设，继续办好内地西藏、新疆中等职业教育班，加强民族聚居地区少数民族特困群体国家通用语言文字培训。

加大贫困家庭子女职业教育资助力度。继续实施"雨露计划"职业教育助学补助政策，鼓励贫困家庭"两后生"就读职业院校并给予政策支持。落实好中等职业学校免学费和国家助学金政策。

专栏8　教育扶贫工程

（一）普惠性幼儿园建设。

重点支持中西部1 472个区（县）农村适龄儿童入园，鼓励普惠性幼儿园发展。

（二）全面改善贫困地区义务教育薄弱学校基本办学条件。

按照"缺什么、补什么"的原则改善义务教育薄弱学校基本办学条件。力争到2019年底，使贫困地区所有义务教育学校均达到"20条底线要求"。以集中连片特困地区县、国家扶贫开发工作重点县、革命老区贫困县等为重点，解决或缓解城镇学校"大班额"和农村寄宿制学校"大通铺"问题，逐步实现未达标城乡义务教育学校校舍、场所标准化。

（三）高中阶段教育普及攻坚计划。

增加中西部贫困地区尤其是集中连片特困地区高中阶段教育资源，使中西部贫困地区未升入普通高中的初中毕业生基本进入中等职业学校就读。

（四）乡村教师支持计划。

拓展乡村教师补充渠道，扩大特岗计划实施规模，鼓励省级政府建立统筹规划、统一选拔的乡村教师补充机制，推动地方研究制定符合乡村教育实际的招聘办法，鼓励地方根据需求本土化培养"一专多能"乡村教师。到2020年，对全体乡村教师校长进行360学时的培训。

（五）特殊教育发展。

鼓励有条件的特殊教育学校、取得办园许可的残疾儿童康复机构开展学前教育，支持特殊教育学校改善办学条件和建设特教资源中心（教室），为特殊教育学校配备特殊教育教学专用设备设施和仪器等。

（六）农村义务教育学生营养改善计划。

以贫困地区和家庭经济困难学生为重点，通过农村义务教育学生营养改善计划国家试点、地方试点、社会参与等方式，逐步改善农村义务教育学生营养状况。中央财政为纳入营养改善计划国家试点的农村义务教育学生按每生每天4元（800元/年）的标准提供营养膳食补助。鼓励地方开展营养改善计划地方试点，中央财政给予适当奖补。

第四节 提高高等教育服务能力

提高贫困地区高等教育质量。支持贫困地区优化高等学校布局，调整优化学科专业结构。中西部高等教育振兴计划、长江学者奖励计划、高等学校青年骨干教师国内访问学者项目等国家专项计划，适当向贫困地区倾斜。

继续实施高校招生倾斜政策。加快推进高等职业院校分类考试招生，同等条件下优先录取建档立卡贫困家庭学生。继续实施重点高校面向贫困地区定向招生专项计划，形成长效机制，畅通贫困地区学生纵向流动渠道。高校招生计划和支援中西部地区招生协作计划向贫困地区倾斜。支持普通高校适度扩大少数民族预科班和民族班规模。

第六章 健康扶贫

改善贫困地区医疗卫生机构条件，提升服务能力，缩小区域间卫生资源配置差距，基本医疗保障制度进一步完善，建档立卡贫困人口大病和慢性病得到及时有效救治，就医费用个人负担大幅减轻，重大传染病和地方病得到有效控制，基本公共卫生服务实现均等化，因病致贫返贫问题得到有效解决。

第一节 提升医疗卫生服务能力

加强医疗卫生服务体系建设。按照"填平补齐"原则，加强县级医院、乡镇卫生院、村卫生室等基层医疗卫生机构以及疾病预防控制和精神卫生、职业病防治、妇幼保健等专业公共卫生机构能力建设，提高基本医疗及公共卫生服务水平。加强常见病、多发病相关专业和临床专科建设。加强远程医疗能力建设，实现城市诊疗资源和咨询服务向贫困县延伸，县级医院与县域内各级各类医疗卫生服务机构互联互通。鼓励新医疗技术服务贫困人口。在贫困地区优先实施基层中医药服务能力提升工程"十三五"行动计划。实施全国三级医院与贫困县县级医院"一对一"帮扶行动。到2020年，每个贫困县至少有1所医院达到二级医院标准，每个30万人口以上的贫困县至少有1所医院达到二级甲等水平。

深化医药卫生体制改革。深化公立医院综合改革。在符合医疗行业特点的薪酬改革方案出台前，贫困县可先行探索制定公立医院绩效工资总量核定办法。制定符合基层实际的人才招聘引进办法，赋予贫困地区医疗卫生机构一定自主招聘权。加快健全药品供应保障机制，统筹做好县级医院与基层医疗卫生机构的药品供应配送管理工作。进一步提高乡村医生的养老待遇。推进建立分级诊疗制度，到2020年，县域内就诊率提高到90％左右。

强化人才培养培训。以提高培养质量为核心，支持贫困地区高等医学教育发展，加大本专科农村订单定向医学生免费培养力度。以全科医生为重点，加强各类医疗卫生人员继续医学教育，推行住院医师规范化培训、助理全科医生培训，做好全科医生和专科医生特设岗位计划实施工作，制定符合基层实际的人才招聘引进办法，提高薪酬待遇。组织开展适宜医疗卫生技术推广。

支持中医药和民族医药事业发展。加强中医医院、民族医医院、民族医特色专科能力建设，加快民族药药材和制剂标准化建设。加强民族医药基础理论和临床应用研究。加强中医、民族医医师和城乡基层中医、民族医药专业技术人员培养培训，培养一批民族医药学科带头人。加强中药民族药资源保护利用。将更多具有良好疗效的特色民族药药品纳入国家基本医疗保险药品目录。

第二节　提高医疗保障水平

降低贫困人口大病、慢性病费用支出。加强基本医疗保险、大病保险、医疗救助、疾病应急救助等制度的有效衔接。建档立卡贫困人口参加城乡居民基本医疗保险个人缴费部分由财政通过城乡医疗救助给予补贴，全面推开城乡居民基本医疗保险门诊统筹，提高政策范围内住院费用报销比例。城乡居民基本医疗保险新增筹资主要用于提高城乡居民基本医疗保障水平，逐步降低贫困人口大病保险起付线。在基本医疗保险报销范围基础上，确定合规医疗费用范围，减轻贫困人口医疗费用负担。加大医疗救助力度，将贫困人口全部纳入重特大疾病医疗救助范围。对突发重大疾病暂时无法获得家庭支持导致基本生活出现严重困难的贫困家庭患者，加大临时救助力度。支持引导社会慈善力量参与医疗救助。在贫困地区先行推进以按病种付费为主的医保支付方式改革，逐步扩大病种范围。

实行贫困人口分类救治。优先为建档立卡贫困人口单独建立电子健康档案和健康卡，推动基层医疗卫生机构提供基本医疗、公共卫生和健康管理等签约服务。以县为单位，进一步核实因病致贫返贫家庭及患病人员情况，对贫困家庭大病和慢性病患者实行分类救治，为有需要的贫困残疾人提供基本康复服务。贫困患者在县域内定点医疗机构住院的，实行先诊疗后付费的结算机制，有条件的地方可探索市域和省域内建档立卡贫困人口先诊疗后付费的结算机制。

第三节　加强疾病预防控制和公共卫生

加大传染病、地方病、慢性病防控力度。全面完成已查明氟、砷超标地区改水工程建设。对建档立卡贫困人口食用合格碘盐给予政府补贴。综合防治大骨节病和克山病等重点地方病，加大对布鲁氏菌病等人畜共患病的防治力度，加强对艾滋病、结核病疫情防控，加强肿瘤随访登记，扩大癌症筛查和早诊早治覆盖面，加强严重精神障碍患者筛查登记、救治救助和服务管理。治贫治毒相结合，从源头上治理禁毒重点整治地区贫困县的毒品问题。

全面提升妇幼健康服务水平。在贫困地区全面实施农村妇女"两癌"（乳腺癌和宫颈癌）免费筛查项目，加大对贫困患者的救助力度。全面实施免费孕前优生健康检查、农村妇女增补叶酸预防神经管缺陷、新生儿疾病筛查等项目。提升孕产妇和新生儿危急重症救治能力。全面实施贫困地区儿童营养改善项目。实施0~6岁贫困残疾儿童康复救助项目，提供基本辅助器具。加强计划生育工作。

深入开展爱国卫生运动。加强卫生城镇创建活动，持续深入开展城乡环境卫生整洁行动，重点加强农村垃圾和污水处理设施建设，有效提升贫困地区人居环境质量。加快农村卫生厕所建设进程，坚持因地制宜、集中连片、整体推进农村改厕工作，力争到2020年农村卫生厕所普及率达到85%以上。加强健康促进和健康教育工作，广泛宣传居民健康素养基本知识和技能，使其形成良好卫生习惯和健康生活方式。

专栏9　健康扶贫工程

（一）城乡居民基本医疗保险和大病保险。

从2016年起，对建档立卡贫困人口、农村低保对象和特困人员实行倾斜性支持政策，降低特殊困难人群大病保险报销起付线、提高大病保险报销比例，减少贫困人口大病费用个人实际支出。选择部分大病实行单病种付费，医疗费用主要由医疗保险、大病保险、医疗救助按规定比例报销。将符合条件的残疾人医疗康复项目按规定纳入基本医疗保险支付范围。

（二）农村贫困人口大病慢性病救治。

继续实施光明工程，为贫困家庭白内障患者提供救治，费用通过医保等渠道解决，鼓励慈善组织参与。从2016年起，对贫困家庭患有儿童急性淋巴细胞白血病、儿童先天性心脏房间隔缺损、食管癌等疾病的患者进行集中救治。

（三）全国三级医院与贫困县县级医院"一对一"帮扶行动。

组织全国889家三级医院（含军队和武警部队医院）对口帮扶集中连片特困地区县和国家扶贫开发工作重点县县级医院。采用"组团式"支援方式，向县级医院派驻1名院长或者副院长及医务人员组成的团队驻点帮扶，重点加强近3年外转率前5～10位病种的临床专科能力建设，推广适宜县级医院开展的医疗技术。定期派出医疗队，为贫困人口提供集中诊疗服务。建立帮扶双方远程医疗平台，开展远程诊疗服务。

（四）贫困地区县乡村三级医疗卫生服务网络标准化建设工程。

2020年，每个贫困县至少有1所县级公立医院，每个乡镇有1所标准化乡镇卫生院，每个行政村有1个卫生室。在乡镇卫生院和社区卫生服务中心建立中医综合服务区。

（五）重特大疾病医疗救助行动。

将重特大疾病医疗救助对象范围从农村低保对象、特困人员拓展到低收入家庭的老年人、未成年人、重度残疾人和重病患者，积极探索对因病致贫返贫家庭重病患者实施救助，重点加大对符合条件的重病、重残儿童的救助力度。综合考虑患病家庭负担能力、个人自负费用、当地筹资等情况，分类分段设置救助比例和最高救助限额。

（六）医疗救助与基本医疗保险、大病保险等"一站式"结算平台建设。

贫困地区逐步实现医疗救助与基本医疗保险、大病保险、疾病应急救助、商业保险等信息管理平台互联互通，广泛开展"一站式"即时结算。

第七章　生态保护扶贫

处理好生态保护与扶贫开发的关系，加强贫困地区生态环境保护与治理修复，提升贫困地区可持续发展能力。逐步扩大对贫困地区和贫困人口的生态保护补偿，增设生态公益岗位，使贫困人口通过参与生态保护实现就业脱贫。

第一节　加大生态保护修复力度

加强生态保护与建设。加快改善西南山区、西北黄土高原等水土流失状况，加强林草植被保护与建设。加大三北等防护林体系建设工程、天然林资源保护、水土保持等重点工程实施力度。加大新一轮退耕还林还草工程实施力度，加强生态环境改善与扶贫协同推进。在重点区域推进京津风沙源治理、岩溶地区石漠化治理、青海三江源保护等山水林田湖综合治理工程，遏制牧区、农牧结合贫困地区土壤沙化退化趋势，缓解土地荒漠化、石漠化，组织动员贫困人口参与生态保护建设工程，提高贫困人口受益水平，结合国家重大生态工程建设，因地制宜发展舍饲圈养和设施农业，大力发展具有经济效益的生态林业产业。

开展水土资源保护。加强贫困地区耕地和永久基本农田保护，建立和完善耕地与永久基本农田保护补偿机制，推进耕地质量保护与提升。全面推广测土配方施肥技术和水肥一体化技术。加强农膜残膜回收，积极推广可降解农膜。开展耕地轮作休耕试点。鼓励在南方贫困地区开发利用冬闲田、秋闲田，种植肥田作物。优先将大兴安岭南麓山区内黑土流失地区等地区列入综合治理示范区。加强江河源头和水源涵养区保护，推进重点流域水环境综合治理，严禁农业、工业污染物向水体超标排放。

专栏10　重大生态建设扶贫工程

（一）退耕还林还草工程。

在安排新一轮退耕还林还草任务时，向扶贫开发任务重、贫困人口较多的省份倾斜。各有关省份要进一步向贫困地区集中，向建档立卡贫困村、贫困人口倾斜。

（二）退牧还草工程。

继续在内蒙古、辽宁、吉林、黑龙江、四川、贵州、云南、西藏、陕西、甘肃、青海、宁夏、新疆和新疆生产建设兵团实施退牧还草工程，并向贫困地区、贫困人口倾斜，合理调整任务实施范围，促进贫困县脱贫攻坚。

（三）青海三江源生态保护和建设二期工程。

继续加强三江源草原、森林、荒漠、湿地与湖泊生态系统保护和建设，治理范围从15.2万平方千米扩大至39.5万平方千米，从根本上遏制生态整体退化趋势，促进三江源地区可持续发展。

（四）京津风沙源治理工程。

继续加强燕山-太行山区、吕梁山区等贫困地区的工程建设，建成京津及周边地区的绿色生态屏障，沙尘天气明显减少，农牧民生产生活条件全面改善。

（五）天然林资源保护工程。

扩大天然林保护政策覆盖范围，全面停止天然林商业性采伐，逐步提高补助标准，加大对贫困地区的支持。

（六）三北等防护林体系建设工程。

优先安排贫困地区三北、长江、珠江、沿海、太行山等防护林体系建设，加大森林经营力度，推进退化林修复，提升森林质量、草原综合植被盖度和整体生态功能，遏制水土流失。加强农田防护林建设，营造农田林网，加强村镇绿化，提升平原农区防护林体系综合功能。

（七）水土保持重点工程。

加大长江和黄河上中游、西南岩溶区、东北黑土区等重点区域水土流失治理力度，加快推进坡耕地、侵蚀沟治理工程建设，有效改善贫困地区农业生产生活条件。

（八）岩溶地区石漠化综合治理工程。

继续加大滇桂黔石漠化区、滇西边境山区、乌蒙山区和武陵山区等贫困地区石漠化治理力度，恢复林草植被，提高森林质量，统筹利用水土资源，改善农业生产条件，适度发展草食畜牧业。

（九）沙化土地封禁保护区建设工程。

继续在内蒙古、西藏、陕西、甘肃、青海、宁夏、新疆等省（区）推进沙化土地封禁保护区建设，优先将832个贫困县中适合开展沙化土地封禁保护区建设的县纳入建设范围，实行严格的封禁保护。

（十）湿地保护与恢复工程。

对全国重点区域的自然湿地和具有重要生态价值的人工湿地，实行优先保护和修复，扩大湿地面积。对东北生态保育区、长江经济带生态涵养带、京津冀生态协同圈、黄土高原-川滇生态修复带的国际重要湿地、湿地自然保护区和国家湿地公园及其周边范围内非基本农田，实施退耕（牧）还湿、退养还滩。

（十一）农牧交错带已垦草原综合治理工程。

在河北、山西、内蒙古、甘肃、宁夏、新疆开展农牧交错带已垦撂荒地治理，通过建植多年生人工草地，提高治理区植被覆盖率和饲草生产、储备、利用能力，保护和恢复草原生态，促进农业结构优化、草畜平衡，实现当地可持续发展。

第二节　建立健全生态保护补偿机制

建立稳定生态投入机制。中央财政加大对国家重点生态功能区中贫困县的转移支付力度，扩大政策实施范围，完善转移支付补助办法，逐步提高对重点生态功能区生态保护与恢复的资金投入水平。

探索多元化生态保护补偿方式。根据"谁受益、谁补偿"原则，健全生态保护补偿机制。在贫困地区开展生态综合补偿试点，逐步提高补偿标准。健全各级财政森林生态效益补偿标准动态调整机制。研究制定鼓励社会力量参与防沙治沙的政策措施。推进横向生态保护补偿，鼓励受益地区与保护地区、流域下游与上游建立横向补偿关系。探索碳汇交易、绿色产品标识等市场化补偿方式。

设立生态公益岗位。中央财政调整生态建设和补偿资金支出结构，支持在贫困县以政府购买服务或设立生态公益岗位的方式，以森林、草原、湿地、沙化土地管护为重点，让贫困户中有劳动能力的人员参加生态管护工作。充实完善国家公园的管护岗位，增加国家公园、国家级自然保护区、国家级风景名胜区周边贫困人口参与巡护和公益服务的就业机会。

专栏 11　生态保护补偿

（一）森林生态效益补偿。

健全各级财政森林生态效益补偿标准动态调整机制，依据国家公益林权属实行不同的补偿标准。

（二）草原生态保护补助奖励。

在内蒙古、新疆、西藏、青海、四川、甘肃、宁夏、云南、山西、河北、黑龙江、辽宁、吉林13个省（区）和新疆生产建设兵团、黑龙江农垦总局的牧区半牧区县实施草原生态保护补助奖励。中央财政按照每亩每年7.5元的测算标准，对禁牧和禁牧封育的牧民给予补助，补助周期5年；实施草畜平衡奖励，中央财政对未超载放牧牧民按照每亩每年2.5元的标准给予奖励。

（三）跨省流域生态保护补偿试点。

在新安江、南水北调中线源头及沿线、京津冀水源涵养区、九洲江、汀江-韩江、东江、西江等开展跨省流域生态保护补偿试点工作。

（四）生态公益岗位脱贫行动。

通过购买服务、专项补助等方式，在贫困县中选择一批能胜任岗位要求的建档立卡贫困人口，为其提供生态护林员、草管员、护渔员、护堤员等岗位。在贫困县域内的553处国家森林公园、湿地公园和国家级自然保护区，优先安排有劳动能力的建档立卡贫困人口从事森林管护、防火和服务。

第八章　兜底保障

统筹社会救助体系，促进扶贫开发与社会保障有效衔接，完善农村低保、特困人员救助供养等社会救助制度，健全农村"三留守"人员和残疾人关爱服务体系，实现社会保障兜底。

第一节　健全社会救助体系

完善农村最低生活保障制度。完善低保对象认定办法，建立农村低保家庭贫困状况评估指标体系，将符合农村低保条件的贫困家庭全部纳入农村低保范围。加大省级统筹工作力度，动态调整农村低保标准，确保2020年前所有地区农村低保标准逐步达到国家扶贫标准。加强农村低保与扶贫开发及其他脱贫攻坚相关政策的有效衔接，引导有劳动能力的低保对象依靠自身努力脱贫致富。

统筹社会救助资源。指导贫困地区健全特困人员救助供养制度，全面实施临时救助制度，积极推进最低生活保障制度与医疗救助、教育救助、住房救助、就业救助等专项救助制度衔接配套，推动专项救助在保障低保对象的基础上向低收入群众适当延伸，逐步形成梯度救助格局，为救助对象提供差别化的救助。合理划分中央和地方政府的社会救助事权和支出责任，统筹整合社会救助资金渠道，提升社会救助政策和资金的综合效益。

第二节　逐步提高贫困地区基本养老保障水平

坚持全覆盖、保基本、有弹性、可持续的方针，统筹推进城乡养老保障体系建设，指导贫困地区全面建成制度名称、政策标准、管理服务、信息系统"四统一"的城乡居民养老保险制度。探索建立适应农村老龄化形势的养老服务模式。

第三节　健全"三留守"人员和残疾人关爱服务体系

完善"三留守"人员服务体系。组织开展农村留守儿童、留守妇女、留守老人摸底排查工作。推动各地通过政府购买服务、政府购买基层公共管理和社会服务岗位、引入社会工作专业人才和志愿者等方式，为"三留守"人员提供关爱服务。加强留守儿童关爱服务设施和队伍建设，建立留守儿童救助保护机制和关爱服务网络。加强未成年人社会保护和权益保护工作。研究制定留守老年人关爱服务政策措施，推进农村社区日间照料中心建设，提升农村特困人员供养服务机构托底保障能力和服务水平。支持各地农村幸福院等社区养老服务设施建设和运营，开展留守老年人关爱行动。加强对"三留守"人员的生产扶持、生活救助和心理疏导。进一步加强对贫困地区留守妇女技能培训和居家灵活就业创业的扶持，切实维护留守妇女权益。

完善贫困残疾人关爱服务体系。将残疾人普遍纳入社会保障体系予以保障和扶持。支持发展残疾人康复、托养、特殊教育，实施残疾人重点康复项目，落实困难残疾人生活补贴和重度残疾人护理补贴制度。加强贫困残疾人实用技术培训，优先扶持贫困残疾人家庭发展生产，支持引导残疾人就业创业。

专栏 12　兜底保障

（一）农村低保标准动态调整。

省级人民政府统筹制定农村低保标准动态调整方案，确保所有地区农村低保标准逐步达到国家扶贫标准。进一步完善农村低保标准与物价上涨挂钩联动机制。

（二）农村低保与扶贫开发衔接。

将符合农村低保条件的建档立卡贫困户纳入低保范围，将符合扶贫条件的农村低保家庭纳入建档立卡范围。对不在建档立卡范围内的农村低保家庭、特困人员，各地统筹使用相关扶贫开发政策。对返贫家庭，按规定程序审核后分别纳入临时救助、医疗救助、农村低保等社会救助制度和建档立卡贫困户扶贫开发政策覆盖范围。

第九章　社会扶贫

发挥东西部扶贫协作和中央单位定点帮扶的引领示范作用，凝聚国际国内社会各方面力量，进一步提升贫困人口帮扶精准度和帮扶效果，形成脱贫攻坚强大合力。

第一节　东西部扶贫协作

开展多层次扶贫协作。以闽宁协作模式为样板，建立东西部扶贫协作与建档立卡贫困村、贫困户的精准对接机制，做好与西部地区脱贫攻坚规划的衔接，确保产业合作、劳务协作、人才支援、资金支持精确瞄准建档立卡贫困人口。东部省份要根据财力增长情况，逐步增加对口帮扶财政投入，并列入年度预算。东部各级党政机关、人民团体、企事业单位、社会组织、各界人士等要积极参与扶贫协作工作。西部地区要整合用好扶贫协作等各类资源，聚焦脱贫攻坚，形成脱贫合力。启动实施东部省份经济较发达县（市）与对口帮扶省份贫困县"携手奔小康"行动，着力推动县与县精准对接。探索东西部乡镇、行政村之间结对帮扶。协作双方每年召开高层联席会议。

拓展扶贫协作有效途径。注重发挥市场机制作用，推动东部人才、资金、技术向贫困地区流动。鼓励援助方利用帮扶资金设立贷款担保基金、风险保障基金、贷款贴息资金和中小企业发展基金等，支持发展特色产业，引导省内优势企业到受援方创业兴业。鼓励企业通过量化股份、提供就业等形式，带动当地贫困人口脱贫增收。鼓励东部地区通过共建职业培训基地、开展合作办学、实施定向特招等形式，对西部地区贫困家庭劳动力进行职业技能培训，并提供就业咨询服务。帮扶双方要建立和完善省市协调、县乡组织、职校培训、定向安排、跟踪服务的劳务协作对接机制，提高劳务输出脱贫的组织化程度。以县级为重点，加强协作双方党政干部挂职交流。采取双向挂职、两地培训等方式，加大对西部地区特别是基层干部、贫困村创业致富带头人的培训力度。支持东西部学校、医院建立对口帮扶关系。建立东西部扶贫协作考核评价机制，重点考核带动贫困人口脱贫成效，西部地区也要纳入考核范围。

第二节　定点帮扶

明确定点扶贫目标任务。结合当地脱贫攻坚规划，制定各单位定点帮扶工作年度计划，以帮扶对象稳定脱贫为目标，实化帮扶举措，提升帮扶成效。各单位选派优秀中青年干部到定点扶贫县挂职、担任贫困村第一书记。省、市、县三级党委政府参照中央单位做法，组织党政机关、企事业单位开展定点帮扶工作。完善定点扶贫牵头联系机制，各牵头单位要落实责任人，加强工作协调，督促指导联系单位做好定点扶贫工作，协助开展考核评价工作。

> **专栏 13　中央单位定点扶贫工作牵头联系单位和联系对象**
>
> 中央直属机关工委牵头联系中央组织部、中央宣传部等 43 家中直机关单位；中央国家机关工委牵头联系外交部、国家发展改革委、教育部等 81 家中央国家机关单位；中央统战部牵头联系民主党派中央和全国工商联；教育部牵头联系北京大学、清华大学、中国农业大学等 44 所高校；人民银行牵头联系中国工商银行、中国农业银行、中国银行等 24 家金融机构和银监会、证监会、保监会；国务院国资委牵头联系中国核工业集团公司、中国核工业建设集团公司、中国航天科技集团公司等 103 家中央企业；中央军委政治工作部牵头联系解放军和武警部队有关单位；中央组织部牵头联系各单位选派挂职扶贫干部和第一书记工作。

第三节　企业帮扶

强化国有企业帮扶责任。深入推进中央企业定点帮扶贫困革命老区"百县万村"活动。用好贫困地区产业发展基金。引导中央企业设立贫困地区产业投资基金，采取市场化运作，吸引企业到贫困地区从事资源开发、产业园区建设、新型城镇化发展等。继续实施"同舟工程——中央企业参与'救急难'行动"，充分发挥中央企业在社会救助工作中的补充作用。地方政府要动员本地国有企业积极承担包村帮扶等扶贫开发任务。

引导民营企业参与扶贫开发。充分发挥工商联的桥梁纽带作用，以点带面，鼓励引导民营企业和其他所有制企业参与扶贫开发。组织开展"万企帮万村"精准扶贫行动，引导东部地区的民营企业在东西部扶贫协作框架下结对帮扶西部地区贫困村。鼓励有条件的企业设立扶贫公益基金、开展扶贫慈善信托。完善对龙头企业参与扶贫开发的支持政策。吸纳贫困人口就业的企业，按规定享受职业培训补贴等就业支持政策，落实相关税收优惠。设立企业扶贫光荣榜，并向社会公告。

专栏14　企业扶贫重点工程

（一）中央企业定点帮扶贫困革命老区"百县万村"活动。

66家中央企业在定点帮扶的108个革命老区贫困县和贫困村中，建设一批水、电、路等小型基础设施项目，加快老区脱贫致富步伐。

（二）同舟工程。

中央企业结合定点扶贫工作，对因遭遇突发紧急事件或意外事故，致使基本生活陷入困境乃至面临生存危机的群众，特别是对医疗负担沉重的困难家庭、因病致贫返贫家庭，开展"救急难"行动，实施精准帮扶。

（三）"万企帮万村"精准扶贫行动。

动员全国1万家以上民营企业，采取产业扶贫、就业扶贫、公益扶贫等方式，帮助1万个以上贫困村加快脱贫进程，为打赢脱贫攻坚战贡献力量。

第四节　军队帮扶

构建整体帮扶体系。把地方所需、群众所盼与部队所能结合起来，优先扶持家境困难的军烈属、退役军人等群体。中央军委机关各部门（不含直属机构）和副战区级以上单位机关带头做好定点帮扶工作。省军区系统和武警总队帮扶本辖区范围内相关贫困村脱贫。驻贫困地区作战部队实施一批具体扶贫项目和扶贫产业，部队生活物资采购注重向贫困地区倾斜。驻经济发达地区部队和有关专业技术单位根据实际承担结对帮扶任务。

发挥部队帮扶优势。发挥思想政治工作优势，深入贫困地区开展脱贫攻坚宣传教育，组织军民共建活动，传播文明新风，丰富贫困人口精神文化生活。发挥战斗力突击力优势，积极支持和参与农业农村基础设施建设、生态环境治理、易地扶贫搬迁等工作。发挥人才培育优势，配合实施教育扶贫工程，接续做好"八一爱民学校"援建工作，组织开展"1+1""N+1"等结对助学活动，团级以上干部与贫困家庭学生建立稳定帮扶关系。采取军地联训、代培代训等方式，帮助贫困地区培养实用人才，培育一批退役军人和民兵预备役人员致富带头人。发挥科技、医疗等资源优势，促进军民两用科技成果转化运用，组织87家军队和武警部队三级医院对口帮扶113家贫困县县级医院，开展送医送药和巡诊治病活动。帮助革命老区加强红色资源开发，培育壮大红色旅游产业。

第五节　社会组织和志愿者帮扶

广泛动员社会力量帮扶。支持社会团体、基金会、社会服务机构等各类组织从事扶贫开发事业。建立健全社会组织参与扶贫开发的协调服务机制，构建社会扶贫信息服务网络。以各级脱贫攻坚规划为引导，鼓励社会组织扶贫重心下移，促进帮扶资源与贫困户精准对接帮扶。支持社会组织通过公开竞争等方式，积极参加政府面向社会购买扶贫服务工作。鼓励和支持社会组织参与扶贫资源动员、资源配置使用、绩效论证评估等工作，支持其承担扶贫项目实施。探索发展公益众筹扶贫模式。着力打造扶贫公益品牌。鼓励社会组织在贫困地区大力倡导现代文明理念和生活方式，努力满足贫困人口的精神文化需求。制定出台社会组织参与脱贫攻坚的指导性文件，从国家层面予以指导。建立健全社会扶贫监测评估机制，创新监测评估方法，及时公开评估结果，增强社会扶贫公信力和影响力。

进一步发挥社会工作专业人才和志愿者扶贫作用。制定出台支持专业社会工作和志愿服务力量参与脱贫攻坚专项政策。实施社会工作专业人才服务贫困地区系列行动计划。鼓励发达地区社会工作专业人才和社会工作服务机构组建专业服务团队、兴办社会工作服务机构，为贫困地区培养和选派社会工作专业人才。实施脱贫攻坚志愿服务行动计划。鼓励支持青年学生、专业技术人员、退休人员和社会各界人士参与扶贫志愿者行动。充分发挥中国志愿服务联合会、中华志愿者协会、中国青年志愿者协会、中国志愿服务基金会和中国扶贫志愿服务促进会等志愿服务行业组织的作用，构建扶贫志愿者服务网络。

办好扶贫日系列活动。在每年的 10 月 17 日全国扶贫日期间举办专题活动，动员全社会力量参与脱贫攻坚。举办减贫与发展高层论坛，开展表彰活动，做好宣传推介。从 2016 年起，在脱贫攻坚期设立"脱贫攻坚奖"，表彰为脱贫攻坚作出重要贡献的个人。每年发布《中国的减贫行动与人权进步》白皮书。组织各省（区、市）结合自身实际开展社会公募、慰问调研等系列活动。

专栏 15　社会工作专业人才和志愿者帮扶

（一）社会工作专业人才服务贫困地区系列行动计划。

实施社会工作专业人才服务"三区"行动计划，每年向边远贫困地区、边疆民族地区和革命老区选派 1 000 名社会工作专业人才，为

"三区"培养 500 名社会工作专业人才。积极实施农村留守人员残疾人社会关爱行动、城市流动人口社会融入计划、特困群体社会关怀行动、发达地区与贫困地区牵手行动、重大自然灾害与突发事件社会工作服务支援行动，支持社会工作服务机构和社会工作者为贫困地区农村各类特殊群体提供有针对性的服务。

（二）脱贫攻坚志愿服务行动计划。

实施扶贫志愿者行动计划，每年动员不少于 1 万人次到贫困地区参与扶贫开发，开展扶贫服务工作。以"扶贫攻坚"志愿者行动项目、"邻里守望"志愿服务行动、扶贫志愿服务品牌培育行动等为重点，支持有关志愿服务组织和志愿者选择贫困程度深的建档立卡贫困村、贫困户和特殊困难群体，在教育、医疗、文化、科技领域开展精准志愿服务行动。以空巢老人、残障人士、农民工及困难职工、留守儿童等群体为重点，开展生活照料、困难帮扶、文体娱乐、技能培训等方面的志愿帮扶活动。通过政府购买服务、公益创投、社会资助等方式，引导支持志愿服务组织和志愿者参与扶贫志愿服务，培育发展精准扶贫志愿服务品牌项目。

第六节　国际交流合作

坚持"引进来"和"走出去"相结合，加强国际交流合作。引进资金、信息、技术、智力、理念、经验等国际资源，服务我国扶贫事业。通过对外援助、项目合作、技术扩散、智库交流等形式，加强与发展中国家和国际机构在减贫领域的交流合作，加强减贫知识分享，加大南南合作力度，增强国际社会对我国精准扶贫、精准脱贫基本方略的认同，提升国际影响力和话语权。组织实施好世界银行第六期贷款、中国贫困片区儿童减贫与综合发展、减贫国际合作等项目。响应联合国 2030 年可持续发展议程。

第十章　提升贫困地区区域发展能力

以革命老区、民族地区、边疆地区、集中连片特困地区为重点，整体规划，统筹推进，持续加大对集中连片特困地区的扶贫投入力度，切实加强交通、水利、能源等重大基础设施建设，加快解决贫困村通路、通水、通电、通网络等问题，贫困地区区域发展环境明显改善，"造血"能力显著提升，基本公共服务主要领域指标接近全国平均水平，为 2020 年解决区域性整体贫困问题提供有力支撑。

第一节 继续实施集中连片特困地区规划

统筹推进集中连片特困地区规划实施。组织实施集中连片特困地区区域发展与扶贫攻坚"十三五"省级实施规划，片区重大基础设施和重点民生工程要优先纳入"十三五"相关专项规划和年度计划，集中建设一批区域性重大基础设施和重大民生工程，明显改善片区区域发展环境、提升自我发展能力。

完善片区联系协调机制。进一步完善片区联系工作机制，全面落实片区联系单位牵头责任，充分发挥部省联席会议制度功能，切实做好片区区域发展重大事项的沟通、协调、指导工作。强化片区所在省级政府主体责任，组织开展片区内跨行政区域沟通协调，及时解决片区规划实施中存在的问题和困难，推进片区规划各项政策和项目尽快落地。

第二节 着力解决区域性整体贫困问题

大力推进革命老区、民族地区、边疆地区脱贫攻坚。加大脱贫攻坚力度，支持革命老区开发建设，推进实施赣闽粤原中央苏区、左右江、大别山、陕甘宁、川陕等重点贫困革命老区振兴发展规划，积极支持沂蒙、湘鄂赣、太行、海陆丰等欠发达革命老区加快发展。扩大对革命老区的财政转移支付规模。加快推进民族地区重大基础设施项目和民生工程建设，实施少数民族特困地区和特困群体综合扶贫工程，出台人口较少民族整体脱贫的特殊政策措施。编制边境扶贫专项规划，采取差异化政策，加快推进边境地区基础设施和社会保障设施建设，集中改善边民生产生活条件，扶持发展边境贸易和特色经济，大力推进兴边富民行动，使边民能够安心生产生活、安心守边固边。加大对边境地区的财政转移支付力度，完善边民补贴机制。加大中央投入力度，采取特殊扶持政策，推进西藏、四省藏区和新疆南疆四地州脱贫攻坚。

推动脱贫攻坚与新型城镇化发展相融合。支持贫困地区基础条件较好、具有特色资源的县城和特色小镇加快发展，打造一批休闲旅游、商贸物流、现代制造、教育科技、传统文化、美丽宜居小镇。结合中小城市、小城镇发展进程，加快户籍制度改革，有序推动农业转移人口市民化。统筹规划贫困地区城乡基础设施网络，促进水电路气信等基础设施城乡联网、生态环保设施城乡统一布局建设。推进贫困地区无障碍环境建设。推动城镇公共服务向农村延伸，逐步实现城乡基本公共服务制度并轨、标准统一。

推进贫困地区区域合作与对外开放。推动贫困地区深度融入"一带一路"建设、京津冀协同发展、长江经济带发展三大国家战略，与有关国家级新区、自主创新示范区、自由贸易试验区、综合配套改革试验区建立紧密合作关系，打造区域合作和产业承接发展平台，探索发展"飞地经济"，引导发达地区劳动密集型等产业优先向贫困地区转移。支持贫困地区具备条件的地方申请设立海关特殊监管区域，积极承接加工贸易梯度转移。拓展贫困地区招商引资渠道，利用外经贸发展专项资金促进贫困地区外经贸发展，优先支持贫困地区项目申报借用国外优惠贷款。鼓励贫困地区培育和发展会展平台，提高知名度和影响力。加快边境贫困地区开发开放，加强内陆沿边地区口岸基础设施建设，开辟跨境多式联运交通走廊，促进边境经济合作区、跨境经济合作区发展，提升边民互市贸易便利化水平。

专栏 16　特殊类型地区发展重大行动

（一）革命老区振兴发展行动。

规划建设一批铁路、高速公路、支线机场、水利枢纽、能源、信息基础设施工程，大力实施天然林保护、石漠化综合治理、退耕还林还草等生态工程，支持风电、水电等清洁能源开发，建设一批红色旅游精品线路。

（二）民族地区奔小康行动。

推进人口较少民族整族整村精准脱贫。对陆地边境抵边一线乡镇因守土戍边不宜易地扶贫搬迁的边民，采取就地就近脱贫措施。实施少数民族特色村镇保护与发展工程，重点建设一批少数民族特色村寨和民族特色小镇。支持少数民族传统手工艺品保护与发展。

（三）沿边地区开发开放行动。

实施沿边地区交通基础设施改造提升工程；实施产业兴边工程，建设跨境旅游合作区和边境旅游试验区；实施民生安边工程，完善边民补贴机制。

第三节　加强贫困地区重大基础设施建设

构建外通内联交通骨干通道。加强革命老区、民族地区、边疆地区、集中连片特困地区对外运输通道建设，推动国家铁路网、国家高速公路网连接贫困地区的重大交通项目建设，提高国道省道技术标准，构建贫困地区外通内联的交通运输通道。加快资源丰富和人口相对密集贫困地区开发性铁路建设。完善贫困地区民用机场布局规划，加快支线机场、通用机场建设。在具备水资源开发条件的贫困地区，统筹内河航电枢纽建设和航运发展，提高通航能力。形成布局科学、干支结合、结构合理的区域性综合交通运输网络。在自然条件复杂、灾害多发且人口相对密集的贫困地区，合理布局复合多向、灵活机动的保障性运输通道。依托我国与周边国家互联互通重要通道，推动沿边贫困地区交通基础设施建设。

着力提升重大水利设施保障能力。加强重点水源、大中型灌区续建配套节水改造等工程建设，逐步解决贫困地区工程性缺水和资源性缺水问题，着力提升贫困地区供水保障能力。按照"确有需要、生态安全、可以持续"的原则，科学开展水利扶贫项目前期论证，在保护生态的前提下，提高水资源开发利用水平。加大贫困地区控制性枢纽建设、中小河流和江河重要支流治理、抗旱水源建设、山洪灾害防治、病险水库（闸）除险加固、易涝地区治理力度，坚持工程措施与非工程措施结合，加快灾害防治体系建设。

优先布局建设能源工程。积极推动能源开发建设，煤炭、煤电、核电、油气、水电等重大项目，跨区域重大能源输送通道项目，以及风电、光伏等新能源项目，同等条件下优先在贫困地区规划布局。加快贫困地区煤层气（煤矿瓦斯）产业发展。统筹研究贫困地区煤电布局，继续推进跨省重大电网工程和天然气管道建设。加快推进流域龙头水库和金沙江、澜沧江、雅砻江、大渡河、黄河上游等水电基地重大工程建设，努力推动怒江中下游水电基地开发，支持离网缺电贫困地区小水电开发，重点扶持西藏、四省藏区和少数民族贫困地区小水电扶贫开发工作，风电、光伏发电年度规模安排向贫困地区倾斜。

专栏17　贫困地区重大基础设施建设工程

（一）交通骨干通道工程。

——铁路：加快建设银川至西安、郑州至万州、郑州至阜阳、张家口至大同、太原至焦作、郑州至济南、重庆至贵阳、兰州至合作、玉溪至磨憨、大理至临沧、弥勒至蒙自、叙永至毕节、渝怀铁路增建二线、青藏铁路格拉段扩能改造等项目。规划建设重庆至昆明、赣州至深圳、贵阳至南宁、长沙至赣州、京九高铁阜阳至九江段、西安至十堰、原平至大同、忻州至保定、张家界至吉首至怀化、中卫至兰州、贵阳至兴义、克塔铁路铁厂沟至塔城段、浦梅铁路建宁至冠豸山段、兴国至泉州、西宁至成都（黄胜关）、格尔木至成都、西安至铜川至延安、平凉至庆阳、和田至若羌至罗布泊、宝中铁路中卫至平凉段扩能等项目。

——公路：加快推进 G75 兰州至海口高速公路渭源至武都段、G65E 榆树至蓝田高速公路绥德至延川段、G6911 安康至来凤高速公路镇坪至巫溪段等国家高速公路项目建设，有序推进 G244 乌海至江津公路华池（打扮梁）至庆城段、G569 曼德拉至大通公路武威至仙米寺段等 165 项普通国道建设。

——机场：加快新建巫山、巴中、仁怀、武冈、陇南、祁连、莎车机场项目，安康、泸州、宜宾机场迁建项目和桂林、格尔木、兴义等机场改扩建项目建设进度；积极推动新建武隆、黔北、罗甸、乐山、瑞金、抚州、朔州、共和、黄南机场项目，昭通机场迁建项目以及西宁等机场改扩建项目建设。

（二）重点水利工程。

——重点水源工程：加快建设贵州夹岩、西藏拉洛等大型水库工程及一批中小型水库工程；实施甘肃引洮供水二期工程等引提水及供水保障工程；在干旱易发县加强各类抗旱应急水源工程建设，逐步完善重点旱区抗旱体系。

——重点农田水利工程：基本完成涉及内蒙古、河北、河南、安徽、云南、新疆和湖南等省份贫困县列入规划的 117 处大型灌区续建配套与节水改造任务，加快推进中型灌区续建配套与节水改造。建设吉林松原、内蒙古绰勒、青海湟水北干渠、湖南涔天河等灌区。以新疆南疆地区、六盘山区等片区为重点，发展管灌、喷灌、微灌等高效节水灌溉工程。

——重点防洪工程：继续实施大中型病险水闸、水库除险加固。以东北三江治理为重点，进一步完善大江大河大湖防洪减灾体系。基本完成规划内乌江、白龙江、嘉陵江、清水河、湟水等 244 条流域面积 3 000 平方千米以上中小河流治理任务。以滇西边境山区、滇桂黔石漠化片区、武陵山区、六盘山区及非集中连片特困地区为重点，加大重点山洪沟防洪治理力度。开展易涝区综合治理工程建设，实施规划内蓄滞洪区建设和淮河流域重点平原洼地治理工程。

（三）重点能源工程。

——水电：开工建设金沙江白鹤滩、叶巴滩，澜沧江托巴，雅砻江孟底沟，大渡河硬梁包，黄河玛尔挡、羊曲等水电站；加快推进金沙江龙盘、黄河茨哈峡等水电站项目。

——火电：开工建设贵州习水二郎 2×66 万千瓦、河南内乡 2×100 万千瓦等工程。规划建设新疆南疆阿克苏地区库车俄霍布拉克煤矿 2×66 万千瓦坑口电厂。

——输电工程：开工建设蒙西—天津南特高压交流，宁东—浙江、晋北—江苏特高压直流，川渝第三通道 500 千伏交流等工程。开工建设锦界、府谷—河北南网扩容工程，启动陕北（延安）—湖北特高压直流输电工程工作。

——煤层气：开工建设吕梁三交、柳林煤层气项目，黔西滇东煤层气示范工程，贵州六盘水煤矿瓦斯抽采规模化利用和瓦斯治理示范矿井，新疆南疆阿克苏地区拜城县煤层气示范项目。

——天然气：开工建设新疆煤制气外输管道，楚雄—攀枝花天然气管道等工程。积极推进重庆、四川页岩气开发，开工建设重庆页岩气渝东南、万州—云阳天然气管道等工程，适时推进渝黔桂外输管道工程。

第四节　加快改善贫困村生产生活条件

全面推进村级道路建设。全面完成具备条件的行政村通硬化路建设，优先安排建档立卡贫困村通村道路硬化。推动一定人口规模的自然村通公路，重点支持较大人口规模撤并建制村通硬化路。加强贫困村通客车线路上的生命安全防护工程建设，改造现有危桥，对不能满足安全通客车要求的窄路基路面路段进行加宽改造。加大以工代赈力度，支持贫困地区实施上述村级道路建设任务。通过"一事一议"等方式，合理规划建设村内道路。

巩固提升农村饮水安全水平。全面落实地方政府主体责任，全面推进"十三五"农村饮水安全巩固提升工程，做好与贫困村、贫困户的精准对接，加快建设一批集中供水工程。对分散性供水和水质不达标的，因地制宜实行升级改造。提升贫困村自来水普及率、供水保证率、水质达标率，推动城镇供水设施向有条件的贫困村延伸，着力解决饮水安全问题。到 2020 年，贫困地区农村集中供水率达到 83%，自来水普及率达到 75%。

多渠道解决生活用能。全面推进能源惠民工程，以贫困地区为重点，加快实施新一轮农村电网改造升级工程，实施配电网建设改造行动计划。实行骨干电网与分布式能源相结合，到 2020 年，贫困村基本实现稳定可靠的供电服务全覆盖，供电能力和服务水平明显提升。大力发展农村清洁能源，推进贫困村小水电、太阳能、风能、农林和畜牧废弃物等可再生能源开发利用。因地制宜发展沼气工程。鼓励分布式光伏发电与设施农业发展相结合，推广应用太阳能热水器、太阳灶、小风电等农村小型能源设施。提高能源普遍服务水平，推进城乡用电同网同价。

加强贫困村信息和物流设施建设。实施"宽带乡村"示范工程，推动公路沿线、集镇、行政村、旅游景区 4G（第四代移动通信）网络基本覆盖。鼓励基础电信企业针对贫困地区出台更优惠的资费方案。加强贫困村邮政基础设施建设，实现村村直接通邮。加快推进"快递下乡"工程，完善农村快递揽收配送网点建设。支持快递企业加强与农业、供销合作、商贸企业的合作，推动在基础条件相对较好的地区率先建立县、乡、村消费品和农资配送网络体系，打造"工业品下乡"和"农产品进城"双向流通渠道。

继续实施农村危房改造。加快推进农村危房改造，按照精准扶贫要求，重点解决建档立卡贫困户、低保户、分散供养特困人员、贫困残疾人家庭的基本住房安全问题。统筹中央和地方补助资金，建立健全分类补助机制。严格控制贫困户建房标准。通过建设农村集体公租房、幸福院，以及利用闲置农户住房和集体公房置换改造等方式，解决好贫困户基本住房安全问题。

加强贫困村人居环境整治。在贫困村开展饮用水源保护、生活污水和垃圾处理、畜禽养殖污染治理、农村面源污染治理、乱埋乱葬治理等人居环境整治工作，保障处理设施运行经费，稳步提升贫困村人居环境水平。到 2020 年，90％以上贫困村的生活垃圾得到处理，普遍建立村庄保洁制度，设立保洁员岗位并优先聘用贫困人口。开展村庄卫生厕所改造，逐步解决贫困村人畜混居问题。提高贫困村绿化覆盖率。建设村内道路照明等必要的配套公共设施。

健全贫困村社区服务体系。加强贫困村基层公共服务设施建设，整合利用现有设施和场地，拓展学前教育、妇女互助和养老服务、殡葬服务功能，努力实现农村社区公共服务供给多元化。依托"互联网＋"拓展综合信息服务功能，逐步构建线上线下相结合的农村社区服务新模式。统筹城乡社区服务体系规划建设，积极培育农村社区社会组织，发展社区社会工作服务。深化农村社区建设试点，加强贫困村移风易俗、乡风和村规民约等文明建设。

加强公共文化服务体系建设。按照公共文化建设标准，对贫困县未达标公共文化设施提档升级、填平补齐。加强面向"三农"的优秀出版物和广播影视节目生产。启动实施流动文化车工程。实施贫困地区县级广播电视播出机构制播能力建设工程。为贫困村文化活动室配备必要的文化器材。推进重大文化惠民工程融合发展，提高公共数字文化供给和服务能力。推动广播电视村村通向户户通升级，到 2020 年，基本实现数字广播电视户户通。组织开展"春雨工程"——全国文化志愿者边疆行活动。

着力改善生产条件。推进贫困村农田水利、土地整治、中低产田改造和高标准农田建设。抓好以贫困村为重点的田间配套工程、"五小水利"工程和高效节水灌溉工程建设，抗旱水源保障能力明显提升。结合产业发展，建设改造一批资源路、旅游路、产业园区路，新建改造一批生产便道，推进"交通＋特色产业"扶贫。大力整治农村河道堰塘。实施贫困村通动力电规划，保障生产用电。加大以工代赈投入力度，着力解决农村生产设施"最后一千米"问题。

专栏 18 改善贫困乡村生产生活条件

（一）百万千米农村公路工程。

建设通乡镇硬化路 1 万千米，通行政村硬化路 23 万千米，一定人口规模的自然村公路 25 万千米（其中撤并建制村通硬化路约 8.3 万千米）。新建改建乡村旅游公路和产业园区公路 5 万千米。加大农村公路养护力度，改建不达标路段 23 万千米，着力改造"油返砂"公路 20 万千米。改造农村公路危桥 1.5 万座。

（二）小型水利扶贫工程。

实施农村饮水安全巩固提升工程，充分发挥已建工程效益，因地制宜采取改造、配套、升级、联网等措施，统筹解决工程标准低、供水能力不足和水质不达标等农村饮水安全问题。大力开展小型农田水利工程建设，因地制宜实施"五小水利"工程建设。

（三）农村电网改造升级工程。

完成贫困村通动力电，到 2020 年，全国农村地区基本实现稳定可靠的供电服务全覆盖，农村电网供电可靠率达到 99.8%，综合电压合格率达到 97.9%，户均配变容量不低于 2 千伏安，建成结构合理、技术先进、安全可靠、智能高效的现代农村电网。

（四）网络通信扶贫工程。

实施宽带网络进村工程，推进 11.7 万个建档立卡贫困村通宽带，力争到 2020 年实现宽带网络覆盖 90% 以上的贫困村。

（五）土地和环境整治工程。

开展土地整治和农村人居环境整治工程，增加耕地数量、提升耕地质量、完善农田基础设施，建设规模 1 000 万亩。分别在 8.1 万个行政村建设 55.38 万个公共卫生厕所，8.5 万个村建设 61.84 万处垃圾集中收集点，3.68 万个村建设 15.43 万处污水处理点，3.4 万个村建设 9.92 万处旅游停车场。

（六）农村危房改造。

推进农村危房改造，统筹开展农房抗震改造，到 2020 年，完成建档立卡贫困户、低保户、分散供养特困人员、贫困残疾人家庭的存量危房改造任务。

（七）农村社区服务体系建设工程。

力争到 2020 年底，农村社区综合服务设施覆盖易地扶贫搬迁安置区（点）和 50% 的建档立卡贫困村，农村社区公共服务综合信息平台覆盖 30% 的贫困县，努力实现社区公共服务多元化供给。

（八）以工代赈工程。

在贫困地区新增和改善基本农田 500 万亩，新增和改善灌溉面积 1 200 万亩，新建和改扩建农村道路 80 000 千米，治理水土流失面积 11 000 平方千米，片区综合治理面积 6 000 平方千米，建设草场 600 万亩。

（九）革命老区彩票公益金扶贫工程。

支持 396 个革命老区贫困县的贫困村开展村内道路、水利和环境改善等基础设施建设，实现项目区内自然村 100% 通公路，道路硬化率 80%，农户饮水安全比重 95% 以上，100% 有垃圾集中收集点，每个行政村设有文化广场和公共卫生厕所等。

第十一章　保障措施

将脱贫攻坚作为重大政治任务，采取超常规举措，创新体制机制，加大扶持力度，打好政策组合拳，强化组织实施，为脱贫攻坚提供强有力保障。

第一节　创新体制机制

精准扶贫脱贫机制。加强建档立卡工作，健全贫困人口精准识别与动态调整机制，加强精准扶贫大数据管理应用，定期对贫困户和贫困人口进行全面核查，按照贫困人口认定、退出标准和程序，实行有进有出的动态管理。加强农村贫困统计监测体系建设，提高监测能力和数据质量。健全精准施策机制，切实做到项目安排精准、资金使用精准、措施到户精准。

健全驻村帮扶机制。严格执行贫困退出和评估认定制度。加强正向激励，贫困人口、贫困村、贫困县退出后，国家原有扶贫政策在一定时期内保持不变，确保实现稳定脱贫。

扶贫资源动员机制。发挥政府投入主导作用，广泛动员社会资源，确保扶贫投入力度与脱贫攻坚任务相适应。推广政府与社会资本合作、政府购买服务、社会组织与企业合作等模式，建立健全招投标机制和绩效评估机制，充分发挥竞争机制对提高扶贫资金使用效率的作用。鼓励社会组织承接东西部扶贫协作、定点扶贫、企业扶贫具体项目的实施，引导志愿者依托社会组织更好发挥扶贫作用。引导社会组织建立健全内部治理机制和行业自律机制。围绕脱贫攻坚目标任务，推进部门之间、政府与社会之间的信息共享、资源统筹和规划衔接，构建政府、市场、社会协同推进的大扶贫开发格局。

贫困人口参与机制。充分发挥贫困村党员干部的引领作用和致富带头人的示范作用，大力弘扬自力更生、艰苦奋斗精神，激发贫困人口脱贫奔小康的积极性、主动性、创造性，引导其光荣脱贫。加强责任意识、法治意识和市场意识培育，提高贫困人口参与市场竞争的自觉意识和能力，推动扶贫开发模式由"输血"向"造血"转变。建立健全贫困人口利益与需求表达机制，充分尊重群众意见，切实回应群众需求。完善村民自治制度，建立健全贫困人口参与脱贫攻坚的组织保障机制。

资金项目管理机制。对纳入统筹整合使用范围内的财政涉农资金项目，将审批权限下放到贫困县，优化财政涉农资金供给机制，支持贫困县围绕突出问题，以摘帽销号为导向，以脱贫攻坚规划为引领，以重点扶贫项目为平台，统筹整合使用财政涉农资金。加强对脱贫攻坚政策落实、重点项目和资金管理的跟踪审计，强化财政监督检查和项目稽查等工作，充分发挥社会监督作用。建立健全扶贫资金、项目信息公开机制，保障资金项目在阳光下运行，确保资金使用安全、有效、精准。

考核问责激励机制。落实脱贫攻坚责任制，严格实施省级党委和政府扶贫开发工作成效考核办法，建立扶贫工作责任清单，强化执纪问责。落实贫困县约束机制，杜绝政绩工程、形象工程。加强社会监督，建立健全第三方评估机制。建立年度脱贫攻坚逐级报告和督查巡查制度。建立重大涉贫事件处置反馈机制。集中整治和加强预防扶贫领域职务犯罪。

第二节　加大政策支持

财政政策。中央财政继续加大对贫困地区的转移支付力度，中央财政专项扶贫资金规模实现较大幅度增长，一般性转移支付资金、各类涉及民生的专项转移支付资金和中央预算内投资进一步向贫困地区和贫困人口倾斜。加大中央集中彩票公益金对扶贫的支持力度。农业综合开发、农村综合改革转移支付等涉农资金要明确一定比例用于贫困村。各部门安排的惠民政策、工程项目等，要最大限度地向贫困地区、贫困村、贫困人口倾斜。扩大中央和地方财政支出规模，增加基础设施和基本公共服务设施建设投入。各省（区、市）要积极调整省级财政支出结构，切实加大扶贫资金投入。

投资政策。加大贫困地区基础设施建设中央投资支持力度。严格落实国家在贫困地区安排的公益性建设项目取消县级和西部集中连片特困地区地市级配套资金的政策。省级政府统筹可支配财力，加大对贫困地区的投入力度。在扶贫开发中推广政府与社会资本合作、政府购买服务等模式。

金融政策。鼓励和引导各类金融机构加大对扶贫开发的金融支持。发挥多种货币政策工具正向激励作用，用好扶贫再贷款，引导金融机构扩大贫困地区涉农贷款投放，促进降低社会融资成本。鼓励银行业金融机构创新金融产品和服务方式，积极开展扶贫贴息贷款、扶贫小额信贷、创业担保贷款和助学贷款等业务。发挥好开发银行和农业发展银行扶贫金融事业部的功能和作用。继续深化农业银行"三农"金融事业部改革，稳定和优化大中型商业银行县域基层网点设置，推动邮政储蓄银行设立"三农"金融事业部，发挥好农村信用社、农村商业银行、农村合作银行的农村金融服务主力作用。建立健全融资风险分担和补偿机制，支持有条件的地方设立扶贫贷款风险补偿基金。鼓励有条件的地方设立扶贫开发产业投资基金，支持贫困地区符合条件的企业通过主板、创业板、全国中小企业股份转让系统、区域股权交易市场等进行股本融资。推动开展特色扶贫农业保险、小额人身保险等多种保险业务。

土地政策。支持贫困地区根据第二次全国土地调查及最新年度变更调查成果，调整完善土地利用总体规划。新增建设用地计划指标优先保障扶贫开发用地需要，专项安排国家扶贫开发工作重点县年度新增建设用地计划指标。中央在安排高标准农田建设任务和分配中央补助资金时，继续向贫困地区倾斜，并积极指导地方支持贫困地区土地整治和高标准农田建设。加大城乡建设用地增减挂钩政策支持扶贫开发及易地扶贫搬迁力度，允许集中连片特困地区和其他国家扶贫开发工作重点县将增减挂钩节余指标在省域范围内流转使用。积极探索市场化运作模式，吸引社会资金参与土地整治和扶贫开发工作。在有条件的贫困地区，优先安排国土资源管理制度改革试点，支持开展历史遗留工矿废弃地复垦利用和城镇低效用地再开发试点。

干部人才政策。加大选派优秀年轻干部到贫困地区工作的力度，加大中央单位和中西部地区、民族地区、贫困地区之间干部交流任职的力度，有计划地选派后备干部到贫困县挂职任职。改进贫困地区基层公务员考录工作和有关人员职业资格考试工作。加大贫困地区干部教育培训力度。实施边疆民族地区和革命老区人才支持计划，在职务、职称晋升等方面采取倾斜政策。提高博士服务团和"西部之光"访问学者选派培养水平，深入组织开展院士专家咨询服务活动。完善和落实引导人才向基层和艰苦地区流动的激励政策。通过双向挂职锻炼、扶贫协作等方式，推动东、中、西部地区之间，经济发达地区与贫困地区之间事业单位人员交流，大力选派培养与西部等艰苦地区优势产业、保障和改善民生密切相关的专业技术人才。充实加强各级扶贫开发工作力量，扶贫任务重的乡镇要有专门干部负责扶贫开发工作。鼓励高校毕业生到贫困地区就业创业。

第三节　强化组织实施

加强组织领导。在国务院扶贫开发领导小组统一领导下，扶贫开发任务重的省、市、县、乡各级党委和政府要把脱贫攻坚作为中心任务，层层签订脱贫攻坚责任书，层层落实责任制。重点抓好县级党委和政府脱贫攻坚领导能力建设，改进县级干部选拔任用机制，选好配强扶贫任务重的县党政班子。脱贫攻坚任务期内，县级领导班子保持相对稳定，贫困县党政正职领导干部实行不脱贫不调整、不摘帽不调离。加强基层组织建设，强化农村基层党组织的领导核心地位，充分发挥基层党组织在脱贫攻坚中的战斗堡垒作用和共产党员的先锋模范作用。加强对贫困群众的教育引导，强化贫困群众的主体责任和进取精神。大力倡导新风正气和积极健康的生活方式，逐步扭转落后习俗和不良生活方式。完善村级组织运转经费保障机制，健全党组织领导的村民自治机制，切实提高村委会在脱贫攻坚工作中的组织实施能力。加大驻村帮扶工作力度，提高县以上机关派出干部比例，精准选配第一书记，配齐配强驻村工作队，确保每个贫困村都有驻村工作队，每个贫困户都有帮扶责任人。

明确责任分工。实行中央统筹、省负总责、市县抓落实的工作机制。省级党委和政府对脱贫攻坚负总责，负责组织指导制定省级及以下脱贫攻坚规划，对规划实施提供组织保障、政策保障、资金保障和干部人才保障，并做好监督考核。根据国家关于贫困退出机制的要求，各省（区、市）统筹脱贫进度，制定省级"十三五"脱贫攻坚规划，明确贫困县、贫困村和贫困人口年度脱贫目标。县级党委和政府负责规划的组织实施工作，并对规划实施效果负总责。市（地）党委和政府做好上下衔接、域内协调和督促检查等工作。各有关部门按照职责分工，制订扶贫工作行动计划或实施方案，出台相关配套支持政策，加强业务指导和推进落实。

加强监测评估。国家发展改革委、国务院扶贫办负责本规划的组织实施与监测评估等工作。加强扶贫信息化建设，依托国务院扶贫办扶贫开发建档立卡信息系统和国家统计局贫困监测结果，定期开展规划实施情况动态监测和评估工作。监测评估结果作为省级党委和政府扶贫开发工作成效考核的重要依据，及时向国务院报告。

对本规划确定的约束性指标以及重大工程、重大项目、重大政策和重要改革任务，要明确责任主体、实施进度等要求，确保如期完成。对纳入本规划的重大工程项目，要在依法依规的前提下简化审批核准程序，优先保障规划选址、土地供应和融资安排。

附录3　农业农村部办公厅关于加强农业科技工作助力产业扶贫工作的指导意见

各省（自治区、直辖市）农业农村（农牧）厅（局、委），新疆生产建设兵团农业（农村）局，中国农业科学院、中国水产科学研究院、中国热带农业科学院、农业农村部规划设计研究院，各省（自治区、直辖市）农业（农林、农牧）科学院，有关涉农高等院校：

为深入贯彻习近平总书记关于扶贫工作重要指示精神，认真落实《中共中央、国务院关于打赢脱贫攻坚战三年行动的指导意见》和中央扶贫开发工作会议要求，充分发挥农业科技创新对发展农业产业、打赢脱贫攻坚战的支撑引领作用，动员号召全国农业科技单位投身脱贫攻坚战，建立科技扶贫的长效机制，推动贫困地区形成农业特色产业发展优势，实现精准扶贫精准脱贫，提出如下意见。

一、深刻认识科技助力产业扶贫在打赢脱贫攻坚战中的重要作用

打赢脱贫攻坚战是全面建成小康社会、实现第一个百年奋斗目标的重要内容，是我们党向全世界、全国各族人民作出的庄严承诺。今年中央1号文件明确将脱贫攻坚作为全面建成小康社会必须完成的硬任务。习近平总书记指出，"发展产业是实现脱贫的根本之策。要因地制宜，把培育产业作为推动脱贫攻坚的根本出路。"全国农业科技单位要提高政治站位，切实增强使命感、责任感和紧迫感，准确把握科技扶贫面临的新情况、新形势和新任务，加强顶层设计和机制创新，充分发挥集中力量办大事的制度优势，围绕产业需求，推动项目、人才、成果、平台等优势资源向贫困地区集聚，强化科技创新，大力培养本土化脱贫带头人，加快成果转化，通过科技帮扶实现贫困地区从"输血"到"造血"转变，不断增强贫困群众内生动力和自我发展能力。

二、准确把握科技助力产业扶贫工作的重点任务

总的要求是，坚持因地制宜，突出产业需求导向，因县因村因户施策。坚持精准扶贫，强化资源统筹配置，协同发力。坚持人才为先，既要组织科技人员深入一线开展工作，也要大力培养本土人才，为贫困地区打造一支强有力的科技支撑队伍。力争做到贫困地区专家指导全覆盖、农技服务全覆盖、脱贫带头人培育全覆盖。

（一）积极帮助贫困地区制定完善产业发展规划。各单位要聚焦本区域的贫困县，以县域为单元，以脱贫为目标，以产业为抓手，按照产业链各关键环节技术需求，组织多学科专业人员成立科技扶贫专家组，积极与贫困县密切对接，找准问题、选准产业、瞄准目标、精准施策，帮助贫困县制定完善产业发展规划。在落实规划中，帮助推动落实相关政策，引入市场机制，延伸产业链，提升价值链，扶持壮大扶贫产业。

（二）大力推动农业科技资源到贫困地区集聚发力。各单位要大力推动重点实验室、科学观测站、产业技术体系、科技创新联盟、试验示范基地等科技资源在贫困地区落地，建立长效合作机制，加快实现科技平台资源在贫困地区落地发挥作用。加强与本区域的农业高新技术企业、龙头企业结合，为企业解决全产业链各环节技术难题，引导支持企业到贫困地区投资兴业，推动贫困地区一二三产融合发展，为贫困地区精准打造优质高产安全绿色产业品牌。

（三）切实加强产业发展急需关键技术攻关。各单位要结合自身的扶贫计划，聚焦"三区三州"深度贫困地区，集中优势力量攻克制约产业发展的优质高效品种培育、重大病虫害防控、高效节水灌溉、精深加工、农机农艺融合、乡村景观设计、休闲文旅功能开发等关键技术难题，加快构建符合贫困地区产业资源环境禀赋的高效绿色种养模式和安全生产标准体系，不断强化支撑引领深度贫困区主导产业发展的技术供给。

（四）切实加强经济适用技术推广应用。各级农技推广机构要重点面向贫困地区加强示范基地建设，推介最新创新成果，提高成果的集成配套水平，形成简单有效适用的"技术成果包""产品成果包""装备成果包"，增强贫困地区产业科技支撑能力。通过购买服务等多种方式，促进公益性推广机构与经营性服务组织融合发展，激发贫困地区农技人员推广活力，提升农技推广效能。围绕脱贫攻坚重点地区、重点产业、重点需求，结合"一县一业""一乡一品"行动，重点推广提升种养殖业附加值、降低生产成本、促进产业链延伸和一二三产融合等先进适用技术。

（五）大力实施农技推广服务特聘计划。各级农业农村行政主管部门要根据贫困地区实际需求，创新完善特聘农技员管理制度，加大力度招募农业生产实践经验丰富和有较高技术专长的特聘农技员，组织特聘农技员开展农技指导、咨询服务和政策宣贯，及时总结实施中的经验和问题，提高服务质量，解决生产技术难题，带领贫困农户脱贫致富。

（六）着力加强产业脱贫带头人培养。各单位要切实加大乡土人才的培养力度，一方面要加强基层农技推广人员专业技能培训，另一方面要有计划、有步骤、有组织地针对农业企业、农民合作社、新型经营主体、种养大户以及贫困户开展相关生产经营技术培训，加快培育一批懂技术、会经营、善管理、本土化的脱贫带头人，提高贫困地区产业发展水平和自主发展能力。

（七）不断加强信息化手段应用。各单位要充分利用信息化手段推动农业科技平台、人才、成果、服务与贫困地区有效衔接。积极与全国农业科教云平台、中国农技推广 App 和地方各信息化平台进行功能整合和数据对接共享，实现信息互通、管理互联、实时互动，为科技扶贫工作提供必要的信息化服务。

三、全面推动农业科技单位形成强大扶贫合力

各地各部门各单位要坚持党的领导，充分发挥党委党支部的核心领导作用，夯实组织基础。要按照中央的部署和要求，把科技助力产业扶贫摆在脱贫攻坚重要日程上，把责任保障体现在加强领导上，把任务措施落实在项目建设上，切实采取有效措施，把科技扶贫工作落到实处，真正做到扶真贫、真扶贫、真脱贫。

（一）加强组织领导。各级农业农村行政主管部门要紧紧围绕当地党委、政府的扶贫规划计划，成立科技扶贫工作领导小组，负责统筹规划、整合资源、组织实施、协调相关工作。各级农业科技单位要把扶贫工作摆在更加突出位置，重点面向"三区三州"深度贫困区、集中连片特困区、定点扶贫区，不断加大科技支撑力度。各级农业科技创新平台要充分利用现有的项目、资金、政策，靠前行动，推动各类资源围绕科技扶贫向贫困地区聚集发力。

（二）强化机制创新。建立联合协作机制。各级农业农村行政主管部门要加强顶层设计、统筹协调，各级农业科技单位要根据当地扶贫要求，在明确分工基础上，加强联合协作。建立考核评估机制。各级农业科技单位要将科技扶贫成效纳入科研人员、推广人员和机构绩效评价，促进科技与贫困地区产业发展紧密结合。建立调度督查机制。各单位要及时掌握科技扶贫工作进展，加强工作监督检查，推动科技扶贫工作精准化管理。建立多元参与机制。引导各类学术社会团体、企业、非政府组织等参与科技扶贫工作，努力构建社会各界共同参与科技扶贫的体系和网络。

（三）营造良好环境。各单位要及时总结和挖掘科技扶贫工作的好做法好经验，通过现场观摩、技术交流、媒体专题报道等途径，及时宣传科技扶贫工作的新成果、新进展、新贡献，树立典型，扩大影响，营造农业科技单位合力开展科技扶贫的浓厚氛围，努力在贫困地区构建科技创新比贡献、成果推广比服务的良好局面。

农业农村部办公厅

2019 年 3 月 28 日